Frank Schweizer Sushi, Shopping und Gespenster

Frank Schweizer

Sushi, Shopping und Gespenster

Japan für Neugierige

IDEA

Die Deutsche Bibliothek – CIPEinheitsaufnahme

Schweizer, Frank
Sushi, Shopping und Gespenster – Japan für Neugierige
Frank Schweizer – Palsweis, IDEA 2025
ISBN 978-3-98886-033-0

Bibliografische Information der Deutschen Nationalbibliothek:
Die Deutsche Nationalbibliothek verzeichnet diese Publikation in der Deutschen Nationalbibliografie; detaillierte bibliografische Daten sind im Internet über dnb.d-nb.de unter ISBN 978-3-98886-033-0 abrufbar.

Umschlaggestaltung: mediaDesign, München

ISBN 978-3-98886-033-0

Estingerstraße 16, 85232 Palsweis
info@idea-verlag.de
www.idea-verlag.de

Sushi, Shopping und Gespenster
Japan für Neugierige

Inhalt

1.	Was wissen wir über die Geschöpfe in Japan?	8
2.	Let's work… like an idiot	29
3.	Shinto: Die Götter in deinem Schreibtisch	44
4.	Sex…. ohjeohje	64
5.	Sushi und wann die Japaner die Engel singen hören	95
6.	Haben Frauen das Pokärtchen in Japan?	141
7.	Amerikaner –Wie sehr müssen sie sein?	167
8.	Spaß oder wo in Japan der Bär steppt	196
9.	Staat und Grundelkunde	215
10.	Mongi, Mingi, Manga… stay creative!	229
11.	Was die Götter ins Wasser geschmissen haben	244
12.	Mönche, die dir auf den Kopf schlagen	258
13.	Wo es dich in Japan hintransportiert	273
14.	Wenn die Natur ihren Nachttopf über dich leert	284
15.	Bei dir spukt's wohl?	299
16.	Corona und der Lappen im Gesicht	317
17.	Mieses Japan	329

Einleitung

»Muschi! Muschi!«, rief meine japanische Bekannte laut.

Sie und ich spazierten in der Corona-Zeit durch den Killesberger Park, den schönsten der Stuttgarter Naturanlagen. Die Sonne schien und viele nutzten die Chance, den eigenen vier Wänden zu entkommen, in die uns Corona über den Winter eingesperrt hatte. Der Park war gut besucht an diesem ersten herrlichen Sonnentag seit Langem. Zwischen den Spaziergängern patroullierte aber die Polizei. Gruppen mit drei oder mehr Personen waren verboten. Die Corona-Gefahr war noch lange nicht gebannt.

»Muschi, Muschi«, rief meine japanische Bekannte wieder in voller Lautstärke, ungeachtet der Spaziergänger und der Polizisten.

Sie rief es zum Glück auf Japanisch: »Manko! Manko!«

Sie lachte und dachte gar nicht daran, die Lautstärke ihrer Stimme zu senken, obwohl sie mein verlegenes Gesicht sah.

»Du kannst doch hier nicht dauernd ›Manko‹ rufen!«, ermahnte ich sie schließlich.

»Wieso? Versteht doch keiner...«, war ihre kurze Antwort.

Sie genoß es sichtlich, etwas machen zu können, was ihr in ihrer japanischen Heimat nicht erlaubt war. Ein schmutziges Wort in der Öffentlichkeit auszusprechen.

»Das kannst du nicht machen«; insistierte ich, »du bist erwachsen, Mutter von zwei Kindern und aus einer Kultur, die Frauen Zurückhaltung vorschreibt.«

»Hmmm, ist das so? .... Mein Mann sagt auch immer, dass bei mir etwas nicht stimme. Er denkt, ich sei eine Außerirdische.«

Ihr Mann hatte unrecht. Sie war keine Außerirdische. Sie war etwas noch viel Fremdartigeres: Eine Japanerin.

Was wissen wir über die Geschöpfe in Japan?

1

Das Kind einer in Deutschland lebenden japanischen Freundin kam nach Hause und hatte Tränen in den Augen. Die Kinder im Kindergarten sollten ein Bild malen. Am Ende lief die Erzieherin zwischen den fertigen Malprodukten hin und her. Sie betrachtete auch das Bild des kleinen Japaners und sagte, dass sie das Bild sehr schön finde und es wirklich gut gelungen sei. Nur die Sonne und ein paar Bäume hätten noch etwas besser gezeichnet werden können. Die japanische Mutter war entsetzt, als sie das hörte. Ratlos tröstete sie das weinende Kind mit guten Worten. Wie konnte die Erzieherin nur so grob mit ihrem Kind umspringen? Wie konnte sie nur so gefühllos sein, das Selbstvertrauen ihres Kindes mit solch scharfer Kritik zu attackieren?

Die Ursache der Tränen lag in einem kulturellen Unterschied zwischen Japan und Deutschland. Die Japaner konzentrieren sich in ihren Äußerungen auf das Positive. Eine japanische Erzieherin hätte in dieser Situation nur die gelungenen Stellen des Bildes hervorgehoben. Die Frau aus dem deutschen Kindergarten wollte auch loben. Jedoch verwendete sie dafür eine typisch deutsche Methode. Der Eindruck täuscht nämlich, dass sie das Bild zu 80% gelobt und zu 20% kritisiert hatte. In Wirklichkeit hatte sie es zu 100% gelobt. In der deutschen Kultur gibt es ein Phänomen, was ich für mich mit dem Ausdruck »kritisches Interesse« bezeichne. Damit meine ich die Beobachtung, dass Leute ihre Wertschätzung einer Sache dadurch ausdrücken, dass sie etwas Negatives sagen. Eine paar kleine, negative Details zu äußern, drückte in der Szene im Kindergarten aus, dass die Betrachterin des Bildes so viel Interesse daran zeigte, dass sie auch die kleinen Minus-Punkte bemerkte. Nur zu sagen »das Bild ist schön« hätte eine gewisse

Gleichgültigkeit manifestiert. Zuviel Lob wäre unglaubwürdig gewesen, da in diesem Fall mehr als zehn Kinder hintereinander mit der gleichen schönen Wortparade bedacht worden wären. Wer durch eine Van Gogh-Ausstellung geht und seine Erfahrungen mit »die Ausstellung war in Ordnung«, »das erste Bild war hübsch, das zweite war prächig und auf dem dritten waren prima Gesichter« und dergleichen zusammenfasst, wird vermutlich nicht als Kunstkenner, sondern als oberflächlicher Mensch eingestuft werden. Wer aber nicht gelingende Dinge in Van Goghs Werk kritisch aufarbeitet, dem ist eine gewisse Kompetenz nicht abzusprechen. Für den japanischen Jungen und seine Mutter war dieses deutsche Verhalten völlig unverständlich. Wie konnte jemand nur so herzlos sein, dem Kind gewissermaßen dessen Unvermögen ins Gesicht zu schmieren? Zumindest war das so aus japanischer Sicht.

In Japan heißt der gesellschaftliche Fokuspunkt: Das Positive. Für die Japaner ist das Herumreiten auf kritischen Punkten kindisch. Kleine Kinder nörgeln. Erwachsene nicht. Der kulturelle Imperativ »positiv geht vor negativ«, steht dem deutschen gesellschaftlichen Imperativ »negativ geht vor positiv« gegenüber. Das japanische Wort für »super« ist »sugoi« (凄い). Ein Japaner, der weniger als 50 Mal am Tag das Wort »sugoi« verwendet, muss vermutlich zur Überprüfung seiner japanischen Identität den Pass den Behörden vorlegen. Wer zu viel klagt, bekommt wenig brauchbare Hilfe von den Inselbewohnern. Ich schüttete einmal mein Herz über dies und das bei einem Japaner aus. Seine Reaktion war: »Du bist immer so negativ«. Und das war dann auch schon das Ende der »psychologischen Beratung« in einer schwierigen Situation von japanischer Seite aus. Wenn mein Vater nach Hause kam, redete er sich erst einmal den ganzen Frust der Arbeit von der Seele. Und wenn er die ärgerlichen Erinnerungen an den Tag nach einer Stunde los war, gab es Essen. Als ich die kleine Geschichte von meinem Vater erzählte, sah ich viele imaginäre Fragezeichen, die über den Köpfen meiner asiatischen Freunde schwebten. Sie konnten nicht begreifen, dass jemand so verantwortungslos war, das wertvolle häusliche Wohlbefinden mit einer Lastwagenfuhre Sorgen zu überschütten. Man versicherte mir: Wenn ein Japaner heimkommt und die Frau fragt, wie der Arbeitstag war, sagt er »gut«.

Manche mögen denken, die japanische Weltsicht wäre vorzuziehen. Niemand wird emotional verletzt. Niemand lästert über den anderen. Das Leben ist schön. Peace, love and understanding. Dem ist jedoch einiges entgegenzuhalten. Das negative Denken ist gewissermaßen ein Schleifstein der Gedanken. Ein negativer Mensch wird immer versuchen zu analysieren, warum die Situation so ist, wie sie ist. Ein positiver Mensch muss nicht nachdenken, da er ja alles akzeptiert. Das Denken bleibt harmlos und in üblichen Bahnen. Positive Menschen sind zufrieden wie Kühe auf der Weide, aber auch nicht mehr. Böse Regierungen und Diktatoren hätten sicher ihre helle Freude an so einem kritiklosen Volk.

Man darf sich Japaner trotzdem nicht als naive Menschen vorstellen, die immer alles positiv finden. Im Gegenteil. Sie sind äußerst kritisch, wie wir noch in einem späteren Kapitel sehen werden. Japaner reagieren nur anders auf negative Situationen. »Tatemae« (建前) und »hone« (本音) nennt sich in Japan der Unterschied zwischen dem, was geäußert wird, und dem. was gedacht wird. Mit anderen Worten: Sie sind unzufrieden, aber halten die Klappe. Der Grund, diese Art von »Entmündigung« zu akzeptieren ist schlicht Gruppendruck. »Probleme werden nicht laut geäußert!«, »Nimm dich nicht so wichtig!«, »Nur ein Baby jammert dauernd«, »Du störst die Gemeinschaft mit deinem Geheule«, »Du willst, dass man sich um dich kümmert? Du bist ein peinlicher Egoist!«. So lauten die gesellschaftlichen Vorgaben. Warum das so ist, werden wir ebenfalls in späteren Kapiteln klären.

Japaner sind kritisch. Bei einer Umfrage 2019 unter den wirtschaftlich starken Staaten, wie positiv sie ihre eigene Regierung sehen, belegte Deutschland Platz 6 und Japan Platz 13 (China: Platz 1). Platz 13 war der drittletzte Platz. Mit anderen Worten, das Tun der Regierung wird von den Japanern viel kritischer beäugt als wir es tun. Sie äußern es nur nicht.

Jedem Problem können sie aber nicht aus dem Weg gehen. Manchmal ist es einfach nötig laut zu kritisieren. In der Schule, bei der Arbeit, bei der Erziehung und so weiter. Japaner lieben geradlinig formulierte, direkte Bemerkungen. Chefs und Lehrer benennen Probleme gern in einer für uns ungewohnten Kälte mit einem einzigen, gut gezielten Satz. Japaner können aufbrausend sein, wenn ihnen doch irgendwann der Geduldsfaden reißt. Dann können sie ihrem Ärger mit einem Wutschnauben Luft machen. Der Wortschatz wird plötzlich »Straße« und roh. Es ist, als ob es aus heiterem Himmel donnert. Einen Augenblick später verraucht der Ärger. Das muss reichen. Viel hängt natürlich vom Einzelnen ab, wie er sich gebärden will. Die deutsche Einstellung zumindest, dass zu lästern Lebensglück bedeutet, ist den Insel-Asiaten fremd.

2

In allen möglichen Büchern über Japan wird ein sicheres Erkennungszeichen japanischer Kommunikation enthüllt: Der Japaner drückt sich indirekt aus. Ja sogar so indirekt, dass Europäer den Sinn seiner Äußerung missverstehen würden. Das wirkt mir nicht richtig. Zuerst einmal: Was bedeutet eigentlich »indirekt«? Es gibt ein klassisches Beispiel aus der Linguistik: Der Mann sagt, »es zieht«, woraufhin die Frau das Fenster zumacht. Das scheint mit »indirekt« gemeint zu sein. Die Linguistik sagt aber auch, dass sich indirekt auszudrücken eine Grundeigenschaft der Sprache ist. Das hat nichts mit Kultur zu tun. Wir drücken uns ständig aus Höflichkeit oder Gewohnheit indirekt aus, das gilt für Japaner, Deutsche und jeden anderen, der an der Kommunikation teilnimmt.

Von einer anderen Seite aus betrachtet wäre es wirklich befremdlich, wenn sich Japaner in jedem Satz, den sie sprechen, indirekt ausdrücken würden. Japan könnte dann eine Insel aus einer unveröffentlichten, zusätzlichen Geschichte aus »Gullivers Reisen« sein, in der ein König bestimmt hat, dass in seinem Reich niemand etwas direkt sagen darf. In der Realität ist das gar nicht möglich. Wer könnte bei McDonald's eine Bestellung aufgeben und das bekommen, was er will, wenn er nicht klar sagt, was er möchte? In Japan kritisiert ein Lehrer seinen Schüler oder ein Papa seinen Sohn genauso direkt wie anderswo.

Noch einmal der Satz »Die Japaner drücken sich indirekt aus«. Um wen geht hier eigentlich? Es gibt ganz viele Inselbewohner, 120 Millionen. Ich habe einmal zu einer japanischen Freundin gesagt: »Die Japaner sind für die Deutschen ein Rätsel«. Sie lachte und sagte: »Ist das so? Die Deutschen denken, es gibt bei uns 120 Millionen Rätsel?«. Japaner sind nicht alle gleich und sie sind auch keine Rätsel, sondern Personen. Sie werden durch Erziehung, eigene Lebenserfahrung, regionale und zufällige Einflüsse unterschiedlich geformt. Es gibt allein schon in der Stadtatmosphäre große Unterschiede. Die Leute in Osaka sind bekannt dafür, dass sie frei Schnauze reden. In einer Metro in Tokio ist es ganz ruhig, jeder starrt auf sein Handy oder zu Boden. In einer U-Bahn in Osaka ist schon mehr los. Es kann laut werden. Da werden durchaus mal einige Anstandsregeln über Bord geworfen. Man sagt »Japaner«, aber man meint eigentlich die gehobene Mittelschicht, die sich um die Industriestandorte in den Großstädten sammelt. Diese finanziell gut gepolsterten Familien sind Zielpunkt der Werbeindustrie. Sie sind eine Käuferschicht, deren Werte in den Produkten Unterhaltungsindustrie repräsentiert und deren Bedürfnisse im Warenmarkt gestillt werden. Es gibt einen Bevölkerungsanteil von zehn Prozent, der auf dem Land oder an den Küsten lebt. Das Verhalten eines Managers in der Toyota-Chefetage wird anders sein, als dasjenige des Fischers, der in einem Kutter zum Fischfang fährt. Japan hat einen Armutsanteil von mehr als 15%. Es lässt sich vermuten, dass der Umgang untereinander bei der so genannten Unterschicht ein anderer ist als bei den 1,8% der Personen, die sich zu den Superreichen zählen dürfen.

Interessanterweise sagen Japaner selbst über sich, sie würden sich indirekt ausdrücken. Mit den eindeutigen Belegen hapert es dann aber meist. Über das Bedürfnis »fremdartig« zu sein und die Gründe dafür werden wir noch in dem Buch sprechen. Hier sei nur erwähnt, dass Japaner keine Gelegenheit verstreichen lassen, sich abzugrenzen. Das liegt an der von der Gesellschaft durch Erziehung und Medien vermittelten Auffassung der Besonderheit der japanischen Kultur. Das ist eine der wichtigsten Säulen, vielleicht sogar die wichtigste Säule ihrer Weltanschauung. Sie haben recht. Die japanische Kultur ist etwas Besonderes. Wenn nicht, würden Sie das Buch nicht lesen. Mit »sich indirekt ausdrücken« hat das aber nichts zu tun.

3

Ohne Verallgemeinerung geht es nicht, denn ohne sie lässt sich nichts Konkretes aussagen. Auch nicht über Japan. Die Frage ist, wessen Verallgemeinerungen man traut. Vielleicht denen von denjenigen, die vor Ort waren. 40 Millionen Reisende besuchen das Land jährlich. Das ist eine enorme Anzahl an Touristen, die der Inselstaat empfängt. Die Erfahrungen sind immer positiv. Reisen, die teurer sind, sind gewissermaßen per Definition herrlich. Die Fotos von schönen Tempeln, schneeweißem Sushi und dergleichen werden in den sozialen Medien gepostet. Dann wird »geliket«. So stehen die Zeichen der Zeit.

Als ich jung war, war Japan immer auf der letzten Seite des Fernreisekatalogs. Dort wurden Preise verlangt, die jeden vernünftig gefüllten Geldbeutel sprengten. Im Weinregal im Supermarkt steht mindestens ein Wein, der dreimal so viel kostet wie der Rest. Der Sinn ist, das Preisgefühl des Kunden zu verwirren. Dadurch erscheinen die anderen Weinflaschen billig. So ähnlich waren wohl die Reisen nach Japan in den Urlaubskatalogen der 1980er Jahre in der Bundesrepublik gemeint. Zwischenzeitlich ist ein Aufenthalt bezahlbarer geworden. (Der Grund ist die ökonomische Krise seit den 1990er Jahren). Japan würde jetzt im hinteren Drittel, aber nicht mehr am Ende des Fernreisekatalogs stehen. Die Touristen bringen Erfahrungen aus erster Hand aus dem Land mit. Das ist neu. Früher war ein Kung-Fu-Film die zuverlässigste Quelle für Japan und diese Kampfsportart ist noch dazu Chinesisch. So schön die Urlaubserinnerungen sind, ganz verlässlich sind sie nicht. Der Tourist schiebt das Handy zwischen sich und die Realität. Die Erfahrungen, die gemacht werden wollen, müssen »twitterfähig« oder »instagrammisierbar« sein. Das ist normal. Früher gab es Polaroid-Kameras. Wir wollten damals das gleiche, aber konnten noch nicht. Wie dem auch sei. Der Tourist dringt nicht so tief in die japanische Kultur ein, als dass die Verallgemeinerungen darüber viel Kontur haben.

Die andere Gruppe, die authentische Japan-Erfahrungen macht, sind Geschäftsleute. Handelsbeziehungen – Know-How-Austausch – Benchmarking – Internationalisierung – Globalisierung. Es gibt viele Gründe, dem Mitarbeiter ein Flugticket in Richtung Japan in die Hand zu drücken. Die einen haben nur kurzen Kontakt zu Japanern, vielleicht solange die Verhandlungen dauern. Die anderen aber machen den großen Schritt. Sie arbeiten eine Zeit lang in Japan. Mein Eindruck ist, dass ein Gutteil der Stereotype über Japaner aus dem »culture shock« unvorbereiteter Geschäftsleute stammt. »Ich hätte mal Lust, ein Jahr in Japan zu arbeiten«. Was kommt bei der Lust am Ende raus? »Japan ist ein Land voller unverständlicher Regeln«, »Japaner sind steife Vorschriften befolgende Menschen« etc. Viele Ausländer, die ich unterrichte, behaupten, dass Deutschland mehr Regeln als alle anderen Länder habe. Meine Antwort ist dann immer: »Bist du sicher, dass Deutschland mehr Regeln hat oder nur andere Regeln?«. Ein Ausländer, der in Japan arbeitet, muss die Firmenregeln von der Pieke auf lernen. Von dieser Position aus sind das viele. Besonders die Hierarchie muss beachtet werden. Der aus dem Ausland kommende Angestellte muss sie nicht nur lernen, er muss die Hierarchie auch fühlen. Japaner sind sich immer bewusst darüber, ob jemand älter ist. Sie wissen, wie lange jemand schon in einer Firma arbeitet. Alteingessene Mitarbeiter schieben sich im »social ranking« genauso wie ältere Kollegen nach oben. Wer von den beiden Gruppen steht höher? In Japan muss der Chef anders behandelt werden als in Deutschland. Dessen Anweisungen sind Entscheidungen und keine Diskussionsgrundlage wie bei uns. In einem Vorstellungsgespräch sitzt der Bewerber nicht am Tisch der Personen, die ihn beurteilen, sondern im gehörigen Abstand. Der kann drei Meter betragen. Hier den Stuhl an den Tisch zu rücken und nach einem Käffchen zu fragen, wäre für die Chancen einer Einstellung in die Firma nicht förderlich. Geschäftskontakte müssen immer persönlich im Vieraugengespräch geknüpft werden. Eine E-Mail reicht hier nicht. Und so weiter. Auf den ersten Blick wirken die Regeln in ihrer Zahl unuberschaubar. Ist es doch so, dass Japan besonders viele solcher verbindlicher Gepflogenheiten hat? Eine ähnliche Liste solcher

Verhaltensregeln ließe sich für eine deutsche Firma genauso aufstellen. Das will ich nicht, aber ich habe gerade den offiziellen Band deutscher Arbeitsgesetze aus dem Regal gezogen. Er enthält 964 kleinstgedruckte Seiten mit Vorschriften, die von staatlicher Seite aus am Arbeitsplatz zu beachten sind. Für beide Länder, Japan und Deutschland, gilt: Man muss die Regeln kennen. Es gibt nicht viele Regeln, sondern andere Regeln. Es gibt in Fernost nicht mehr Regeln, es gibt japanische Regeln. Welche das genau sind, werden wir in einem späteren Kapitel unter die Lupe nehmen.

4

Das westliche Japanbild wurde von den Amerikanern geprägt. Das ist nichts Schlechtes. Aber auch nichts Gutes. Ein Grund hierfür gibt es: Historisch gesehen waren es im 19. Jahrhundert Amerikaner, die Japan nach 250 Jahren Isolation als Erste besuchten. Sie brachten alle Güter des Westens. Sie bekamen alle Güter des Ostens. Japan militarisierte sich zum Anfang des 20. Jahrhunderts. Die Beziehungen zu den USA wurden rissiger, bis sie mit dem Ausbruch des pazifischen Krieges endeten, dessen Beginn der Angriff auf Pearl Harbor im Jahre 1941 war. Nicht lange sollte es so bleiben. Die USA siegte und schickte Soldaten ins Land. In der Besatzungszeit bis 1952 wurde Japan amerikanisiert. »Die Menschen sind weder gut noch schlecht. Es sind die Ideen, die ihnen ins Gehirn gesetzt werden, die sie gut und schlecht machen«; sagte ein amerikanischer Staatsmann. Japan wurde zu einer Demokratie umgeformt, Schriften über die Atombombe in Hiroshima verboten, die Rolle des Kaisers als lebender Gott minimiert, das Parlament gestärkt, die Schulen mussten das System der USA übernehmen. Es dauerte nicht lange, bis der wirtschaftliche Aufstieg Japans folgte. Die Autoindustrie um Toyota und Datsun, sowie die Elektronikindustrie brachten den Durchbruch. Wie war das so schnell gelungen? Der Westen rätselte. Bücher, die das geheimnisvolle Know-How von japanischen Managern zu enthalten schienen, wurden in den USA zu Bestsellern. Das genügte nicht an Information. Viele wollten »vor Ort« lernen.

Das besiegte Japan schien die Siegermacht Amerika zu besiegen. Zumindest wirtschaftlich. Amerika schickte Leute nach Japan, um zu verstehen, wie es dem Land gelungen war, so schnell aufzusteigen. Japan wurde wirtschaftlich als Hauptgegner gesehen, gleichzeitig wurde es wichtiger Handelspartner. Ein Militärbund wurde geschlossen. Die Amerikaner beschützten Japan, dafür durften sie Truppen in dem Land stationieren. Der Kontakt zwischen Einheimischen und den Soldaten war zwar nicht immer glücklich, aber der kulturelle Austausch fand trotzdem statt.

Heutzutage ist Amerika immer noch ein wichtiger Handelspartner, aber die Japaner haben es jetzt auf ein viel wichtigeres Exportgut aus dem Land abgesehen. Das Englische. Ihr Unvermögen, akzeptabel Englisch zu sprechen, lähmt international gesehen ihre wirtschaftlichen Möglichkeiten. Geschweige denn, dass geleugnet werden kann, dass zu vernünftigen IT-Kenntnissen Englisch nötig ist. Die Schwierigkeit, sich ordentlich in einer Fremdsprache auszudrücken, hat eine weitere Folge. Japaner sind global gesehen sprachlos. Sie können nur untereinander sprechen. Die wenigsten Ausländer sprechen gut Japanisch. Die wenigsten Japaner sprechen gut Englisch. Ein bisschen eben. Sie haben nicht die Chance ihre eigene Kultur im direkten Wort selbst darzustellen. Sie bleiben tatsächlich so gesehen ein Rätsel. All diese Nachteile sollen geändert werden. Jeder muttersprachliche Amerikaner mit nur einer halbwegs akzeptablen Ausbildung bekommt fast augenblicklich eine Stelle als Lehrer in einer japanischen Schule.

Dieser Hintergrund setzt die USA an die erste Stelle der Länder, die Kontakt zu dem eher verschlossenen Land haben. Von Amerika erhalten wir Auskunft. Fast alle Internetseiten über Japan sind Englisch. Wer meine Literaturliste am Ende des Buches ansieht, wird sehen, es sind fast nur englische Quellen. Das habe ich nicht aus Bockigkeit gegenüber dem Deutschen gemacht. Es sind einfach keine nützlichen deutschsprachigen Informationssammlungen vorhanden.

Die USA ist das Land innerhalb der westlichen Länder, das Japan am unähnlichsten ist. So zumindest in der Beurteilung derer Japaner, die das Land und andere Länder bereist haben. Manchmal ist die kulturelle

Lücke geradezu atemberaubend. Nachdem ich eine Woche in einer japanischen Gegend ohne Touristen war, kam ich wieder nach Kyoto zurück. Am Bahnhof, inmitten von Büro-Japanern mit Hemd, Krawatte und Hose und modisch gekleideten Japanerinnen, tauchte er plötzlich auf: Der Klischee-Amerikaner. Sandalen ohne Socken, eine kurze, ausgebeulte Hose, ein verwaschenes T-Shirt mit dem Motiv irgendeiner Heavy-Metal-Band, die Kopfhaare in Freiheit, dazu noch laut mit dem Freund amerikanisches Englisch schwatzend. Er war einen Kopf größer als die ihn Umgebenden, die ihn so gut sie konnten ignorierten. Es war mir, als habe ich einen großen Fisch gesichtet, der aus den Wellen des japanischen Meeres unvermittelt auftauchte. Dies hätte zwar auch ein Deutscher sein können, es war aber ein Amerikaner. Nur ein Fall kultureller Unsensibilität eines Einzelnen? In Okinawa, wo tausende amerikanische Soldaten stationiert sind, gab es unzählige Male wütende Demonstrationen mit bis zu zweihunderttausend Teilnehmern gegen die Präsenz der Amerikaner. Die Japaner forderten lautstark, die Amerikaner sollten die Insel verlassen. Schleunigst. Der Vorwurf von japanischer Seite war fast immer der gleiche: Die Soldaten aus den USA hätten keine Manieren.

Im Falle des oben genannten amerikanischen »Fisches« ist der Punkt der kulturellen Unähnlichkeit leicht festzumachen. Für Japaner ist der Unterschied zwischen privat und öffentlich sehr wichtig. Öffentlich ist jemand, wenn er aus der Tür seines Hauses tritt. Privat, wenn er mit Freunden zusammen ist oder bei seiner Familie daheim. Für Amerikaner dagegen besteht ein Gegensatz zwischen Arbeit und Freizeit. In der Freizeit zieht er an, was er will und wo er will. Bei der Arbeit ist auch er in einer regelkonformen Welt gefangen. Die kulturellen Unterschiede zwischen Japan und Amerika sind allerorten zu finden. Allein schon, dass es bei »you« keine Unterscheidung zwischen »Sie« und »du« gibt, ist dem Japanischen fremd. Die Sprache trennt Alltags-, Höflichkeits- und Respektsprache fein säuberlich; eine Trennung, die Grammatik und Wortschaft gleichermaßen betrifft. Wenn Gesellschaften so unähnlich sind, wird die gegenseitige Beurteilung mehr Gegensätze als vielleicht nötig aufzeigen. Japaner gelten als übertrieben regelliebend.

Ja, sicherlich scheint das so, wenn sie von jemandem beurteilt werden, der Regeln geringschätzt. Amerikaner würden wahrscheinlich die zurückhaltende Kommunikation der Japaner als äußerst eigenartig einstufen. Sie missdeuten gern die Freundlichkeit vor allem japanischer Damen als Flirt und die allgemeine Höflichkeit als Naivität.

Überraschenderweise glauben Japaner, dass Deutschland ihrem Land am ähnlichsten ist. Das hat auch eine historische Fundierung. Nach der Öffnung Japans 1854 schickte Japan Gesandte und Studenten in alle Welt. Das streng hierarchische Deutschland der Kaiserzeit galt damals als führende Wissenschaftsnation. Besonders im Bereich der Medizin hatte unser Land die Nase vorn. Heute sind immer noch sehr viele japanische medizinische Wörter Deutsch wie z.B. »gipusu« (ギプス) für Gips. Die seit mehr als einhundert Jahren vermutete Ähnlichkeit der deutschen mit der japanischen Gesellschaft ist einer der Gründe, warum so viele Japaner nach Deutschland kommen. Sie wollen das Ausland sehen. Sie wollen in einem Land sein, das Regeln und Sicherheit bietet.

5

Wie ist es mit den Medien wie Fernsehen, Zeitungen und Zeitschriften als Quelle japanischen Lebens? Nicht verlässlich.

6

Es ist schon Eigenartiges dabei, was über Japaner gesagt wird. Eine im Internet verteilte Ansicht ist, dass es für die Inselbewohner erste Priorität sei, das Gesicht nicht zu verlieren. Das Allerunerträglichste sei demgemäß, öffentlich geohrfeigt zu werden. Dadurch verlören sie nämlich das erwähnte Gesicht am schlimmsten. Die so genannte »Backpfeife« gehört in Europa in eine Zeit, in der auf diese Weise Duellforderungen ausgesprochen wurden. Das tut sie schon deswegen, weil heutzutage eine zweijährige Haftstrafe auf den Schläger warten kann. Unter Erwachsenen kommen in Japan Ohrfeigen (außer in kriminell zu nennenden Einzelfällen) nicht vor. Im Erziehungsumkreis kann es anders sein. Bei einer Untersuchung 2012 wurde in Japan festgestellt, dass 10.000 Schüler angaben, von ihren Lehrern irgendwann eine körperliche Strafe erhalten zu haben. Das ist natürlich verboten. Und zwar (erst) seit 2000 und durch eine erneute Gesetzesverschärfung im Jahr 2020. Das Problem »Ohrfeige« legt altbackene Erziehungsvorstellungen einiger Elternteile in Japan offen. Es gaben 56% der Erziehungsberechtigten im Jahr 2010 an, körperliche Strafen für richtig zu halten. Das Problem betrifft auch die Lehrer. Besonders die Sportlehrer – besser Sporttrainer – in den Freizeitclubs sind teilweise raue Typen, deren Verhalten man nicht immer über den Weg trauen kann. Ich denke, dass sich dieses Gewaltpotential mehr und mehr abbaut, da Japan in den letzten zehn Jahren stark modernisiert wurde: Die Täter riskieren, in die Fänge einer konsequenteren Strafverfolgung zu geraten. Hier hilft ebenso, dass einige Fälle durch die Presse gingen. 2022 wurde in Japan ein Sportlehrer entlassen, der eine Schülerin schlug, weil sie ihren Sportdress vergessen hatte. Der Schlag renkte ihr den Kiefer aus. Die öffentliche Schande trifft den Lehrer, der wirklich für lange Zeit seine Ehre und seine Arbeit verlor. Man sieht vielleicht schon, das Problem »Ohrfeige« führt nicht in Richtung »das Gesicht verlieren«, sondern weitab zu einem Themenkomplex, der von den Japanern als Kindesmisshandlung bewertet wird. Die Internetkommentare über den unerträglichen Gesichtsverlust durch eine Maulschelle entstammen vermutlich eher dem Konsum alter Samurai-Filme.

7

Im Internet liest man weiter, dass es in Japan gar nicht gehe, seine Essstäbchen senkrecht in eine Schale mit Reis zu stecken. Dieses würde an Weihrauchstäbchen erinnern, die bei Beerdigungen in Schalen platziert werden. Das stimmt zu hundert Prozent. Jedoch welcher weltvergessene Sonderling rammt Essstäbchen in den Reis, so dass sie von selbst stehen bleiben? Ein Kind vielleicht. Für die Essstäbchen gibt es übrigens neben dem Teller kleine Holzbrücken, auf die sie gelegt werden, ansonsten platziert man sie irgendwo neben dem Essen. Der Impuls, Stäbchen wie ein Mordmesser in den Reis zu stecken, ist bei den Menschen in Europa und in Asien sicher nicht so hoch, dass es einer Warnung bedürfte. Wer solche Kulturregeln trotzdem mag, für den habe ich mir ein paar weitere ausgedacht: »Wirf' keinen Reis aus dem offenen Fenster«, »Jonglier' nicht mit vollen Suppenschhüsseln«, »Verwende die Ess-Stäbchen nicht zum Schlagzeugspielen«.

Japaner beklagen tatsächlich zwei Fehler von Europäern beim gemeinsamen Speisen: Der eine Fehler ist, viel zu viel Soja-Sauce zu benutzen, wenn Sushi auf dem Tisch steht. Japaner dippen nur kurz, Europäer baden ihr Stück Sushi regelrecht in dem flüssigen Würzmittel. Ein einzelnes Sushi-Stück kann in Abhängigkeit des verwendeten Fisches sehr teuer sein. Sieben, acht Euro und mehr sind da keine Seltenheit. Die gesuchtesten Stücke erreichen einen Preis von bis zu fünfzig Euro. Der Geschmack des Fisches wird auf quasi Null reduziert, wenn er in Soja-Sauce sein letztes Bad nimmt. Da könnte man den Fisch gleich weglassen. Unbehagen empfinden Japaner oft, wenn Europäer Donburi essen. Donburi ist eine Schüssel mit Reis, die mit irgendeiner Auflage komplett bedeckt ist. Das kann Fleisch oder Fisch sein. Die Stadt Kyoto ist für seine gute Aal-Auflage bekannt. Europäer haben die Neigung, zuerst einmal oben alles kahl zu essen, wodurch sie auf einer langweiligen Schüssel mit Reis sitzen bleiben. Natürlich wird Donburi von oben nach unten gegessen und nicht von links nach rechts. Wir sind ja keine Heuschrecken. Wer mehr dazu und zur ganzen Esskultur Japans wissen will, darf bis zum Kapitel über Sushi, Ramen und andere leckere Dinge in diesem Buch vorblättern.

Die Japaner schlürfen ihr Essen. Das dürfte einer der weitverbreitesten Fakten sein, die Beleg für große Kulturunterschiede sind. Der Fakt stimmt. Es wird geschlürft. Das Schlürfen betrifft aber nur die Nudelsuppe. Sie wird Ramen genannt und wird unglaublich heiß serviert. Zu schlürfen ist kein Muss, weshalb es nicht von allen praktiziert wird. Schon gar nicht wird als Etikette gefordert, dies laut zu tun. Manche vermuten sogar, die Lautstärke würde Leckerheit ausdrücken. Das trifft nicht zu, zudem Japaner in jeder Situation »leise« mehr lieben als

»laut«. Manchmal geht es eben nur »laut«. Beim Einziehen der Nudeln wird dieses Geräusch gemacht, um die Brühe durch den Luftzug zu kühlen, und eingedenk der Temperatur der Suppe ist das wirklich eine gute Idee. Die Alternative ist, zehn Minuten vor der Schale zu sitzen und zu warten, bis die Suppe abgekühlt ist. Das ist kein guter Vorsatz. Manche Japaner finden übrigens die Angewohnheit der Deutschen, auf den Löffel zu blasen, um die Suppe zu kühlen, genauso befremdlich wie wir ihr Schlürfen finden. Die Ramen-Nudeln sind speziell für die japanischen Suppen hergestellt. Ihre Oberfläche ist sehr empfindlich, weswegen sie den Geschmack gut aufnehmen. Wer wartet, bis die Brühe an Temperatur verliert, wird einen matschigen Nudelhaufen vorfinden. Die Nudeln werden traditionell nicht gekaut, sondern geschluckt. Es ist eine Suppe. Eine zu heiße Nudel will niemand im Magen haben. Wir haben übrigens ebenfalls »akustisches Essen«. Kartoffelchips beispielsweise. Diese essen wir laut und krachend, egal ob es jemand hört.

8

Einer der Fakten, die Ausländer erstaunen lässt, ist die Sitte der Japaner, sich bei jeder Gelegenheit und Ungelegenheit zu entschuldigen. Das erzeugt Verwunderung und manchmal das Bedürfnis nach Parodie. Es scheint ein weiterer Beleg für den seltsamen Charakter der Inselbewohner zu sein. Die Beobachtung hat seine Richtigkeit, vielleicht sogar die Notwendigkeit einer Parodie. Das Wort für »Entschuldigung« ist (in der formalen Stilebene) »sumimasen« und (in der nicht-formalen Sprache) »gomen«. Ein holländischer Tourist hat in einem YouTube-Video erzählt, dass ein kleines Erdbeben die Gegend erschütterte, in der er ein Hotel gebucht hatte. An seiner Unterkunft angekommen, musste er doch schmunzeln. Der Mann an der Rezeption des Hotels entschuldigte sich für das Erdbeben. Es täte ihm leid für die Unannehmlichkeiten, die daraus entstanden wären »Als ob er was dafür könnte…«, kommentierte der Holländer diese eigenartige Entschuldigung. Eine in unserem Land lebende japanische Freundin sagte einmal, dass sie gemerkt habe, »innerlich« wirklich in Deutschland angekommen zu sein, als sie aufgehört habe, sich zu entschuldigen. Natürlich geht es auch in Deutschland nicht ohne die Bitte um Verzeihung. Für uns ist diese aber wenig wert, wenn die darauffolgende Erklärung nicht trägt. Wer zu spät oder gar nicht kommt, sollte den Grund erläutern und das schlüssig. In Japan entschuldigt sich durchaus auch jemand, der auf der Straße angerempelt wurde. Bei uns normalerweise nur der »Rempler«. Die Motivation der Japaner ist eine andere. Es geht hier um den Abbau möglicher Spannungen. Erklärungen sind zweitrangig. Das Ziel ist schlicht gesagt, Streit zu vermeiden. Darüberhinaus soll eine gute Atmosphäre beibehalten werden. Der Mann im japanischen Hotel will nur sagen: Das Erdbeben war schlimm. Jetzt bist du unter Freunden. Entspanne dich.

Es gibt in Amerika in 30 Bundesstaaten die »I'm sorry-Gesetze«. Der Hintergrund ist die amerikanische Sitte, Ärzte bei Kunstfehlern zu verklagen. Wer schon mal Fernsehen in den USA gesehen hat, dem wird vielleicht aufgefallen sein, dass dort Anwaltskanzleien Werbung machen. Das Angebot ist: Wir vertreten deinen Fall. Wenn wir gewinnen, bekommen wir einen großen Teil der Schadensersatzsumme; wenn wir verlieren, zahlst du nichts. Das verleitet viele dazu, Recht als Geldquelle zu benutzen. Besonders Ärzte stehen unter Druck, sich keine größeren Schnitzer zu erlauben. Wenn doch, kann es teuer werden. Vor diesem Hintergrund trug sich ein Fall zu, der am Ende zu den »I'm sorry-Gesetzen« führte. Ein Arzt war verantwortlich für einen Geburtsvorgang. Leider kam das Baby nicht lebend auf die Welt. Der Doktor musste diese traurige Nachricht den Eltern mitteilen. Er sagte mit untröstlicher Stimme zu ihnen: »Es tut mir leid, dass das Baby nicht gerettet werden konnte.« Der Arzt fand sich auf der Anklagebank eines Gerichts wieder. Wer »es tut mir leid« (»I am sorry«) sagt, gestehe seine Schuld ein und sei rechtlich haftbar, argumentierte das Gericht. Es verurteilte den Arzt zu einer heftigen Summe Schadenersatz. Da es einfach natürlich ist, in so einer Situation »es tut mir leid« zu sagen, wurden die »I'm sorry-Gesetze« eingeführt. Jetzt kann der Arzt sein Mitgefühl ausdrücken, ohne am Ende gar eine Gefängnisstrafe zu riskieren. I'm sorry to say that: Hier ziehe ich die japanische Entschuldigungssitte vor.

9

Wer hat noch nicht in Zeitschriften geblättert und ist auf Fotos von überfüllten U-Bahnen in Tokio gestoßen, in die die Leute von Einstiegslotsen gedrückt werden? Damit wirklich jeder Zentimeter der Wagen genutzt wird, schiebt dieses Bahnhofspersonal in Uniform und Handschuhen so unerbittlich fest von Außen, dass selbst der letzte Fahrgast noch hineinpasst, denn nur so können sich die Türen schließen. Wie irgendjemand, der in der Mitte um Luft und Leben ringt, an der gewünschten Station aussteigen kann, bleibt beim Betrachten dieser Bilder eine Denksportaufgabe. Dieses Fotomaterial wurde mir schon in der Schule unter die Nase geschoben. Eine gute Demonstration wie verrückt es bei den Japanern so zugeht.

Die enormen Überfüllungen von U-Bahnen findet der Besucher zwischenzeitlich nur noch in der Metropolregion Tokio. Dort leben immerhin 39 Millionen Japaner. Das Transportsystem ist hervorragend. Trotzdem kann es in der Rush-Hour (zwischen 7.50 Uhr und 8.50 Uhr) im Inneren der Wägen eng werden. Eine Auslastung der U-Bahn von 100% bedeutet, dass jeder Sitz oder Stehplatz mit Haltegriff vergeben ist. Früher kam es auf elf Linien in der Hauptstadt tatsächlich zu Gedränge. Diese U-Bahn-Linien lagen im Bereich eines Platzverbrauchs von 180%. Sinkende Geburtenzahlen und die Absicht, dieses Problem zu lösen, hat die Menge Mensch auf 163% sinken lassen. Was besagt die Zahl?

Bei einer Prozentzahl von 150% liegt die Grenze, bei der man noch eine Zeitung öffnen und lesen kann. Ab 200% berühren sich die Körper. Ab 250% ist die Situation unerträglich. Die 250%ige Auslastung, die wirklich »Pusher« benötigt, kommt eigentlich nur auf einer einzigen Linie vor, der Touzai-Linie. 1975, als die Bilder absurd überlasteter U-

Bahnen ihre Reise um die Welt antraten, lag die durchschnittliche Auslastung speziell dieser U-Bahn noch bei 220%. Preisnachlässe bei Tickets außerhalb der Rush-Hour haben das Passagieraufkommen reduziert.

Die Aufgabe der Einstiegslotsen oder Englisch der »Sardinen-Packer« (»sardine-packers«) bestand nie darin, möglichst viele Menschen in die U-Bahnen zu stopfen. Ihre Funktion war es, Verletzungen zu vermeiden, denn wie leicht könnte jemand, der am Türrand steht, das Gleichgewicht verlieren und auf die Plattform purzeln. Die andere Intention war, Verspätungen zu vermeiden. Ohne etwas Muskelkraft von außen hätten sich die Türen nie schließen lassen. In neuerer Zeit gibt es die U-Bahn-App, mit deren Hilfe der User erfahren kann, wie voll die U-Bahnen sind. Die App ist sehr genau. Sie zeigt nicht nur den ganzen Zug, sondern ebenfalls die Auslastung der Wägen an. So kann sich ein Passagier schon vor dem Einstieg an dem Bahnsteigbereich platzieren, wo die geringste Personenzahl zu erwarten ist. Einstiegslotsen werden genauso in China benutzt und bei besonderen Gelegenheiten in Spanien. Übrigens: Die Japaner steigen nicht irgendwie in die U-Bahn. Es gibt eine Wartereihe, die strikt eingehalten wird. Ein kopfloses Hineinquetschen wie bei uns, gibt es nicht. Ob wohl irgendwann in Japan Bilder von chaotisch in die Schienenbahnen einsteigenden Deutschen die Runde machten und man sich dort ungläubig fragte: »Ist das wirklich dort so? Kaum zu glauben!«?

10

Die Bilder vom Gedränge in der U-Bahn unterstützen ein in allen Medien verbreitetes Bild der Japaner. Das Stereotyp lautet: Japaner sind verrückt und wenn sie selbst es nicht sind, dann wenigstens ihre Alltagskultur. Überschriften wie »15 verrückte Erfindungen, die Japaner gemacht haben«; »23 verrückte Sitten, die du kennen musst«; »59 verrückte japanische Restaurants« und dergleichen finden sich im Internet zuhauf. Was wird da nicht alles zusammengetragen, um Klicks auf die eigene Seite zu erzeugen: Bei McDonald's in Japan gebe es Pommes mit Schokoladensauce. Es gebe Roboterbordells. Es gebe quadratische Wassermelonen. Es gebe Stäbchen mit angebrachten Ventilatoren zur Kühlung der Suppe. Ebenso finde man Gummivaginas in Ohr-Form in allen gut sortierten Sortimenten. Es gebe darüberhinaus mobiles Toilettenpapier, das als Rolle auf dem Kopf getragen werde. Vieles stimmt, vieles ist nur ein Party-Gag, vieles ist frei erfunden. Gehen wir die Dinge noch einmal durch. Als ich in Thailand war, habe ich die oben erwähnten Schokoladenpommes beim dortigen Schnellrestaurant entdeckt. Diese Kreation scheint ein werbewirksames Angebot von McDonald's zu sein, das nicht auf ein bestimmtes Land zugeschnitten wurde. Im Gefrierfach des Supermarktes um die Ecke bei mir wurde vor einiger Zeit ähnlich Erstaunliches verkauft, nämlich eine Schokoladenpizza (von Dr. Oetker). In Japan gibt es Roboterbordelle. Begonnen hat diese eigenartige Form des Entertainments für Männer in vielen Ländern fast zeitgleich, beispielsweise in Spanien, wo 2017 das erste Etablissement in Europa öffnete. Es ist keine rein japanische Obsession, sondern ein Trend im Sex-Business. 2018 gab es in Russland den ersten »Roboter-Puff«. Aus Australien wurde zur gleichen Zeit berichtet, dass viele Besucher statt einer lebenden Dame ein elektronisches Produkt vorzögen. Die USA machten sich 2018 auf, in Houston ein solches Etablissement zu eröffnen, stießen aber auf sehr viel Widerstand der gutbürgerlichen Gesellschaft. Und in Deutschland? Wir haben den Trend verschlafen. 2018 öffnete ein ähnliches Hotel in Dortmund. Aber es standen nur leblose Sexpuppen zur Auswahl. Keine Mechanik. Sorry. Weiter geht's: Wer Obst in Entenform sowie Karotten in Fußform mit Zehen sehen will, kann sich leicht unter der Eingabe entsprechender Stichworte im Internet mit Bildern von Erzeugern aus aller Welt versorgen. Nicht nur Japan experimentiert mit neuen Erfindungen. Das Toilettenpapier auf dem Kopf ist nur ein Studentenscherz. Die oben angeführte Vagina in Ohrform gibt es.

Woher kommt diese eigenartige Vorstellung der Japaner als ein Volk von Liebhabern von Verrücktheiten? Japan scheint vielen am anderen Ende der Welt zu sein. Kein Wunder, dass der Reisekatalog meiner Jugend mit Japan endete. Hinter Japan ist nichts mehr. Nur langweiliger

Pazifik. Gemäß alten Mythologien wohnen an den Grenzen der Erde seltsame Kreaturen mit unverständlichem Verhalten. Die Geographen der Antike und des Mittelalters, die seit dem fünften Jahrhundert vor Christus eigentlich schon wussten, dass die Erde abgerundet ist, nannten das auf der anderen Seite der Welt lebende Volk »Antipoden« (Gegenüberfüßler). Sie standen für sie auf dem Kopf. Ihre Füße waren gewissermaßen an unseren Füßen. Zumindest theoretisch, denn einige Antipoden liefen auf Händen. Manche Antipoden hatten ihr Gesicht auf der Brust. Andere hatten nur ein Auge oder Köpfe wie Hunde. Japaner als moderne Antipoden? Das wäre denkbar. Genaugenommen würde jemand, der in Deutschland in ein Loch fällt, das durch die Erde gegraben wurde, in der Nähe von Neu-Seeland wieder zum Vorschein kommen. Der Fall selbst würde nur 42 Minuten und 38 Sekunden dauern. Die Erdanziehungskraft sorgt für ordentliche Beschleunigung. Das Magma im Inneren der Erde, sowie der Pazifik am Ende des Tunnels würden den Weg eher unangenehm machen. Geographisch stimmt es also nicht ganz, dass Japan am anderen Ende der Landkarte ist. Die Japaner sehen diese Sache manchmal mit denselben Augen: Es gibt eine Sendung im japanischen Fernsehen, die sehr beliebt ist. Sie heißt »Sekai no hate made – ItteQ«. Das könnte man etwas freier mit »Wir reisen ans Ende der Welt und machen dort Blödsinn« übersetzen: Das Ende der Welt ist sehr oft Europa. Dort werden Dinge vorgestellt wie eine Sauna in einem finnischen Skilift, der Käseweitrollwettbewerb im italienischen Pienza oder die Tomatina in Bunol, bei der man sich gegenseitig mit Tomaten beschmeißt. Das Gefühl, am Ende der Welt zu sein, ist gegenseitig. Vielleicht stimmt es ja dann auch.

Das allein reicht nicht als Begründung, warum viele so beharrlich auf der Verrücktheit der japanischen Kultur bestehen. Eine weitere Erklärung bringt die Wirtschaftslage früherer Zeiten ins Spiel. Das Land hatte einen rasanten wirtschaftlichen Aufschwung. Wir hatten ein Wirtschaftswunder in der Nachkriegszeit. Sie hatten ein Wirtschaftswunder in der Nachkriegszeit. Das ist keine Überraschung, der gleiche Finanzier stand im Hintergrund: Die USA. Während die Wirtschaft vieler westlicher Länder zu Beginn der Ölkrise im Jahre 1973 in Nöte geriet, nahm die japanische Wirtschaft weniger Schaden. Der Aufstieg ging bis zum Ende der 1980er Jahre stetig voran. Sowohl der Elektronikmarkt als auch der Automarkt hatten Japan diesen bleibenden Erfolg beschert. Mit der Elektronik setzten sie auf das richtige Pferd, denn die Ausbreitung der Technik war nicht aufzuhalten. Aber auch ihre Autoindustrie war durch eine wirtschaftliche Krise nicht zu stoppen. Im Gegenteil: Sie überstand die Ölkrise gestärkt. Die Benzinpreise waren sprunghaft in den 1970ern in die Höhe geschossen. Die Autos, die damals auf dem Markt waren, waren nicht gerade die sparsamsten Gefährte. Die amerikanischen Autos vor allen Dingen hatten einen enormen Benzinverbrauch. Die bescheiden denkenden Japaner produzierten viele kleine Spritsparer zu günstigen Preisen. Sie bauten sich durch zuverlässige Technik einen guten Ruf auf und etablierten sich trotz Krisenzeit auf dem Autosektor.

Das Auftauchen japanischer Produkte auf dem europäischen Markt war ein gehöriger Schock. Der westliche Anspruch, in technologischen Dingen führend, ja überlegen zu sein, kam ins Wanken. Beliebte Marken schwächelten. Autos »Made in Germany« konnten sich selbst im eigenen Land nicht mehr gegen die japanische Konkurrenz durchsetzen. Zu teuer. Zu fehleranfällig. In der Pannenstatistik rangierte sie hinter der Konkurrenz aus Fernost. Wie sollte man die eigene Schwäche und die Stärke der anderen erklären? Sonst erfolgreiche Firmenmanager suchten nach Ausreden. Ab Mitte der 1970er kam das Stereotyp vom verrückten Japaner auf. In den Nachrichten erschienen plötzlich kleine Geschichten von Japanern, die eine Einkaufstüte voll Feuerzeuge kauften, nur um die Wirtschaft anzukurbeln. Dann die Fotos von Geschäftsleuten, die in die U-Bahn hineingequetscht wurden. Sie taten alles, um zu ihrem Arbeitsplatz zu gelangen. Eine arbeitswütige Ameisenarmee, bereit, jede Entbehrung auf sich zu nehmen. Es gab Geschichten von bis zum Tod arbeitenden Japanern. Pausenlos am Schreibtisch, bis sie mit dem Kopf tot auf die Tischplatte knallten. So ging es in Japan zu. Welche Wohltat diese Geschichten waren. Jetzt konnte man den Wirtschaftserfolg wenigstens einordnen. Die Japaner sind einfach ein verrücktes Volk. Gegen so viel irrationales Verhalten kommen vernünftige Wirtschaften wie die unsere nicht an. Deutsche Tugenden müssen gegen so viel Irrsinn den Kürzeren ziehen. Wie meine Oma immer sagte: »Was willst du machen?«

Let's work… like an idiot

1

Eine Besonderheit des japanischen Arbeitslebens ist das Phänomen »karoshi«. Das Wort bedeutet, die Leute arbeiten so viel, bis sie im wörtlichen Sinne tot umfallen. Herzinfarkt oder Kreislaufversagen sind die Haupttodesursache. Einzelne Büroangestellte versinken rettungslos in der täglichen Arbeitslast. Ein für sie denkbarer Ausweg heißt nicht selten Selbstmord. Wer durch die Straßen von Tokio um drei Uhr nachts läuft, sieht immer wieder Geschäftsleute, die nach Hause schlurfen. Normale Firmensitzungen können um 20.00 Uhr oder 21.00 Uhr anfangen. Eine Freundin, die jeden Tag bis 22.00 Uhr arbeitet, um direkt vom Schreibtisch ins Bett zu gehen, kommentierte schlicht: »So geht es zu in Japan«.

30% der Japaner arbeiten zwölf Stunden oder mehr. Wenn man die Gruppe derjenigen dazurechnet, die elf Stunden arbeiten, ist man schon bei 55%. Wenn die »Faulen« addiert werden, die nur zehn Stunden pro Tag arbeiten, werden 66% daraus.

Der Grund, warum den regulären Arbeitszeiten noch 80 Überstunden pro Monat hinzugefügt werden, liegt darin, dass in Japan Gewerkschaften eher »dekoraktive Funktion« ausüben. Bei uns ist der Arbeitstag gesetzlich auf zehn Stunden begrenzt. Die Japaner identifizieren sich mit den Zielen der Firma so sehr, dass sie auf Urlaub, besseres Gehalt und vernünftige Arbeitsbedingungen verzichten. Manchmal bekomme ich Fantasien, die mir einen japanischen Boss zeigen, der daheim schallend lacht. Er freut sich, dass er so einen Haufen Dummköpfe gefunden hat, die willenlos alles akzeptieren, was ihnen vorgesetzt wird. Das ist natürlich nur meine Fantasie. Die Japaner ordnen ihre Bedürfnisse dem Gruppenziel unter. Ihnen ist es egal, ob der Boss lacht oder nicht. Das Ganze muss Erfolg haben.

Die Position »Boss« hat bei uns per se ein negatives Image. Das hat geschichtliche Gründe. Unsere Tradition geht von den miesen Arbeitsverhältnissen der industriellen Revolution aus. Schon Bismarck erkannte: Wenn die Arbeiter unzufrieden sind, dauert es nicht lange, bis die Revolution an die Tür klopft. Der konservative Kanzler initiierte Gesetze zum Schutz der Arbeiter. Ein Boss konnte bis dahin tun und lassen, was er wollte. Der Marxismus drückte die Chefetage noch mehr in Richtung des ewigen Gegenspielers der Arbeiterschaft. Selbst Leute, die Technik und Arbeit in Deutschland schufen wie Carl Benz oder Ferdinand Porsche, wurden nur noch als Geldscheffler verstanden. In diese Rolle gepresst lernten die Bosse nur unvollständig, was es heißt, Verantwortung für die Mitarbeiter zu haben. In Japan verlief die Geschichte anders. Die Firmenchefs halfen am Ende des 19. Jahrhunderts mit, Japan von einer Agrargesellschaft in einen modernen Staat zu verwandeln. Nach dem zweiten Weltkrieg erschufen sie die Wirtschaftswunderzeit, die das Land aus den Trümmern des Krieges zu allgemeinem Wohlstand führte. Die Firmeninhaber waren immer eine Quelle der Stärke für das Land. Dank ihnen erlebte die Wirtschaft das Erstarken. Ihrer Bemühungen wegen erfuhr ein durch Bomben zerstörtes Land über zwei Jahrzehnte hinweg einen jährlichen wirtschaftlichen Aufschwung von zehn Prozent. Im Jahr 1968 setzte sich Japan sogar hinter den USA an Platz 2 der Länder mit dem größten Bruttosozialprodukt. Das brachte der Bevölkerung einen ansehlichen Reichtum. Die Bosse sorgten für Gesundheitschecks, deren Kosten die Firma übernahm, und stellten den Mitarbeitern einen Arbeitsplatz zur Verfügung, der für ein ganzes Arbeitsleben garantiert war. Mehr noch: Toyota, Mitsubishi und andere Unternehmen verbreiteten durch ihre ausgezeichneten Produkte ein positives Japanbild, so dass der Respekt vor dem asiatischen Land wuchs. Die Firmen sind nicht in Japan, sie sind Japan. Das hat deren Gründern in den Augen vieler Japaner den Status von Helden gegeben.

2

Eine Mitarbeiterin der Firma Dentsu sprang 2015 in den Tod. Die Überarbeitung – monatlich 100 Überstunden – hatte bei ihr zu Depressionen geführt, was wiederum der Grund für den Selbstmord wurde. Eigentlich war die Mitarbeiterin erst ein Jahr in der Firma. Aber zehn Stunden Schlaf waren einfach zu wenig. Das heißt zehn Stunden Schlaf pro Woche, nicht am Tag. In Japan gibt es durchaus Gesetze gegen die Arbeiterausbeutung, nur werden sie nicht in die Praxis umgesetzt. Dieses Mal schon. Der Fall wurde durch die Presse gut ins Bewusstsein der allgemeinen Öffentlichkeit gebracht und die Firma wurde wegen illegaler Überstunden angezeigt. Es gibt vom Gesetz aus eine Grenze von 360 Überstunden pro Jahr. Das sind, wie man leicht rechnen kann, 30 Überstunden im Monat. Der Vorsitzende, der die Einhaltung dieser Regel nicht überwacht hatte, erklärte daraufhin seinen Rücktritt. Damit sich der Vorfall nicht wiederholt, führte die Firma ein, dass um 22.00 Uhr im Bürogebäude das Licht per Schaltautomatik gelöscht wird, damit keiner zu lange arbeitet. (22.00 Uhr ist trotzdem spät).

Die Regierung nutzte die Gelegenheit, um etwas gegen die hohe Arbeitsbelastung zu unternehmen. »Japaner nehmen keinen Urlaub, sie machen lediglich eine schöpferische Pause«, sagte einmal ein japanischer Politiker stolz über die Einstellung der arbeitenden Menge. Eine von der Regierung in Auftrag gegebene Untersuchung kam zum Schluss, dass einer von fünf arbeitenden Japanern selbstmordgefährdet sei. Die Regierung führte deswegen eine neue Vorschrift ein, die ermöglichte, dass Arbeiter am letzten Freitag im Monat schon um 15.00 Uhr Schluss mit der Arbeit machen konnten. Da sich aber nur 4% der Mitarbeiter daran hielten, war es gut gemeint, aber wirkungslos. Japaner haben etwa 20 Tage Urlaub. Von diesen werden durchschnittlich nur zehn genommen. Das Schlimmste in diesem Zusammenhang ist, dass Krankheitstage vom Urlaub abgezogen werden. Eine Woche krank bedeutet eine Woche weniger Urlaub. Die Urlaubstage lassen sich nur bei völliger Gesundheit gänzlich als Erholung in Anspruch nehmen. Kein Wunder, dass in Japan gilt, wer noch irgendwie laufen kann, kann auch arbeiten. Um den Japanern irgendwie eine Pause zu gönnen, beschloss die Regierung, dem Verfallenlassen der freien Tage entgegenzuwirken. Sie bestimmte, dass wenigstens fünf Tage Urlaub im Jahr genommen werden müssen. Niemand sollte, ohne Urlaub zu haben, das Jahr nonstop arbeiten. Trotzdem ist das festgesetzte untere Limit unsinnig wenig. In Deutschland steht im Gesetz, dass ein Arbeiter die Pflicht hat, sich im Urlaub auszuruhen. Das muss eigentlich genauso im Interesse des Arbeitgebers liegen. Müde Mitarbeiter machen Fehler, haben wenig Arbeitsenergie, sind ineffektiv und demotiviert.

Immerhin kam die Regierung auf die Idee, einen zusätzlichen Feiertag, den Bergtag, einzuführen. Da die Japaner so unwillig sind, ihren Urlaub anzutreten, ergänzte die Regierung diesen eher sinnarmen Feiertag zum Festkalender. Der Bergtag ist am 11. August. Mehr oder weniger ein Wandertag mit kaum zu greifender Tradition. Mag sein, aber wichtig ist, dass es nun 16 Feiertage gibt, an denen nicht gearbeitet wird. Zusammen mit den zehn Tagen Urlaub, die die Japaner durchschnittlich nehmen, ergibt das 26 Pausentage. Aus den nur neun Feiertagen, die es seit 1948 gab, lässt sich ersehen, dass die Regierung nicht zum ersten Mal dieses Mittel angewandt hat, um die Bevölkerung im wörtlichen Sinn zur Ruhe zu bringen. Es wird eher der Kalender geändert, als die Firmen gezwungen, den Anspruch der Mitarbeiter auf Urlaub umzusetzen. Hier ließe sich ja mit Kontrolle und Bußgeldern leicht einiges erreichen.

Genau genommen verfolgt die Regierung hier den falschen Ansatz: Wenn man die Summe aus Urlaubstagen und Feiertagen bildet, sind das 26 arbeitsfreie Tage, bzw. – wenn der Gesamturlaub wirklich genommen würde – sogar 36 Tage im Jahr, gar nicht so wenig. Das Problem jedoch ist, dass es keinen zusammenhängenden Urlaub gibt. In Deutschland muss laut Gesetz einmal im Jahr ein zweiwöchiger Urlaub genommen werden. Meine japanische Bekannte empfindet, wie sie neulich sagte, vier Tage Urlaub am Stück als ihren großen Jahresurlaub.

Urlaub allein ist nicht die Lösung, wenn der Japaner oder die Japanerin ihn nicht nutzt, um sich zu entspannen. Eine andere japanische Bekannte musste sich aus Gesundheitsgründen einer kleineren Operation unterziehen. Sie legte den Termin dieses chirurgischen Eingriffs in ihre Urlaubszeit. Ich hakte nach, warum sie ausgerechnet diesen Zeitpunkt gewählt habe. Sie stutzte und sagte verwundert: »Dafür ist der Urlaub doch da, dass man die Dinge erledigt, die man in der Arbeitszeit nicht machen kann«.

3

Warum machen Japaner so viele Überstunden? Viele sagen, aus Angst als Erster das Büro zu verlassen. Wer pünktlich gehe, stehe in einem schlechten Licht da. Die Mitarbeiter würden sich Sorgen darüber machen, was der Chef denkt und was die Kollegen denken. Und so warte man und warte, bis endlich jemand zur Tür hinaus ist. Das mag sein oder auch nicht. Irgendwann wird jemand der Erste sein, der geht, woraus sich die Frage ergibt, warum sollten dann die anderen noch stundenlang bleiben? Die Erklärung würde nur erhellen, warum der Erste im Büro später als nötig geht, aber nicht, warum der Rest der Mitarbeiter so spät den Schreibtisch verlässt. In der Corona-Zeit dominierte Home-Office das Arbeitsleben. In dieser Zeit sank die Zahl der Überstunden nicht, obwohl hier niemand kontrollierte, wann die Arbeit beendet wurde.

Es gibt viele Gründe für die langen Arbeitszeiten. Betrachten wir zuerst den greifbarsten: Geld. Japan wurde in den letzten Jahren zum Billiglohnland. Nehmen wir, um ein einfaches Rechenbeispiel zu haben, 100 Euro als Verdienst an: Das Gehalt eines Arbeiters aus Süd-Korea stieg im Zeitraum von 1990 bis 2020 von 100 Euro auf 480 Euro. Ein Amerikaner konnte einen Anstieg von 100 Euro auf 250 Euro verzeichnen. Ein Japaner dagegen blieb dreißig Jahre auf dem gleichen lumpigen Gehalt sitzen. 100 Euro 1990 waren 2020 100 Euro. Preisanstiege gibt es auch in Japan, so dass die Japaner ärmer sind als vor dreißig Jahren.

Gesamtwirtschaftlich gesehen ergeben sich daraus Vor- und Nachteile. Investitionen in Japan sind für Firmen aus dem Ausland verlockender geworden. Die Löhne sind niedrig, das Know-How hoch und die Arbeitsbereitschaft schier grenzenlos. Wenig Lohn bedeutet aber auch eine gesunkene Kaufkraft. Produkte aus dem Ausland sind vergleichsweise teuer. Der japanische Ministerpräsident Kishida drängte die Firmen, endlich das Lohnniveau zu heben. Seine Bitten blieben ungehört. Extrageld kann es aber geben: Überstunden werden in Form von Bonuszahlungen ausgeschüttet. Viele, die weiter einen gefüllten Geldbeutel vorfinden wollen, tun gut daran, die Überstunden zu machen. Die fehlenden Gehaltserhöhungen können nur durch Zusatzarbeit ausgeglichen werden.

Der zweite Grund entsetzlich vieler Überstunden könnte Folgender sein: Die Japaner arbeiten schlecht. Es gibt eine Studie über die Effizienz, mit der die Arbeitszeit genutzt wird. Von den G7-Länder steht Amerika an erster Stelle: 68,3% der Arbeitsstunden wird tatsächlich zielgerichtet gearbeitet (statt Kaffee zu holen, um mit dem Kollegen am Automaten zu schwatzen), in Deutschland sind es 66,6%., Japan ist hier mit 45,5% letzter. Vielleicht liegt das Problem horrend vieler Überstunden einfach nur daran, dass Japaner zu viel Zeit für etwas brauchen, was andere schneller schaffen. Sie müssen gewissermaßen nachsitzen und nennen es Überstunden.

Weder Geld noch eine mangelnde Effektivität der Arbeitsweise treffen vollständig ins Schwarze. Gehen wir dem Rätsel noch ein bisschen weiter nach. Wir müssen in die Psychologie der Japaner eindringen.

Ich fragte meine japanische Bekannte eines Tages direkt, warum sie so viele Überstunden macht. Die Antwort war überraschend: »Die japanischen Produkte sind gut«. – Schweigen – Und als sie sah, dass ich nicht verstand, in welchem Zusammenhang ihre Antwort mit meiner Frage stand, fügte sie hinzu: »Die japanischen Produkte und der Service sind gut. Ich arbeite so lang, weil ich möchte, dass die japanischen Waren und die japanische Qualität gut sind«.

Als sie dies sagte, fiel mir eine japanische Sendung mit dem Namen »Made in Japan« ein. Die Inhalte der dokumentarisch gedrehten Sendungen waren immer ähnlich. Die Folge, die mir im Kopf herumschwirrte, war diese: Eine kleine Handwerksfirma mit etwa zehn Mitarbeitern hatte sich auf die Herstellung von Blechschneidescheren spezialisiert. Es war ein Familienbetrieb, der schon mehr als drei Generationen allerlei Werkzeuge herstellte. Nach der Präsentation der Firma, ihrer Geschichte und der Vorstellung des sehr auf Handarbeit setzenden Produktionsprozesses, wurde auf eine deutsche Firma umgeschwenkt, die ein ungefähr gleichgroßer Betrieb war. Dieser war auf Blecharbeiten spezialisiert. Der Werksmeister hatte eine Blechschere in der Hand, mit der er längere Bleche zurechtschnitt. Er sagte, dass er diese Schere schon fast 20 Jahre habe, sie immer noch gut schneide und ein wirklich hervorragendes Werkzeug sei, das ihm das Arbeitsleben enorm erleichtere. Dann dankte er den Herstellern dieser Schere, wer immer sie auch seien, für ihre Arbeit. Dies wurde dann innerhalb der Sendung als Video der versammelten Belegschaft der japanischen Firma vorgespielt, die das Schneidewerkzeug produziert hatte. Alle saßen gerührt da. Einigen liefen sogar Tränentröpfchen die Wangen runter. Der betagte Opa, der die Firma gegründet hatte, sagte, dass es sich lohne, sich im Leben anzustrengen, mit ganzer Kraft und vollem Einsatz zu arbeiten und es wichtig sei, sich auch weiterhin die größte Mühe zu geben, dass die japanischen Produkte so seien, wie sie seien.

Aus deutscher Sicht wirkt der Aufbau ein bisschen inszeniert. Von einem Deutschen würde man vielleicht kein so leidenschaftliches Liebesverhältnis zu einer Blechschere erwarten. Die Vorstellung, dass ich dem Hersteller des Klebstoffes auf meinem Schreibtisch danke, weil der so gut klebt, kommt mir kulturfremd vor. Aber vielleicht sollte ich das. Der Klebstoff klebt ja wirklich hervorragend.

Japaner wollen nicht zwangsläufig in einer Gruppe sein, aber sie arbeiten gern für die Gruppe. Arbeit schafft Produkte oder Dienste. An beiden hängt das mal sichtbare mal unsichtbare Label »Made in Japan«. Damit wird kein Überlegenheitsbewusstsein in Worte gefasst. Was damit gemeint ist, ist eher: »Schau mal, dieses Produkt haben wir für dich gemacht, mit den besten Grüßen, deine Japaner«. Die in Japan hergestellten Produkte und Dienste sind Teil der japanischen Identität. Die

Erzeugnisse sind im schönsten Fall mit der Tradition Japans oder sogar mit der Familiengeschichte verwurzelt. Sie sind aber auch dem Geschick des Firmengründers selbst sowie dem Einsatz aller Mitarbeiter zu verdanken. Das ist irgendwann keine Blechschere mehr, es ist ein Verknüpfungspunkt von Gesamtjapan, von Familien, von Generationen, von Firmengründern und von Arbeitern. Darüber hinaus baut diese kleine Blechschere eine Brücke zu Deutschland und zu der dort befindlichen Firma. Die Mitarbeiter in Deutschland sind über alle Maße dankbar für die asiatische Mühe.

Das alles gibt der Arbeit, die im japanischen Betrieb gemacht wird, einen erfüllenden Sinn. Damit dies aber funktioniert, muss das Produkt wirklich die benötigte Qualität aufweisen. Es wäre ein Desaster, wenn der deutsche Werkstattmeister die Schere hochhalten und sagen würde: »Ganz okay für den Preis«. Damit das nicht passiert, machen die Japaner Überstunden.

4

Überstunden beginnen innerhalb des Lebens eines Japaners nicht erst am Arbeitsplatz. Sie beginnen in der Schulzeit. Der Schulunterricht zieht sich bis in die Mittagsstunden. Danach ist es üblich, an den von der Schule angebotenen Aktivitäten teilzunehmen. Das kann Blasmusik-Unterricht oder Tennis sein. Wenn der Unterricht endlich zu Ende ist, gehen einige Schüler sogar am gleichen Tag noch zur Nachhilfeschule. Diese ist eine von der normalen Schule unabhängige Einrichtung. Die erwähnten Nachhilfeschulen sind in der Regel nicht einmal in der Woche. Sie sind eine zweite Schule am Abend nach der regulären Schule am Morgen und Mittag. Die Schüler lernen dort viele Stunden, nicht selten auch am Wochenende oder in den Schulferien. Wenn der Schüler nach Hause kommt, hat er endlich Zeit… seine Hausaufgaben für den nächsten Tag zu machen. Zielgruppe der Nachhilfeschulen sind nicht die schlechten Schüler, sondern die guten, denn dieser Unterricht bereitet auf wichtige Prüfungen vor. Den Aufnahmetest an der Universität zum Beispiel.

Im Gegensatz zu uns sind Schulnoten nicht entscheidend für ein Studium. Es wird einmal im Jahr im Februar ein Aufnahmetest durchgeführt. Wer hier nicht genug punktet, darf bis zum nächsten Test im Folgejahr auf einen Studienplatz warten. In Japan gibt es drei Schulen, die nacheinander absolviert werden. Die Grundschule – sie dauert sechs Jahre –, die Mittelschule – drei Jahre – und die Highschool – auch drei Jahre. Um an der Highschool lernen zu können, ist nicht selten die Teilnahme an einem Examen nötig. Aber besonders der Aufnahmetest an der Universität ist schmerzlich schwer. Es reicht nicht aus, an einer normalen Schule gewesen zu sein. Dort werden nur die Basics gelehrt und jeder Japaner weiß, dass diese nicht genügen. Zudem hat Japan das amerikanische Bildungssystem übernommen. Es gibt private und öffentliche Universitäten. Von den 780 Universitäten sind 80% privat. Mehr als Geld spielt aber die Leistung in Japan bei der Aufnahme in eine gute Bildungseinrichtung eine Rolle.

Bildung wird als Schlüssel zum Lebenserfolg gesehen. Der Druck, in den Aufnahmetests erfolgreich zu sein, ist enorm. Das beginnt in einem für uns unglaublich frühen Alter. Meine Bekannte aus Japan hat ihren Sohn in eine Vorbereitungsschule geschickt. Das Kind war zu der Zeit noch im Kindergarten. Zuerst musste ihr Nachwuchs also bis in den späten Nachmittag hinein, Zeit im Kindergarten verbringen. Ab 16.00 Uhr ging es in die Vorschule, um dort Unterricht zu nehmen. Ziel war es, ihn in einer privaten Grundschule unterzubringen, die einen für einen sechsjährigen schwierigen Test verlangte. Der Ruf dieser Schule war gut. Eine Art Harvard für Erstklässler? Das ist zuviel gesagt, aber Privatschulen bieten einfach mehr. Schon ab einem Alter von fünf, sechs Jahren kämpfen die Kleinsten um ihre Zukunft. Der »Aufnahmekrieg« wie er genannt wird, ist hart, weil die Konkurrenz im wörtlichen Sinne nicht schläft. Das war schon früher so. Als es noch kein so ausgeprägtes System von Nachhilfeschulen gab, gingen die Schüler in eine Art Audiobibliothek, wo sie über Schallplatten extra Lektionen anhören konnten. Irgendwann verbreitete sich die Auffassung, dass es möglich sei, im Schlaf zu lernen. Viele steckten sich Kopfhörer in die Ohren, um sich über Nacht beispielsweise Englischvokabeln ins Gedächtnis zu schlafen. Freizeit für Schüler wurde erst Anfang der 1980er »erfunden«, als kleinere Schulreformen stattfanden. Vorher konnte man sich nicht vorstellen, dass ein Schüler nicht von morgens bis abends lernt. Besonders in der Baby-Boom Generation der 1960er und 1970er Jahre war die Konkurrenz drückend. Allein 1949 wurden 21,1 Millionen Babys geboren, die größer geworden in die Schulen drängten. Teilweise zwölf Parallelklassen mit jeweils 50 Schülern waren an Schulen nichts Seltenes. Alle arbeiteten auf das Bestehen des Aufnahmetests hin. Wer die vierjährige Universität allerdings abgeschlossen hatte, dem stand die Gesellschaft offen.

Als ob das alles noch nicht genug an Freizeitarmut wäre. Junge Japaner und Japanerinnen machen nebenher noch Teilzeitjobs. Sie verkaufen Würstchen an Ständen, sind Kellner oder Kellnerin oder arbeiten in einem der zahlreichen kleinen Läden (konbini), die an jeder Ecke Essen sowie Dinge für den täglichen Gebrauch anbieten. Diese Teilzeitarbeit heißt baito (バイト). Ein Wort, das vom deutschen Wort »Ar-beit(o)« kommt. Diese Minijobs bringen in der Regel einen Mindestlohn von sieben Euro ein. Sie sind für die Jüngeren auf vierzig Stunden pro Monat begrenzt.

Die Antwort darauf also, warum Japaner so viel in den Firmen arbeiten, ist (teilweise), weil sie dieses Modell schon in der Schule lernen. Die Japaner kämpfen ständig gegen eine reale oder imaginäre Konkurrenz an. Das klassische Bildungsideal, das bei Goethe in der Zeit der Klassik geformt wurde, das besagt, dass Bildung für den Menschen selbst und für die eigene Entwicklung da ist, kennen sie nicht. Bildung ist Bildungskrieg und nicht Mittel zur Vervollkommnung der Humanität.

5

Man darf sich trotzdem keine Illusionen machen. Der Hauptgrund der allgemeinen Arbeitswut ist Gruppendruck, sowie Chefs, die ihren Mitarbeitern zu viele Aufgaben aufhalsen, für deren Erledigung sie zu enge Termine setzen. Japaner haben es einfach nicht gelernt, sich zu wehren. Sie »heroisieren« gern ihr Verhalten als Bedürfnis für die Gruppe zu arbeiten. Dies sei eine typisch japanische Eigenschaft, immer der Gemeinschaft der Kollegen helfen zu wollen. Sie lügen sich da schon selbst ein bisschen in die Tasche. Welche Gruppe soll das denn sein? Wer täglich vier Extrastunden mehr arbeitet, verhindert dadurch nur, dass jemand anderer eine Halbtagsstelle bekommt. Eine simple Rechnung: Die Arbeit muss gemacht werden. Wenn die Angestellten nur acht Stunden arbeiten würden, würde ein weiterer Arbeiter gebraucht werden. Aus einer gewissen Sichtweise ist das Verhalten eher gegen andere gerichtet als für andere. Der, der viel arbeitet, wird denjenigen in der Firma schlecht aussehen lassen, der wenig arbeitet. Auch hier ist es nicht schön, auf andere indirekt Gruppendruck ausüben. Es scheint so zu sein, dass »zu einer Gruppe etwas beizutragen« bedeutet, so zu arbeiten, dass viel Geld in die Kasse des Chefs fließt. Die Chefs wollen Überstunden, nicht die Kollegen. Wenn die Japaner wirklich etwas für die Gruppe tun wollten, wäre es zweckdienlicher, für mehr Freizeit, Geld und Urlaub zu kämpfen. Dafür würden sich Gewerkschaften anbieten. Jedoch bieten jene den Chefs nicht wirklich Paroli. Sie wurden schon vor 150 Jahren in Japan eingeführt. Es gibt ungefähr 43.000 kleine Gewerkschaften, die sich mehr oder weniger zu drei großen Gewerkschaftsverbünden zusammengeschlossen haben. Sie sehen ihre Hauptaufgabe, wie jede andere ordentliche Gewerkschaft es auch tun sollte, in der Verbesserung der Gehaltsstrukturen und der Arbeitssituation. Allerdings gaben 98,1% der Gewerkschaften an zwischen 2014 und 2017 keine Gehaltsverhandlungen geführt zu haben. Als Hauptgrund dafür wurde angegeben, dass kein Grund vorliege, einen unnötigen Konflikt zu schaffen. Es funktioniere doch alles. Dass darüber hinaus 2020 nur 17% der Arbeiter einer Gewerkschaft angehörten, dämpft die Macht dieser Organisationen grundsätzlich.

Die Solidarisierung (im Sinne eines Arbeitskampfes) steht zwar noch auf jungen und noch sehr wackeligen Beinen, aber hat sich in letzter Zeit vermehrt. Denn seit den drastischen Preiserhöhungen im Zuge der Coronakrise ab dem Jahr 2022 wurde tatsächlich konsequenter gestreikt. Die Preise der Supermarktprodukte stiegen in der Zeit zu bisher ungekannten Yen-Höhen an. Das Gehalt blieb aber gleich. Meine Bekannte erzählte mir, in ihrer Firma würde zwei Tage gegen die niedere Bezahlung gestreikt. Da wallte die Hoffnung in mir, dass die Arbeiterbefreiung eingeläutet werde. Japanische Proletarier aller Länder vereinigt euch! Diese Hoffnung bestand aber nur kurz, nämlich nur solange, bis sie sagte, die Mitarbeiter würden nach Feierabend streiken. Der Grund dafür sei, die Angestellten fürchteten den übermäßigen Verlust von Arbeitszeit. Die Überstunden wurden bestreikt, nicht die reguläre Arbeitszeit! Meine Bekannte verbrachte den Zeitraum der Arbeitsniederlegung mit dem Anschauen von Youtube-Videos. Immerhin hat sie in dieser Zeit nicht gearbeitet. Vielleicht ist die Youtube-Video-Strike-Force noch eine Sache der Zukunft, jedoch ist das in einem Land, das keine wirklich funktionierenden Gewerkschaften kennt, ein Schritt nach vorne. Irgendwie.

6

Viel zu arbeiten zahlt sich für die Japaner aus. Eine befreundete Japanerin arbeitete jeden Tag etwa elf bis zwölf Stunden. Das wurde von der Firma anerkannt und sie wurde befördert. Das erhöhte ihr Gehalt. Ihr Chef gratulierte ihr mit den Worten: »Mit der höheren Stellung kommt natürlich deutlich mehr Arbeit auf Sie zu.«

7

Es gibt einen weiteren Grund für die Überstunden. Es geht um die Art, wie Japaner Arbeit organisieren. Die Basis ist das Top-Down-Prinzip. Alle Entscheidungen werden unter Beachtung der Hierarchie oben getroffen. Darauf folgt die Weitergabe von Anweisungen, Schritt für Schritt, nach unten. Alle Nachfragen dagegen werden von unten nach oben übermittelt, wieder Stufe für Stufe. Wenn ein Mitarbeiter Urlaub haben möchte, richtet er seine Bitte an den Gruppenleiter, der dann den Abteilungsleiter darüber informiert, der diese dem Personalleiter übergibt, der dann den Chef fragt. Wenn der Firmenchef eine Entscheidung trifft, ist der Weg abwärts gleich.

Das Prinzip ist schon alt. Es gibt einen Bericht eines russischen Kapitäns aus dem 19. Jahrhundert aus einer Zeit, als noch kein Europäer Japan betreten durfte. Dieser wurde als Gefangener in einer Provinzstadt festgehalten. Er fragte also seinen Wärter, wann er denn damit rechnen könne, wieder freigelassen zu werden. Der Wärter übermittelte die Frage dem Gefängnischef, dieser dem Dorf-Bürgermeister, dieser wiederum dem Provinzverwalter, dieser dem Sekretär im Kaiserhof und dieser wiederum dem Kaiser. Die Antwort nahm denselben Weg. Es dauerte Monate, bis die Auskunft in die Gefängniszelle gelangte. Der arme russische Kapitän war schnell mit den Nerven am Ende.

Diese Befehlskette verlangt keine Initiative von den Unteren. Alles wird oben entschieden. Kreatives Ausscheren Einzelner würde dieses Kommunikationskonstrukt belasten. Firmensitzungen sehen in Japan konsequenterweise anders aus als in Deutschland. In Japan hören die Teilnehmer zu, was der Chef sagt. Hier plötzlich mit neuen Ideen querzuschießen würde das Top-Down-Prinzip in Frage stellen. Folglich fördert dieses Prinzip stärkere Passivität. Personen können damit rechnen, dass »die da oben« es schon richten werden. Eine Bekannte, die in einem Kindergarten arbeitet, erzählte mir dazu ein Beispiel. Wenn in einem deutschen Kindergarten ein Kind Geburtstag hat, backt die Mutter des Kindes Kekse, die das Kind dann in den Kindergarten mitbringt. In Japan wissen die Erzieherinnen, wann der Geburtstag jedes Kindes ist. Es wird einmal im Monat ein Sammelgeburtstag in Form von einer kleinen Feier für alle Geburtstagskinder des Monats organisiert. Eltern müssen nichts machen. Es wird für sie gemacht.

Das Top-Down-Prinzip steht auf drei Säulen. Die erste Säule: Der Chef hat die alleinige Verantwortung. Die zweite Säule: Die Arbeiter stellen ihre ganze Arbeitskraft zur Verfügung. »Die ganze Arbeitskraft« meint Zeit, Motivation und Energie eines Menschen. Wenn nötig wird bis zum Umfallen gearbeitet. Die dritte Säule: Personen, die nichts mit der Arbeit zu tun haben, aber als Empfänger der Früchte davon gesehen werden. Sie sollen passiv sein. Im oberen Beispiel wäre dies eine Kette, die von der Spitze, der Kindergartenverwaltung, über die hierarchischen Stufen innerhalb der Kindergartenbelegschaft bis hinunter zu den Eltern der Kinder reicht. Ganz unten sind immer die»Leute, die etwas gemacht bekommen«, wie man umgangssprachlich sagen könnte. Sie müssen nur stillhalten. Die drei Säulen sind die Grundlagen eines unausgesprochenen, gesellschaftlichen Vertrags zwischen Führung, Geführten und Nutzniesern.

Was soll das alles? Um das zu verstehen, müssen wir einen kleinen Umweg über die amerikanische Gesellschaft nehmen und vom »American Dream« sprechen: »Vom Tellerwäscher zum Millionär«, »jeder kann seine Träume verwirklichen«, »glaube an deine Träume«, »gib nie deine Träume auf«; »du schaffst es, wenn du wirklich an dich glaubst«. So oder so ähnlich lauten die Phrasen made in America. Naja. Wenn Träume verlässlich zur Realität durch Beharrlichkeit würden, hätte die USA 50.000 Präsidenten und zwei Millionen Sängerinnen in den Top Ten Charts. Aus dieser Fantasie des American Dreams schlägt die Gesellschaft Profit. Amerikaner strengen sich mehr an als sie es würden, wenn keine großen Ziele erreichbar wären. Die Gesellschaft wird so gewissermaßen mit zusätzlicher Energie gespeist. Das ist ein Wettbewerbsvorteil gegenüber Gesellschaften, deren Mitglieder nur ihren Job machen. Der Staat hat mit der Hoffnung ihrer Bürger, Träume verwirklichen zu können, ein gemeinsames, verbindendes Ideal.

Die Japaner haben keinen »American Dream«. Sie haben das Top-Down-Prinzip. Es besagt: Wenn die Leute oben richtige Entscheidungen treffen und die Leute unten ihre ganze und zwar wirklich ihre ganze Arbeitsleistung zur Verfügung stellen, dann steht die perfekte Welt vor der Tür. Wenn nur ein einziger Stein des Gebäudes lose ist – ein korrupter oder gleichgültiger Chef oder ein einziger Arbeiter, der nicht seine ganze Kraft zur Verfügung stellt –, wird die Erfolgsgarantie ungültig. Gelingt diese Verbindung aber, kann jedes erdenkliche Problem auf Erden oder zumindest im Inselstaat gelöst werden.

Wer hat diesen Garantieschein ausgestellt? Natürlich die Götter Japans selbst.

Es sei mir etwas Spekulation erlaubt: Wenn man sich das japanische Kanji-Zeichen für Firma 会社 (kaisha) oder Chef 社長 (shajou) ansieht, fällt das in beiden Fällen vorkommende Zeichen 社 auf. Das wäre soweit nichts Besonderes. Ursprünglich bedeutete das Zeichen »versammeln« im Sinne von »nahe sein«. Aber 社 hat für sich genommen auch die Bedeutung »Schrein«. Shinto-Schreine sind Orte, an denen Kontakt mit den Gottheiten aufgenommen wird. Ist eine Firma also ein Ort, an dem Kontakt mit ihnen hergestellt werden kann? Ist der Firmenchef der Berührungspunkt zwischen Firma und Göttern? Wir werden in einem späteren Kapitel sehen, wie stark die Ansicht bei den Japanern vertreten ist, dass eine Führungskraft tatsächlich jemand ist, der sein Ohr ganz weit aufsperren kann, wenn es um himmlische Einflüsterungen geht. Seine Funktion ist fast die des Priesters. Er gibt den Willen der Oberen weiter an seine Untergebenen, die diesen in Richtung »down« weiterleiten. Das ist keine Hierarchie. Das ist ein spirituelles Telefonkabel. Wichtig ist den göttlichen Willen nicht durch eigene Entscheidungen zu verfälschen. Initiative ist in diesem System nicht gefragt. Wichtig ist den göttlichen Willen mit maximaler Eigenleistung umzusetzen. Wer gewissermaßen für den Herrgott arbeitet, wird sicher mehr arbeiten, als derjenige, der es nicht tut. Was sind da schon ein paar Überstunden? Wer ist gern das schwächste Glied in der Kette? Die letzte Antwort, die hier auf die Frage gegeben wird, warum die Japaner so lange arbeiten, lautet: Weil Japan von den Shinto-Göttern beschützt werden will. Und die treten im nächsten Kapitel auf.

Shinto: Die Götter in deinem Schreibtisch

1

Wenn man einen Japaner trifft, hat man viele Fragen. Eine der Fragen, die von Interesse sind, ist die nach der Religion in Japan. Nicht wenige denken, Japaner sind Buddhisten. So ganz stimmt das nicht. Tatsächlich ist die Beliebtheit des Christentums in Japan in jüngerer Zeit gewachsen. Immerhin 1,9 Millionen (2019) Japaner zählen sich zu dessen Anhängern. Das sind 1,5% der Bevölkerung. Diese sind in Japan noch eine Minderheit und im Vergleich zu anderen asiatischen Ländern wenig. In Singapur sind 18,2 % der Bevölkerung Christen, in Südkorea sind es vierzehn Millionen, also 29,3% der Bevölkerung. Es mag überraschen, aber im letztgenannten Land sind die Buddhisten mit nur 23% in der Minderheit. Der neben Indonesien liegende Inselstaat Osttimor hat sogar einen christlichen Bevölkerungsanteil von 99,6%, nur der Vatikan hat weltweit gesehen mehr. Dieses Bild von Fernost-Asien als rein buddhistischer Landstrich lässt sich nicht mit der Realität vereinbaren. Zudem der Islam in einigen Länder ebenfalls gut Fuß gefasst hat.

Wer trotzdem ein asiatisches Land bereisen will, in dem der Buddhismus die Vorherrschaft hat, dem kann Thailand empfohlen werden. 95% der Bevölkerung zählen sich zu den Anhängern dieser Religion. Hier stehen auch die beeindruckenden Tempelanlagen. Mit modernsten Handys ausgestattete Mönche sitzen in der U-Bahn auf bevorzugten Plätzen. Mönche, deren Auftreten spirituell erhebend wirkt, haben »Superstar-Charakter« und die Zeitung »Manager Weekly newspaper« hat vor einiger Zeit sogar ein Ranking der beliebtesten von ihnen erstellt. Wessen Amulette besonders gut wirken, wird darin sogar als »Super-Mönch« betitelt. Der Buddhismus ist in Thailand aus vielen Gründen tief verankert. Das Land war zu früheren Zeitpunkten seiner Geschichte von Staaten umgeben, die den Hinduismus bevorzugten. Besonders sind hier die Khmer mit der ursprünglich hinduistischen Tempelanlage Angkor Wat zu nennen. Der Buddhismus diente zur kulturellen Abgrenzung gegenüber Nachbarländern. Das hierarchische Weltbild des Buddhismus konnte zudem von den Thai-Königen benutzt werden, um ihre Spitzenstellung im Kosmos zu begründen.

In Japan lagen die Verhältnisse anders. Die Japaner waren historisch gesehen schon mit einer Religion ausgestattet, als der Buddhismus das erste Mal in Japan erschien. Dem Shintoismus. Der Buddhismus musste und muss bis heute den Shintoismus respektieren. Geschichtlich gesehen gewann der Buddhismus bei einigen Gelegenheiten den Popularitätspokal, bei anderen der Shintoismus. Wichtig zu wissen ist, dass die beiden religiösen Vorstellungswelten nicht offen miteinander konkurrieren. Eine Debatte zwischen ihnen zum Thema »Wer hat recht?« fand nie statt.

Viele kennen sicherlich das Stichwort »Shintoismus«. Die wenigsten können aber vermutlich angeben, um was es sich dabei genau handelt. Das ist keine Schande. Das geht auch Japanern teilweise so. Vor einigen Jahren sprach ich mit einer meiner japanischen Schülerinnen. Ich fragte sie: »Bist du Shintoist?«. Sie schaute mich eine Sekunde verdutzt an. Dann entgegnete sie: »Ich weiß nicht, was du meinst«. Ich gab nicht auf: »Shintoismus ist doch die Religion in Japan, oder?«. Ihre Antwort war wieder die gleiche: »Ich weiß nicht, was Shintoismus ist«. Der Versuch, das Wort im Wörterbuch mit dem Finger zu zeigen, scheiterte genauso kläglich. Diese Japanerin war eine gebildete Person und hatte vielleicht nur die Absicht, das Thema Religion zu vermeiden. Sie ist inzwischen eine angesehene Konzertpianistin und lebt wieder in Japan. Aber nachdem ich mich jetzt mehrere Jahre mit der japanischen Kultur auseinandergesetzt habe, bin ich zu dem Schluss gekommen, dass ihre Antwort »Ich weiß nicht, was Shintoismus ist« perfekt ist. Besser kann man es auch als Japaner nicht ausdrücken.

In Japan gibt es drei große Religionen, die die Kultur nachhaltig geprägt haben. Das sind der aus Japan stammende Shintoismus, der aus

Indien kommende Buddhismus und der aus China eingewanderte Konfuzianismus.

Der Konfuzianismus ist als Religion ungewöhnlich, denn es gibt keine Orte, an dem er durch Gebet oder Messen praktiziert wird. Er besagt – einfach ausgedrückt –, es gibt im Kosmos eine bestimmte Ordnung, die man einhalten soll. Ein Vater soll sich wie ein Vater benehmen, ein Kind wie ein Kind, eine Frau wie eine Frau etc. Jeder soll gut handeln, denn das Universum ist gut. Wenn man harmonisch lebt, seine Ahnen ehrt, seine Eltern respektiert, seine gesellschaftlichen Pflichten und seine gesellschaftliche Position akzeptiert, wird das Leben gelingen. Gerät die Harmonie des Lebens durcheinander, wird die Harmonie des Kosmos gestört, so dass schlimme Dinge passieren. Der Konfuzianismus ist seit seiner Einführung vor 1400 Jahren ein Nährboden japanischer Kultur. Ein Japaner, der am gesellschaftlichen Leben konform teilnimmt, ist unausweichlich Teil des konfuzianischen Denksystems. Es ist sinnlos zu sagen, »Ich bin Anhänger des Konfuzianismus«, weil dieser sowieso die gesellschaftliche Ordnung ist. 2000 Jahre Christentum lassen uns denken, dass Religion irgendetwas mit heiligen Büchern, Sündern, gruseligen Teufeln und einem Schlaraffenland im Jenseits etc. zu tun haben muss. Wir haben schlicht gesagt vorgefasste Meinung, die uns nicht sehen lassen, welche Vielfältigkeit Religion für den Menschen haben kann.

Ähnlich verhält es sich mit dem Shintoismus, der sich schon seit Anbeginn der japanischen Kultur auf der Insel befunden hat. In Japan sind 80% der Bevölkerung Anhänger davon, aber niemand würde sich als Shintoist bezeichnen. Das Christentum versteht Religion als etwas, was dem Gläubigen Identität verschafft: Ich bin ein Christ, ich bin Katholik. Der Shintoismus stellt einen Zugang zur Welt der Götter her. Das ist lediglich ein Service. Wen ihn jemand nicht haben möchte, ist das ebenfalls in Ordnung. Es gibt nie Grund, eine Person als Ketzer zu verdammen.

Zuerst einmal ein paar grundsätzliche Dinge: Dem Shintoismus werden Schreine zugeordnet, dem Buddhismus Tempel. Beides gibt es in Japan natürlich zuhauf. 100.000 Schreine findet man dort sowie 75.000

buddhistische Tempel. Der Ursprung von beiden ist verschieden, aber in gewissen Zeiten der japanischen Geschichte flossen die Richtungen ineinander, so dass die Unterschiede geringer, ja sogar bis zur Unkenntlichkeit verwischt wurden. Die Japaner besuchen Schreine, um zu beten, genauer gesagt, um etwas von den Göttern zu erbeten. Die Götter heißen Kami. Das Wort Kami ist Singular und Plural, so dass es manchmal unklar ist, ob gerade von einem oder von vielen Göttern gesprochen wird. Und wer genau hinsieht, entdeckt, dass es für das Funktionieren des Glaubens völlig egal ist.

Das Christentum ist ein Monotheismus. Ein einziger Gott. Polytheismus heißt es, wenn es viele Götter gibt. Im Falle des Shintoismus kann von Polypolypolypoly(...)-Theismus gesprochen werden, denn die Anzahl der Götter wird mit acht Millionen beziffert. Das heißt auf 15 Japaner kommt 1 Gott. Das entspricht ungefähr dem Zahlenverhältnis von Erziehern und Kindern in einer Kita. Der Aufenthaltsort der Götter ist nicht auf einen Platz wie einen Schrein beschränkt. Die Kami sind überall vorhanden, in den Dingen der Natur oder in gemachten Dingen. Sie sind verborgen, jedoch sind sie gleichzeitig sehr nah, da die Kami selbst in Gegenständen des Alltags präsent sind. Sie sind dort nicht ansprechbar, aber als Gewalten spürbar vorhanden. Ein Gott lässt sich auch besuchen, denn er hat einen Ort, an dem er oder ein Teil von ihm zu finden ist. Das ist ein Schrein. Gewissermaßen ist der Schrein wie eine große Telefonzelle, in der mit den Göttern gesprochen werden kann. Nur dort hören sie zu.

Wer zu einem Schrein geht, muss durch ein großes, meist orangefarbenes Tor gehen, das den Eingang des heiligen Bezirkes markiert. Dieses knallige Rot-Orange der Holzpfähle ist sehr eindrücklich. Es ist eigentlich kein Tor, sondern ein ins Gewaltige übertriebener Türrahmen. Es hat grobe Ähnlichkeit mit einem American-Football-Tor. In der Minimalform sind es zwei vertikal in den Boden gerammte, sehr dicke Holzstangen, die oben zu zwei horizontal angebrachten, rechteckigen Balken führen. Einige Historiker vermuten, dass die Form von Vogelstangen abgeleitet wurde, auf denen Käfigvögel sitzen. Solche mit Holzvögeln verzierten Stangen dienen in einigen asiatischen Ländern zur Vertreibung von Geistern. Alles bleibt hier in der Spekulation stecken. Die Form dieses Rieseneingangs ist auf jeden Fall eigentümlich.

Hinter dem zehn oder zwanzig Meter hohen Holztor findet der Besucher einen oft geraden Weg, der zwischen seitlich gepflanzten Bäumen zum Schrein führt. Das Tor ist so hoch, damit der Gott darunter hindurchgehen kann. Wie allerdings eine Gottheit genau aussieht, weiß niemand. Die Größe des Tores drückt die Macht des Gottes aus, nicht seine Körpergröße. Es gibt Torii, wie diese Tore heißen, mitten im Meer (z.B. ein sehr berühmtes in Hiroshima). Hier kann wirklich kein Besucher hindurchspazieren, da es eben ein Torii allein für den Kami ist.

Bevor jemand durch das Tor schreitet, sollte er sich verbeugen und dann auf der linken Seite den Weg zum Schrein laufen. Das machen fast alle Japaner falsch, sagen die Priester, denn diese gehen in der Mitte, wo der Weg etwas sauberer ist. Der Respekt gebiete es, nicht auf dem Weg zu gehen, wo auch die Gottheit wandelt.

Am Ende des Weges kommt der Besucher zu einem Platz, an dessen Längsseiten Stände aufgebaut sind. Auf dem Platz ist etwas, was in etwa Brunnenform hat, aus dem es raucht. Wasser und Rauch sind gute Möglichkeiten, sich symbolisch zu reinigen, bevor der Besucher vor den Kami tritt. Links und rechts sind die Stände. Dort kann der Schreinbesucher kleine Zettel kaufen, auf die er seine Wünsche notiert, oder er kann Lose ziehen, durch die die Zukunft vorausgesagt wird. Die Shinto-Schreine werden nicht vom Staat finanziert. Die Los- und Glückszettel spülen das nötige Geld ins Haus, um den Schrein am Laufen zu halten.

Auf der gegenüberliegenden Seite des Platzes ist der Schrein. Je nach Ort ist das ein beeindruckendes Gebäude mit viel Dekorationen und Prunk, an anderen Orten ein einfaches Gebäude. Vor dem Schrein ist eine kleine Treppe, die zu einer Absperrung führt. Von dort aus schaut man ins Innere des Schreins. Im Wesentlichen ist das eine Art Raum mit Goldgegenständen, einer Truhe und anderen Dingen, die zum Schrein gehören. Steht der Besucher dort, hängt über ihm eine Kordel, die eine Glocke mit dumpfem Klang bedient. Und direkt davor, aber hinter der Absperrung, ist eine Kiste, mit einigen Walzen darauf. In diese wirft man Geld, etwa zwanzig bis hundert Yen (weniger als ein Euro). Die Rollen lassen das Geld leichter in die Kiste rutschen. Die meisten werfen aber nur ein fünf Yen-Stück hinein (ca. sieben Cent). Die Fünf gilt als Glücksnummer.

Der Ablauf ist folgender: Der Besucher geht die Treppe hoch, verbeugt sich, zieht am Seil, das die Glocke bedient, der dumpfe Glockenklang ertönt, dann wirft er etwas Geld in die Kiste. Jetzt muss die 2-2-1-Regel beachtet werden. Der Schreinbesucher verbeugt sich zweimal (2). Dann klatscht er mit den Händen zweimal (2). Würdevoll. Es ist kein Applaus. Daraufhin folgt eine kleine Pause, in der mit geschlossenen Augen gebetet wird. Eine erneute Verbeugung (1). Fertig.

Die meisten Japaner sagen, diese Art zu beten sei aus der Urzeit überliefert. Tatsächlich wurde sie 1875 vom Staat eingeführt, um einheitliche landesweite Regeln zu haben. Vorher betete jeder am Schrein, wie er wollte. Die Glocke hat den Sinn, die Aufmerksamkeit des Kami zu erregen. Da die Glocke von morgens bis abends pausenlos schlägt, fragt man sich ja, ob das Gebimmel das Interesse des Kami noch erregt. Auch achtlos, geradezu gelangweilt Geld in die Kiste zu werfen, was die Japaner sehr gerne machen, ist verkehrt. Besonders Priester ärgern sich darüber. Sie sagen, man habe das Gefühl, einem Hund werden Knochen hingeworfen, anstatt einem Gott demutsvoll eine Gabe zu übergeben. Auch Japaner haben die Schreinregeln manchmal nicht ganz im Griff.

Was betet der Japaner, wenn er im Schrein dem Kami gegenübertritt? Er betet gar nicht, er bittet. Am Schrein werden Wünsche vorgebracht, mehr in der Regel nicht. Es ist kein inniges Zwiegespräch mit dem Herrn. Natürlich wünscht sich ein Japaner kein Fahrrad oder eine PlayStation: Gesundheit, Glück, einen guten Partner, baldige Heirat und ein langes Leben dürften ganz weit vorne stehen. Das Gespräch mit der Gottheit beginnt oder endet in etwas ganz Eigenartigem. Nicht wenige Schreinbesucher sagen nämlich im Gebet ihren Namen und ihre Adresse. Viele machen das, damit der Kami weiß, wo der Betreffende zu finden ist, sollte sein Wunsch erfüllt werden. Ob in modernen Zeiten die E-Mail-Adresse ausreicht, darüber konnte mir bisher niemand Auskunft geben.

Gemäß der allgemeinen Auffassung wohnt der Kami im Schrein. Der Besucher schaut von Außen in einen Ausschnitt des Schreins, als ob er in ein Schaufenster blickt. Die Gottheit bekommt er nicht zu Gesicht. Diese ist woanders (in der Natur oder in einer himmlischen Sphäre). Aber ein kleiner Teil des Gottes ist in Gegenständen, zum Beispiel einem Spiegel oder einem spirituellen Stein, die verborgen im Inneren des Schreins sind. Der Besucher und oft nicht einmal die Priester dürfen diese Objekte sehen, weswegen sie gut verschlossen aufbewahrt werden.

Die Kami haben also nur einen kleinen Teil ihres Wesens im Schrein gelassen. Sie leben wie gesagt im Wasserfall, im Wald oder auf einer Anhöhe. Sie können selbst in einem der gefürchteten Tsunami zu finden sein. Heißt das, die Götter sind böse? Wer soviel Zerstörung bringt, kann dem Menschen nicht wohlgesonnen sein. Die Gottheiten sind ursprünglich weder gut noch böse. Sie sind gar nichts, denn sie sind mit sich selbst beschäftigt. Ihre Aufmerksamkeit zu erregen, birgt ein gewisses Risiko, denn sie teilen ihre Gaben aus, können aber auch andere Saiten aufziehen. Werden sie ohne Beachtung von Respektsregeln gestört, werden sie zornig, zerstörerisch, grausam. Deswegen tut man gut daran, sie durch Gaben mild zu stimmen. Sie lassen sich gern verehren. Diese respektvolle Verehrung belohnen sie mit Lebensglück, Gesundheit und Reichtum, weil sie als Mächte dies können. Jeder Kami ist ein Experte für eine Form des Glücks. Wer sich einen Partner wünscht, geht besser in einen Schrein, in dem eine Gottheit wohnt, die sich auf Liebesdinge spezialisiert hat. Wer Glück fürs Leben braucht, geht in einen anderen Schrein. Jeder Kami ist trotz seiner Spezialisierung auf ein »Fachgebiet« wie Gesundheit oder Partnersuche für alles zuständig, so dass bei jedem jeder Wunsch mit etwas reduzierten Erfolgsprognosen vorgebracht werden kann.

Die populären Schreine werden ganzjährig besucht. Die großen Schreine beherbergen wichtige, mächtige Kami, so dass es sich eher lohnt, dorthin zu gehen. Schreinbesuche sind zwingend an Neujahr, dreißig Tage nach der Geburt des Kindes und dessen Erreichen eines bestimmten Alters oder bei Hochzeiten, kurz gesagt an besonderen Tagen. Wer ein Kind hat, muss ebenfalls bei den Kami regelmäßig vorstellig werden. Pro Kind sind in jungen Jahren bis zu neun obligatorische Schreinbesuche vorgesehen. Sehr populär sind die 7-5-3 Festtage, an denen das gesunde Heranwachsen von Kindern gefeiert wird, wenn sie das entsprechende durch die Zahlen ausgedrückte Alter erreichen. Das Sieben-Jahres-Fest am Schrein ist gleichzeitig der Tag, an dem Mädchen traditionell zum ersten Mal einen breiten Kimono-Gürtel umlegen durfen. Die Jungen dürfen am Fünf-Jahres-Fest zum ersten Mal die »hakama« anziehen, eine traditionelle japanische Hose. Das ist meist Anlass für putzige Familienfotos, die am Schönsten werden, wenn sie von einem professionellen Fotografen geschossen werden. Warum sind so viele Schreinbesuche nötig? Früher wurde gesagt, dass ein Kind, bis es sieben Jahr alt wurde, noch im Besitz der Götter sei. Diese wollten gewissermaßen ihren Schützling regelmäßig sehen. Der Hintergrund der Inanspruchnahme der Kinder durch die Götter ist allerdings ein trauriger. Allgemein wird angenommen, dass der Glaube den Zweck gehabt hätte, den Schmerz der Eltern zu mindern, wenn das Kind starb. In alter Zeit erreichte nur die Hälfte der Kinder das biblische Alter von sieben Jahren. So konnte man sich wenigstens damit trösten, dass die Götter den Schmerz der Eltern teilten.

Für touristische Zwecke sind die wichtigen Schreine allemal zu gebrauchen. Zum großen Ise-Schrein in der Mie-Provinz kommen jedes Jahr zwischen sieben und neun Millionen Besucher. Der Louvre hat die gleiche jährliche Zahl an kunstbegeisterten Menschen vorzuweisen. Der Shintoismus hält die Menschen in Bewegung, auch körperlich. Wenn die Japaner einen Ausflug machen wollen, sind Schreine immer ein schönes Ziel. Der Parkplatz ist meist ein gutes Stück entfernt. Der Schrein, den ich im Süden von Japan besucht habe, war über 600 Treppenstufen zu erreichen. Die Ausländer kommen trotzdem in großen Scharen, was die Tourismusindustrie unterstützt. Der Motonosumi Inari Schrein in Nagato in der Präfektur Yamaguchi soll sogar umbenannt werden, weil sich ausländische Touristen den Namen nicht merken können.

Den größeren Schreinen sind Festivals zugeordnet, die Höhepunkte des Kalenderjahrs sind. Hier ist die Variation der Traditionen schier grenzenlos. Nehmen wir zum Beispiel die Penis- und Vagina-Festparaden. Bei dieser Gelegenheit werden riesige Penis- und Vaginadarstellungen inmitten einer großen Menschenmenge herumgetragen. Verbunden mit den Darstellungen von Genitalien ist der Wunsch, eine gute Ernte und viele Kinder zu haben. Am Tagata-Schrein, der etwas entfernt von der Stadt Komaki liegt, wird zuerst das Vagina-Festival durchgeführt und einige Tage darauf das Penisfestival. Doppeltes Festglück. Sake und Bier fließen, die Stadtbewohner putzen sich fein raus. Am Höhepunkt des Festivals tragen junge Männer einen enormen Phallus durch die Straßen, der aus Zypressenholz gefertigt ist. Immer wieder wird angehalten und der Penis einmal im Kreis gedreht. Aufgrund des enormen Gewichts des Penis' halten die Träger nicht bis zum Ende durch und müssen oft abgelöst werden. In einem Land, wo öffentliche Zurschaustellung von Nacktheit unter Strafe gestellt ist, ein erstaunliches Festival. Diese Festveranstaltungen sind nicht der Normalfall. Meist werden bunte, anständige Umzüge veranstaltet, heitere Lampionfeste ausgerichtet, Puppen auf kleinen Booten den Fluss hinuntergetrieben und Feuerwerke entzündet. Der Shintoismus ist auf das Leben ausgerichtet und nicht auf den Tod, deswegen sind dessen Festivals schön und machen Spaß.

2

Im Shintoismus gibt es keine heiligen Bücher, keine Lehre und keine verbindlichen Texte. Ich habe eine Japanerin gefragt, woher sie denn etwas über den betreffenden Kami wüsste, respektive wo sie über ihn Informationen bekommen könnte. Die Antwort war ein verlegenes »Naja, es gibt am Schrein Schilder, auf denen etwas steht«. Kein heiliges Buch im Shintoismus, nur Schilder.

So ganz stimmt der Kommentar der Japanerin nicht, denn es gibt zwei Bücher mit den Titeln »Kojiki« und »Nihon Shoki« aus den Jahren 712 nach Christus und 720 nach Christus, in denen eine allgemeine Mythologie der Götter enthalten ist. Diese ermöglicht Experten wenigstens teilweise etwas über die Kami zu erfahren. Vor diesem Hintergrund möchte ich die Gelegenheit ergreifen, mit größtem mir möglichen Respekt etwas zu sagen, was einfach so ist: Japaner haben in der Regel keine Ahnung vom Shintoismus. Sie wissen, was man am Schrein macht, kennen alle Rituale und Festivitäten, aber nicht zwangsläufig, welchen spirituellen Hintergrund diese haben. Wenn ich Näheres dazu fragte, passierte immer das Gleiche. Ich bekam eine Antwort, allerdings erst nachdem sie minutenlang mit ihrem Handy im Internet recherchiert hatten. Daraus sollte den Japanern kein Strick gedreht werden. Die meisten Deutschen würden bei der Beantwortung der Frage stocken, was denn da an Pfingsten so genau gefeiert wird. Warum ist Fronleichnam ein Feiertag, warum Allerheiligen? Das sind (je nach Bundesland) Feiertage. Reicht doch an Information.

Die Schreinbesuche sowie die Festivals sind in das tägliche Leben integriert wie es Weihnachten bei uns ist. Alle feiern Weihnachten, ob sie nun gläubige Christen, Atheisten oder religiöse Flexitarier sind, weil das Fest um die Geburt Jesu ein Teil des kulturellen Lebens geworden ist. So ist Shinto auch. Er ist so in der japanischen Gesellschaft verwurzelt, dass es fast gar keinen Sinn macht zu sagen, »ich bin Shintoist«, denn Personen, die nur irgendwie im Takt mit der japanischen Gesellschaft leben, praktizieren Shintoismus einfach aus dem Grund, da sie in Japan sind. Deswegen war meine Frage an meine japanische Schülerin »Bist du Shintoist?« unklar. Die eigentliche Frage hätte lauten sollen: »Lebst du in Japan?«.

Viele sagen sogar, der Shintoismus sei gar keine Religion. Tatsächlich wurde ihm schon im Laufe seiner Geschichte von Staatsseite dieser Status aberkannt. Das war aus finanzieller Perspektive gesehen für die Schreinverwaltung eine Katastrophe, weil nur »richtigen« Religionen (wie dem Buddhismus) erlaubt ist, Amulette und Zettel mit Prophezeiungen zu verkaufen. Dadurch schrumpften die Gelder, die zum Erhalt der Schreine nötig waren.

3

Wenn man nur Reisebücher liest, könnte man auf den Gedanken kommen, es gäbe nur die Art von Schreine, die tempelartig auf großen parkähnlichen Flächen gebaut wurden. Das stimmt nicht. Eigentlich findet der Japaninteressierte drei Typen von Schreinen. Die großen Schreine, die an Festtagen besucht werden. Dann die kleinen Haus-Schreine, die in den Wohnungen der Japaner stehen. Ihre Funktion besteht in der Verehrung der Verstorbenen. Gemäß den Vorgaben des Shintoismus können diese nämlich zu Kami werden. Schließlich dürfen die unbedeutend scheinenden Schreine nicht vergessen werden, die plötzlich zwischen zwei Häusern mitten in einer Großstadt auftauchen und die im Vorbeigehen fast übersehen werden. Bei den Letzteren ist weder Prunk noch Zier zu finden. Leuten, die in einer Metropole leben, fehlt einfach die Zeit, die Subway oder den Bus zu nehmen, um nach irgendwo zu einem Großschrein zu fahren. Der Shintoismus muss in den Städten vor Ort sein. Diese kleinen Schreine erfüllen am meisten die oben erwähnte Deutung der Schreine als Telefonzellen. Hier kann jedermann zu jederzeit mit den Göttern Kontakt aufnehmen.

Doch der Shintoismus ist mehr als das, was in und um den Schrein stattfindet. Er formt trotz geringer Vorgaben das Leben und die Kultur in Japan.

Der Shintoismus gibt keinen ethischen Kodex vor. »Stiehl nicht«, »morde nicht«, »ehebreche nicht«... hierzu sagt er nichts. Das einzige, was er von seinen Anhängern erwartet, ist Reinheit: Reinheit des Körpers, Reinheit der Wohnung, Reinheit der Straßen etc. Die Kami mögen es sauber. Damit die Götter nicht erzürnen, sollte am besten alles, was ins Auge fällt, frei von Dreck sein. Eine japanische Freundin sagte mir, dass die Japaner sehr penibel ihre Wohnung putzen. Ich fragte, warum das so wichtig sei. Sie antwortete: »Wenn man nicht sauber macht, zeigt das...«, – sie begann hektisch in ihrem Wörterbuch zu blättern und fand schließlich den gewünschten Ausdruck – »...das zeigt, dass die Person eine lumpige Gesinnung hat«. Sauberkeit macht den Unterschied zwischen Gut und Böse.

Reinheit und Ordnung werden folglich von den Japanern als Tugend angesehen. Folgerichtig ist die Wahrnehmung der Japaner darauf getrimmt, Mängel zu entdecken, denen wir keine Bedeutung zumessen. Eine Klage, die ich von Japanern gehört habe, ist, dass die Eier nicht sauber sind, die im deutschen Supermarkt verkauft werden. Tatsächlich sind die Schalen oft dreckig oder sogar verkotet. Das scheint in Deutschland niemand zu stören. Aber in Japan gelten die Maßstäbe, die vom Shintoismusus vorgegeben werden. Wer nicht reinlich ist, schadet dort der Gemeinschaft, weil er die göttlichen Wesen verstimmt. Diese können neben Glück und Wohlstand auch die Ursache von Verderben und Unglück sein. Besonders die Reizbarkeit der Götter ist eine ihrer Kerneigenschaften. Deswegen müssen die Reinlichkeitsrituale peinlich genau beachtet werden. Das beginnt im täglichen Leben mit der Gewohnheit, jeden Tag zu baden. Dieses Bad in den eigenen vier Wänden ist nur ein kleiner Teil der japanischen Badeleidenschaft, die sich in den sogenannten Onsen am sichtbarsten verwirklicht. Onsen sind heiße Quellen, deren Wasser von Vulkanen erwärmt wird. Das in mal kleine, mal etwas größere Becken gefüllte Wasser ist das Zentrum jeder japanischen Entspannungsfantasie. Touristen denken immer, es ginge hier lediglich ums Baden. Es geht um das Sich-Reinigen. Vor dem Badegang wird der Körper bis zu zehn Minuten gewaschen. Man sitzt dabei auf Melkschemeln, während man sich mit Seife und mit Hilfe einer Handdusche wäscht. Dann geht der Besucher der Bäder einige Minuten in ein Becken mit unglaublich heißem Wasser. Dort verharrt er dann eine kurze Weile, bis er sich wieder auf seinen Melkschemel setzt, um sich erneut zu waschen. Das wiederholt sich viele Mal. Am Ende ist der Japaner entspannt, gebadet, aber vor allen Dingen sauber.

In diesem Zusammenhang sei noch die weltbeste Toilettenkultur erwähnt.

Jeder, der eine solche Einrichtung in Japan aufsucht, wird bemerken, dass die Toiletten immer tipptopp sauber sind. Ein Grund ist, dass es

Toiletten-Götter gibt, die es zu verehren gilt. Wird eine öffentliche Toilette beispielsweise im Kaufhaus von einer Fachkraft gereinigt, wird diese sich umdrehen, nachdem sie den Toilettenraum verlassen hat, und sich vor der Erleichterungsgelegenheit verneigen. Das macht sie oder er, weil dem Kami, der an solchen Orten haust, Respekt gezollt werden muss. Hier nachlässig zu putzen, würde den Zorn des übersinnlichen Wesens erregen. Was in der Öffentlichkeit gilt, gilt auch im Privaten. Ein nicht perfekt geputztes Klo in einem privaten Haushalt lässt auf eine abstoßende Persönlichkeit schließen. Die Japaner haben aus einer Not besser gesagt Notdurft eine Quelle der Freude gemacht. An vielen Orten findet man mit Elektronik ausgestattete Toilettensitze. Sie ähneln irgendwie einem kleinen Vergnügungspark. Es gibt viele Knöpfe an dem am Toilettenrand befestigten Kästchen. Sie sind Auslöser von Wasserstrahlen, die unterschiedlich intensiv in Richtung Po abgefeuert werden. Richtiggehende Wasserspiele lassen sich damit veranstalten, ja ganze Waschprogramme im Sinne einer Autowaschanlage lassen sich hier wählen. Am Ende steht erlösende Sauberkeit.

Die Reinlichkeitsforderung des Shintoismus' geht in fast alle Bereiche des täglichen Lebens über. Der weltbekannte Schnellzug Shinkansen wird von einem Putzdienst gereinigt. Das ist nicht weiter erstaunlich, aber die Form, in der es abläuft, schon. Im Bahnhof, von dem aus der Zug seine Reise beginnt, steigt zuerst der Putzdienst in den Zug. Ist dieser fertig, dürfen erst die Passagiere einsteigen. Dann fährt der Zug zweieinhalb Stunden beispielsweise von Tokio nach Osaka. Zunächst Endstation. Alle Passagiere steigen aus. Der Zug wird wieder von dem vielleicht fünfzehnköpfigen Putzdienst gründlich gereinigt. Ist der Zug wieder sauber, fährt er zurück nach Tokio, wo er wieder gründlich gereinigt wird. So kommt der Schnellzug auf mehr als fünf Reinigungen pro Tag. Wenn ich da an den Zustand von einigen U-Bahnen und Zügen aus meiner Umgebung denke…

Es fiel schon Missionaren aus dem 15. Jahrhundert als erster Eindruck von Japan auf, wie sauber es in Japan ist. Es ist keine Sache, die erst mit ulkigen Toilettensitzen im späten 20. Jahrhundert aufkam. Damit diese Ideale den Kindern für ihr Leben mitgegeben werden, wird bereits in der Schule auf sie geachtet. Sehr bekannt wurde bei uns in diesem Zusammenhang die Pflicht der Schüler, das Schulgebäude selbst zu putzen. Vor oder nach dem Unterricht heißt es Lappen und Wischmob in die Hand zu nehmen, um der Schule den Reinlichkeitsgrad zu geben, der erwartet wird. Auf allen Vieren, in den Händen einen Lappen, der mit dem Körpergewicht auf den Boden gedrückt wird, so werden die Gänge geschrubbt. Die Schulkinder haben dies zur Spielgelegenheit umgemünzt. Sie machen Wettrennen, wer im Käfergalopp zuerst das Ende des Ganges erreicht.

Jetzt könnte jemand bemerken, dass die Shinto-Kultur scheinbar lediglich Reinlichkeit im Äußeren fordere. Wie sieht es mit der Reinlichkeit im Inneren des Menschen aus? Diese wird tatsächlich vom Shintoismus etwas vernachlässigt, dafür aber im Buddhismus im Besonderen beachtet. Da beide Glaubensrichtungen in Japan den gleichen Anklang finden, vervollständigt sich dies alles zu einem universalen Reinlichkeitsgebot. Der Shintoist wäscht den Körper, der Buddhist wäscht die Seele. Wie aber wird die innere Reinheit denn erreicht? Für die äußere reicht ein Putzlappen. Die innere ist schon schwieriger. Hierzu hat der Buddhismus einige rituelle Formen vorgeschlagen. Die Meditation als solche kennt wohl jeder. Eine andere, gern praktizierte, ist »misogi«. Es bedeutet, dass man sich in die Wucht eines Wasserfalls stellt, um dort zu meditieren. Dadurch würde nach Meinung einiger buddhistischen Schulen die Seele gereinigt. Als vor einiger Zeit ein Vater seinen Sohn zwang, dieses zum Wohle seiner Seele zu tun, starb der Junge in den Wassermassen. Dies ging mit entsprechenden kritischen Kommentaren durch die Presse in Japan. Grundsätzlich ergänzen sich Shintoismus und Buddhismus in vielerlei Weise. Der Shintoismus hat wie gesagt keine im klassischen Sinne verstandenen Moralvorgaben. Er macht keine Angaben darüber, was gut und was böse ist. Er hat keine Ideen, wie man ins Jenseits kommt. Dafür ist in Japan der Buddhismus zuständig, der eine Jenseitserwartung vorschlägt neben zahlreichen Wegen, die Erlösung zu finden. Der Shintoismus ist auf das Leben fokussiert, der Buddhismus auf den Tod. Die Beerdigungszeremonien sind buddhistisch. Der Shintoismus erhebt keinen Anspruch, Weltreligion zu sein.

Er kennt keine Missionarsgedanken. Er bleibt in Japan. Der Buddhismus breitet sich aus, wenn er kann. Konsequenterweise befindet er sich im Konkurrenzkampf mit anderen Religionen. Der Shintoismus fühlt sich nicht wie eine Religion an. Es gibt kein Machtzentrum, die Priester sind oft Laien. Es ist nicht nötig, sich zu ihm zu bekennen. Nur waschen sollte man sich.

4

Wer aber sind diese Götter eigentlich? Den Japanern ist dies recht egal, solange der »spirituelle Warenaustausch« zwischen Anbetung und zukünftigem Lebensglück funktioniert. Einige Kami offerieren die Erfüllung von Wünschen, die in den Augen der Inselbewohner begehrter sind. Deswegen sind die Götter nicht alle gleich beliebt.

Der Göttin Inari sind von den 100.000 Schreinen in Japan gleich 32.000 zugesprochen. Der Kami Hachiman kann 25.000 für sich beanspruchen. Inari – der Ranglistenführer oder die Ranglistenführerin (seine/ihre Geschlechtszuordnung ist historisch gesehen unklar) – wird mit Reis, Tee, erfolgreichen Geschäften und Glück assoziiert. Durch diese vier essentiellen Güter wird ihre oder vielleicht auch seine Bedeutung ohne weitere Erklärung verständlich. An vielen Orten wird der Japanbesucher Abbildungen eines Fuchses sehen, das von Inari bevorzugtes Reittier. Wo der Fuchs ist, kann die Göttin nicht weit sein.

Hachiman dagegen ist der Gott des Kupfers, des Krieges, des Bogenschießens, des Ackerbaus und des Reichtums. Sein Symboltier ist die Taube. Ursprünglich war er ein wie die einen sagen regierender Kaiser oder ein wie die anderen sagen einflussreicher Mann am Hof. Er soll im dritten und vierten nachchristlichen Jahrhundert gelebt haben. Hachimans Bedeutung wurde durch eine Legende geschaffen, die die Zahl seiner Schreine Legion werden ließ. Als eine riesige Statue Buddhas gebaut werden sollte, baten die Mönche um mehr Metall. Ihnen war es aufgrund der Größe des Projekts ausgegangen. Hachiman sagte, sie sollen sich keine Sorgen machen, denn er habe einen großen Goldfund vorausgesehen. Die ungläubigen Mönche gingen enttäuscht vom Hof, da sie außer Versprechungen nichts erhalten hatten. Aber das Wunder ließ nicht lange auf sich warten und sie stießen auf eine reichhaltige Ader dieses Edelmetalls. Das wurde zum Bau einer herrlichen Statue des Religionsgründers Buddha benutzt. Aufgrund dieses Ereignisses wurde Hachiman nach seinem Tod zum Gott des Reichtums »befördert« mit der Macht, die Menschen vermögend werden zu lassen.

Hachiman ist ein interessanter Gott, weil er zeigt, wie sehr die Religionen in Japan ineinanderfließen. Er ist gleichzeitig eine buddhistische und eine shintoistische Gottheit. Sein Shinto-Namen war Yahata, sein buddhistischer Name, der sich durchgesetzt hat, ist Hachiman. Gerade dass er zwei Religionen verbindet, macht ihn populärer als einen gewöhnlichen Kami. Genauso verschafft ihm seine Menschlichkeit Nahbarkeit, da er ja vor 1700 Jahren gelebt haben soll. Welche Teilbereiche er verwaltet (Landwirtschaft, Krieg, Bogenschießen, Kupfer etc.) ist sehr unklar und hängt von der Quelle ab, die man liest (respektive vom Informationsschild, das vor einem Schrein steht).

Der Shintoismus ist wie ein Schwamm, der Mythen, Erzählungen, selbst Religionen in sich aufsaugt. Der Windgott Fujin ist ein Dämon mit grüner Haut, der gewöhnlich ein Leopardenfell trägt. Über seiner Schulter hängt ein mächtiger Sack voller Wind. Öffnet er ihn, strömen starke Sturmböen heraus. Dieses Ungetüm hat Ähnlichkeiten mit der chinesischen Göttin des Windes mit dem in diesem Zusammenhang umglücklichen Namen Feng Po Po. Auch diese trägt einen Sack mit Wind umher, den sie nach Belieben öffnen kann. Sie trägt kein Leopardenfell, aber sie reitet auf einem Tiger durch den Himmel. Springen wir zehntausend Kilometer in Richtung Westen. Im alten Griechenland finden wir einen Windgott mit Namen Aeolus. Dieser gibt Odysseus, wie in der »Odysee« nachzulesen, einen Sack mit Wind. Öffnet er ihn, strömen Winde heraus. Dass diese Verbindung zu den asiatischen Göttern Zufall ist, wird oft angezweifelt. Die Seidenstraße verband Fernost mit Europa. Die mögliche Erklärung, die hierzu gefunden wurde, ist, diese Mythen hätten über Händler Einzug in den Westen (oder andersrum) gefunden. Wer weiß. Vielleicht sind diese Geschichten einfach von Kultur zu Kultur gewandert. Für den Zusammenhang mit dem shintoistischen Götterbild ist nur wichtig, dass die Stärke des Shintoismus darin liegt, selbst konkurrierende Mythen und Traditionen aufnehmen zu können. Das Ergebnis ist ein heilloses Informationsdurcheinander. Mehr nicht. Es besteht und bestand zu keiner Zeit eine Notwendigkeit, die Richtigkeit bestimmter Göttervorstellungen auszudiskutieren. Jeder Gott ist den Japanern recht, solange ihre Gebete am Schrein von ihm erhört werden. Niemand achtet auf Details.

5

Versuchen wir einmal das Knäuel an Bedeutungen zu entwirren, die das Wort »Kami« hat. Ich teile die Ergebnisse in Kategorien ein. Die erste Kategorie ist der Typ »Naturgeist«. Ein Kami kann eine Gottheit sein, die einem bestimmten Ort (z.B. einem Wasserfall) innewohnt. Dieser ist sein Machtbereich. Sich in diesen zu begeben, verlangt Respekt, denn die Gottheit ist unberechenbar. Die zweite Kategorie ließe sich mit »Naturkraft« überschreiben. Es heißt, es gebe acht Millionen Kami, die in allen Dingen der Natur und der Mitwelt verborgen sind. Hierfür komme ein Stein genauso in Frage wie ein Handy. Die Kami seien für die Gewalten darin verantwortlich (Elektrizität, die Kraft einer Welle, das Erblühen einer Pflanze, das Rollen eines Steines etc.). Sie würden die Welt animieren, indem sie den Dingen ihre eigene Lebendigkeit verleihen. Die Kami sind demnach Naturkräfte mit Bewusstsein und Willen. Durch ihre Macht über alles, was ist, sind sie Herren der Familie, des Friedens, des Glücks, der Gesundheit und der Liebe. Die zwei Beschreibungen sind ähnlich, aber doch widersprüchlich. In der ersten Darstellung stecken die Kami nur in manchen Naturerscheinungen (Wasserfall, Teich, Höhle), in der zweiten Darstellung wirken sie als bewusste, aber abstrakte Kräfte in allen Dingen. Ein Rätsel. Das macht nichts. Das Mysterium ihres Wesens ist Teil des Shintoismus.

Der Ursprung der Kami liegt in vorschriftlicher Zeit, jedoch gibt es einen sehr alten Quelltext, der eine Vorstellung davon gibt, wie die drei Fixpunkte des Shintoismus »Kami«, »Schrein« und »Opfergabe« ursprünglich gemeint waren. Der Text entstammt einer Zeit, als sich der Buddhismus erst rudimentär in Japan verbreitet hatte.

> Zur Zeit des Kaisers Keitai [frühes 6. Jahrhundert] beseitigte Matachi das Schilf aus der Talebene, die im Westen des Verwaltungsgebietes lag und schuf so neue Reisfelder. Dann aber versammelten sich die Kami in großer Zahl und hinderten die Leute daran, die Reisfelder zu betreten oder dort Reis anzupflanzen. Wie die Leute berichten, hatten die Kami Körper wie Schlangen und Köpfe mit Hörnern darauf. Wenn man beim Fliehen rückwärts schaute, wurden unweigerlich das Haus und die Verwandtschaft von demjenigen ausgelöscht. Auch wird derjenige keine Nachkommen mehr haben. Matachi ärgerte sich darüber. Mit Rüstung und Speer ging er los und erschlug einige von ihnen, die anderen vertrieb er. Am Aufgang der Berge steckte er einen Stock in einen Graben und sagte: ›Ich gebe euch das Land oberhalb des Stockes, aber aus dem Land unterhalb des Stockes machen wir Reisfelder. Ich werde dafür euer Priester sein und euch auf alle Ewigkeiten verehren. Ich bitte darum, dass ihr uns nicht mehr angreift und auch keinen Zorn hegt.‹
>
> Matachi baute dort einen Schrein und verehrte die Kami.
>
> (Breen, Shinto, S.25)

Die Kami treten hier als erschreckende Wesen auf, deren Zorn zu fürchten ist. Sie fordern Land für sich. Die Bedrohung durch sie ist ernst zu nehmen, allerdings haben sie nicht unendlich Macht, sonst würden sie sich nicht durch die Hand eines Tapferen erschlagen lassen. Ein Kräftemessen scheint für beide Seiten unvernünftig, stattdessen wird ein Pakt zwischen ihnen und den Menschen geschlossen. Die Kami sind dadurch bei weitem noch nicht befriedet, allein Opfergaben halten sie ruhig. Sie erlauben den Menschen auf ihrem Land zu wohnen, wenn sie die Land-Miete in Form von Opfergaben erhalten. Zudem verlangen sie Verehrung als weiteren Preis ihrer Kooperation.

Kommen wir zur dritten Kategorie. Diese entwirft ein Götterbild, in dem die Kami als menschliche Wesen gezeichnet werden. Das hatte im Ursprung vornehmlich politische Gründe. Die Neuformung war nötig, um die Macht des aufsteigenden Kaiserhauses zu begründen. Der Kaiser verstand sich nämlich (bis 1945) als direkter Nachfahre der Götter. Sich als einen Nachkommen eines Wasserfallgeistes oder Ähnlichem zu sehen, reichte nicht aus, um sich zu legitimieren. (»Mein Uropa hockte in irgendeinem Teich und deswegen darf ich Japan regieren«). Es wird also in dieser dritten, weiteren Darstellung der Kami behauptet, dass einige von ihnen Teil einer Götterfamilie seien, deren Geschichte in Mythen erzählt werden könne. Diese sind in den oben erwähnten Bücher »Kojiki« (712 n. Chr.) und »Nihon Shoki« (720 n. Chr.) nachzulesen. Damit die Kami in den Geschichten als Handelnde aufzutreten vermögen, müssen sie zu menschenartigen Wesen werden. Ihr Tun in den Erzählungen ähnelt den Göttern in den griechischen Mythen, die die Erschaffung der Welt und die frühe Götterzeit beschreiben. Konsequenterweise können Kami – so liest man wenigstens in den alten japanischen Geschichten – geboren werden und sterben. Die Göttin Izanami beispielsweise verbrannte, als sie den Feuergott Kagutsuchi gebar. Die Seele der Göttin wanderte in die Unterwelt. Ihr Bruder Izanagi erschlug daraufhin Kagutsuchi, der ihm unwillentlich seine Schwester geraubt hatte. Die Mythen der Kami-Götter erzählen von Eifersucht, von Hader, Zwist, Liebe und auch von ihrem tragödienhaften Dahinscheiden. Die Darstellung der Kami als Protagonisten einer Soap-Opera liegt weit entfernt von derjenigen, die sie als anonyme Naturkräfte sieht.

Damit ist die tiefe Vielschichtigkeit, die im Wort »Kami« zusammengefasst wird, noch nicht ausgeschöpft. Ergänzen wir noch die vierte Kategorie: Es heißt, dass Menschen zu Kami würden, wenn sie sterben. (Ob das alle oder nur wenige tun, ist unklar). Um diese zu verehren, gibt es den Hausschrein. Die Ahnen wirken aus dem Jenseits. Sie können durch ihre Macht das Schicksal verändern. Wie lebende Verwandte kommen die Ahnen zu bestimmten Festgelegenheiten zu Besuch nach Hause. Besonders dieser Zweig des shintoistischen Glaubens war Grund für politische Verstimmungen, die bis heute anhalten: Normalerweise wird sich der Ahnen am eigenen Hausschrein erinnert. Trotzdem ist es möglich, sie an öffentlichen Schreinen zu verehren. Unerschrockenen Kriegshelden wurde nach ihrem Tod solche Schreine gewidmet. Sich und dadurch auch seiner Familie diese Ehre zu erweisen, war für Kamikaze-Piloten des Zweiten Weltkriegs mit eine Motivation, sich in den Tod zu fliegen. Ein Stein des Anstoßes ist bis heute, dass japanische Kriegsverbrecher, die in China ihr Unwesen trieben, in Schreinen verehrt werden.

Sex.... ohjeohje

1

Voller Zuversicht, kulturelle Gemeinsamkeiten zwischen Japan und Deutschland zu finden, gab eine japanische Freundin mir zwei Alternativen zur Auswahl. »Nehmen wir an, du könntest einen Partner haben, den du nur magst, der aber sehr viel Geld hat, oder einen Partner den du liebst, der aber etwas weniger Geld hat. Welchen würdest du wählen?«. Das klassische Geld-oder-Liebe-Szenario. Sie schaute mich erwartungsvoll an. Sie war sich meiner Antwort gewiss. Ohne eine Sekunde nachzudenken, entschied ich mich für »Liebe und ein bisschen weniger Geld«. In ihren Augen war das die falsche Antwort: »CULTURE SHOCK!«, rief sie empört.

Bisher ist mir noch keine Japanerin untergekommen, die bei der Partnerwahl nicht auf den Kontostand geachtet hätte. Sie geben es sogar zu. »Wie kann man nur so sehr auf das Gehalt schauen?«, habe ich nicht nur einmal entrüstet gefragt. Eine Antwort war zum Beispiel: »Sieh es von der anderen Seite. Männer müssen nicht überlegen, wie sie selbst aussehen. Sie können die besten Frauen bekommen, wenn sie finanziell gut im Leben stehen«. Die Antwort war nicht wirklich zufriedenstellend. Ich bin doch kein Geldbeutel mit Beinen. Ein Chauvi will ich auch nicht sein. Wie ernst sind eigentlich die Gefühle der Frau?

Die Vorgabe, anstatt des Gesichts das Gehalt schön zu finden, ist in Asien überall verbreitet. In China noch viel stärker als in Japan. Die Eltern kontrollieren dort mit, ob der Partner finanziell passt. Kontoauszüge sind in diesem Zusammenhang nicht schlecht. In Japan ist es fast so. Wer im Inselreich online auf Partnerportalen die Kataloge der Frauen im heiratsfähigen Alter durchblättern will, muss durchaus mal bei der Anmeldung neben Namen, Hobby und dergleichen seinen Verdienst eintragen. Schwindeln nützt nichts. In einem Youtube-Video wurde erzählt, wie ein Europäer seine Schulden bis nach der Heirat einer Japanerin verschwieg. Als er seine Geldsituation dann doch irgendwann seiner Ehefrau offenbarte, packte sie ihre sieben Sachen. Sie reichte umgehend die Scheidung ein.

Der Konkurrenzkampf, um einen gut betuchten Mann, ist hart. Schon früh gilt es hier wachsam zu bleiben. Bei uns ist der Schüler mit den besten Noten ein Streber, der oft von allen gemieden wird, und wenn er sogar seine prima Noten noch rausposaunt, wird er unweigerlich zum verhassten Außenseiter. In Japan sind intelligente Schüler sexy und stehen im Mittelpunkt der Begehrlichkeit der nachwachsenden Damenwelt. Einen intelligenten Partner schon zur Studienzeit auszuwählen, ist wie eine Investition, die dann in späteren Jahren Gewinn abwirft. Wer an Japans berühmtester Universität, der Todai in Tokio, studiert, braucht sich keine Sorgen über seine Heiratschancen zu machen. Aussehen egal. Wer dort eingeschrieben ist, wird Anwalt, Ingenieur oder Arzt mit Top-Gehalt. Es gibt selbst innerhalb der Firmen, bei denen jemand arbeitet, ein Ranking. Wer bei Toyota arbeitet, ist doppelt so attraktiv wie jemand, der bei Sony arbeitet. Aber ein Sony-Mitarbeiter sticht wiederum einen Honda-Mitarbeiter aus. Das Image, das eine Firma aufbaut, kann die Begehrlichkeit des Mannes erhöhen. In letzter Zeit erscheint die Gruppe der Beamten sehr weit oben in diesem Ranking. Die stagnierende Wirtschaft hat das Bedürfnis erhöht, einen Partner zu finden, der nicht nur einen gut bezahlten Job, sondern einen sicheren Job hat.

Es fällt leicht, die hohe Kontostände liebenden Japanerinnen kritisch zu sehen. Liebe ist doch das Wichtigste im Leben, nicht wahr? Das lehren abertausende Hollywood-Filme. Unsere Gesellschaft darf nicht den ersten Stein werfen. Wir verstecken das Mammon-Bedürfnis nur besser. Was bei den Japanern Geld ist, dessen Vorhandensein durch die Ausübung eines höheren Berufs vermutet wird, ist bei uns Bildung. Sie ist ein zentraler Faktor bei der Partnerwahl. Es gibt einen Fakt, der sich nicht leugnen lässt. Personen mit höheren Bildungsabschlüssen bleiben in der Liebe unter sich. Die im mittleren Bereich suchen sich ebenso jemanden aus dieser Bildungsschicht aus. Das gleiche gilt für die unteren Schulabschlüsse. Soziologen nennen das »educational tribes« (»Bildungsstämme«). In Deutschland hatten nach der Frankfurter Allgemeinen Zeitung im Jahr 2017 63% der Verheirateten den gleichen Bildungsgrad. Das heißt zwei Drittel der Bevölkerung suchen sich Partner auf demselben Level aus. Nur 10% der Frauen haben einen höheren Bildungsabschluss als der Mann. In 27% der Fälle hat der Mann einen besseren Abschluss als die Frau. Diese Art von Diskrepanzen wird eher akzeptiert. Die Frau heiratet nach oben. Der Mann durchaus mal nach unten. Aber nicht andersrum. Eine Akademikerin, die einen Hauptschüler heiratet, bleibt im niedrigprozentigsten Bereich der Bevölkerung. Im Internet habe ich zahlreiche Dating-Portale »nur für Akademiker« gesehen. Ja manche von ihnen werben sogar mit dem Anteil hoher Universitätsabsolventen in ihren digitalen Karteikästen. Es ist nicht nur die Heirat, die educational tribes definiert. Wenig Kommunikation, wenige soziale Kontakte und getrennte Erfahrungswelten untereinander sind ein Beleg für eine gesplittete Bevölkerung. Stark unterschiedliche Löhne, die in den Schichten ausgeschüttet werden, bilden das Gerüst für die verschiedenen Realitäten. Der eine verbringt seinen Urlaub auf den Malediven, der andere am Baggersee. Wenigverdiener wohnen zusammen in Wohnkomplexen mit geringen Mieten. Vielverdiener suchen sich Luxuriöseres in exklusiveren Vierteln. Gerade in Deutschland werden mit dem dreiblätterigen Schulsystem diese »educational tribes« fast notwendig geschaffen. Das gibt es kaum in anderen Land, dass man ab einem frühen Alter keinen Kontakt mehr zu Kindern aus anderen Bildungsschichten hat.

Ein guter Schulabschluss bleibt die Voraussetzung für ein gutes Gehalt. Eine Studie in Schweden hat gezeigt, dass 25% der Männer mit niedrigem Bildungsabschluss gar keine Frau finden. Jean-Paul Sartre hat einmal gesagt, Liebe ist kein Gefühl, es ist eine Entscheidung. Es reicht ja schon aus, dass ein Mann zehn Zentimeter kleiner als eine Frau ist, um ihn aus der Kandidatenliste für Amouröses zu streichen. Vielleicht sollte man nicht fragen, Geld oder Liebe. Besser wäre Größe oder Liebe. Hier würde sich die ach so romantische Damenwelt für die zusätzlichen Zentimeter entscheiden. Was bei der Vorabauswahl zählt, sind Bildungsgrad (in Japan Vermögen), Alter und Größe. Diese drei sind wie Filter. Gelangt jemand durch das Maschennetz, ist der Weg frei für romantische Gefühle. Auch in Japan. Japanerinnen können sich verlieben. Wenn Geld der alleinige Faktor wäre, müssten Ärmere ein stetes Singledasein führen. Auch diese finden im Inselstaat in ihrer finanziellen Schicht Partner. Die japanischen Damen mögen sich gutbetuchte Partner, Ponys und rosa Porsche wünschen, aber in der Realität ist es auch in Japan wie überall nicht leicht, irgendjemanden zu finden, der gut zu einem passt.

2

Ich fragte eine japanische Freundin: »Wo arbeitet dein Mann eigentlich?« – »Das weiß ich nicht genau«, antwortete sie, »er geht morgens aus dem Haus und kommt abends heim. Mehr brauche ich doch nicht zu wissen, oder?«. Die Beziehungsqualität bei verheirateten Paaren in Japan lässt zu wünschen übrig. Es kommt vor, dass Männer aus Arbeitsgründen für viele Monate an eine andere Wirkungsstätte versetzt werden. Es wird im Inselstaat Flexibilität erwartet. Niemand würde eine schwer erkämpfte Wohnung in Tokio wegen ein paar Monaten Abwesenheit des Angetrauten aufgeben. Die Paare sehen sich in dem Fall selten, manchmal Monate nicht. Das macht aber nichts. Eine japanische Freundin, die einen deutschen Mann geheiratet hatte und deren Angetrauter ein halbes Jahr aus Firmennotwendigkeiten nach China geschickt wurde, regte sich bei mir über die Deutschen auf: »Es nervt, alle glauben, dass wir Beziehungsprobleme haben, nur weil wir ein paar Monate getrennt sind. Die deutschen Bekannten fragen mich, ob irgendetwas los sei und ob sie helfen könnten. Es ist kein Problem, dass mein Mann nicht da ist. Wir sehen uns ja wieder und ich freue mich, dass er eine so gute Job-Gelegenheit bekommen hat«.

Allgemein geht dem Japaner vor oder nach der Heirat der Satz »ich liebe dich« nicht über die Lippen. Es geht nicht. Bei uns ist die Herzensbezeugung für manche auch unmöglich. In Japan ist sie für alle eine Quelle äußerster Peinlichkeit. Es gibt im Japanischen zwei Wörter für »Liebe«: Das eine ist »suki« und das andere ist »ai«. »Suki« ist das allgemeine Wort für Liebe. Das kann in den Sätzen »ich liebe Kaffee«, »ich liebe Fußball«, aber auch in »Ich liebe dich« vorkommen. »suki« driftet in die Nähe der Bedeutung, die vom Verb »mögen« ausgedrückt wird. »Ai« dagegen meint Liebe mit dem Unterton der langfristigen Verpflichtung. Das Wort hält sich kein Hintertürchen offen, was die Intensität und Intention betrifft. »suki« kann ich alles und jeden nennen, »ai« nur den geliebten Menschen. »anata wo ai shiteru«, »Ich liebe dich«. Viele der Inselbewohner haben diesen Satz im Leben noch nie gesagt.

In Japan gibt es eine Sendung, die sich einen Spaß daraus macht. Ein Kamerateam spricht Geschäftsleute an, die nach Feierabend im Kreis der Kollegen in einer Kneipe rumhängen. Der Moderator drückt einem der Anwesenden ein Handy in die Hand mit der Aufgabe, die eigene Frau anzurufen und sie irgendwie dazu zu bewegen, »ich liebe dich« zu sagen. Eine sportliche Herausforderung. Aber mit dem Alkohol, der schon getrunken wurde, und dem Gruppendruck im Rücken, stellt sich schließlich einer der Geschäftsleute am Tisch der Aufgabe. Das Telefon klingelt zu Hause. Die Frau hebt ab. Die meisten versuchen es mit dem Satz »Ich habe eine Frage: Was hältst du denn von mir?«. In der Regel ist die Antwort am anderen Ende der Leitung entweder »Hääääää???« oder »Bist du betrunken?«. Der Geschäftsmann gibt nicht auf. Die Kollegen blicken ihn an. Er wiederholt die Frage nach einigem Drumherumreden. »Was denkst du über mich? Komm sag' schon!«. Es klappt sehr oft nach diesem zweiten oder einem dritten Anlauf. Die Frau murmelt endlich: »Ich liebe dich«. Applaus von den anwesenden Kollegen. Der Fernsehmoderator grinst. Es klappt doch. Zumindest manchmal. Der Mann hätte ja einfach zu seiner Frau sagen können »ich liebe dich«. Das hätte die Chance erhöht, eine entsprechende Antwort zu bekommen. Der Japaner versuchte aber nicht nur, seiner Frau den Satz zu entlocken, sondern ihn dabei selbst zu vermeiden. Für ihn eine doppelte Challenge.

Man sollte vielleicht nicht so viel aus einer Fernsehsendung herauslesen. Dass die Japaner den Satz nur unter schwerem Druck sagen, heißt nicht, dass sie ihre Partner nicht lieben. Und letztendlich hat es die Frau im Beispiel ja dann doch gesagt.

Warum fällt Japanern das so schwer? Es gibt viele Antworten. Vielleicht ist es der Buddhismus, der verkündet hat, dass zu starke Bindungen unweigerlich zu Leiden führen. Vielleicht sind sie es an sich nicht gewohnt, Gefühle zu verbalisieren. Vielleicht ist es das Misstrauen gegenüber der Zuverlässigkeit von Worten. Innerhalb ihrer Nettigkeitskultur ist nämlich das, was sie sagen, nicht immer das, was sie denken. Vielleicht war zu heiraten eher eine gesellschaftliche Pflicht. Eine japanische Freundin direkt danach gefragt, ob sie ihren Mann liebe, antwortete »Ja«, – kurze Pause – »muss ich ja jetzt sagen, oder?«.

3

Die Deutschen heiraten, damit sie mit ihrem Partner zusammen sind. Japaner, könnte man meinen, machen das, damit sie nicht mit dem Partner zusammen sind. Einmal verheiratet geht man viel stärker seine eigenen Wege als vor der Heirat. Man baut sich getrennte Welten auf. Das bedeutet keine Ablehnung. Man macht einfach fast nichts gemeinsam. Schon deswegen, weil die Arbeitszeiten in einer Firma lang sind. Nach der Arbeit wird erwartet, dass die Abteilungsmitglieder noch zusammen in der Kneipe rumhängen. Die Männer kommen, je nach Beruf natürlich, zwischen 20.00 und 22.00 Uhr nach Hause. Dieses »in Liebe getrennt« statt »in Liebe vereint« funktioniert aber ganz gut und bedeutet absolut nicht, dass die Ehe mit dunklen Wolken behangen wäre.

Was schwieriger wird, ist die Begründung, warum überhaupt eine Hochzeit sein muss. Die Zahl der Personen, die sich das Ja-Wort geben wollen, sinkt kontinuierlich. 1970 heirateten innerhalb dem Zeitraum eines Jahres in einer Gruppe von 1000 Personen 10 Personen. 2019 waren es (nach dem »Statistical Handbook of Japan«) gerade noch 4,7

Personen, die einen Hochzeitstermin ansetzten. Der normale Zeitpunkt für eine Trauung liegt bei Männern bei 31 und bei Frauen bei 29,4 Jahren (in Deutschland bei Männern 35 und bei Frauen 32 Jahren). Das Auffällige ist aber, dass 25% der Japaner im Alter von 50 Jahren bis zu diesem Lebensalter kein einziges Mal eine Ehe eingegangen sind. Es gibt Schätzungen, dass im Jahr 2040 die Hälfte der Bevölkerung in Japan unverheiratet sein wird. Es gibt einen Spruch, der oft in den Alltagskonversationen gesagt wird: »Die Ehe ist ein Friedhof«.

Wo ist der erste Spatenstich, der zur Errichtung dieses Friedhofs führt? Es beginnt vielleicht mit dem Mangel an emotionaler Nähe, genauer gesagt dem Gefühl einer ständigen Fremdheit. »Wir sind zwei Lebewesen aus zwei völlig verschiedenen Welten und versuchen auf einem neuen Planeten eine neue Existenz aufzubauen«, so schilderte eine Youtuberin die Situation nach ihrer Eheschließung. Meine japanische Freundin stritt mit ihrem Mann, als beide gleichzeitig an einer schweren Erkältung litten, wer denn der Krankere unter ihnen sei. Jeder wollte es sein, damit sich der weniger Angeschlagene um den anderen kümmern würde. Am Ende umsorgte keiner der Partner den anderen. Der Ehe-Friedhof hat an anderer Stelle seinen Anfang. Ich denke in der Trennung der beiden Geschlechter. Japanische Jungen und japanische Mädchen pflegen ihre Freizeit nicht gemeinsam zu verbringen. Die einen bleiben unter sich, die anderen auch. Es gibt viele reine Mädchenschulen, wo die Schülerinnen im bildlichen und im wörtlichen Sinne nichts mit dem anderen Geschlecht zu tun haben. Diese Kontaktlosigkeit zwischen den Heranwachsenden ist der Grund einer unerhörten Schamhaftigkeit im Umgang miteinander. Besonders Jungen wissen manchmal nicht ein noch aus.

Wie kommt ein Schüler trotzdem zu einer Freundin, mit der er ausgehen kann? Dafür gibt es in Japan ein Ritual, das»Kokuhaku« genannt wird. Der Ausdruck bedeutet nur »seine Liebe gestehen«. Das klingt romantisch, aber es handelt sich im Grunde nur um eine Art mündlichen Vertrag. Der Wunsch einen solchen zu schließen kann von beiden Geschlechtern ausgehen. Ein verliebter Junge trifft sich mit dem Mädchen seiner Wahl, stellt sich irgendwann in zwei Meter Abstand vor sie, dann sagt er einen Text auf, den er sich vorher zurechtgelegt hat: »Wir haben ein so gutes Verhältnis zueinander. Ich freue mich jedes Mal, wenn ich dich sehe. Ich finde dich sehr schön…« – und dann presst er es heraus – »… bitte, bitte geh mit mir!«. Der Junge neigt sich nach vorn. Er bleibt in der Verbeugung. Das Mädchen hat jetzt einige Sekunden, um zu überlegen, ob sie den Antrag annimmt oder nicht. Wenn sie Ja sagt, streckt sie ihre Arme aus und gibt ihm die Hand. Dann ist das Ritual fertig und beide stehen da und wissen nicht, was tun. Die Chance, abgelehnt zu werden, ist hoch. Das kann sofort klappen oder es können acht oder neun vergebliche Versuche erfolgen, bis endlich der passende Partner gefunden wird.

Ein Paar sein bedeutet nicht unbedingt, umgehend Sex zu haben. Eng aneinander gedrückt auf einer Bank zu sitzen, ist schon etwas Großes. Händchenhalten ist möglich, aber selten, da die als Intimität gewertete Geste bis vor Kurzem in der Öffentlichkeit nicht akzeptiert wurde. Geschmuse gibt es nicht. Dazu sei erwähnt, dass Küssen in Japan Teil des Geschlechtsverkehrs ist. Schon jemanden auf die Wange zu küssen ist im Graubereich des Möglichen. Eine Japanerin erklärte mir, dass die morgendliche Bakterienmenge im Mund vor dem Zähneputzen genauso groß sei wie in 10 Gramm Kot. Wer sich solch unappetitliche Vorstellungen macht, wird vermutlich egal zu welcher Tageszeit kein guter Küsser werden.

Hier wie auf der Insel sind erste Beziehungen mit Irrungen und Wirrungen verbunden. Da die jungen Frauen so wenig über die Männer wissen, hat sich ein neuer, kleiner Geschäftszweig entwickelt: »Miete dir einen Mann im fortgeschrittenen Alter«. Für relativ wenig Geld können sich Mädchen oder junge Frauen einen Mann buchen, der im Alter von 40 bis 60 Jahren ist. Kein Sex. Dieser Mann lässt sich auf unterschiedliche Weise benutzen. Wer keine Lust hat, in Warteschlangen zu warten, kann ihn dort platzieren. Wer etwas Schweres getragen haben möchte, kann ihn auch so benutzen, aber hauptsächlich gibt er Ratschläge bei Beziehungsfragen. So bekommen die Mädchen eine andere, männliche, vielleicht vernünftigere Perspektive, was die Probleme mit dem ersten oder zweiten Freund betrifft. Älter als 60 Jahre dürfen sie nicht sein, denn wer will schon die Meinung der alten Generation hören? Da kommt nichts Brauchbares dabei raus.

4

Der Sex selbst ist für junge Paare mit einigen Hürden verbunden. Abgesehen von großer Schüchternheit, ist es schwierig einen geeigneten Ort zu finden. Zu Hause sind die Eltern. Die Wohnungen sind klein. In regionalen Gegenden wohnen mehrere Generationen noch unter einem Dach. Doch es gibt eine Lösung. Die »Love-Hotels«. Der Name erklärt schon ihren Zweck. Sie sind Orte, wo ein Pärchen ein Zimmer zum Sex mieten kann. Dorthin zu gehen, ist sicherlich für ein frisch verliebtes Paar psychologisch eine Hürde. Die Liebesaktivität kann nicht spontan aus der Situation entstehen, sondern verlangt eine gewisse Planung und Offenheit der Aussprache darüber, wann der Sexualakt stattfinden soll. Und wenn das Paar »es« öfter machen will, wäre es teuer pro Woche zweimal 50 oder 60 Euro für das Liebesnest auszugeben.

Ursprünglich waren die Love-Hotels Kurzzeit-Hotels für Geschäftsreisende. Billig, aber annehmbar. Sie waren den Notwendigkeiten des Wirschaftsbooms in der Nachkriegszeit angepasst. Schnell hatten sie Paare für Schäferstündchen entdeckt. Die Hotels stellten ihr System um. Jetzt konnten die Zimmer stundenweise gebucht werden. Das wiederum kam der eigentlich seit Ende der 1950er untersagten Prostitution entgegen. Um das Verbot zu umgehen, taten der Kunde und die Service-Dame so, als ob man sich zufällig an einer Bar kennengelernt hätte. Anschließend galt es ein gutes Örtchen mit Bett zu finden. Bordelle mit festen Zimmern waren aus gesetzlichen Gründen untersagt. Hier boten sich die günstigen Übernachtungen für Geschäftsleute an.

Die Liebes-Hotels sind sehr populär und es gibt heute etwa 10.000 der Etablissements im ganzen Land. Sie liegen immer etwas außerhalb des Stadtzentrums aufgrund eines Gesetzes, das besagt, dass sie nicht in der Nähe von öffentlichen Gebäuden, Wohngebieten oder Schulen sein dürfen. Wenn sich ein junges Pärchen traut, geht es dorthin. Garantiert schalldichte Fenster und die Lage außerhalb der üblichen belebten Gebiete schafft Vertrauen, unerkannt zu bleiben. Dort angekommen muss ein Zimmer gemietet werden. Die Bilder der Räume sowie alle nötigen Informationen werden auf einer beleuchteten Tafel vor dem Hotel angezeigt. Für Anonymität ist gesorgt. Bezahlt wird an einem Schalter, deren graufarbene Scheibe Augenkontakt zwischen dem Hotelmitarbeiter und dem Gast verhindert. Lediglich die Hände kommen in der Öffnung unter dem dicken Glas zum Vorschein. Die Hotels können nur existieren, wenn sie die Hemmschwelle niedrig halten, so dass es Sinn macht, sich nicht in einem regulären Hotel einzumieten.

Die Zimmer sind durchaus nicht schmuddelig, sondern liefern einigen Komfort. Wer das Zimmer verlässt, checkt automatisch aus. Kondome liegen bereit, allerdings von eher schlechter Qualität, deswegen ist das Paar gut beraten, sich selbst welche mitzubringen. Für das verspielte Pärchen stehen Schülerinnenuniformen oder Kostüme beliebter Animationsfiguren gegen Aufpreis zur Verfügung. Zudem wird immer eine große Auswahl von Deodorant bereit gestellt. Das wirkt auf den ersten Blick seltsam, aber dahinter steht ein kluger Gedanke: Wer fremdgeht, will nicht nach dem Duft seiner Flamme riechen, wenn er wieder zur Frau nach Hause kommt. Ein ausreichendes Sortiment an Duftwässerchen lässt den Geruch wieder herstellen, den der Körper hatte, bevor sich der Sünder oder die Sünderin in das Liebesabenteuer stürzte.

Als Verhütungsmittel kommt in oder außerhalb eines Liebes-Hotels für Japaner meistens nur ein Kondom in Frage. In Japan benutzen 80 Prozent der unverheirateten Paare den Gummiüberzug. Die Pille verhindert zwar die Fortpflanzung, aber die Gefahr von Geschlechtskrankheiten bleibt. Zudem lässt der Einfluss der chinesischen Naturmedizin die Japaner skeptisch gegenüber der »chemischen Keule« sein. Wer sich eine Pille verschaffen will, kann dies nur im Krankenhaus und auf eigene Kosten machen.

Die Unsicherheit der Jugendlichen bei der intimen Körperlichkeit wird gern in Kulturprodukten augenzwinkernd dargestellt: Wenn in einem Manga oder einem japanischen Zeichentrickfilm ein Junge unvermittelt ein nacktes Mädchen sieht, bekommt er heftiges Nasenbluten. Er schreit vor Verzweiflung. Das schlimmste Schicksal ist ihm offensichtlich beschieden. Tränenbäche spritzen ihm aus den Augen. Wer schon japanische Zeichentrickfilme gesehen hat, kennt den heftig aus der Nase blutenden, schüchternen Jungentyp sicher. (Auch von Schokoladeessen soll man nach Ansicht einiger weniger Japaner Nasenbluten bekommen). Es ist natürlich eine Metapher für den höheren Blutfluss, der Teil einer Erektion ist. Das Ganze spiegelt die Unbeholfenheit der Jugend wieder. 48,6% der Mädchen sagen, dass sie das über Sex wüssten, was sie im Schulunterricht gelernt hätten, während 49% Prozent der Jungen sagen, Pornowebseiten hätten sie ihr Wissen über das Thema gelehrt. Beides keine guten Voraussetzungen, ein realistisches Bild der Sache zu gewinnen. Auf die Frage – gemäß einer Statistik auf nippon.com –, welche Inhalte sie sich mehr im Aufklärungsunterricht in der Schule wünschten, gaben 34% Prozent der Mädchen an, sich Informationen darüber zu wünschen, wie man Sex ablehnt. Das sagten eigenartigerweise 27% der Jungen auch. Räumen wir gutmütig ein, dass in Japan »Nein« zu sagen ein kulturelles Problem ist, wofür diese Art von Wissen nützlich sein kann.

5

Mit 19 Jahren haben nach einer Statistik von 2021 26,8% der Japanerinnen Sex gehabt, aber nur 21,2% der Jungen. Die Zahl ist niedrig. Erstaunlicherweise haben die jungen Frauen mehr Erfahrung als die jungen Männer. Irgendwie klappt es dann bei einigen also doch, zumindest bei einem ein Viertel. In Deutschland sind es allerdings bei den etwas jüngeren 17-jährigen Mädchen schon 67%. In der Nachschulzeit wird es ernst mit der Partnersuche. Im Freizeitbereich gehen Männer und Frauen gerne eigene Wege. Die beiden Geschlechter bleiben in der Gestaltung ihres Tages unter sich. Es ist eine Konvention, keine Vorschrift. Es gibt einige, bei denen es anders ist, aber im Gesamten betrachtet sind die gesellschaftlichen Bedingungen nicht so, dass es leicht wäre, das Singledasein zu beenden. Wie überall auf der Welt. Die Suche nach Partnern im eigenen Bekanntenkreis ist im Inselstaat schwierig. Wer sich die Freundschaftslisten von Japanern und Japanerinnen bei Facebook oder ähnlichen Online-Riesen anschaut, sieht, dass sie fast nur aus Personen des gleichen Geschlechts gebildet werden. Wie also an einen Partner »rankommen«? Die Zeit, in der Heiraten zwischen Familien abgesprochen wurden, ist vorbei. Schon 1965 begann die Zahl der Liebesheiraten die Zahl der arrangierten Ehen zu übersteigen. Ganz ohne Hilfe geht es heute immer noch nicht. Die Hilfe heißt »gokon«. Beim »gokon« treffen sich drei ledige Männer mit drei ledigen Frauen in einem Restaurant. Die jungen Damen kennen sich bereits untereinander. Die jungen Herren kennen sich bereits untereinander. Ein Mitglied der Männergruppe und eines der Frauengruppe haben das Treffen ausgemacht. Es entsteht ein 6er-Grüppchen, das sich im Restaurant drei zu drei gegenübersitzt. Die Personen stellen sich vor, beginnen zu plaudern und zu essen. Nach einer gewissen Zeit werden die Sitze gewechselt, so dass jeder einmal die Chance hat, jedem gegenüberzusitzen. Wenn der Abend gut läuft, werden Handy-Nummern getauscht, damit das eigentliche Daten beginnen kann. Sehr viele Japanerinnen, die ich kenne, haben auf diese Weise ihren Ehepartner zum ersten Mal getroffen. Die Männer bezahlen beim gokon das Essen. Von einem dieser Treffen zum nächsten zu gehen, ist für einige Frauen sogar ein gutes Mittel, die Haushaltskasse zu schonen.

Die Vor- und Nachteile der gokons liegen auf der Hand: Der Partnersuchende kann aus drei möglichen Anwärtern auswählen. Das Personenarrangement ist weniger verbindlich als bei einem Rendezvous. Mehrere solcher Zusammenkünfte zu besuchen, bringt Beziehungswillige zueinander, die wohl in der Zahl nicht hätten versammelt werden können, hätte man sich nur auf Zufälle im Alltag verlassen. Fehlschläge tun nicht so weh. Den anderen ging es vielleicht genauso. Die Gruppendynamik hat eben nicht gestimmt. Irgendjemandem wird danach schon etwas Tröstendes einfallen. In der Gruppe gibt es auch Platz für den, der nicht der Redegewandteste ist. Der Schüchterne darf auch leise bleiben. Leise ist interessant. Das Gespräch läuft trotzdem. Einer der Anwesenden wird bestimmt das Ruder des Gesprächs in die Hand nehmen. Ein Problem ist aber unvermeidlich: Ein gokon ist eine Situation mit Konkurrenzdruck. Das beliebteste Mädchen kann die Bemühungen mehrerer Bewerber auf sich ziehen. Da die Zusammenkunft nicht automatisch auf ein Folgetreffen hinausläuft, muss eine weitere Hürde genommen werden. Dem Wunschpartner sollte irgendwie und unbedingt sofort die eigene E-Mail zugesteckt werden. Geht man auseinander, geht man vielleicht auf ewig getrennte Wege. Diese begehrte Kontaktadresse sollten die Mitanwesenden nicht unbedingt in die Hände bekommen, sonst riskiert man Stalker. Aber ist der Gewünschte oder die Gewünschte wirklich willig? Wer sendet die ersten Signale? Jede Schwierigkeit der Partnersuche wird durch ein gokon nicht gelöst. Es mindert nur die gesellschaftliche Entfremdung der Geschlechter.

6

Trotz aller Schüchternheit im gegenseitigen Umgang der Geschlechter in der Anfangszeit, verstehen die Japaner natürlich sehr schnell, wie Sexualität funktioniert. Sie bleiben nicht ein Leben lang im Umgang damit gehemmt. Trotzdem haben Japaner statistisch gesehen nur einmal pro Woche Sex. Genauer gesagt 45 Mal im Jahr. Deutsche liegen mit zweimal pro Woche hier vor den Einwohnern des Inselstaats. Wenn man die älteren Generationen der Japaner mit einrechnet, haben gemäß einer Studie von 2020 51 Prozent der Paare gesagt, sie hätten schon über ein Jahr keinen Geschlechtsverkehr mit ihrem Ehepartner gehabt. Bei Japanern und Japanerinnen im Alter von 18 bis 29 ist die Jahresfrist für 25 Prozent ohne diese Aktivität verstrichen. Bei über 30-Jährigen sinkt die Zahl körperlicher Inaktivität auf 10 Prozent (bevor sie im fortgeschrittenen Alter wieder rasch ansteigt). Die Autoren einer Studie aus dem Jahr 2015, die vom »Japanese National Institute of Population and Social Security Research" in Auftrag gegeben wurde, machten in diesem Zusammenhang eine wichtige Bemerkung. Sie hatten die Prozentzahlen der körperlichen Intimitäten von Japaner ermittelt und in Listen eingetragen. In ihren Ergebnissen unterschieden sie zwischen denen, die den Sexualakt schon ausgeübt hatten und denen, die diesen noch nicht vollführt hatten. Sie gaben überraschenderweise zu ihren Ergebnissen zu bedenken, dass diese vermutlich irreführend seien. Die Studie erfasse nämlich nicht die Japaner, die nur ein einziges Mal Sex gehabt hätten. Nach der Meinung der Autoren hatten nämlich viele Japaner in ihrem Leben irgendwann die Gelegenheit gehabt, sich entsprechend zu betätigen, aber diese dabei gesammelten Erfahrungen seien unbefriedigend gewesen. Vielleicht nach einmal, vielleicht nach einer handvoll Erfahrungen hätten sich viele wieder aus der körperlichen Aktivität uninteressiert ausgeklinkt.

7

»Die japanische Gesellschaft ist eine Single-Gesellschaft« erklärte mir neulich eine Japanerin. Sie führte aus, dass es in Japan nicht nur viele Unverheiratete gibt, sondern deren Bedürfnisse gleichberechtigt mit den Bedürfnissen einer Familie im Alltag respektiert würden. Ein Beispiel: Wenn sie in Japan in ein Geschäft gehe, gebe es Packungsgrößen, die für eine Person ausreichten. Wenn sie hier in Deutschland etwas zu essen kaufe, ist alles in der Familiengröße abgepackt. Das sei erstens Verschwendung und zweitens teurer als nötig. In Japan könne man allein in ein Restaurant sitzen, ohne dass gemutmaßt würde, hier fehle wohl der Partner.

Wer als Single in Deutschland unglücklich sei, solle sich eben einen Partners suchen, so die deutsche Einstellung. Sie nannte mir zwei Beispiele, die für sie Beleg waren, dass die Bedürfnisse von Unverheirateten ernst genommen werden. Für uns Europäer wirken sie noch eigenartig. Es gibt in Japan eine Art Nachtclub, der»kyabakura« genannt wird, was sich mehr oder weniger von »Kabaret« ableitet, weil es eine Bühne mit Gesangsnummern und Tanzdarbietungen gibt. Wer hier in so eine Bar kommt, hat die Gelegenheit, dem Showprogramm zu folgen, aber er hat genauso die Möglichkeit, sich ein schönes Mädchen zu bestellen, dass sich an seinen Tisch setzt und mit ihm spricht. Sie unterhält sich mit dem Gast, sie lacht mit ihm, sie flirtet und hört sich seine Probleme an. Kein Sex. Selbst das Thema ist tabu. Anfassen erst recht. Einfach nur mit jemandem vom anderen Geschlecht sprechen. Die Preise sind gesalzen, denn der Wirt und die Hostess teilen sich die Einnahmen für Getränke. Ein Orangensaft für 25 Euro ist die Grundlage für ein halbstündiges Gespräch über ein beliebiges Thema. Es ist ein bisschen Geishakultur im modernen Japan, die aber die Klage vieler alleinstehender Männer, sie hätten niemanden zum Sprechen und ihnen fehle jemand, der sich ihre Sorgen anhöre, ernst nimmt und eine, wenn auch ungewöhnliche Lösung anbietet.

Bevor man sich über die Macho-Kultur der Japaner echauffiert, sei noch angeführt, dass es in dem Land so genannte »hosuto kurabu« (nach Englisch »host club«) gibt, in die Frauen gehen können, um angenehme Gespräche mit schönen Männern zu führen. Es gibt Menükarten, die Bilder von den männlichen Traumprinzen zeigen. In manchen dieser Einrichtungen ertönt alle zehn Minuten eine Glocke, damit der Gesprächspartner gewechselt werden kann.

In letzter Zeit sind die Schlafcafés in Mode gekommen. Viele Japaner sehnen sich nach körperlicher Nähe, die besonders Singles abhanden kommt. Hier bucht man sich in der Regel einen weiblichen Schlafpartner. Man legt sich zu ihr ins Bett, kuschelt ein bisschen und genießt die gegenseitige Nähe. Sex gibt es nicht. Darum geht es auch nicht. Der westliche Wertekanon legt die Vorstellung nahe, es ginge immer um körperlichen Lustaustausch im Leben. Intimität ist in Japan durchaus etwas, was sich zu wünschen lohnt. Diese hat ihren Preis. Wer wirklich eine ganze Nacht so zu bringen will, muss mit 400 Euro rechnen, wohingegen eine Dreiviertelstunde schneckeln schon für 30 Euro zu haben ist.

8

Beim Geschlechtsakt selbst gibt es drei Unterschiede, einen am Anfang, einen in der Mitte und einen am Ende. Vor dem Sex wird in Japan geduscht. Einfach loslegen und mit schweißigen, dreckigen Körpern aufeinanderzuliegen, wird als abstoßend empfunden. Die Japaner haben sogar ein eigenes Wort »sokusoku« (即即) für den Geschlechtsakt ohne vorherigen Gang unter die Brause. Vielleicht keine schlechte Sache, aber die größere Körperhygiene dämpft die Spontanität, da ja der Gang zur Dusche unvermeidlich ist, bevor Weiteres geschehen kann. Die Körper müssen geruchsneutral sein. Eine Bekannte erzählte mir sogar, sie habe in ihrer Studienzeit heimlich in der Bibliothek ein Buch über Körpergerüche ausgeliehen. Sie wollte wissen, »was es da so alles gibt«. Ob ein Buch wirklich hierfür die beste Option war, darf hinterfragt werden. Beim Sex wendet die Frau den Kopf zur Seite. Althergebrachte Traditionen verhindern, dass sie dem Mann in die Augen blickt. Hierarchien innerhalb der Familie sind hier als Grund zu nennen. Eine Portion Schüchternheit ist ebenso nicht zu leugnen. Dann natürlich noch das Ende: Ein Europäer, der den Höhepunkt erlebt, ruft »ich komme!«, ein Japaner ruft »ich gehe!«. Lässt die Wahl unterschiedlicher Verben auf ein ungleiches Erleben dieses Augenblickes schließen? Stellen wir uns dieses Gefühl als einen Gast vor, der kommt und einen Gast, der geht. Wer »kommt« muss begrüßt werden, wer »geht«, muss verabschiedet werden. Das eine Verb beschreibt einen Moment der Vereinigung, das andere einen der Trennung. Zu viel Geheimnis sollte trotzdem hier nicht künstlich hinzugetan werden. Die Qualität des hormongetriebenen Vorgangs hängt nicht von der Semantik ab. Wer dabei »oh Gott« ruft, offenbart nicht zwangsläufig seine Religiosität.

Es gibt weitere Differenzen, die nicht übersehen werden können. Einer der größeren Unterschiede sind die Schamhaare. In Deutschland achten viele Paare darauf, den unteren Bereich nicht wie einen Regenwald aussehen zu lassen, wo sich Astgewirr mit Luftfeuchtigkeit vereinen. In Japan setzt sich dieser Trend nur sehr langsam durch. Da japanische Haare dicker sind als deutsche, ist die Optik an dieser Stelle nicht wie in Deutschland. Von mir auf gerade diesen kulturellen Unterschied hingewiesen, schnitt eine in Deutschland lebende japanische Freundin das Unterwerk kurz. Die Geburt ihres Kindes stand an und sie wollte den deutschen Ärzten ein gutes Bild bieten oder wie sie scherzte, das neue Baby sollte im Regenwald auch gefunden werden.

Sie mochte wohl den neuen Look. Wieder nach Japan zurückgekehrt, begab sie sich in ein Krankenhaus. Es bot den Service, sich von speziell dafür ausgebildeten Krankenschwestern die Scham epilieren zu lassen. Fünf Behandlungen mit Laser waren dafür nötig, bei denen Haar für Haar abgetötet wurde. Dass das Krankenhaus dies anbietet, zeigt immerhin, dass der kostenpflichtige Service nachgefragt wird. Besonders alte Leute machen davon Gebrauch. Weniger das Streben nach einem perfekten Körper als bei der Körperhygiene, Zeit zu sparen, sind wohl die Hintergründe. Die Prozedur ist übrigens nicht rückgängig zu machen. Meine Bekannte ließ alle fünf Behandlungen über sich ergehen. Allerdings bezog sie Schelte von ihrer Mutter. Sie meckerte: »Was hast du gemacht? So kannst du in kein öffentliches Bad mehr gehen!«. Die Mutter hatte vielleicht recht: Zu auffällig war das Fehlen des unteren Haarteils.

Gehen wir eine kleine »Checkliste« körperlicher Unterschiede und deren Folgen durch: Geburten sind für viele Japanerinnen schmerzhaft, weil sie kleiner sind. Ihr Becken ist weniger breit als bei Europäerinnen. Leider sind die Kinder nicht entsprechend kleiner. Schmerzhaft sind Geburten übrigens auch von der finanziellen Seite. Japaner müssen die Gebühren dafür selbst zahlen. 5000 bis 7000 Euro sind da schon mal fällig. Die Krankenkasse argumentiert, ein Baby zu bekommen sei keine Krankheit und sie würden eben nur deren Behandlung bezahlen müssen. Ein Grund für die niedrige Geburtenrate im Land.

Der Penis der Japaner ist nach zahlreichen Angaben etwa ein Zentimeter kürzer als der europäische Durchschnitt. Ein Zentimeter ist nicht viel. Der gestutzte Busch bei europäischen Männern lässt hier eine Illusion von noch größerer Größe entstehen. Japaner neigen dazu, keine Brusthaare zu haben. Zudem ist die Körperbehaarung an sich spärlicher. Viele Japanerinnen sind deswegen überrascht, wenn ein westlicher Mann zum ersten Mal das Hemd auszieht. Die Reaktion einer japanischen Bekannten beim Anblick eines solch wohlbehaarten Oberkörpers war schlicht: »Muss weg!«. Ihr (deutscher) Mann musste zum Epilierer greifen. Japaner können sich übrigens Bärte wachsen lassen. Jedoch gelten Bartträger als ungepflegt. Deswegen wird von den meisten Japanern auf diese Gesichtsverzierung verzichtet.

9

Viele Japaner haut es geradezu aus den Socken, wenn sie hören, dass in deutschen Saunen Männer und Frauen unbekleidet nebeneinandersitzen. Was für ein Sündenpfuhl! In Japan herrscht strikte Geschlechtertrennung. Das gilt für die beliebten Heißwasserbäder, in die der Besucher ohne Körperbedeckung eintritt, sowie in vielen Badeanstalten, wo der Gast mit Badekleidung Bahnen schwimmt. Konsequenterweise reagierte der Moderator einer japanischen Sendung mit Sarkasmus auf einen Deutschen, der versicherte, dass in Deutschland nackt in der Sauna zu sitzen kein Grund für irgendwelche Hintergedanken sei. Er stichelte: »Gib doch endlich zu, dass du die ganze Zeit geil bist!«.

Traditionell gesehen wird japanische Erotik nicht über nackte Haut transportiert. Es gibt in Japan Bilder, die mit einem bestimmten Holzdruckverfahren gemacht wurden. Mit dieser Art von kolorierter Stempeltechnik wurden Meisterwerke geschaffen, die auf diesem Planeten ihresgleichen suchen. Diese boomten vor allen Dingen im 19. Jahrhundert. Ein beliebtes Motiv waren Geishas, deren Darstellung Auskunft über die Sinnlichkeit alter Zeit gibt. Die Geishas auf diesen Bildern haben ein sehr stereotypes Gesicht und sehen irgendwie alle gleich aus. Das liegt allein schon an den Unmengen von Puder, die das Gesicht der Damen wie eine Salzkruste bedecken. Den Charakter an den stilisierten Gesichtern abzulesen, ist fast nicht möglich. In der Regel tragen die Geishas einen Kimono. Das klingt alles nicht sehr aufregend, aber diese Art von Holzschnittbildern hatten damals Pin-up Qualitäten. Zu jener Zeit fanden die Leute die Stelle auf dem Bild erotisch, an der der nicht vom Stoff umhüllte Hals in den Kimono überging. Hier langsam mit den Fingern entlang zu gleiten, bis man mit den Fingerspitzen unter den Kimonostoff kommt, darüber wurde fantasiert. Der Kimono selbst ist eine enorme Menge Stoff. Allgemein wird angenommen, dass der Moment der Verführung für Japaner in der Fantasie bestand, die Frau davon zu befreien. Als ob man ein kompliziert verpacktes Bonbon aus der Umhüllung befreit. Nicht die Süßigkeit selbst, sondern das Öffnen der Süßigkeit war erotisch.

Das war früher so. Hat sich denn noch etwas von diesem Erotikverständnis bis heute erhalten? Das ist schwer zu sagen, weil das viel vom Einzelnen abhängt. Allgemein lässt sich aber feststellen, dass Japanerinnen bevorzugt bis oben hin geschlossene Kleidung tragen. Kesse Ausschnitte gibt es genauso wenig wie Körperteile, die aus der Kleidung ploppen. Die Brust ist nicht wie bei Europäerinnen ein Schaufenster künftiger Genüsse, sondern im Gegenteil zu erotisch, als dass sie öffentlich gemacht werden könnte. Volumenanhäufungen, die mit Angaben wie Körbchengröße C oder Körbchengröße D bezeichnet werden, sind also in keinster Weise zu betonen. Sie sollten im allgemeinen Schick der Kleidung untergehen. Aber die Damenwelt ist schlau. Irgendwie muss die Blume die Biene doch anlocken! Die Antwort der Blume ist: Beine statt Busen. Kurze Röcke, lange Strümpfe, transparente Strumpfhosen, Nylons. Einen Rock und die passenden Strümpfe oder Strumpfhosen dazu zu tragen, gehört zur Entfaltung von Fraulichkeit in Japan. Bei uns ist dieser Körperbereich, besonders wenn er mit einem kurzen Rock oder gar einer an eine Strapsmontur erinnernde Strümpfekombination ergänzt wird, erotischer als in Japan.

Eine japanische Freundin, die in Deutschland wohnte, erzählte mir folgende Geschichte. Sie ging regelmäßig zum Sport. Sie zog sich beim Training die für sie gewohnte Sportkleidung an, die sie auch in ihrem Heimatland trug. Knielange Strümpfe, die ein bisschen an den in den 80er Jahren modischen Aerobic-Style erinnerten, gehörten für sie ganz natürlich dazu. Während des Trainings fiel ihr ein gutaussehender Deutscher auf, der sich immer wieder nach ihr umblickte. Ganz schlecht fand sie ihn auch nicht. Und tatsächlich kam er zu ihr rüber und sprach sie an: »Hallo, ich würde dir gerne etwas sagen«, fing er an, »du trägst super Socken!«. Das tötete selbst bei meiner Bekannten die Stimmung.

10

Als ich eines Tages mit einer japanischen Freundin in einem Café saß, fragte sie mich unvermittelt etwas, was ihr wohl seit Langem Kopfzerbrechen bereitet hatte. Sie fragte: »Warum steht ihr Männer eigentlich so auf Höschen?«. Ich war etwas perplex.

Die Frage hat seine Berechtigung. Japan hat einen Höschenfetisch. Es ist der Supermagnet männlicher Begierde im Inselstaat. Bei uns gibt es auch Männer, die sich auf dieses Kleidungsstück spezialisieren, aber in Japan hat wohl jeder männliche Bewohner so eine Neigung. Es gibt am Kiosk bergeweise Zeitschriften, die Frauen in Slips abbilden. In Mangas wird mit unfehlbarer Sicherheit eine auftretende Figur einen zu kurzen Rock tragen, der Blicke auf das sich darunter befindende Stoffstück zulässt. Ein Manga, der mir gezeigt wurde, beschrieb eine Zombie-Invasion. Eine der weiblichen Heldinnen schwor am Anfang der Geschichte folgenden Schwur: »Ich werde solange (ohne Rock) im Höschen rumlaufen, bis die Zombie-Invasion zurückgeschlagen ist«. Sie hielt ihren Eid und der Manga erreichte gute Verkaufszahlen. Die Japaner haben sogar das Wort »chiramise« (チラ見せ), das sich am besten mit »Höschenzeigen« übersetzen lässt. Darunter versteht man das willentliche oder unwillentliche Hervortreten dieses Baumwollproduktes.

Die Erotik des Slips kommt teilweise aus dem Verbot der Darstellung von Nacktheit. Er muss als Stellverteter einer Körperregion herhalten, die im Bild nicht festgehalten werden darf. Dadurch übernimmt er einen Teil von deren betörender Wirkung. Indem der Slip die Fantasie darüber anregt, welch unerforschtes Geheimnis darunter liegen mag, wird er zum magischen Gegenstand. Der Anfang solcher Verknüpfungen liegt im Tragen von (zu kurzen) Röcken. Wenn dies in der Gesellschaft nicht so verbreitet wäre, würden derartige Fantasien gar nicht erst aufquellen. Dem Kleidungsstück zu entkommen, ist für Frauen gar nicht so leicht, denn Röcke sind in Japan Sitte, ja manchmal sogar Pflicht. Vor allem an Schulen und am Arbeitsplatz ist er Teil des allgemeinen Dresscode. Weiblichkeit wird in Japan mit dem Anziehen bestimmter Kleidung verbunden. Die Schuluniformen bestehen aus Bluse, Rock und Strümpfen. Mädchen müssen uneingedenk einer kühlen Wetterlage das luftige Beinkleid tragen. Ein Windstoß, eine falsche Bewegung, ein unglücklicher Zupfer reicht, die Unterwäsche freizulegen. Unartige Buben ziehen den Mädchen auf dem Schulhof dieses Kleidungsstück als böser Streich nach oben. Der Business-Look der Japanerinnen ähnelt aufgrund seiner Monotonie Uniformen: Weiße Bluse, kurzer Rock, schwarze Strumpfhose und Schuhe mit Absätzen sind hier normal. Meine Bekannte hat mir versichert, dass die Pflicht, einen Rock bei der Arbeit zu tragen, sich in den letzten zwanzig Jahren zugunsten einer größeren Auswahl an arbeitsplatztauglicher Kleidung verbessert habe. Sie ist natürlich als Japanerin die aussagestarke Autorität. Ihre Ansicht passt auch zu der aufkeimenden Modernität in dem Land. Mir ist es allerdings trotz längerer Internetrecherche nicht gelungen, wenigstens ein einziges Bild zu finden, das nicht Büroarbeiterinnen im Rock zeigt. Die Männer haben ihren eigenen Dresscode und halten sich an das weiße Hemd und die schwarze Hose.

Die Uniform als Vorbild weiblicher Arbeitskleidung hat sein Fundament. Im ersten Weltkrieg taten allein in England 80.000 Frauen in Lazaretten als Krankenschwestern und im Umkreis der Armee als Service-Personal Dienst. Hinzu kamen noch die Frauen, die in Waffenfabriken die nötige Munition herstellten. Eine immense Menge von Frauen trat der Arbeitsfront bei, wohingegen ihnen früher nur unbedeutende Tätigikeiten im niederen Bereich (als Dienerin) oder im günstigsten Fall als Lehrerin möglich waren. Ihr Auftreten im militärischen Alltag änderte das alte Bild, Frauen wären nur für häusliche Dienste nützlich, zugunsten moderner Auffassungen. Das verbesserte Image zeigte sie als kompetent arbeitende Person an der Seite der Männer. Der Krieg hatte Einfluss auf das neu entstehende Frauenbild. Aus dieser militarisierten Zeit entspring die Idee, dass Frauen eine militärartige Uniform tragen müssten, wenn sie kompetent erscheinen wollen. Stewardessen, Kellnerinnen, Politessen, Krankenschwestern und so weiter. Japan hat das mittlerweile angegraute Bild von Frauen, die in Uniformen gesteckt werden müssen, wenn sie arbeiten, übernommen. Gemäß den Vorgaben früherer Zeit tragen Frauen in Japan eben Röcke mit der Länge, die im ersten Weltkrieg passend für sie schien. Die erotische Neutralität, die Einheitskleidung bietet, hat leider nicht funktioniert. Die kurzen Röcke führen zum heimlichen Blick auf das Höschen, der Blick auf das Höschen führt zum Fetisch eines ganzen Landes. Ich habe meine japanische Freundin gefragt, ob es sie denn nicht störe, wenn ihr Mann seine Augen auf einen zufällig unter dem Rock hervortretenden Slip lenkt. »Nein, das stört mich nicht«, antwortete sie, »ich mache das doch auch«.

11

Es gab in Deutschland in der Vorinternetzeit eine interessante Diskussion. Darf man in Schulbüchern ein nacktes Paar abdrucken? Anlass war ein Biologielehrbuch, indem ein jüngeres Paar unbekleidet zu sehen war. Der Penis baumelte gelangweilt über dem Boden. Die Frau hatte verwildertes, verdeckendes Schamhaar. Sonst machte das Paar nichts. Es war einfach nackt. Das reichte, um im prüden Umfeld der frühen achtziger Jahre eine unruhige Debatte auszulösen, die sogar das Gericht erreichte. Der Richter unterstützte die liberale Sichtweise. Ja, man könne ein solches Bild den Schülern zumuten. Er führte aus, dass der Körper des Menschen an sich nichts Anstößiges sei. Kinder würden nicht mit einem gesunden Selbstbild aufwachsen können, wenn ihnen vorgelebt würde, dass ihr Körper etwas Schlimmes sei. Er hatte recht. Seien wir ehrlich. Im Grunde war die Abbildung nicht den Schülern peinlich, sondern den Lehrern. Nun fragt man sich vielleicht, wie weit diese Liberalität in der Darstellung des Menschen denn geht? Auf die Frage, ab welcher Position denn zum Beispiel die Darstellung eines Penis', der sich nicht mehr ganz im Grundzustand befindet, pornographisch werde, antwortete vor längerer Zeit ein Regierungsbeamter: Ein Penis sei dann anstößig, wenn er nicht mehr die Form von Norwegen habe. Ich empfehle dies zu Bildungszwecken auf einer Karte nachzuprüfen.

Japan ist ein Mekka der Prüderie. Unbekleidete Menschen können in Printprodukten nicht gezeigt werden. Eine japanische Ausgabe des »Playboy« ist im Grunde nichts weiter als ein Unterwäschekatalog. Die letzten Hüllen fallen nicht. Pornografie ist in Nischen verbannt. Wer doch ein entsprechendes Produkt in die Hand bekommt, wird vielleicht enttäuscht sein. Die Geschlechtsteile werden gepixelt. Schamhaare sind ebenso Stein des Anstoßes. Deren Abbildung war bis in die 1980er hinein verboten. Das wirkt nach. Selbst heute vermeiden Comiczeichner oder Filmemacher entsprechender Produkte, Figuren beziehungsweise Personen mit Behaarung in Erscheinung treten zu lassen.

Viele werden denken, die Japaner wären unglaublich prüde, wenn es um Nacktheit geht. Das stimmt nicht. Die Amerikaner sind prüde. Japan war bis zum Beginn der Meiji-Zeit (das heißt ab 1853) sehr offen gegenüber Nacktheit. Männer und Frauen badeten unbekleidet gemeinsam in öffentlichen Häusern. Zudem gab es reichlich Bordell-Distrikte, wo – wie in Kyoto – bis zu tausend Prostituierte ihre Kunden bedienten. Sogar männliche Prostituierte waren zu finden. Diese wurden sehr gerne von buddhistischen Mönchen aufgesucht, denen es verboten war, mit Frauen intim zu verkehren. Sie hatten aber so ein Hintertürchen gefunden. Der Shintoismus sieht Sexualität als eine Naturkraft, in der per se nicht Schlimmes liege. Im Kapitel über Shintoismus habe ich bereits etwas über die Verbindung zu alten Fruchtbarkeitskulten geschrieben, die heute noch im Herumtragen von überdimensionierten Penisen sichtbar wird. Körperliche Lust als unverzeihliche Sünde ist ein christlicher Wert, der nichts mit dem alten Japan zu tun hat.

Die Japaner waren nach der Ankunft der Amerikaner (eben im Jahr 1853) von der westlichen Kultur beeindruckt. Sie kopierten ohne Verstand alles, was aus dem Westen kam. Die Kultur, die Technik, die Kleidung, einfach alles. Sie waren wirklich kurz davor, das Japanische als Sprache abzuschaffen, zumindest in offiziellen Zusammenhängen. Die Umbrüche gingen tief in ihre Weltanschauung hinein. Die Moral machte hier keine Ausnahme. Jeder weiß, der sich ein bisschen mit der Geschichte der USA auseinandergesetzt hat, dass die USA damals und in vielen Landesteilen auch heute noch ein Mekka der Prüderie war und ist. Ein abgeschlagener Kopf in einem Action-Film ist vor jüngsten Zuschauern vertretbar, die Präsentation einer Brust nicht. Die Japaner kopierten damals die Sitten aus Übersee. Diese wiederum hatten ihren Anfang in bigotten, religiös motivierten Vorstellungen von Einwanderern, die als unerwünschte christliche Sekte aus Europa nach Amerika auswandern mussten (Amisch, Mormonen, Quäker und so weiter). Das Ende sexueller Freiheit wurde im Jahre 1853 auf der Insel eingeläutet. Öffentliche Nacktheit verschwand und die Sexualität wurde verteufelt. Dem aber noch nicht genug. Ein zweite Prüderie-Tsunami schlug nach dem Zweiten Weltkrieg an Land. Die Amerikaner hatten den Krieg gewonnen und bemühten sich während der darauffolgenden Besatzungszeit (1945-1952), die Japaner zu demokratisieren. Dazu gehörte unter anderem das Verbot von erstens der Pornografie und zweitens der Prostitution. Niemand, der prüde ist, würde sagen »ich bin so furchtbar prüde, also schafft mir die Nackten aus den Augen«. Er bastelt stets eine fadenscheinige Begründung. Die US-Administration packte einen merkwürdigen Gedankengang aus. Prostitution und Pornografie würden die moralische Selbstkontrolle schwächen. Wer aber erst diese Selbstkontrolle verloren habe, sei zwangsläufig leichtes Opfer seiner aggressiven Impulse. Aggressive Impulse führen zum Krieg. Deswegen waren Prostitution und Pornografie der psychologische Grund für den Angriff auf die USA. Gäbe es die beiden Hemmschuhe einer friedlichen gemeinsamen Zukunft nicht, wäre Japan ein friedfertiger Partner. Das Ergebnis: Sexuelle Darstellung wurde gepixelt, Frauen mussten einen Slip tragen, wenn sie »nackt« (wie im Playboy) gezeigt wurden und 1956 verboten die Japaner selbst die Prostitution per Gesetz. Friede auf Erden.

12

… und doch ist in der Ruhe der eigenen vier Wände noch etwas von der alten japanischen Kultur erhalten geblieben. Sie bringt selbst unser heutiges deutsches Sittenempfinden durcheinander. Nach einer Statistik baden 22% der Mütter mit ihren Söhnen bis ins Alter von zehn Jahre zusammen. Nackt. Die Zahl sinkt dann ab dem elften Lebensjahr auf vier Prozent. 25% der Väter baden mit ihren Töchtern bis zum Alter von zehn Jahren unbekleidet. Die Statistik fällt ab dem Alter von elf Jahren fast auf Null Prozent. Hier scheint eine gewisse Grenze zu sein. Ab dem Erwachsenenalter (das war in Japan bis vor Kurzem noch bei 20 Jahren) baden etwa 7% der Väter und Töchter wieder gemeinsam. Als Begründung hierfür wird auf die Sitte verwiesen, täglich zu baden. Jedesmal das Badewasser ein- und auslaufen zu lassen, sei zu teuer.

13

Die Prüderie ist in Japan an allen Orten. Sichtbar und unsichtbar. Am liebsten versteckt sie sich hinter Regeln. Besonders bei der Kindererziehung schlägt sie zu. In zehn Schulen in der japanischen Stadt Fukuoka ist Mädchen das Tragen von Pferdeschwänzen verboten. Es sei zu sexuell. Der wackelnde Haarbusch könnte erregend sein. Der weibliche Körper wird in fast allen Schulen durch Regeln asexuell geformt. Frisuren, Haarlänge, Nägel, Make-Up, Accessoires werden kontrolliert. Die Haare dürfen nicht auf den Schultern aufsitzen. Der Rock muss die Knie bedecken. Keine Ohrringe, keine Ketten. Weiße Unterwäsche und weiße Socken, Haarbänder müssen schwarz sein. Augenbrauen werden von den Lehrern kontrolliert, damit sie nicht gezupft sind. Regenschirme müssen dunkelblau sein. Diese Dinge haben den Sinn, jemanden als Schüler oder Schülerin zu identifizieren. Bei Kindern ist das leicht, aber bei denen, die knapp vor dem Schulabgang sind, ist das schon schwieriger. Worin dabei die Wichtigkeit liegt, sieht man an folgendem Fall. Eine Schülerin besuchte eine Highschool in Tokio. Sie hatte ein Date mit einem Jungen. Das ging aber gegen die Schulregeln, da die Schüler sich auf das Lernen konzentieren sollten. Unglücklicherweise hatte jemand das leicht als Schülerin erkennbare Mädchen gesehen und die Schule informiert. Daraufhin wurde sie gezwungen, die Lehranstalt »freiwillig« zu verlassen. Im Falle der gerade erwähnten

Schülerin führte der Vorfall zu einem Gerichtsprozess. Die Achtzehnjährige stand kurz vor dem Schulabschluss und wollte den Akt der Willkür nicht akzeptieren. Ein endgültiges Urteil wurde noch nicht gefällt.

Schuluniformen sind in den meisten Schulen Pflicht. Als Argument dafür wird gern genannt, sie würden soziale Unterschiede unkenntlich machen. Der Druck, teure Designerklamotten zu tragen, verschwinde. Die Rechnung geht aber nicht ganz auf. Die Schuluniformen sind in Japan recht teuer. Im Preis der Designerware ähnlich. Dass Mädchen Röcke als Teil der Schuluniform tragen wird, durch das Geschlechterverständnis der Japaner nötig. Es gibt aber Schulen, die Strumpfhosen als zu sexy deklarieren. Im Winter ist es sicherlich nicht besonders angenehm, ohne weiteren Temperaturschutz durch den Schnee zu stapfen. Viele der aggressiveren Regeln betreffen Mädchen, deren aufkommende Pubertät als Störung der Gemeinschaft betrachtet wird. Der werdende Frauenkörper sendet Signale aus, deren Wirkung durch die Homogenität der Erscheinung gemindert werden soll. 79 von 177 Schulen verlangen von den Eltern ein besonderes Zertifikat. Es muss belegen, dass die Haarfarbe ihrer Tochter natürlich und nicht gefärbt ist. Das bekommt man im Krankenhaus nach einer Haaruntersuchung. Diese Untersuchung ist in kurzen Abständen zu wiederholen. Eine andere Schülerin hatte von Natur aus rötlich-braune Haare. Sie wurde von der Schulleitung gezwungen, diese schwarz zu färben. Alle Mädchen sollten die gleiche Haarfarbe haben. In einem You-Tube-Video erzählte eine Japanerin, ihr sei das Tragen von kurzen Röcken verboten worden. Diese Regel betraf nicht die Schuluniform, sondern die Objekte in ihrem Kleiderschrank. Selbst am Wochenende durfte sie (zu Hause oder draußen) zu keinem Zeitpunkt einen solchen überstreifen. In mehr als sechzig Prozent der Schulen muss der Slip unter dem Rock weiß sein. Das wird von den Lehrern durch Anheben des entsprechenden Kleidungsteils kontrolliert. Der BH sollte ebenfalls diese Farbe haben.

Hinter solch schwer zu verdauenden Vorschriften stecken oft finanzielle Interessen. Japan hat ein Schulsystem, das öffentliche und private

Schulen gleichermaßen zulässt. Innerhalb dieses Spektrums finden Eltern Bildungsanstalten, die für ihre konservative und andere, die für ihre liberale Einstellung bekannt sind. Diese konkurrieren um zahlungswillige Erziehungsberechtigte. Die Schulen bieten eine Aussicht auf eine bessere Zukunft, allerdings nur, wenn hohe Kosten akzeptiert werden. Die Hauptsorge vieler Eltern ist nicht, können wir uns eine Wohnung leisten, sondern haben wir genug Geld, um unsere Kinder auf eine gute Schule zu schicken. Was eine »gute« Schule ist, ist aber die Frage. Ist es eine mit guten Berufsaussichten oder eine die den Charakter formt? Die Eltern können entsprechend ihrer eigenen Einstellung und ihrem Geldbeutel die geeignete Schule auswählen. Besonders Privatschulen haben als Kundschaft traditionelle Geldgeber im Auge, die ihre Kinder nicht in eine gewöhnliche Schule geben wollen. Absurde Regeln, wie »wer zu spät kommt, bekommt nur Reste zum Mittagessen« spiegeln nur die Wertebedürfnisse der alt denkenden Generation wieder. Diese werden ihre Zöglinge eher in Schulen anmelden, die auf Zucht und Anstand achten. Die Prüderie der Bildungseinrichtung verwirklicht die Borniertheit einiger Eltern.

Aber geben wir das Land noch nicht auf. Japan ist im Augenblick im Wandel. Japaner wehren sich über Gerichte. Das oben erwähnte Mädchen, das seine Haare ständig schwarz färben musste, bekam am Kopf Hautprobleme. Die Vorgabe war nämlich, seine Haare jeden vierten Tag nachzufärben. Sie wurde depressiv, weil die Lehrer sie immerzu schimpften. Sie solle gefälligst wieder ihre Haare schwarz machen, da schon wieder falschfarbige Stellen zu sehen seien. Als sie dem allem nicht schnell genug nachkam, wurde ihr gesagt, sie solle nicht mehr zur Schule kommen, bis sie tintendunkles Haupthaar hätte. Sie blieb zu Hause, bis sie von Freunden überredet wurde, wieder hinzugehen. Als sie das Klassenzimmer betrat, musste sie feststellen, dass ihr Tisch (in Japan hat jeder einen zugewiesenen Tisch) verschwunden war. Ihre Schulregistrierungsnummer war einem anderen Schüler zugewiesen worden. Irgendwann konnte sie dem psychischen Druck nicht mehr standhalten und ging endgültig nicht mehr in den Unterricht. Allein ihre Haare, die ihr soviel Kummer machten, im Spiegel zu sehen, war ein Grund zu hyperventilieren. Sie verließ schließlich das Haus nicht mehr. Die Eltern verklagten die Schule und gewannen. Das Gericht sprach ihnen eine Summe von 3000 Euro zu. Nicht viel, aber für eine Schule, die von ihrem Ruf lebt, ein spürbarer Stich. Der Schuldirektor zeigte sich bockig. Er sagte, dass die Schule ab jetzt sensibler mit so einem Thema umgehen werde, aber die Schulregel bleibe. Dass der Fall durch die Medien ging und das Unverständnis vieler darüber, war ein gutes Zeichen.

14

Auf der einen Seite die Prüderie, auf der anderen Seite die Sittenlosigkeit. Ironisch ist nämlich, dass Japan trotz scharfer Moralgesetze eine Milliarden Yen einspielende Porno-Industrie sein eigen nennt. Japan ist ein Massenproduzent sexueller Werke. Mit nur knapp mehr als einem Drittel der Einwohner der USA produziert es doppelt so viele Pornofilme wie das amerikanische Land. Angefangen hat dieser Geschäftszweig in den 1960er Jahren mit kleinen, vorsichtigen Produktionen. Die Kinos wurden damals wie heute von amerikanischen Filmen dominiert. Japanische Filmemacher sahen in der Darstellung von sexuellen Szenen eine Chance, das einheimische Publikum in die landeseigenen Produktionen zu locken. In den prüden USA-Filmen war nichts Schmuddeliges zu sehen. Schlüpfrige Szenen konnten den Produktionen japanischer Regisseure die nötige Publikumsaufmerksamkeit verschaffen. Rosa Filme (ピンク映画) heißt diese Art von Streifen, die am Anfang mit schlechter technischer Ausrüstung, aber mit großem persönlichen Einsatz der Macher gedreht wurden. Wir würden sie schlicht als Softporno bezeichnen, jedoch hatten die japanischen Filme der damaligen Zeit einen höheren, manchmal sogar künstlerischen Anspruch. Eine junge Generation von Filmemachern wollte sich beweisen und suchte nach einer eigenen Handschrift für den neuen japanischen Film. Die sexuellen Szenen waren teilweise grotesk, absurd und lachhaft, aber fantasievoll. Die Erotik war nur ein Verkaufsargument, den Regisseuren ging es um die Geschichte und deren Darstellung.

Dieses Produktionsprinzip hielt fünfzig Jahre an. Im Jahr 2007 beispielsweise waren 89 der 287 in heimischen Kinos gezeigten Filme aus Japan dem Genre »Rosa Film« zuzurechnen. Das Kino allein war es nicht, das dem »Rosa Film« Geld einbrachte. Die Video-Welle seit den 1980er Jahren hatte das Ausleihen dieser Streifen aus Videotheken leicht gemacht. Der künstlerische Anstrich half mit, sie irgendwie salonfähig zu machen. Man konnte sich also damals »Tokio Dekadenz« ausleihen, ohne in Verdacht zu geraten, nur auf die Prostituierten oder die sadomasochistischen Lack- und Lederszenen zu starren. Der Regisseur des Filmes Ryu Murakami ist nämlich gleichzeitig einer der wichtigsten Schriftsteller moderner gehobener Literatur. Diese Zwischenexistenz zwischen Kunst und Porno begeisterte ein internationales Publikum. Als auf der Insel verstanden wurde, dass mit Erotik-Filmen auch außerhalb Japans dank der Videokassette Geld zu machen war, war die Tür für mehr geöffnet. Das Internet tat sein Übriges, ein weltweites Publikum zu erobern. Weitere Subgenres entstanden. Besonders Zeichentrickfilme ließen die Kasse klingeln. Sie werden als »hentai« bezeichnet. »hentai« bedeutet »pervers«, aber beinhaltet ein reichhaltiges Spektrum unterschiedlichster Themen. Mangas, die japanischen Comic-Strips, verschlossen sich ebenso nicht dem Thema. Die Werke, die in beiden Kategorien entstanden sind, lassen an Kreativität nichts zu wünschen übrig. Der Zeichenstift kann leicht die Grenzen der Realität durchbrechen. Auf diese Weise ist Schund entstanden, aber genauso gemalte Meisterwerke erotischer Fantasie.

Was als Einzelarbeiten engagierter Regisseure begonnen hatte, schwoll ab den 2010er Jahren zu einer riesigen Pornoindustrie an. Die Filme wurden sexfixiert. Die Darstellerinnen sind Profis, haben Starstatus, verdienen ordentlich und haben im günstigsten Fall eine breite Fanbasis. Die Erfolgreichsten unter ihnen drehen bis zu sechs Filme pro Woche. Die Männer dagegen sind unbezahlte Amateure, die als »Gegenleistung« die Möglichkeit erhalten, ihr offensichtlich verarmtes Sexleben aufzufrischen. Die Geschlechtsteile werden konsequent gepixelt. Kleine flimmernde Mosaike verdecken die kritischen Stellen. Kein gutes Verkaufsargument auf dem internationalen Erotikmarkt. Um den Nachteil auszugleichen, setzt die japanische Pornoindustrie auf Fantasie, spielfilmartige Handlungen, sowie Dinge, die so anders sind, dass der Pornokonsument ins Staunen gerät. Beispielsweise handelt ein Film von einem Hotel, wo der Gast schon an der Rezeption den Koitus mit einer Angestellten beginnt, indem er sich hinter sie stellt. Während der ganzen Zeit des Aufenthalts – beim Treppenlaufen. Kofferauspacken, Essen etc. – unterbrechen die beiden den Geschlechtsakt nicht und kleben in einer grotesken Polonaise aneinander. Die Art von albernen Machwerken gibt es nur bei japanischen Filmen. Die Wurzeln, dieser Filme liegen im kreativen Schaffen ehrgeiziger junger Regisseure. Diesen Touch von eigenartigem Anspruch, wenn nicht Kunst, aber wenigstens etwas Besonderes zu schaffen, haben viele dieser Filme heute noch. In Pornostreifen aus den USA ist statt Fantasie Leistungssex gefragt. Eine japanische Bekannte, die so ein USA-Produkt gesehen hat, kommentierte ihre Film-Erfahrung mit nur einem Wort: »Hektisch!«.

15

Erotik ist natürlich. Sie lässt sich nicht unterdrücken, nur verbiegen. Trotz des Verbotes der Prostitution hat Japan innerstädtische Erotik-Bezirke. Es gibt leicht zugängliche Sex-Bars, an denen sich Geschäftsleute auf dem Heimweg von einer »Spezialistin« mit der Hand bedienen lassen können, ebenso wie Busen Bars, wo diese Tätigkeit mit dem namengebenden Körperteil verrichtet wird. Das Gesetz von 1956, das den käuflichen Sex verbietet, spricht nur von Vaginalverkehr. Hand, Mund und auf dem Penis hin und her reibende Schenkel werden in Etablissements als Ersatz angeboten. Anstatt das Bordellgewerbe einzudämmen, ist es zu einer jährlich hunderte Millionen Euro einspielenden Branche gewachsen. Sie ist so erfolgreich, dass es einen Sextouristenstrom vor allem aus dem nahen China gibt. Der Versuch, die Gesellschaft durch Schließung der entsprechenden Lokale sittlicher zu machen, hat nicht das Bezweckte bewirkt. Er hat die Gesellschaft seltsamer gemacht. Es gibt zum Beispiel Einrichtungen, in denen ein Kunde eine Frau mieten kann, die dreißig Minuten im Pyjama neben ihm liegt und mit ihm kuschelt. Da dies »sexfrei« ist, bessern sich manchmal auch Schülerinnen zwischen 15 und 17 Jahren ihr Taschengeld damit auf.

Im täglichen Leben lässt sich ebenfalls ungezwungene Erotik finden. In Shibuya (Tokio) gibt es eine Vibrator-Bar, wo Pärchen – während sie Kaffee trinken – die dreihundert an die Wand gehängten Vibratoren bewundern können. Vor einiger Zeit ging eine bestimmte elektrische Zahnbürste durch die japanischen Internetkanäle, die – wenn man sie etwas dreht – sehr gut als Vibrator gebraucht werden kann. Butter von der Marke »Echire« sei am besten für den Analsex, wie Japaner meinen. »Tamatoys« sind parfümierte Duftöle, die in den Sexshops ein besonderer Renner waren: Geruchsrichtungen sind »Jungen-Popo«, »Mädchenachsel« und »Strümpfe einer Frau, die gearbeitet hat«: Bei Youtube-Videos bin ich immer wieder darüber erstaunt, wie frei dort besonders Japanerinnen über Sexualität sprechen. So ungezwungen habe ich das auf deutschen Kanälen noch nicht gesehen. Zum Beispiel erzählte eine etwa 20-jährige japanische Youtuberin – sie wohnte noch bei ihren Eltern –, dass sie zwei neue Vibratoren ausprobieren wollte, die sie kurz zuvor im Internet bestellt hatte. Neugierig ausgepackt begann sie mit dem Test. Plötzlich kam ihre Mutter herein, während sie noch in vollem Gange war. Diese blickte sich um und meinte nur: »Wenn du damit fertig bist, bitte räum' die Schachteln auf«.

Sushi und wann die Japaner die Engel singen hören

1

Essen, Essen und noch mal Essen. Japan ist »food crazy«. Es scheint um nichts anderes zu gehen. Als eine japanische Freundin von ihrem drei Tage Trip aus Kroatien zurückkam, zeigte sie mir ihre Urlaubsbilder. Sie hatte wirklich jedes Essen, das sie konsumiert hatte, fotografiert. Mehr noch, nur mit Mühe konnte ich sie dazu bewegen, mir einige Fotos von Sehenswürdigkeiten zu zeigen. Ihre Schilderungen dazu waren dann ungefähr so: »Hier ist das berühmte Stadtschloss [Foto vom Stadtschloss, sie und ihr Mann stehen davor und winken]. Wir waren nach der Besichtigung in dem Café gegenüber. Dort habe ich einen leckeren Kuchen gegessen [Foto von Kuchen], mein Mann hat einen Eisbecher mit Kirschen gehabt [Photo vom Eisbecher, dann noch ein Photo vom Eisbecher aus einer anderen Perspektive, kein Bild vom Restaurant]. Der Kuchen war übrigens sehr lecker. Danach sind wir zum Hafen gegangen, weil die Muscheln dort besonders gut sein sollten [hastige Handyklicks in der Fotogalerie Richtung Muschelteller]…«.

Die gleiche Freundin hatte sich vorgenommen, während ihrer Frankreichreise eine Bouillabaisse zu essen. Die kostete in dem gehobenen Restaurant, das sie sich ausgesucht hatte, sechzig Euro. Ich fragte sie, ob es nicht übertrieben sei, so viel Geld bloß für eine Suppe auszugeben. Sie antwortete, sie werde wahrscheinlich nur einmal im Leben die Gelegenheit gehabt haben, eine echte Bouillabaisse zu essen. Als ich immer noch skeptisch schaute, fügte sie noch an: »Und wenn ich einen zweiten Teller Suppe gewollt hätte, wäre der im Preis inbegriffen gewesen«.

Japaner haben ein anderes Reisekonzept. Wir reisen zu Orten, Japaner reisen zu Gerichten. Selbstredend fotografiert meine Freundin Mittagessen und Fischsuppen. Deswegen ist sie ja nach Kroatien oder Frankreich gereist. Das Drumherum wie die Besichtigung historischer Bauwerke hat nur den Sinn, die Zeit von einem Essen zum anderen zu überbrücken. Als ich ihr bei anderer Gelegenheit einige Fotos von einem gehobenen Hotel zeigte, in dem ich während einer Reise abgestiegen war, merkte ich, dass sie sich langweilte. Für mich ist es für mein Wohlbefinden bedeutsam, wie angenehm die Unterkunft ist, in der ich übernachte. Welcher Deutsche blättert nicht so lang in Urlaubsprospekten, bis er eine perfekte Ferienanlage findet? Der Geldbeutel gibt das Limit vor. Ich fragte meine Bekannte vor diesem Hintergrund, ob ihr denn ein schönes Hotel gar nicht wichtig sei. Sie zuckte nur mit den Achseln: »Ich bin Japanerin, ich schlafe überall«.

Selbst das eigene Land sehen die Japaner mit dieser Brille vor Augen. Städtenamen sind auf einer Landkarte nur Bezeichnungen für Orte mit besonderen Speisen. Sage ich den Namen der Großstadt Fukuoka, sagen die Japaner »hier gibt es gute Nudelsuppe zu essen«, sage ich Hiroshima, sagen sie »das Okonomiyaki schmeckt dort ausgezeichnet«, sage ich Okinawa, sagen sie »die Fischgerichte sind auf der Insel vorzüglich«. Das geografische Japan wird durch Städte gebildet, deren Sehenswürdigkeiten im Restaurant bewundert werden können. Landkarten sind Speisekarten. Diese Umdeutung von Geografie in Kulinarik wurzelt in der grundsätzlichen und omnipräsenten Faszination, die die Inselbewohner der »Nahrungsaufnahme« entgegenbringen. Das ist nicht nur auf Reisetätigkeiten bezogen. Über Essen zu sprechen, Essen zu fotografieren, es zu bestaunen, sich gegenseitig gute Restaurants zu empfehlen, vor Schaufenstern mit kulinarischen Köstlichkeiten mit großen Augen stehen zu bleiben, Törtchen zu backen, besser gesagt zu »schaffen«, die wie museumsreife Kunstwerke sind und so weiter: Essen ist der japanische Fetisch schlechthin. Es geht nicht darum, satt zu werden. Es ist die innermenschliche Beschäftigung mit gelungener Nahrung, die Suche nach neuen unbekannten Geschmäckern, die Harmonie der Speisen, die Ästhetik der Anrichtung und das Streben, in der Mahlzeit die vollkommene Zufriedenheit zu erfahren. Dieses Gefühl besonderer Seligkeit hat einen Namen: Das Wort heißt »oishii«. Viele werden sich jetzt fragen, ob ein so kulturspezifischer Begriff überhaupt in die deutsche Sprache mit nur wenigen Worten übersetzt werden kann. Ja, das ist möglich: Die deutsche Wiedergabe lautet »lecker«. Einfach nur »lecker«. Für Japaner bedeutet »oishii« das Versprechen, die Erfüllung und die Erinnerung an das Lebensglück schlechthin. Japaner rufen »oishii« vor der Mahlzeit, wenn sie das Essen sehen. Sie rufen es während der Mahlzeit, wenn sie es essen. Sie rufen es nach der Mahlzeit, vor dem geleerten Teller. »Oishii, oishii!!!«. Das plumpe deutsche Wort »lecker« stellt natürlich nicht den Grad der Seligkeit dar, der sich hinter dem Wort verbirgt. »Halleluja« wäre besser. Wenn die Nudelsuppe geschmacklich gelingt, dann öffnet sich der Himmel und für einen Moment sehen die Japaner die Engel singen.«Halleluja, Halleluja!«

2

Superlative werden nicht auf dem Kunstmarkt, sondern auf dem Fischmarkt erreicht. Jedes Jahr erscheint in der Presse eine Meldung, in der berichtet wird, welche verrückten Summen für einen einzigen Tunfisch ausgegeben wurden. Der Frischfang wird in einer wilden Auktion an den Meistbietenden verkauft. Bieter in derartigen Versteigerungen sind in der Regel Restaurants oder Restaurantketten. Ein solcher Tunfisch, der für 130.000 Euro versteigert wurde, schaffte es im Januar 2022 bei uns in die Nachrichten. Er wog 211 Kilogramm. Ein Sonderangebot. Der Verkaufsrekord stammt aus dem Jahr 2020 und liegt bei über 193 Millionen Yen (2,7 Millionen Euro) für einen 278 Kilo schweren Tunfisch. Der Käufer dieses Prachtexemplars war eine Sushikette mit Namen »Sushizanmai«, genauer gesagt dessen Besitzer Kiyoshi Kimura, der den Spitznamen »der Sushi-König« trägt. Der Preis ist hoch, verrückt hoch sogar, aber es sollte bedacht werden, dass aus einem 278 Kilo schweren Tunfisch theoretisch 30.000 bis 50.000 Sushi-Blöckchen mit dem Meeresbewohner bestückt werden können. (Natürlich muss das Gewicht der Innereien und Gräten abgezogen werden.Wahrscheinlich darf man hier die Zahl halbieren). Die Fischauflage auf Sushi wiegt nur zwischen fünf und zehn Gramm. Ein paar Yen-Münzen werden pro Reis-Blöckchen in einem gehobenen Restaurant für ein Stück schwimmendes Gold nicht reichen. Hier muss der Gast tiefer in die Tasche greifen. Mit bis zu fünfzig Euro pro Block ist zu rechnen. Das macht aber nichts. Es werden sich Abnehmer finden. Jeder würde bestimmt gern von dem weltberühmten Meeresbewohner kosten wollen. Jeder fragt sich: Ist er wirklich das Geld wert? Interessanterweise ist Sushizanmai, dessen Besitzer ja den Fisch gekauft hat, eine Kette von günstigen Sushirestaurants. Kein Fastfood, eher wie eine Bäckereikette, bei der man günstige Waren mit einem gewissen Qualitätsanspruch erwarten kann. Für diese Kette war der erworbene Fisch sehr nützlich, da er für Läden ordentlich die Werbetrommel rührte. MacDonald's hat nur in den USA im Zeitraum von 2010 bis 2020 1,6 Milliarden Euro für Werbung ausgegeben. Der Sushi-König konnte die Promotion seiner Restaurantkette für weit weniger haben, nämlich für besagte 2,7 Millionen Euro. (Minus der direkten Einnahmen, die er durch den Verkauf des Fisches erhielt). Natürlich bleibt der Zweifel, ob die kulinarische Qualität eines solchen Meeresbewohners wirklich den Preis rechtfertigt. Vielleicht ist aber das Nachdenken darüber nichts weiter als überflüssige Grübelei. Eine sechzig Jahre alte Flasche Maccallan-Whiskey wurde 2019 für 1,9 Millionen Dollar versteigert. Ich nehme an, dass niemand die Flasche öffnet, um zu prüfen, ob der Whiskey wirklich für 1,9 Millionen Dollar Gegenwert schmeckt. Eine andere Freundin lieferte mir eine andere plausible Erklärung, warum Kiyoshi Kimura den Fisch zu so einem horrenden Preis erstanden hatte. Sie lautete: »Weil er zu viel Geld hat«.

3

Um den Hype, der um solche Fische gemacht wird, etwas besser zu verstehen, seien ein paar Worte dazu gesagt, was die Qualität ausmacht. Der Tunfisch ist eine der Zutaten, die gern für Sushi als Auflage verwendet wird. Sushi umfasst nach der halbrichtigen Meinung vieler vier Arten. maki: Das sind Reisrollen mit der Füllung in der Mitte. Dann nigiri: Reisblöcke, auf denen ein Fischstück gelegt wurde. Des Weiteren temaiki: Das sieht wie eine Schultüte aus, die mit Reis und Fisch gefüllt ist. Diese drei werden gern zusammen mit Sashimi aufgezählt. Das ist roher Fisch, der auf einen Teller gelegt wurde. Das letzte ist genau genommen kein Sushi, denn dieses wird durch die Kombination von Reis, Sojasauce, Essig und Fisch definiert statt durch getrennt liegenden Fisch. Das ergibt 3 + 1. Dreimal Sushi und einmal Sashimi.

Meine japanische Freundin fügte auf Nachfrage noch weitere Kategorien der Speise an, die entweder als eigenständige Varianten oder als Unterarten gesehen werden können. Zum Beispiel wäre da das Kriegsschiff-Sushi (Gunkan-Maki). Die sehr ovale Form und das üppige Topping in Form von orangefarbenen Fischeiern erinnert ein wenig an traditionelle Kriegsschiffe, an deren Deck eng aneinander gepresste Soldaten (die Eierchen) stehen. Als weitere Art hätten wir das Chirashi-Sushi, das (im Gegensatz zur Vorstellung von Sushi als kleinen Blöcken) in große Schüsseln gefüllter Reis mit entsprechendem Fisch-Belag ist. Dann wäre da noch das Ozushi zu nennen. Rechteckige gepresse Blöcke. Das Pressen erlaubt, das im Reis Schichten entstehen können. Das kann man sich wie ein mehrlagiges Tortenstück vorstellen: Unten ist zum Beispiel Reis, dann Gemüse, dann Reis, dann Fisch. Es sei noch das Inari-Sushi erwähnt, das rundum frittiert ist und so in einer Knusperschicht eingeschlossen ist.

All diese Sushiarten brauchen Fisch. Es gibt sechs Tunfischarten (von acht möglichen), die für Sushi benutzt werden. Der »Nordpazifische Blauflossen-Tunfisch« ist der beste und teuerste. Oben beschriebener Gegenstand der Auktion war ein Exemplar dieser Sorte. Er kann bis drei Meter lang werden und 400 Kilo wiegen. 80% dieses als Nahrung dienenden Fisches verspeisen die Japaner. Ein Kilogramm kann auf dem Fischmarkt für bis zu 600 Euro erworben werden. Konsequenterweise ist diese Art von Tunfisch überfischt, weil mit ihm sehr viel Geld gemacht werden kann. Fischerboote suchen wie Schatzsucher nach dicken Exemplaren dieser Art. Der »Rote Thun« ist eine weitere beliebte und schmackhafte Sorte der Meeresbewohner. Er wird in Japan gern »Jumbo Tunfisch« genannt. Das liegt nicht an seiner Größe, sondern an seinem Fanggebiet, dem Atlantik. Nach dem Fang wird er tiefgefroren in »Jumbo-Flugzeugen« nach Japan gebracht. Das Überfischungsproblem ist ebenfalls bei diesem Tunfisch festzustellen. Die typische Sushiauflage in Fließband-Restaurants ist der »Weiße Thun«. Allgemein wird er als Fisch von niederer Qualität angesehen. Man erkennt ihn an der rosa-weißen Färbung. Falls jemand sich schon gewundert hat, warum der Fisch auf dem Reisblock so »labberig« ist, dann ist die Antwort, dass der Mangel an Festigkeit durch einen zu hohen Fettanteil verursacht wird. Allgemein gilt: Je heller der Fisch ist, desto fettiger. Dieser Nahrungsbestandteil jedoch ist ein wichtiger Faktor, wenn es um den Geschmack geht. Allerdings ist viel Fett nicht zwangsläufig gut. Im Gegenteil: Früher wollten Japaner, wie wir im nächsten Kapitel sehen werden, keinen Tunfisch essen, weil sie das Fett so eklig fanden. Alle diese Tunfischarten haben eine unterschiedliche Menge dieses Nahrungsbestandteils. Darüberhinaus variiert diese ebenso »innerhalb« des Fisches. Am Bauch, neben der Flosse, vorne, hinten und so weiter ist dieser nicht gleich. Selbst Jahreszeiten und Fanggebiete lassen hier Unterschiede zu. Fische finden zu bestimmten Jahreszeiten mehr Futter. Das Meer ist nicht alleiniger Aufenthaltsort des Tunfisches. Es gibt Fischfarmen, die ihn zum Verkauf züchten. Leider werden diese Farmfische mit gewaltigen Sardinenmengen überfüttert. Sie sollen zwecks raschen Verkaufs schnell groß werden. Dadurch bauen sie eine ungemeine Menge anFett auf. Der Geschmack leidet. Das Essgefühl auch. Stichwort »labberig«. Fragen, die die Qualität bestimmen, lauten also: Wie fest ist der Fisch, wie fettig ist er, wie schmeckt er, wie ist seine Oberfläche, zergeht er im Mund, wie selten ist der Fisch und so weiter. Der Vergleich mit Wein mag etwas hinken, aber etwas von der Komplexität des Getränks findet sich im japanischen Fischverständnis wieder.

Wie verhält es sich mit dem Tunfisch in der Dose in unserem Supermarkt? Welche Sorte Fisch können wir darin finden? Hier wurde (im günstigen Fall) »Echter Bonito« verpackt, ein Verwandter der oben beschriebenen Tunfische, der zwar als Tunfisch zählt, aber in eine andere taxonomische Unterklasse gehört. Mit der gerade beschriebenen gehobenen Fischkultur hat er nichts zu tun.

4

Warum gibt es eigentlich Sushi nur in Japan? Wie kam jemand auf die eigenartige Idee, Fischstücke auf winzige Reisblöckchen zu legen? Das sind doch nur Häppchen, die aufwendig präpariert werden müssen. Wir platzieren ja auch nicht einen einzelnen Rindfleischfetzen auf jeweils drei Nudeln. Bei der Beantwortung oberer Fragen hilft die Geschichte, die im Falle von Sushi vor langer Zeit beginnt, nämlich im 8. Jahrhundert, das heißt nur für Japan im 8. Jahrhundert. Ursprünglich war Sushi eine weit ältere chinesische Erfindung. Sie kam von dort über Handelskontakte in das Inselreich. Was da aber in China erfunden worden war, war nicht das heutige Sushi, sondern eine bestimmte Fermentiermethode, die über Umwege zum modernen Sushi führte. Zu dieser Methode kommen wir gleich. Erste Ähnlichkeiten mit dem heutigen Sushi gab es erst ab (ungefähr) dem Jahr 1600, denn von da an wurden Fische auch als Auflage für Reisstücke benutzt. Maki-Sushi (die Reisrollen mit innerer Füllung) waren etwa ab 1750 zu haben. Im 19. Jahrhundert schossen die Sushi-Verkaufsstellen plötzlich wie Pilze aus dem Boden. Ein Autor schrieb 1852, dass es in einer typischen Stadt auf einer Fläche von hundert mal hundert Metern mindestens ein Sushi-Restaurant gebe. Ob das so stimmt, weiß man nicht, aber sicher ist, dass die Reisblöckchen im damaligen Tokio an kleinen Ständen zum Kauf angeboten wurden. Diese waren allerorten zu finden. Jeder konnte mit etwas Kocherfahrung einen solchen Stand aufmachen und die Gelegenheit nutzen, als kleiner Entrepreneur ins Geschäftsleben einzusteigen. Das bunte Durcheinander des Stadtlebens weichte zu dieser Zeit die Ständegesellschaft auf, die zuvor jeden Bürger an seinen Platz gewiesen hatte. Kunden gab es genug. Tokio war schon im Jahr 1721 mit 1,1 Millionen Einwohnern die größte Stadt der Welt geworden. (Die Metroploregion Tokio ist es mit 37,4 Millionen Einwohnern (2018) auch heute noch). Sushi diente den Bürgern im Japan des 19. Jahrhunderts als willkomnener Imbiss. Es war nicht so teuer, ein bis zwei Euro, bezahlbar für die, die Arbeit hatten. Vergleichbar mit dem

Preis einer Currywurst heute. Darüber hinaus waren die Sushistücke damals deutlich größer.

Als Sushi im 8. Jahrhundert in Japan eingeführt wurde und viele Jahrhunderte danach, war Sushi nichts weiter als eine Zubereitungsmethode, bei der fermentierter Fisch sowie Reis eine wichtige Rolle spielten. Der Prozess der Fermentierung brachte beim Fisch (nicht beim Reis) einen Geschmack hervor, den die Köche anstreben. Fermentiert oder man könnte auch sagen gegoren bedeutet, dass Bakterien oder Pilze das Lebensmittel befallen haben. Sie zersetzen die Nahrung, wodurch neue Geschmäcker entstehen können, allerdings nicht immer die besten. Ein Autor aus dem 12. Jahrhundert berichtet, dass der fermentierte Fisch teilweise so gestunken habe, dass allein in seine Nähe zu kommen, eine Zumutung gewesen sei. Das ist eine Einzelmeinung, denn damals fanden nicht wenige den Geschmack vergorenen Fisches himmlisch unwiderstehlich. Der Reis diente bis zu diesem Zeitabschnitt lediglich dazu, den Fisch haltbarer zu machen. Er wurde nach getaner Arbeit weggeworfen.

Man muss verstehen, dass es für eine Insel, die durch ihren Fischreichtum floriert, zwei Probleme gibt: Den Fisch zu fangen (das kleinere Problem) und den Fisch zu konservieren (das größere Problem). Ungekühlt können diese Meeresprodukte innerhalb von zwölf Stunden verderben. Selbst wenn man diese Spanne bei einigen Fischen auf zwei oder drei Tage verlängern kann, bleibt nicht viel Spielraum. Unnötig zu sagen, dass es Eis nach Bedarf oder gar Kühlschränke nicht gab. Hier kam der Reis zu Hilfe. Er gilt als eines der frühesten Konservierungsmittel.

Der Fermentationsprozess von Reis ist besonders. Er macht Fisch nicht nur haltbarer, sondern startet gewissermaßen einen zweiten Fermentationsvorgang, der eigentlich schon verdorbenen Fisch wieder essbar macht. Der vollständige Ablauf dieses zweiten Mechanismus kann aber bis zu einem ganzen Jahr dauern. Sushi bezeichnete ursprünglich diese ungewöhnliche Fermentationsmethode, die auf einem chemischen Wechselspiel von Reis und Fisch beruht. Die Nahrung, die daraus zubereitet wurde, war deswegen in keinerlei Weise »Fast«-food und schon aufgrund der Länge der Herstellung teuer. Im 14. Jahrhundert verloren einige Hungrige die Geduld mit dem Fisch und aßen ihn halbfermentiert, das heißt statt nach einem Jahr schon nach nur sechs Monaten. Zu diesem Zeitpunkt war der Reis noch (irgendwie) gut. Er wurde deswegen zur Vermeidung von Verschwendung ab diesem Zeitpunkt zusammen mit dem Fisch verzehrt.

Die Geschichte dieser Speise wird von der Frage beherrscht, wie man diesen langen Fermentationsprozess beschleunigen könnte. Im Westen von Japan wurde die Entdeckung gemacht, dass der Vorgang durch Druck verkürzt wird. Dazu presste man den Reis zusammen mit dem Fisch in einem Holzcontainer. In dieser Presse brachen die Hüllen der Reiskörner auf, so dass die Bakterien ungehindert ihre Arbeit tun konnten. Das Ergebnis konnte sich sehen lassen, denn der Prozess nahm Fahrt auf. Was früher ein Jahr dauerte, dauerte von da an Wochen, manchmal sogar nur Tage. Aber den wirklich nächsten Entwicklungsschritt machte Sushi, als jemand auf die Idee kam, den Reis mit ordentlich Essig zu mischen. Das war ein unglaublicher Durchbruch. Statt Tagen dauert es jetzt nur noch wenige Stunden, bis der gewünschte Zersetzungsgrad des Fisches erreicht wurde. Auch heute noch ist Essig eine notwendige Zutat bei der Sushiherstellung. Dies allerdings mehr wegen des Geschmacks.

Mehrere Stunden auf das Sushi warten zu müssen war eine Verbesserung aber noch keine endgültige Lösung. Restaurants, denen wegen zu großer Nachfrage das Sushi ausging, mussten ihre Kunden vertrösten. Sie hingen Schilder auf, zu welcher Uhrzeit eine neue »Ladung« der Reisprodukte fertig sein würde. Verkäufer an Sushi-Ständen, die sich mit dem Tagesvorrat bestückten, mussten am Morgen raten, wie viele Kunden an diesem Tag bei ihnen etwas kaufen würden. Über- und Unterproduktion waren schwer zu vermeiden. Allzu lange konnte der Fisch ohne Kühlsystem nicht aufbewahrt werden.

Die Lage änderte sich, als Yohei Hanaya (1799 – 1858) eine zündende Idee kam. Er sagte sich: »Warum den Fisch fermentieren? Ich lege den Fisch einfach roh oder kurz gekocht zum Verkauf aus«. Dieser so simple Gedanke läutete eine neue Epoche ein. Yohei Hanaya hatte das »Instant-Sushi« erfunden. Man darf sich das Sushi der damaligen Zeit nicht so fein wie das heutige vorstellen. Die Sushi-Blöcke waren drei bis fünfmal größer als wir es gewohnt sind. Sie wurden mit den Händen gegessen und konnten das damals wegen ihrer Größe auch. (Auch heute ist es durchaus salonfähig, Sushi mit den Händen zu verspeisen). Da keine Stäbchen benötigt wurden, waren die Reiswürfel das ideale Fast-Food der damaligen Zeit. Yohei Hanaya schnallte sich mit Gurten eine Holzkiste auf den Rücken, und lud sie mit leckeren Sushiblöcken voll. Damit lief er durch die Stadt, um seine Fischreisblöckchen zu verkaufen. Die rasche Herstellung sogar vor den Augen der Kundschaft ließ die Konkurrenz alt aussehen. Aber es gab noch weitere Vorteile. Bisher war es nur möglich gewesen, Fische zu benutzen, die sich fermentieren ließen. Aber Yohei Hanaya konnte jeden irgendwie essbaren Fisch der Welt benutzen, da er ihn einfach kleinschneiden musste, um ihn zu verwenden. Um die Gesundheit der Kunden nicht mit unhygienischen Meeresprodukten zu riskieren, kochte er einige der zum Verzehr bedenklichsten Fischarten.

Ein weiteres Ziel schwebte ihm vor Augen. Was wenn es ihm gelänge, auch den bisher unverkäuflichen Tunfisch an den Mann zu bringen? Das war ein Risiko. Der Fisch war spottbillig, aber er war bis zu diesem Zeitpunkt nicht für Sushi benutzt worden. Er galt als ein Fisch, der Unglück bringt. Im Japanischen der Edo-Zeit hieß er »Shibi«. Das Wort bedeutet »der Tag, an dem du stirbst«. Seine Lagerung war anspruchsvoll. Die fettige Konsistenz schreckte viele Kunden ab, die die weiche Fischmasse nicht leiden konnten. Der Fisch landete in der Edo-Zeit regelmäßig im Mülleimer. All diese Hindernisse schreckten Yohei Hanaya nicht ab, da er die Vision hatte, den kostengünstigen Meeresbewohner in klingende Münze zu verwandeln. Dafür musste der unbeliebte Fisch erst einmal »lecker« gemacht werden. Der Sushi-Händler vertraute dabei auf einen besonderen »Zaubertrank«, die Sojasoße. Der kräftige Geschmack sollte alle Mängel unsichtbar machen. Er packte alles in eine Kiste und zog wieder los, um den unbeliebten Fisch der Menge schmackhaft zu machen.

An dieser Stelle lässt sich gut einstreuen, warum Sojasauce so wichtig ist. Yohei Hanayas Idee, sie für seine Zwecke zu verwenden, war geradezu genial. Seine Methode, die einfach darin bestand, den Fisch unpräpariert auf den Reis zu legen, kam ohne einen Fermentierungsprozess aus. Was für eine Zeitersparnis! Das Ganze hatte aber einen großen, schier unüberwindlichen Nachteil. Der Geschmack der Fermentation ging verloren. Der Fisch war einfach roher Fisch. Wer beißt schon gern in eine tote Forelle? Die Kunden wollten das Aroma von gegorenem Fisch durch ihren Mundraum strömen fühlen. Dafür gaben sie ihr Geld aus. Fehlte der Geschmack, wäre die Ware wertlos geworden. Die Sojasauce schuf hier Abhilfe, denn sie besteht traditionell aus gegorenen Bohnen. Ein paar Tropfen reichen aus, um dem Fisch wieder das leckere Parfum aus Zersetzungsprodukten zu geben. Es ist wirklich ein Zaubertrank, der ein ganzes Land süchtig gemacht hat. In welchem Ausmaße diese Sauce immer noch als lecker empfunden wird, hat sicher jeder schon einmal bemerkt, der im Asien-Laden vor ganzen Liter-Flaschen Sojasauce stand. Mit dem Ausdruck, das »japanische Maggie« ist die Bedeutung dieses Würzmittels im Inselstaat nicht erfasst. Übrigens hatte der andere Begleiter eines Sushi-Gerichts, das Wasabi, ursprünglich die Funktion zu desinfizieren. Die Paste brennt nicht nur im Mund und lässt den Kopf scheinbar explodieren, sondern vermindert nach Ansicht vieler die Zahl der Keime.

Yohei Hanayas Sushi-System setzte sich durch. Deswegen darf er sich mit dem Titel »Erfinder des Sushi« schmücken. Was aber wurde aus seinem Tunfisch-Projekt? Das scheiterte leider. Gründe gab es viele. Einer davon war, dass die Japaner der Edo-Zeit (1603-1868) fast kein Fleisch aßen. Fetthaltige Speisen waren für sie ungewohnt. Dazu gehörte eben auch der Tunfisch, der zwar aus religiösen Gründen gegessen werden konnte, aber in der Konsistenz zu sehr an fettiges Rind erinnerte. Die Art von Beurteilung dieser Nahrungsmittel hat sich zwischenzeitlich geändert. Heute lieben die Inselbewohner den Verzehr von Fleisch, und welche Meisterschaft sie schon darin erreicht haben, sieht man im kulinarischen Spitzenprodukt »Kobe-Rind«. Kein

Fleischprodukt, das wert haben soll, wird heutzutage in Japan ohne eine Fettmarmorierung in den Handel gebracht. Damals aber fanden die Japaner das Gefühl von Fett im Mund genauso unbefriedigend wie die meisten es bei uns tun. Das fettige, geradezu »schlabberige« Tunfischfleisch zusammen mit der Tatsache, dass wie oben erwähnt das Wort »Tunfisch« im damaligen Japanischen »Todestag« bedeuten kann, waren für Yohei Hanayas Projekt unüberwindliche Hürden (»was gibt es heute zu essen, Mama?« – »Es gibt heute Reis mit Todestag!«).

Bis der wärmeempfindliche Tunfisch wirklich zum beliebten Topping wurde, dauerte es noch bis zu Erfindung des Kühlschranks. In der Meiji-Zeit (1868-1912) wurden die Japaner verwestlicht. Sie gaben die aus dem Buddhismus stammende vegetarische Haltung auf und wurden Fleisch- und Tunfischesser. Wenn ich heute einen Japaner nach dem Empfinden dieser erwähnten sehr fettreichen Stellen beim Kauen frage, sagen sie mir, sie seien äußerst lecker, weil der Tunfisch im Mund geradezu zerfließen würde. Vor 150 Jahren hätten sie ihn wahrscheinlich noch ausgespuckt. Yohei Hanaya war seiner Zeit voraus.

Ab 1897 waren in Japan Kühlsysteme verfügbar, die im Laufe der Jahrzehnte verbessert wurden. Das erlaubte nicht nur Tunfisch, sondern alle Fische frischer aufzubewahren. Die neue Technik machte es möglich, bedenkenlos rohen Fisch zu verwenden, wodurch nun wirklich das Sushi geboren war, wie wir es heute kennen. Den letzten Anschub zur Verbreitung von Sushi gab schließlich das große Kanto-Erdbeben von 1923, bei dem große Teile Tokios zerstört wurden. Die Sushi-Industrie war bis dahin in der sowie um die Hauptstadt zentriert. Außerhalb dieser Region war Sushi wenig bekannt. Das Erdbeben änderte das. Die Sushi-Köche wurden von einem Augenblick zum anderen der Grundlagen ihres Gewerbes beraubt: Häuser waren eingestürzt, ganze Stadtteile lagen in Schutt und Asche, Leichen türmten sich, die Stadt war praktisch zerstört. Was tun? Wer konnte, verließ Tokio und versuchte in anderen Städten Fuß zu fassen. Die Sushi-Köche taten das auch. Sie verteilten sich im ganzen Land, mit dem positiven Effekt, dass Sushi nun allerorten zur Verfügung stand. Das Gericht beendete seine Existenz als Großstadtleckerei und wurde zum Nationalgericht. Aber auch die Sushi-Köche, die in Tokio geblieben waren, zogen Vorteil aus dem Unglück. Die Landpreise in Tokio waren durch das Erdbeben stark gesunken. So wurde es ihnen möglich, Grundstücke zu kaufen, um dort Restaurants zu eröffnen. Deshalb wurde aus einer Speise, die der Passant an Ständen erwerben konnte, ein Gericht, das in Restaurants angeboten wurde. Es verlor seinen Imbiss-Status und wurde zum Gegenstand von Speisekarten.

Nach dem Zweiten Weltkrieg verfügte die Regierung, dass Sushi nur in barartigen Restaurants serviert werden durfte. Unter »barartig« ist die typische Theke gemeint, an der im Halbkreis Hocker aufgebaut stehen. Der Sushikoch reicht von ›hinter der Theke‹ das frisch zubereitete Sushi dem Gast weiter. Der Hintergrund dieser eigenartigen Vorgabe waren hygienische Bedenken. Die Köche konnten sich nicht mehr mit einem Fisch und einem schmutzigen Messer in einer wenig sauberen Küche verstecken. Jeder Kunde konnte zuschauen, wie der Koch das bestellte Sushi kreierte. Das nötigte den Restaurantköchen optisch ein vorbildliches Verhalten in ihren Zubereitungsmanieren ab. Das ist ja bis heute so, dass man in guten Sushi-Restaurants dem Koch beim Belegen zuschauen darf. Dieses Gesetz war aber auch die Überleitung zu Restaurants, die Sushiteller auf dem Fließband servierten. So müssen die Köche das Produkt einfach auf das Band stellen, anstatt von Kunde zu Kunde zu hetzen.

Sushi ist sicher ein traditionsreiches Essen. Innerhalb der Restaurantszene Japans spielt es aber eine kleinere Rolle. Es gibt in Japan 30.000 Sushi-Restaurants. Das klingt viel, ist es aber nicht. Etwa 2% der Restaurants würden sich als Restaurant bezeichnen, das durch ihr Sushi definiert wird. In Japan haben 1,4 Millionen Restaurants und Essgelegenheiten ihre Türen geöffnet. In Deutschland sind es gerade mal 70.000 Restaurants und 30.000 Imbissbuden. Das gibt zumindest eine kleine Vorstellung davon, wie wichtig die Essenskultur in diesem asiatischen Land ist. Sushi wird auf täglicher Basis als Bestückung von Lunchboxen verwendet. Die Bentoboxen – wie sie Japanisch heißen – macht die Mama für ihr Kind zum Verzehr in der Schulpause. Sie werden ebenso am Bahnhof oder an U-Bahnstationen verkauft. Sushi hat in Japan einen Zwischenstatus: Es ist kein Fastfood, aber auch kein Essen, das die Massen in die Restaurants drängt. Es definiert die Kultur nicht so stark wie Europäer denken.

5

Sushi-Etikette: Ein oder zwei Dinge sollten doch beachtet werden, wenn man diese Speise landesüblich genießen will. Nicht der Reis wird in die Soja-Sauce getunkt, wie es Ausländer gern tun, sondern das Sushistück wird gekippt, dann zwischen die Stäbchen genommen und mit dem Fisch nach unten in das Saucen-Schälchen gestippt, mit dem Fisch voran. Der Reis bleibt trocken. Das ist schon deswegen so, weil der Reisblock zerfällt, wenn man ihn in zuviel Soja-Sauce »wässert«. Der Fisch wird in die Soja-Sauce gedippt, damit der Fisch den fermentierten Geschmack annimmt. Es sollte wenig dieser Sauce benutzt werden. Man stelle sich vor, man hat dreißig bis fünfzig Euro für ein edles Sushi-Stück mit bestem Tunfisch bezahlt und ersäuft das Ganze dann im Geschmack fermentierter Bohnen. Schön und gut, aber wie isst man die mit kleinen Fischeiern belegten Sushi-Stücke (gunkan-Sushi/ Kriegsschiffsushi)? Wenn man sie Fischeier-voraus in die Sauce tunken würde, würde alles herunterfallen. Dafür gibt es den eingelegten Ingwer, der notwendiger Begleiter dieses Essens ist. Die weichen, hautfarben- bis rosafarbenen Scheibchen sind nicht nur wegen des Geschmacks Teil der Sushi-Anrichtung. Die Ingwerblättchen heißen auf Japanisch »gari«. Sie dienen wie das Wasabi im traditionellen Nahrungsverständnis zur Desinfektion. Zudem soll der starke Geschmack der beiden Sushi-Begleiter unangenehme Aromen übertünchen, die der Fisch haben könnte. Nicht jeder Meeresbewohner schmeckt lecker. Die wichtigste Funktion von Gari ist aber die eines Pinsels. Er wird nämlich als kleines Streichwerkzeug benutzt, um Soja-Sauce auf Sushi-Stücke wie die oben erwähnten Fischeier-Blöcke zu schmieren. Dafür nimmt man ihn zwischen die Stäbchen und tunkt ihn in die Soja-Sauce, bevor man sie behutsam auf die Sushi-Auflage streicht. Für all das ist ein geübter Umgang mit Stäbchen vonnöten. Damit diese teilweise filigranen Aufgaben wie des Bestreichens einer Sushioberfläche mit einer Art Pinsel auch gelingen, sind japanische Stäbchen kürzer, runder und laufen vorne wie eine Stricknadel spitz zu. Das macht sie zu einem perfekten, manchmal fast chirurgischen Werkzeug. Chinesische Stäbchen hat sicher schon jeder im China-Restaurant in der Hand gehabt. Sie sind am Handende viereckig und nach vorne hin viel dicker als die, die in Japan verwendet werden. (Das Handende ist viereckig, weil die Stäbchen nicht vom Tisch rollen sollen). Ihr Zweck ist, Fleisch zu packen und Reis zu schaufeln. Wer bei den Japanern einen guten Eindruck hinterlassen will, sollte vor dem Gang ins Sushi-Restaurant ein wenig mit den Stäbchen üben.

6

Die meisten Europäer verbinden China und Japan mit Reis. Das ist nicht ganz richtig. China beispielsweise ist aus kulinarischer Sicht zweigeteilt, und zwar in eine südliche Landeshälfte, deren Bewohner hauptsächlich Reis essen, und in eine nördliche, deren Bevölkerung sich auf Nudeln spezialisiert hat. Diese Region wird gelegentlich angelehnt an den Ausdruck »Röstigraben« (die kulturelle Grenze der deutsch- zur französischsprachigen Schweiz) als Chinas »Reis-Nudel-Graben« bezeichnet. Dessen Entstehung hat mit der Landwirtschaft zu tun, deren Entwicklung wiederum auf Vorgaben wie Klima und Bodenbeschaffenheit beruht. Manchmal ist Reis, manchmal ist Getreide die bessere Wahl angepflanzt zu werden. Einen vergleichbaren Graben gibt es in Japan nicht. Der Reisanbau ist leicht und die Natur unterstützt ihn. Allerdings wächst der Reis nicht überall gleich gut, so dass früher vor allen Dingen in bergigen Regionen auf andere Naturprodukte zurückgegriffen werden musste. Japan verdankt den weißen Körnern die Möglichkeit, die Bevölkerung selbst zu versorgen. Es war nie abhängig von Importen und konnte so seine politische Unabhängigkeit wahren.

Reis ist in Japan keine Beilage. Eine ausländische Bekannte erzählte, dass sie für ihren deutschen Freund vegetarisch gekocht hatte. Mühevoll dekoriert und lecker gewürzt, servierte sie ihm das Produkt ihrer

Kochbemühungen. Der Deutsche schaute den gefüllten, aber fleischlosen Teller an und sagte nur: »Und wo ist das Essen?«. Fleisch ist für uns die Hauptspeise. Reis, Nudeln und so weiter sind Sättigungsbeilagen. In Japan ist es andersherum. Reis ist eine Hauptspeise. Fleisch, Fisch und dergleichen dienen dazu, den Geschmack von Reis zu verbessern. Die Abwertung von Fleisch zur lediglichen Zutat hat historische Gründe. Der Buddhismus lehrt, dass Tiere zu töten falsch sei. Er sagt, dass Seelen so lange in Lebewesen wiedergeboren werden, bis sie durch ein ethisch reines Dasein bereit für das Nirvana seien. Tiere haben Seelen und vielleicht sogar die gleichen, die schon einen Menschen bewohnt haben. Das alles gibt dem Fleischverzehr ein Gefühl von Unrecht. Wenn ich japanische Freunde frage, was sie an diesem Tag (zu Hause und nicht im Restaurant) gegessen haben, antworten sie mir meistens mit irgendeinem Gemüse-Rezept. Fast immer fleischlos. Die Inselbewohner waren bis zur Ankunft der Amerikaner 1854 mehr oder weniger ein vegetarisches Land. Japaner essen jetzt Fleisch, aber ein enormes Schnitzel oder ein (wie in der Kochtradition Argentiniens) über den Tellerand hängendes großes Steak mit Vergnügen zu essen, kennen sie nicht. Fisch wurde trotz der Bedenken, die die buddhistische Seelenwanderungstheorie vorgibt, immer schon verzehrt, da der Eigenbedarf an Nahrung einfach zu groß war. Hier hatte die religiöse Sophistik das Nachsehen. Aber auch dem Fisch wurden versorgungstechnisch für das Land Grenzen gesetzt. Dieser musste in früheren Jahrhunderten ohne heutige Kühlsysteme ins Landesinnere gebracht werden. Alle Gegenden, die nicht durch ein Schiff erreichbar waren, konnten mit Produkten, die frischgehalten werden mussten, nur mit Mühe beliefert werden, geschweige denn, dass das Straßensystem trotz dessen Ausbau in der Edozeit den Zugang zu jedem Dorf leicht machte. Reis aber war im Hinterland verfügbar, schon deswegen, weil er dort angebaut wurde. Sein Transport durch ganz Japan stellte keine unüberwindliche Hürde dar. Das rückte das weiße Getreide in den Mittelpunkt des Interesses der Köchinnen und Köche, die das Problem zu lösen hatten, wie der täglich servierte Reis schmackhaft gemacht werden konnte. Die von ihnen erdachten Rezepte stellten ihn in den Mittelpunkt. Er wurde zu einer echten Hauptspeise, die durch saisonale Produkte, Fleisch oder Fisch dessen Geschmack durch saisonale Produkte variiert wird.

7

Viele denken, dass Japan das Reisland schlechthin ist. Ja und nein. Nudelland wäre besser. Zumindest Getreideland. Reis selbst büßt in den letzten Jahrzehnten an Popularität ein. Wurden 1962 noch jährlich pro Person 118,3 Kilogramm Reis verspeist, waren es 2022 nur noch 50,7 Kilogramm. Die Essgewohnheiten haben sich geändert. An jeder Ecke in Tokio scheint man Verkaufsstände zu entdecken, die ein frittiertes Produkt im Teigmantel anbieten, oder Bäckereien, die allerlei kreative Köstlichkeiten auf Mehlbasis feilbieten. All dies benötigt als Ausgangspunkt Weizen, Gerste, Roggen und dergleichen, aber keinen Reis. Am sichtbarsten wird der Wechsel von Reis auf Getreide in der Allgegenwart der Nudel. Es gibt eine schiere Endlosigkeit von ihnen wie beispielsweise Sobanudeln, Udonnudeln, Kishimennudeln, Yakisobanudeln, Kuzukirinudeln, Ramennudeln, Shiratakinudeln, Harusamnudeln, Hiyamuginudeln, Somennudeln und so weiter. Ich habe mehreren Freunden ein Bild vorgelegt. Darauf waren neun japanische Nudelsorten zu sehen. Sie lagen wie Spaghetti als gerade Linie ungekocht in einem Bündel nebeneinander. Lediglich geringe Farbschattierungen (von grau bis schattigem gelb) unterschieden sie. Alle Japaner konnten mindestens sieben der neun Nudelsorten namentlich identifizieren. Manche schafften alle. Als ich darüber staunte, sagte man mir, das sei doch keine große Sache, ich als Deutscher könne dafür bestimmt neun Kartoffelsorten auseinanderhalten, wenn ich sie sehe. Nein, kann ich nicht.

Unser Bild des Mehlprodukts ist der italienische Nudelteller. Diesen gibt es zwar in Japan, aber der passende Ort der länglichen Weizenprodukte ist für Japaner eine Brühe. Kein Wunder also, dass Instant-Nudeln eine japanische Erfindung sind. Diese werden auch bei uns gern in schnellgemachten Suppen verwendet. Momofuku Ando (1910-2007) hat sich eben dieses Trockenteigprodukt ausgedacht. Er ist in Japan so berühmt wie es Albert Einstein bei uns ist. Der Mensch lebt aber nicht von der Nudel allein. Andere Teigwaren sind ebenfalls äußerst populär in Japan. Vom Melonenbrot (ein an unseren Rosinenzopf erinnerndes süßes Brot), über Gyouza (der japanischen Maultasche) bis hin zur deutschen Brezel, alles wird gierig konsumiert. Manchmal fast zu gierig. Neulich sah ich in einem Youtube-Video eine Japanerin, die in einer der beliebten Großhandelsketten eingekauft hatte. Sie hielt stolz ihre hunderter Packung Croissants in die Kamera. Ob sie diese irgendwie einfrieren wollte, blieb mir unklar. Das Haltbarkeitsdatum nicht zu überschreiten ist hier wohl das eigentliche Problem. Japaner haben keine eigene Kuchentradition. Diese haben sie aber importiert. Die Inselbewohner sind geradezu verrückt nach Baumkuchen. Das in der Dresdner Gegend beliebte Teigprodukt wird in Japan überall unter dem deutschen Namen vertrieben. Nicht zu vergessen sind Törtchen, die von den zahllosen Konditoreien zum Verkauf angeboten werden. Die museumsreifen kleinen Kunstwerke sind zwar recht teuer, aber durch ihren himmlischen Geschmack Grund von zahllosen Cafébesuchen.

Wie kam es dazu, dass Japan zu einem Weizenland wurde? Die Antwort dürfte in zwei Geschehnissen liegen: Das eine war der Aufstieg der Nudelsuppe (»Ramen«), das andere war eine Versorgungskrise in der Zeit nach dem Zweiten Weltkrieg. Jene Notzeit brachte die Inselbewohner erst auf den Geschmack von Teigprodukten. Schauen wir zur Aufhellung dieser Vorgänge kurz in die Geschichte Japans. Chinesische Handelsleute hatten zum Ausgang des 19. Jahrhunderts eine Nudelsuppe nach Japan gebracht, die es bei ihnen schon viele Jahrhunderte gegeben hatte. Sie hieß »la-men« (»gezupfte Nudeln«). Ihr Ursprung im alten China lag wohl darin, Stärkungsmahlzeit an Raststätten gewesen zu sein. Pilger und Reisende schätzten das schnelle, einfache Mahl, bevor sie ihren Weg fortsetzten. Es dauerte nicht lange, bis es landesweit populär wurde. Ursprünglich waren die ersten Chinesen auf Wunsch der Amerikaner in den Inselstaat gelassen worden, da die Chinesen ihnen beim Handel mit der Regierung helfen sollten. Bald aber gründeten die Asiaten aus dem Nachbarland eigene Geschäftsniederlassungen an den ihnen zugänglichen Freihäfen. Natürlich brachten die chinesischen Einwanderer ihre landestypischen Gerichte mit, wozu die eben erwähnte Nudelsuppe »la-men« (Japanisch: »Ramen«) zählte. Die erste Erwähnung des Vorhandenseins von Ramen stammt aus dem Jahr 1884. Die Nudeln hießen damals in Japan noch »Soba-Nudeln«, »Nankin-Soba« oder »Drachen-Nudeln«. Es handelte sich dabei eher um eine Hühnersuppe, da die typischen Zutaten für Ramen (z.B. Soyasauce) noch fehlten. Ab 1899 wurde das Gesetz abgeschafft, welches vorgab, Ausländer hätten nur in bestimmten Stadtteilen zu wohnen. In Yokohamas Chinatown wurde um 1900 eine Version der Nudelsuppe geschaffen, die auf Wägen von Standhändlern an Straßenecken verkauft wurde. So mobil geworden gelang es dem neuen Gericht, das »Chinesenviertel« zu verlassen. Besonders japanische Hafenarbeiter in Yokohama begannen, diese kleinen Mahlzeiten zu schätzen, die an zahlreichen Ständen zu günstigen Preisen angeboten wurden. Es waren billige, schnelle Gerichte, die leicht in den Arbeitspausen gegessen werden konnten. Die Nachfrage stieg und die Suppen wurden populärer. Den Absprung vom bloßen Straßen-Fastfood schafften die Brühen 1910, als das erste richtige Suppen-Restaurant mit dem Namen »Rairaiken« eröffnete. Das Besondere an ihm war, dass es ein Etablissement war, das sich nicht mehr in chinesischer, sondern ganz in japanischer Hand befand. Die Suppe wurde dem japanischen Geschmack angepasst: Sojabrühe, Nudeln, ein Schweinestreifen, ein Nori-Blatt: Das Tokiostyle-Ramen war geboren. Die Bedeutung dieser Neukreation darf nicht unterschätzt werden. Nudeln waren nicht mehr eine rein chinesische Angelegenheit. Sie wurden als ein Produkt aus der eigenen Landesküche akzeptiert. Bis zu 3000 Besucher kamen täglich ins Rairaiken, um Ramen zu essen. Das Restaurant war nichts Gehobenes oder Feines. Man muss es sich wie das Hofbräuhaus vorstellen, mit dem Ziel, möglichst schnell in dem einen Fall Bier, in dem anderen Fall Suppe an hungrige Menschen auszugeben. Weitere Restaurants versuchten den Erfolg der Lokalität zu kopieren. Alles endete, als 1923 das Kanto-Erdbeben Tokio und Umgebung zerstörte. Die Stadt lag in Schutt und Asche. Die Straßenhändler und Ramenrestaurantbesitzer wanderten in andere Städte. Es war nicht das Ende der Nudelsuppen, sondern ihr Neubeginn in anderen Teilen Japans, wo zahlreiche Nudelküchen eröffnet wurden.

Nach dem Zweiten Weltkrieg wurde durch Missernten der Reis in Japan knapp. Die Folgen des Krieges und ungünstige Wetterverhältnisse bescherten dem Land die schlechteste Ernte seit 42 Jahren. Der Zeitpunkt für eine landwirtschaftliche Katastrophe konnte nicht schlechter sein. Das Land lag durch Atombomben und Fliegerangriffe in Trümmern. Die Hälfte Tokios war im Bombenhagel untergegangen. Schon vor der Übernahme der Regierungsgewalt durch die USA waren die Nahrungsmittel knapp geworden, weswegen die Zeit von 1944 bis 1947 als die Hungerjahre Japans gilt. Steckrüben und Süßkartoffeln dienten den Mittellosen als einzige Nahrung. Die fahrenden Verkaufsstände, an denen Sushi und Ramen zu haben waren, gab es fast nicht mehr, schon deswegen, weil die Bevölkerung in der Kriegszeit von Regierungsseite aus angehalten war, zu Hause zu essen. Die amerikanischen Behörden übernahmen 1945 die Verwaltung des geschundenen Staates und damit die Verantwortung, als Siegermacht die Bevölkerung zu versorgen. Sie gaben in der Folge billiges Weizenmehl aus, damit die Japaner für den Eigenbedarf Teigprodukte backen konnten. Was als einfache Notversorgung gedacht war, veränderte die Essgewohnheiten der Japaner nachhaltig. Der Brotkonsum stieg von landesweiten 262.121 Tonnen auf 611.784 Tonnen. Damit der Weizen wirklich von der Bevölkerung akzeptiert wurde, stellten ihn die Amerikaner als Proteinlieferanten dar, der Kraft gibt. Kraft gab er aber auch dem Schwarzmarkt der damaligen Zeit. Einzelhändler machten aus dem erhaltenen Mehl Nudeln, um kleine Stände zu eröffnen, an denen sie Nudelsuppen verkaufen konnten. Das war illegal, denn der Weizen sollte zur Eigenversorgung dienen und nicht zur Geschäftemacherei. Die Amerikaner verhafteten daraufhin einige Tausend Händler, aber die Chance, einer immer noch hungrigen Bevölkerung eben dieses Produkt anbieten zu können, sowie die damit zu erzielenden Einnahmen machte viele Standbesitzer risikofreudig. Diese Vorgänge hatten noch einen weiteren Nebeneffekt: Es gab dem Ramen das Image einer Volkssuppe: Feindliche Behördern, die den Japanern die letzte Nudel vom Löffel rauben wollten; tapfere Nudelköche, die die Bevölkerung mit flink zu errichtenden Straßenständen versorgten, stets verfolgt von der ausländischen Polizei. Es dauerte nicht lang, bis Ramen mit ähnlichen Konnotationen im frühen japanischen Film der Nachkriegszeit auftauchte.

In den 1950er Jahren unterzeichneten Japan und die USA einen Vertrag, der vereinbarte, dem Inselstaat die überschüssige, amerikanische Weizenproduktion kostengünstig zu liefern. Trotz aller Liebe zu den Suppen war in Japan der Verzehr von Brot noch nicht so gefestigt. Die japanische Regierung hatte Angst, auf dem Weizen sitzen zu bleiben. Es wird von einigen Essenshistorikern angenommen, dass der Wechsel von Reis auf Weizen nicht durch eine natürliche Änderung der Geschmacksvorlieben erfolgt ist, sondern Ergebnis politischer Planung zwischen Washington und Tokio war. Die Amerikaner hatten von Anfang an die Intention, die Japaner mit genügend Nahrung zu versorgen, weil sie fürchteten, dass eine hungrige Bevölkerung zum Kommunismus überlaufen würde. Hier sollten niedere Preise helfen, das Getreide für Japaner erschwinglich zu machen. Das alles würde ins Leere laufen, wenn den Japanern dieses nicht schmeckte. Die Regierung in Tokio startete eine Kampagne zum Verzehr von Weizen. Hier gab es einige Hürden zu überwinden. Die ersten waren »technischer« Art. Die Verwaltungen schickten »Küchenbusse« durchs Land, die Hausfrauen lehren sollten, wie man Brot backt. Vielen fehlte dazu einfach das Know-How. Da es in vielen Haushalten zu diesem Zeitpunkt noch keine Öfen gab, in denen Brot man hätte backen können, war dem Unternehmen »Küchenbus« nur wenig Erfolg beschieden. (Erst 1976 waren etwa 50% der japanischen Haushalte mit einem Ofen ausgestattet. Auch heute benutzen Japaner zur Zubereitung von Gerichten normalerweise keinen Ofen).

Unter dem Druck, die Bevölkerung möglichst schnell an das Getreide zu gewöhnen, verbreitete die Regierung »wissenschaftliche« Untersuchungsergebnisse, die belegten, dass Reis Ursache für Gehirntumore sei. Diese angeblichen Resulte der Studien bewiesen zusätzlich noch, dass die weißen Körner bei Kindern das natürliche Wachstum des Gehirns verhindert. Der Medizinprofessor an der Keio-Universität Hayashai Takashi, der sich diese und andere wissenschaftliche Ergebnisse ausgedacht hatte, verbreitete eine von der Öffentlichkeit sehr beachtete Broschüre mit dem Titel: »Reis essen macht dich blöd«. Darin wurde gesagt: Die Unterlegenheit Asiens gegenüber dem Westen sei auf den ständigen Reiskonsum zurückzuführen. Reis sei ein »Kulturfehler«. Am Ende zog der im Namen der Regierung sprechende Professor seine Trumpfkarte. Es war eine Behauptung, mit der praktisch jeder Japaner zu »kriegen« ist. Er sagte einfach: Getreideprodukte seien gesund. (Wir sprechen später noch einmal kurz über die Verbindungen der japanischen Küche zur chinesischen Medizin). Nach 1950 und innnerhalb weniger Jahre vervielfachte sich der Konsum an Teigprodukten. Die erhöhten Einnahmen ermöglichten es den fahrenden Händlern, kleine Läden zu eröffnen. Ramen war nicht mehr nur Street-Food für die Arbeitsklasse, sondern deren Ausgabestellen mischten sich unter die gediegenen Restaurants. Aber erst die Erfindung des Instant-Ramens durch Ando Momofuku trug die Nudeln in die Privathaushalte. Dieses wurde ab 1960 zum ersten Mal vermarktet. Das alles kam zum rechten Zeitpunkt. Japanische Familien hatten sich im Laufe des wirtschaftlichen Aufstiegs (von 1952 bis 1972) peu à peu mit elektronischen Haushaltsgeräten ausgestattet. Zwischen 1965 und 1976 stieg der Konsum von Instant Nudeln von 2,5 Milliarden auf 4,5 Milliarden Portionen. Eine schier unvorstellbare Menge. Ando Momofuku sagte in seiner Biographie, dass eine seiner Intentionen bei der Erfindung der Aufbrühsuppe die Erhaltung der japanischen Nudelkultur gewesen sei. Westliche Einflüsse hätten gedroht, diese zu zerstören. Ein interessantes Statement. Die Instant-Nudeln wurden erst durch den Überfluss an amerikanischen Weizenprodukten möglich. Zudem ist Ramen chinesischen Ursprungs. Dieses Statement zeigt immerhin, dass sich die Sichtweise der Mahlzeit geändert hatte. Ramen wurde als ein landeseigenes Produkt verstanden. Ein Beispiel echter japanischer Kultur.

In den 1980ern enstand der Ramen-Tourismus. Regionen und Städte hatten in der Zwischenzeit ihre eigenen Nudelsuppenvarianten kreiiert. Im Fernsehen häuften sich Sendungen, in denen ein Filmteam quer durchs Land reiste, nur um an einem bestimmten Ort ein regionales

Ramen zu essen. Ramen machte den Schritt zur lohnenden Freizeitbeschäftigung. Das kam nicht aus dem Nichts. Hintergrund war eine Kampagne der Regierung in den späten 1970er Jahren. Ihr Ziel war es, Regionen im Hinterland an das Geschehen im Land »anzukabeln«. Der Tourismus sollte das für die Entwicklung der Gemeinden nötige Geld herbeischaffen. Auf diese Weise konnte sich Tokio vielleicht die ständigen Finanzspritzen für unterentwickelte Gebiete sparen. Damit dies geschähe, baute die Regierung ein neues Straßensystem. Wer wollte, konnte jetzt per Auto oder Bus dorthin fahren, wo mit der Bahn nur schwer hinzukommen war. Das Problem war nur, warum sollte jemand in diese uninteressanten Winkel wollen? Hierbei konnte Ramen helfen. Zuerst motivierte die Regierung lokale Restaurantbesitzer, eine regionale Essküche zu schaffen, die es wert wäre, gepriesen zu werden. Dann wurde die Medienindustrie aktiviert. Ihr Auftrag war es, ortstypische Gerichte als ein Geschmackserlebnis darzustellen, das nicht mal dem Kitzel einer Achterbahnfahrt gleichkam. Es funktionierte. Eine Sendung nach der anderen bejubelte die Lust am Verzehr regionaler Speisen. Die Japaner wurden durch solche Sendungen konditioniert zu denken, zu essen sei, im Jugendjargon ausgedrückt, einfach »das Geilste auf der Welt«. Hierfür lohnte sich eine Reise. Es ging nie ums Essen. Es ging um den Tourismus. Er ist im japanischen, politischen Denken, die Kurbel, die den Motor »Wirtschaft« am Laufen hält. Er spült nicht nur den Restaurantbesitzern samt Personal Geld in die Tasche. Die verwendeten regionalen Produkte unterstützten die Bauern. Übernachtungen, die gebucht wurden, finanzierten das Hotelgewerbe. Souvenirs, die gekauft wurden, die kleinen Händler und so weiter. Die Zahl der Personen vermehrte sich, die in den Zug stieg, um viele hunderte Kilometer zu fahren, nur um eine einzige Schüssel eines von den Medien gelobten Gerichtes zu probieren. (Ich werde in einem Folgeabschnitt noch einmal genauer beschreiben, wie sich diese Beeinflussung durch die Medien gestaltet). Ramen spielte in dieser politischen Kalkulation eine besondere Rolle, weil Abwandlungen dieser Speise in ortstypische Varianten durch die freie Wahl der Zutaten besonders einfach ist. Die Nudel-Suppe wurde tatsächlich zur Touristenattraktion; in der

Einschätzung vieler ähnlich sensationell wie der Eiffelturm in Paris. Von Tokio aus wurden Bustouren zu hochgelobten Nudelschüsseln im Hinterland durchgeführt. Die Touristen rollten heran, aber das war nicht für alle ein Glück. Die Nudel-Shops standen nämlich unter dem Druck, Gerichte zu schaffen, die dem Anspruch auch gerecht wurden, Reisegrund zu werden. Wenn das Nachbarlokal nebenan die bessere Nudelsuppe anbot, würden die Touristen dorthin gehen. Die Besitzer mussten also eine »bombastisch gut« schmeckende Nudelbrühe schaffen. Das war nicht allen möglich. Die Zubereitung wurde mehr und mehr zum streng gehüteten Geheimnis. (Zu empfehlen ist der Kultfilm »Tampopo«: Er erzählt den Fall einer Nudelspionage, bei dem ein Konkurrent mit allen Mitteln in den Besitz des Bouillon-Rezeptes des Nachbarlokals zu kommen versucht). Einschränkungen der Kreativität waren ebenfalls hinzunehmen. Damit sich ein regionales Profil ergab, wurden die Köche nämlich aufgefordert, bezirkstypische Zutaten zu verwenden. Es gibt zwischenzeitlich Suppen-Landkarten, die anzeigen, wie das regionale Ramen dort aussieht. Der Suppen-Tourismus hält bis heute an. Japaner reisen gern anhand der Vorgaben dieser Landkarte von Ort zu Ort, um das »traditionsreiche« Nudeltöpfchen zu essen.

Heute gibt es allein in Tokio allein gibt es 10.000 Ramen-Läden. Es ist ein Gericht, bei dem es erlaubt ist, zu experimentieren. Jedes Suppengeschäft wird versuchen, ein nur von ihm kreiertes Rezept zu erschaffen. Bei Sushi ist nicht viel möglich. Reisblock, Fisch drauf und mit einem Algenblatt abbinden. Bei Ramen aber sind der Fantasie keine Grenzen gesetzt. Es gibt im Restaurant »Rinsuzu Shokudou« kaltes Zitronenramen mit Eiswüfeln und ganzen Zitronenscheiben. Im Restaurant »Yamate Ramen« wird eine grüne Suppenbrühe serviert. Sie besteht aus 600.000 Millionen Bakterien der Sorte Euglena. Sie sind sehr proteinreich und sollen sehr gesund sein. Es gibt im Restaurant »Aroma« Kaffee-Nudel-Ramen, dessen nach Kaffee schmeckende Brühe mit Kiwi, Bananen und Schinken verfeinert wird. Eine »young urban generation«, die im Großgewimmel nach Coolness und »styly things« sucht, wird bei Ramen fündig. Die Nudelsuppe hat die Fähigkeit, in einem Atemzug von »sehr traditionell« auf »sehr modern« zu wechseln. Das erklärt ihren Erfolg bis heute. Außerdem schmeckt sie gut.

8

Wenn die Japaner die Nudelsuppe von den Chinesen übernommen haben, warum denken alle, dass es ein japanisches Gericht ist? Die Region im Norden Chinas, in der Ramen erfunden wurde, lag auf der Seidenstraße. Vor allem muslimische Händler, die auf der Durchreise waren, liebten die Suppen. Schweinefleisch durfte nicht enthalten sein. Die Japaner veränderten die Zutaten. Eine heutige Ramensuppe kommt meist nicht ohne eine fettige Scheibe Schweinefleisch aus, die den Geschmack verstärken soll. Für Chinesen sind die Kriterien für eine gelingende Suppe die Zutaten, dann die Nudeln und am Ende die Brühe. Für Japaner steht die Brühe an erster Stelle, dann die Nudeln und schließlich die Zutaten. Eine leckere Ramenbrühe ist in Japan Gegenstand größter Geheimhaltung. Die Existenz eines Restaurants steht und fällt mit deren Qualität. Diese Brühe herzustellen kann zwölf Stunden dauern. In guten Restaurants wird sich sogar mehr als vierundzwanzig Stunden Zeit genommen, um den Fond durch Einkochen zu erhalten. Der Schein, die Nudelsuppe wäre simpel, trügt. Ich habe noch nie eine Japanerin getroffen, die sich an die komplizierte Zubereitung gewagt hätte.

Da die Chinesen mehr wert auf die Zutaten legen, werden die Suppen nach den Lebensmitteln benannt, welche benutzt werden. Beispielsweise: »Vier Schätze«. Der Name verweist auf die verwendeten Fleischsorten (Rindfleisch, Schweinefleisch, Hühnerfilet, Ente). Diese Art von Nomenklatur kennt jeder von der Speisekarte im China-Restaurant. Japaner notieren im Falle von Ramen vornehmlich die Brühe, aus der die Suppe gemacht ist. Die Kunstfertigkeit, die bei deren Herstellung aufgebracht wurde, macht ihre Qualität aus. Die Zutaten spielen eine geringere Rolle. Wenn ich meine japanischen Bekannten frage, welches Ramen sie gegessen haben, antworten sie beispielsweise nur »Soja« oder »Miso«. Das bedeutet, dass die Suppe entweder auf Soja-

Basis oder Miso-Basis beruhte. Das ist aber noch nicht alles. Der wichtigste »technische« Unterschied zwischen den Suppen der Nachbarländer liegt in der Verwendung einer Salzlake bei der Herstellung der Nudeln. Dadurch erhalten die japanischen Teigprodukte eine besondere Oberflächenspannung, die ihrem Gegenstück aus dem anderen Land fehlt. Auch die Nudeln selbst sind unterschiedlich. Richtige chinesische Ramennudeln werden von Hand durch Langziehen und gleichzeitigem Schwingen eines Teigknödels gemacht. Die Nudeln sind dick und weich. Die industriell hergestellten Ramennudeln aus Japan sind dünn und hart. Wer beide gegessen hat, die chinesische und die japanische Ramenvariante, kann vermutlich leicht die beiden unterscheiden.

9

Neben Ramen ist natürlich die Miso-Suppe ein unverzichtbarer Bestandteil des japanischen Essens. Dreiviertel der Japaner essen täglich Miso-Suppe. Sie wird in einer kleinen Schale zum Essen serviert und dient mehr oder weniger als Getränk. Japaner essen eine Suppe nicht, sondern sie trinken sie. Zumindest wird das japanische Wort »nomu« (»trinken«) in diesem Zusammenhang benutzt. Ein eigenartiger Kellner aus einem Sushi-Restaurant in Stuttgart steckte in meine Miso-Suppe einen chinesischen Löffel, meiner japanischen Bekannten aber servierte er sie ohne Löffel. Er schien den Unterschied von »eine Suppe essen« und »eine Suppe trinken« gehört zu haben und wollte mir damit irgendeinen Gefallen tun, den nur er verstand. In eine Miso-Suppe gehört kein Löffel, denn dieser verändert die Esstechnik und damit den Geschmack.

So oder so: Der Geschmack aus Sojabohnenpaste in Brühe und verschiedenen variierenden Inhalten ist nicht jedermanns Sache, so dass mancher Deutsche sie schon von Miso-Suppe in Miese-Suppe unbenannt hat. Das Rezept ist nicht so festgelegt, wie man denken könnte. Es gibt davon helle und dunkle Suppen, die Zutaten sind regional verschieden, der Koch hat auch Einfluss auf das Endprodukt, so dass der Geschmack der Suppe durchaus sehr unterschiedlich sein kann. Ursprünglich eine chinesische Erfindung, kam die Suppe schon vor 1300 Jahren nach Japan. Die Samuraikaste machte sie in der Kamakura-Periode (1185-1333) zu einem täglichen Gericht, was ihrem Ansehen als stärkende Suppe diente und vielleicht einen der Gründe darstellt, warum sie fast auf täglicher Basis von den Japanern konsumiert wird. Allgemein gelten die dunkleren Miso-Suppen als qualitätsärmer. Der Grund ist ein historischer. Die Bauern durften ihren eigenen Reis, den sie produzierten, nicht essen, sondern mussten ihn den Adligen übergeben. Diese liebten die Miso-Suppe genauso wie die Bauern. Die Adligen fügten der Brühe Reis hinzu, was jene durch die Reiskörner und die frei werdende Stärke hell wirken ließ. Den Bauern war dies verboten, da sie ja sämtlichen Reis abführen mussten. Sie warfen dafür Gerste und dunkles Schrot in die Brühe, die dadurch dunkler wirkte. Die dunklen Suppen haben deswegen den Touch, Teil einer Mahlzeit des niederen Stands zu sein und die helleren gelten als die etwas gehobeneren Brühen. Heute ist der Farbunterschied eher auf den Grad der Fermentierung der Sojabohnen zurückzuführen. Die heute mehr rötlich statt braun erscheinenden Miso-Suppen enthalten mehr fermentierte Bohnen, wodurch der Geschmack intensiver wird. Meine oben genannte japanische Bekannte hat mir gesagt, dass sie diese Art Suppe wegen ihres intensiven Aromas nicht essen mag, was vielleicht einen Eindruck vermittelt, wie unterschiedlich der Geschmack der Suppe auch für Japaner sein kann.

10

Ein paar Dinge über japanische Restaurants sollte man schon wissen. Es wird oft gesagt, der Gast gäbe in Japan kein Trinkgeld. Der Kellner wäre gar beleidigt, wenn man versucht, ihm für seine Mühen Geld zuzuschieben. Das stimmt nicht. Der Kellner ist nicht beleidigt. Er ist verwirrt. Die Gäste zahlen wie im Supermarkt an der Kasse, die sich am Ausgang des Restaurants befindet. Im Rechnungsbetrag ist eine »service charge« enthalten, also das Trinkgeld. Wer darauf besteht, den Kellner mit einem Backschisch zu beglücken, zahlt doppelt.

Reservierungen sind nicht üblich. In Japan sind die Restaurants oft überlaufen. Vor einem Restaurant eine Stunde in einer Schlange zu warten, ist normal. Ein Restaurant, vor dem sich keine Wartelinie hungriger Gäste gebildet hat, sollte gemieden werden. Vielleicht ist das Essen dort nicht gut. Wenn die Schlange dann vorrückt, kann es sein, dass die Kellnerin oder der Kellner vor der Tür erscheint, um dort bereits die Bestellung aufzunehmen. Kommt dann der große Augenblick und man wird endlich zum Platz geführt, wird das Essen zügig gebracht. Kein Wunder. Das Gericht soll frisch zubereitet sein. Draußen warten hungrige Gäste. Unter solchen Umständen Reservierungen anzunehmen, wäre dumm vom Restaurant. Gäste könnten nicht erscheinen, Tische müssten freigehalten werden etc. Ist das Essen verzehrt, heißt es schon wieder Abschied nehmen. Fertig heißt gehen. Da an der Kasse gezahlt wird, muss der Gast nicht warten, bis sich ein überforderter Kellner bequemt, zum Tisch zu kommen. Er steht auf, begibt sich zur Kasse und zahlt.

11

Die Japaner haben traditionell die Einstellung: Was schwimmt, wird gegessen. Ich erinnere mich noch an eine dazu passende Szene in einem Youtube-Video. Zwei jugendliche Mädchen standen an der Scheibe eines Aquariums. Der Ort war die Aquaristik-Abteilung eines Zoos. Im Becken tummelten sich allerlei bunte Fische. Die Mädchen riefen entzückt: »Wie süß! Wie süß!«. Dann machten sie eine Pause. Beide schwiegen. Plötzlich riefen sie unisono: »Wie lecker! Wie lecker!«.

Warum sind die Japaner so vom Essen besessen? Die ganze Zeit scheint es nur darum zu gehen. Das ist vielleicht die falsche Frage. Sie müsste lauten: Warum sind wir das nicht? Die Medien haben uns erfolgreich Hirngespinste in den Kopf gesetzt. Essen macht den Deutschen Angst. Es scheint gefährlicher als jede Klapperschlange zu sein. Es ist eine Quelle von Krankheiten (Salmonellen, Rinderwahn), es macht dick und fett (Verminderung der Heiratschancen), es ist ungesund (Herzinfarkt etc.), es tötet Tiere (Vegetarier), es ist genmanipuliert und vergiftet (Bioladen empfohlen) und es beutet Leute aus (Kaffeebauern). Lebensmittel sind für uns eine Quelle des Unglücks. Die Kultur der Angst, die so typisch für Deutschland ist, holt hier die Ernte ein.

Diese Furcht wurzelt in der Erde europäischer Religion. Völlerei ist eine Todsünde. So spricht der Katholizismus. Christliche Werte sind auf Abstinenz, Verzicht, Leiden und Mangel ausgerichtet. Die Lust zu essen passt hier nicht hinein.

Japan kennt diese Art von Verteufelungen nicht. Im Shintoismus sind der Umgang mit sowie der Verzehr von nahrhaften Gütern ein unverzichtbarer Teil der Glaubenspraxis. Schauen wir mal, was es da alles an Verbindungen gibt. An den Shinto-Schreinen werden kleine Gerichte den im Unsichtbaren lebenden Entitäten als Opfergaben gereicht. Der Hausschrein, ebenso der öffentliche Schrein darf mit Essbarem befüllt werden. Diese zum Verzehr geeigneten Dinge werden als Geschenke, die den Göttern (öffentlicher Schrein) oder den Ahnen (Hausschrein) zugedacht sind, verstanden. (Und gelegentlich vor Ablauf des Haltbarkeitsdatums selbst gegessen). Reis eignet sich am besten als Gabe. Andere Köstlichkeiten werden aber von den spirituellen Wesen nicht verschmäht. Die Götter scheinen rechten Kohldampf zu haben, könnte man meinen. Das Urteil würde der Idee des Ganzen nicht gerecht werden, denn mit der Gabe werden die Himmlischen weniger dazu eingeladen, ihre schnöden körperlichen Begierden zu befriedigen, als vielmehr zu einem Quid pro Quo gezwungen. Anders gesagt: Wer etwas schenkt, darf auch etwas erwarten. Mit diesen Opfern erbittet man sich den Segen der Götter. Essen spielt hier eine bedeutende Rolle. Wer etwas isst, wird stark, er wird leben, er wird vielleicht später viele Kinder haben. Essen bringt den Lebensfunken, der die Welt weiterbestehen lässt. Wenn im Shintoismus – mit etwas Fantasie gesagt – vornehmlich Fahrräder den Göttern geopfert werden würden, wäre das nicht das Gleiche. Auch nicht, wenn diese eine Gangschaltung im oberen Preissegment hätten.

Die japanischen Feiertage, sowie die Festivals sind voller Verknüpfungen zu Essensgütern. Nehmen wir das Obon-Fest. Es ist bei uns weniger bekannt, aber es ist eines der wichtigsten jährlichen Festivals. An Obon kommen die Geister der Ahnen, um die noch lebende Verwandtschaft zu besuchen, bevor sie wieder ins Jenseits wandern. Nach Auskunft meiner japanischen Freundin sind es nicht alle Ahnen, die je gelebt hatten, sondern es erscheinen diejenigen, deren Körper noch in ihren Gräbern liegen. Man darf es nicht mit Halloween verwechseln. Es ist ein melancholisch, schönes Fest. Es ist ein Feuer- und Lichterfest. In Privathaushalten werden kleine Feuer entzündet, damit die Dahingeschiedenen den Weg nach Hause finden. Ich war in Kyoto als Obon gefeiert wurde. Auf vier die Stadt umgebenden Bergen wurden in der Nacht riesige, waldbrandartige Feuer entzündet. Die Feuer jedes Berges bildeten ein anderes japanisches Zeichen. Ein Gruß und ein Lebewohl an die Verstorbenen, die sich danach auf den Heimweg machen. Das Fest dauert vier Tage und findet vom dreizehnten bis zum sechzehnten August statt. Es gibt aber bezüglich des Anfangsdatums regional bis zu einem Monat Unterschied. Ursprünglich war Obon ein indisches Erntedankfest, das im Zuge der Verbreitung des aus Indien stammenden Buddhismus den Sprung auf die Insel schaffte und in Form und Inhalt »japanisiert« wurde. Es macht also Sinn, den Festzeitpunkt so zu legen, dass die Ernte an diesem Zeitpunkt schon eingeholt wurde. Essen spielt eine wichtige Rolle, in erster Linie wieder einmal bei der Bestückung des Hausaltars. In manchen Regionen Japans wird eine Gurke hinzugestellt, die durch etwas Bastelarbeit wie ein Pferd aussieht. Genauso wird aus einer Aubergine mit ein paar Holzstöckchen eine Kuh gefertigt. Beide werden auf dem Hausschrein platziert. Die Kuh hat die Aufgabe, die erhaltenen Gaben ins Jenseits zu transportieren. Der Ahne darf sich des Pferdes bedienen. Die eigenartig scheinende Gemüseauswahl (Aubergine, Gurke) wurde getroffen, weil das Gemüse im August geerntet wird. Das Festival war und ist im Grunde wie in den Anfängen ein Erntedankfest. Mehr ums Essen kann es also nicht gehen.

Wenn man die Verbindung der Nahrung zum Shintoismus herstellt, darf die Mochikugel nicht vergessen werden. Neulich sah ich sogar einige industriell gefertigte bei uns im Supermarkt liegen. Die Speise scheint den Sprung aus dem fernen Osten zu uns geschafft zu haben. Mochikugeln sind aus zerstampftem, zu einem Ball gerollten Reis gemacht. Sie haben eine gummiartige Konsistenz und werden ähnlich einem Germknödel gern mit roter Bohnenpaste gefüllt. In Restaurants findet man sie oft wegen ihres süsslichen Geschmacks als Dessert auf der Speisekarte. In der Festkultur Japans spielen sie eine wichtige Rolle. Es gibt unterschiedlich zubereitete Mochikugeln für den Frühlingstag, für den Kindertag, für den Mädchentag und den Neujahrstag. Diese besonderen süßlich schmeckenden Bällchen können selbst gegessen werden oder, spirituell wirkungsvoller, am Schrein abgelegt werden.

Besonders wichtig sind Mochikugeln am Neujahrstag. Sie werden traditionell am Jahresanfang als Einlage einer Suppe mit Namen »Ozoni« gegessen. Neben der Mochikugel besteht die Suppe aus Rettich, Karotten und Lauch (regionale Unterschiede gibt es hier zuhauf). In alter Zeit waren die Regeln, die es im Umkreis der festlichen Gemüse-Brühe zu beachten galt, sehr streng: Die Suppe musste traditionell aus dem ersten Wasser, das in diesem Jahr benutzt wurde, sowie auf der ersten entzündeten Feuerstelle im neuen Jahr zubereitet werden. Als häufig den Kami zugedachte Gabe an Schreinen bringen die Bällchen Glück. Früher dachten die Japaner nämlich, etwas zu essen, was die Götter ebenfalls verspeisen, würde ihnen Kraft geben. Heutzutage bieten sie der Familie eine Gelegenheit, ein gemeinsames Neujahrsmahl einzunehmen. Die Suppe Ozoni mit der darin versenkten mozzarellaartigen Mochikugel ist nicht für jeden unbedenklich. Gemäß der Vorstellung des Shintoismus haust ein Kami in dem Reisbällchen. Diesen unnötig beim Kleinschneiden der Mochikugel mit dem Messer zu traktieren, stellt ein Tabu dar. Die Kugeln sollte also nach Möglichkeit als Ganzes, zumindest in großen Stücken in den Mund geschoben werden. Zwischen 2006 und 2016 sind 52.366 Erstickungsanfälle gemeldet worden. Zwischen fünf bis zwanzig Todesfälle können an Neujahr erwartet werden. Diese kommen vor allen bei älteren Personen vor, die Schwierigkeiten mit dem Kauen fädenziehender Weichmasse haben.

12

Den Japanern wird vorgeworfen, Wale zu jagen, um sie zu essen. Das tun sie.

Eine Rechtfertigung hierfür lautet: Die Art von Wal, die gejagt wird, ist nicht vom Aussterben bedroht. Es handelt sich nämlich nicht um Buckelwale, sondern um kleinere Sorten der Säugetierart. Besonders Minkewale, deren Bestand als nicht gefährdet gilt, sind Ziel der Fischerei. Norwegen ist ebenfalls eine Walfangnation und hat den gleichen Meeresbewohner auf der Speisekarte. 2022 hat das Land im Norden Europas 580 dieser Exemplare getötet. Japan fischte im gleichen Jahr 270 Minkewale. Schon die kleine Zahl zeigt, dass es sich in Japan beim Walverzehr um keine Großindustrie handelt. Das Land drosselte darüber hinaus aufgrund der internationalen Kritik die Fangquote, die im Jahr 2018 noch bei 640 Tieren gelegen hatte.

Auch Japaner suchen nach Rechtfertigungen für den anhaltenden Fang dieser Meeresbewohner. Meine japanische Bekannte brachte eine für mich unerwartete Erklärung. Sie sagte, der Walbestand müsse limitiert werden. Der Grund hierfür sei, dass Wale explodieren. Verstorbene und an Land gespülte Wale bauen Methangase in ihrem Inneren auf, weshalb sich nicht wenige Exemplare am Strand wie eine Landmine gewissermaßen selbst sprengen. Selbst im Fernsehen seien diesbezüglich in regelmäßigen Abständen Warnungen zu hören. Tatsächlich machte ein Fall in Taiwan Schlagzeilen, als ein toter Wal, dessen Kadaver auf einen Lastwagen geladen worden war, plötzlich explodierte. Die Umstehenden sowie die Schaufenster vieler kleiner Läden wurden mit Fleisch und Eingeweiden bespritzt. Um also die Bevölkerung vor explodierenden Walen zu schützen, dürfe ihre Zahl – nach den Worten meiner japanischen Bekannten – nicht überhand nehmen.

13

Eine vielgelesene Information ist, dass Asiaten laktoseintolerant seien. Milchprodukte, Käse und Joghurt seien selten in den Supermarktregalen. Liegt es an der Laktoseunverträglichkeit der Japaner? Vielleicht gibt es einfach mehr Produkte als Regalplatz da ist. Wer sich das globale Ranking (von proc.org) »Länder mit den meisten Laktoseintoleranten« dazu ansieht, findet Länder wie Ghana, Yemen und Malawi an der Spitze, deren Bevölkerungen zu 100% laktoseintolerant sind. Die Unverträglichkeit von Milch scheint kein rein asiatisches Problem zu sein. Die USA und Frankreich bieten mit 36% einen hohen Wert. Japan liegt auf Platz 43 in der Länderstatistik mit trotzdem noch 73% Betroffener. Deutschland hat 16% Laktoseintolerante. Der Käsekonsum ist in den letzten Jahren in Japan kontinuierlich angestiegen. 361.000 Tonnen Käse wurden landesweit verzehrt. Die Symptome einer Laktoseintoleranz sind mannigfaltig, aber meist wenig besorgniserregend. Blähungen und Völlegefühl sind zu nennen. Ein Japaner isst durchschnittlich 2,7 Kilo Käse im Jahr. Auf der Pizza oder auf dem McDonalds-Cheeseburger ist er selbstredend ebenfalls. Laktosehaltige gängige Waren sind Kochsahne, Saure Sahne, Eiscreme etc. Die gibt es auch im fernen Inselstaat. Die junge Generation hat ihre Essgewohnheiten geändert. Japan befindet sich im Umbruch. Die Käseproduktion im eigenen Land deckt die Nachfrage nicht ab. Deswegen müssen 80% dieser Erzeugnisse aus dem Ausland importiert werden. Im Käse-Esserranking liegt nach nippon.com Australien an erster Stelle, dann Neuseeland, die USA, die Niederlande und an Stelle fünf good old Germany.

14

Es dreht sich in Japan nicht mehr alles um Tee. Japan ist ein Kaffeetrinkerland geworden. Die Inselasiaten kaufen für den Eigenbedarf jährlich 80% der Kaffeeproduktion Jamaicas auf. Im Länderränking der weltweit am meisten Kaffee trinkenden Länder war Japan im Jahr

2023 auf Platz 4. (Deutschland Platz 3, Brasilien Platz 2, die USA Platz 1). Starbucks ist in Japan ein voller Erfolg und an jeder Ecke erwarten den Koffeinliebhaber stylische Cafés. Die Tasse wird im Gegensatz zu westlichen Gebräuchen mit dem Henkel links und dem Löffelende nach rechts serviert.

15

Trotz der Genusskultur, die mit der Nahrung verbunden ist, darf man nicht außer acht lassen, dass Lebensmittel in Japan als etwas äußerst Gesundes betrachtet werden. Die UNESCO hat das traditionelle japanische Essen (washoku) zum Weltkulturerbe erklärt. Japaner wählen Dinge für ihren Teller aus, die ihrer physischen Konstitution förderlich sind. Das ist ihnen sehr wichtig. Die höchste Lebenserwartung auf Erden gibt den kulinarischen Gewohnheiten der Japaner recht. Was dem Essen am ähnlichsten ist, ist Medizin. Tofu, Gemüse, Miso-Suppe, auch der Grüntee werden mit der festen Überzeugung konsumiert, dass sie der Gesundheit nutzen. Der Lebensmittelladen ist irgendwie auch Apotheke. Er hält ein Sortiment dem Körper wohltuender Zutaten bereit, die in kleinen, ja manchmal medizinisch kleinen Portionen verspeist werden. Vielleicht ist dies eine Sichtweise, die aus der Verbundenheit von Nahrungsmitteln mit der Lebenskraft der Kami kommt. Vielleicht ist sie auch von der chinesischen Medizin inspiriert, die in der Umwelt aus Pflanzen und Wurzeln Kraft zur Heilung sieht. Wie dem auch sei. Um gesund zu sein, sollte ein Essen nach traditionellen Vorgaben aus einer Suppe und drei kleinen Gerichten bestehen. Die Balance von Gerichten ist ein Gesundheitsaspekt. Es sollte so gekocht werden, dass Fett oder Butter keine zu wichtige Rolle spielen. Das tut dem Herz-Kreislaufsystem gut. Die Zutaten und die Dekoration der Gerichte sollte die Jahreszeit repräsentieren. Das verbindet den Körper mit der Natur um ihn herum. Die traditionellen Gerichte wie sie zu Neujahr und anderen Gelegenheiten serviert werden, sollten den uralten Vorgaben gemäß zubereitet werden. Diese Essen sind Glücksbringer, die den Körper gesund halten. Die Japaner halten sich natürlich nicht notwendigerweise an diese Regeln. Diese sind wie gesagt traditionell. Als ich gestern meine japanische Freundin gefragt habe, was sie für ihre Familie gekocht hat, waren es Spaghetti mit Hackfleischsauce. Ich weiß aber, dass sie auch traditionell kochen kann, wenn sie will.

Die Frage, die offen bleibt, ist, ob die Japaner so alt werden, weil sie gesund essen oder nur weil sie wenig essen. Reis hat viele Kohlenhydrate. Nicht vom Körper gebrauchte Kohlenhydrate bleiben als Zucker zurück. Am Anfang des 20. Jahrhunderts litt nur ein Prozent der Bevölkerung an Diabetes. 2017 waren es vierzehn Prozent. Etwa neun Millionen Japaner leiden an der Zuckerkrankheit und etwa dreizehn Tausend sterben jährlich daran. Der Reis allein ist nicht schuld. Eine Snacks- und Leckereien-Industrie versorgt die Bevölkerung mit entsprechenden Mengen Kohlenhydraten. Auch in der beliebten Nudelsuppe Ramen wird der Japanbegeisterte eine ordentliche Menge an Kohlenhydraten in Nudelform entdecken. Das, wie vieles andere, wird, wenn davon zuviel konsumiert wird, unweigerlich in die Fettleibigkeit führen. Das Salz ist im japanischen Essen ein weiteres Problem. Gegrillter Fisch, die Miso-Suppe, die sauer eingelegten Gerichte, die zum traditionellen japanischen Essen gehören, sind sehr salzreich. Besonders die Misosuppe ist im Verdacht, Bluthochdruck zu erzeugen. Da Japaner sie bis zu dreimal täglich konsumieren, kommen hier acht Gramm Salz zusammen. Männer essen in Japan jeden Tag durchschnittlich elf Gramm, Frauen zehn Gramm Salz (2016). Von der WHO werden tägliche fünf Gramm empfohlen. Dass Japans Essen salzreich ist, ist kein Wunder. Das liegt in Japans Geschichte und Geographie verankert. Das Meer und deren Meeresbewohner lieferten eine leicht verfügbare Salzquelle. Japan war (und ist) im Sommer sehr heiß. Wer schwitzt, braucht mehr Salz, um das Ausgeschwitzte wieder aufzunehmen. Außerdem wurde es in der alten Zeit benutzt, um Speisen einzulagern. Solches Essen war durch die Salzreste automatisch salziger als normal. Japaner lieben ihr Essen. Es wird heute zubereitet wie es damals war. Die Zeiten haben sich aber geändert. Jetzt gibt es Kühlschränke. Das Essen muss nicht mehr eingelegt werden. Jetzt gibt es auch Klimaanlagen. Dadurch schwitzt man weniger. Der erhöhte Salzkonsum wird unnötig.

In Deutschland können die Zusatzstoffe im Essen an der Packungsseite abgelesen werden. In konventionellen Produkten sind 300 Zusatzstoffe gestattet. Bei Bioprodukten erlaubt die Vorgabe nur 22 Zusatzstoffe. In Japan sind es 1500, die benutzt werden dürfen. Viele davon sind in anderen Ländern verboten. Das japanische Ministerium für Ernährung hat aber die Zusatzstoffe nach einer von ihr durchgeführten Untersuchung für unbedenklich erklärt. Die Versuche waren allerdings reine Tierversuche. Die Weltgesundheitsorganisation dagegen hat viele der Zusatzstoffe als krebserregend eingestuft. Irgendjemand wird schon recht haben.

Nicht besser macht es, dass Japan pro Hektar Farmland 11,4 Kilogramm Pestizide einsetzt (China geht mit 13 Kilogramm dem voraus). Das sind viermal so viel Chemikalien wie in den USA und bis zu zwanzigmal so viel, wie in einigen europäischen Ländern verwendet werden. Einige der Pestizide, die in Japan versprüht werden, sind bei uns verboten, weil sie im Verdacht stehen, Gehirnschäden zu verursachen. Der Druck, hochwertige qualitative Landwirtschaftsprodukte zu erzeugen, lässt Bauern in die Giftkiste greifen.Konsumenten verzeihen eine schwarze Stelle an einer Frucht viel weniger als es ein Shopper bei uns tut. Der von den Medien verbreitete Glaube, dass japanisches Essen gesund sei, lässt viele Japaner unkritisch werden. Darüberhinaus sind die Sponsoren der Sender oft Essensfirmen. Die Politik sieht so kein Grund zum Eingreifen.

16

Touristen, die aus Japan zurückgekehrt waren, wurde die Frage gestellt: Was hat ihnen in Japan am meisten gefallen? Eine vielgegebene Antwort war: Das Obst. Dieses Obst erscheint den Japanreisenden genauso sensationell wie den Japanern. Es gibt lange Schlangen vor Läden, die eine obstbasierte Süßspeise zu stolzen Preisen servieren. Die besten Konditoreien mit Früchtetörtchen ziehen Leute in Scharen an. Bilden sich die Kunden die Qualität nur ein? Es gibt Hinweise darauf, dass sie das nicht tun. Zweitausend Apfelsorten werden in Japan angeboten. Allein die Quantität gibt aber nicht den Ausschlag. In einer japanischen Fernsehsendung wurde gezeigt, wie ein Apfelbauer die noch am Baum hängenden Äpfel am Stil drehte. (Es war eine Kunst, dass sie dabei nicht abbrachen). Die Absicht war, zu verhindern, dass nur eine Hälfte der Frucht immer in Richtung Sonne zeigte. Der Mann war gewissermaßen von Beruf Apfeldreher. Die auf die Sonne gerichtete Seite bekommt mehr Röte, die abgewandte Seite hat weniger Sonne und erzeugt damit weniger Fruchtgefühl. Das Ziel war, gleichmäßigen vollen Geschmack an jeder Obststelle zu haben. »Ich kümmere mich um jedes Stück Obst, wie um mein eigenes Baby«, bemerkte der Bauer stolz auf seine Aufgabe. Was bei uns im Supermarkt angeboten wird, allem voran Bananen und Erdbeeren, kann hier nicht mithalten. Das ist ein Lagerproblem: Die Bananen, die Geschmack haben, sind leider nicht die Bananen, die man lang lagern kann. Viele meiner Schüler aus Ländern, in denen Bananen wachsen, sind entsetzt über den dünnen Geschmack hiesiger Obstangebote. In Deutschland gab es noch im 19. Jahrhundert siebenhundert Birnensorten. Die meisten waren, weil schnell verderblich, nicht supermarktfähig und verschwanden. Damit die zuckerhaltigen Früchte doch noch verkauft werden konnten, musste der Trick angewendet werden, sie für sehr gesund zu erklären. Gegen diese marktfördernde Meinung lässt sich einiges anführen. Zum Beispiel: Eine Mango enthält je nach Quellenangabe zwischen 31 und 46 Gramm Zucker. Das sind, wenn man einen Zuckerwürfel mit 2,5 Gramm, taxiert, zwischen 12 und 18,5 Zuckerwürfel. Wenn man der Internetseite »healthline« folgt, erzeugen Orangen wegen ihres hohen Säuregehalts Sodbrennen und eine Avocado hat genau so viele Kalorien wie ein Hamburger. Wer Äpfel aus dem Ausland im Supermarkt findet, kann nicht selten eine Wachsschicht sehen, die aufgetragen wird, damit der Apfel glänzt. Obst wird meist noch grün geerntet. Wer am perfekten Reifepunkt das Obst einsammelt, hat Tage, meist Wochen später nur verdorbene Ware im Supermarktregal liegen. Damit das Obst bis zum Verkauf im Laden kontrolliert nachreifen kann, braucht es »die Begasung mit Ethylen«, wie ein Experte erklärte (nach www.demeter.de), künstlich zugesetzte Mineralstoffe (die Frucht kann über den Ast nicht mehr damit versorgt werden), sowie gezielt kontrollierte Temperaturverhältnisse.

Nicht nur der Supermarkt ist hierzulande am Qualitätsschwund beteiligt. Die Käufer sind es auch. Deutsche wollen Obst möglichst billig kaufen. Kein normaler Supermarkt-Shopper würde drei bis fünf Euro pro Apfel ausgeben. Die Japaner machen das unter Umständen, wenn es sich um ein qualitativ gutes Erzeugnis handelt. Die Inselbewohner sehen Obst als Luxusprodukt, das einen höheren Preis wert ist. Im Supermarkt muss selbst für Standardfrüchte doppelt soviel bezahlt werden wie es bei uns der Fall ist. In unserem Land kostete 2022 ein gewöhnlicher Apfel aus dem Supermarkt 76 Cent, in Japan musste man im gleichen Jahr mit 1,63 Euro rechnen. Japan ist (nach einem Ranking der Internetseite numbeo) weltweit Platz zwei der teuersten Obstländer. (Sri Lanka ist Platz 1). Ein deutscher Erzeuger wird einen Apfel verkaufen, wenn er billig produziert ist, ein japanischer, wenn er qualitativ Gutes produziert.

17

Japan ist ein Essenswunderland. Zumindest denken das die Japaner. Sie haben damit gar nicht so unrecht. Ein klarer Grund dieser Qualitätsevolution besteht in der scharfen Konkurrenzsituation der Lebensmittelanbieter untereinander. Wer in einer der überdachten Einkaufsstraßen läuft, wird von der Masse der winzigen Essstände überwältigt sein. Bei uns würde der billigste Imbissladen seine Produkte verkaufen, in Japan macht es der beste. Die Gerichte dort sind lecker, aber die Portionen klein. Teilweise liegt das an der Vorgabe, man solle wegen des Geschmacks und nicht wegen der Menge essen. Teilweise steckt ein Tabu dahinter. Wer im Gehen isst, stellt nämlich äußerst schlechte Mannieren zur Schau. Also bleibt man in Standnähe stehen, bis man zu Ende gegessen hat. Erst dann setzt man seinen Weg fort. Es gibt an vielen Orten Gelegenheiten, ein »eine-Münze-Mittagessen« zu erstehen. Ein einziges 500 Yen-Stück genügt, um sich ein komplettes schmackhaftes Mittagessen zu kaufen. 500 Yen entsprechen je nach Kurs etwa 4 Euro. Auch das ist also ein Ergebnis des Konkurrenzkampfes: erschwingliche Preise. Wer zu viel verlangt, wird bald ohne Kunden dastehen. In einem weltweiten Ranking, wie viel im Durchschnitt ein Essen in einem nicht-luxuriösen Restaurant kostet, lag Japan mit 7 Euro auf Platz 56. In Deutschlands Restaurants muss man mit 13 Euro schon das Doppelte zahlen (das ist Platz 23). Die Schweiz hat mit 27 Euro als Rechnungsbetrag weltweit den ersten Platz. (Die Schweiz ist klein und muss die meisten Güter importieren, was die Preise als nicht EU-Mitglied nach oben treibt). Für Betreiber von Essgelegenheiten in Japan bedeutet das, dass sie pro Gast nicht so viel verdienen. Erst wenn es gelingt, viele Menschen in ein Restaurant zu locken, können die niedrigen Preise die Pachtkosten einer Lokalität wettmachen.

Wer in dem dichten Gedränge der Essbuden oder als Koch in einem der tausenden Restaurants großer Städte nicht gute Qualität abliefert, der hält sich nicht lange. Vor allem deswegen, weil Japaner ihre Entscheidungen in der Regel auf Empfehlungen stützen. Wenn das Restaurant vom Freund oder der Freundin nicht empfohlen wurde, wird es nicht aufgesucht. Viele Japaner quälen sich in der gleichen Geisteseinstellung am Tisch des Restaurants nicht durch die Speisekarte. Sie fragen einfach den Kellner: »Was würden Sie empfehlen?«. In Deutschland würde der Kellner entweder das überteuerte Gericht oder den Ladenhüter als vermeintlichen Geheimtipp anpreisen. In Japan ist das nicht so. Das Servicepersonal muss sich anstrengen, eine gute Antwort zu geben. Der Empfehlung des Kellners oder der Kellnerin wird gefolgt. Schmeckt aber das Essen nicht, wird das Restaurant nicht weiterempfohlen. Erhoffte Einnahmen schwingen irgendwann ins Nichts. Natürlich spürt der Europäer hier den Impuls zu fragen, woher soll denn der Kellner oder die Kellnerin wissen, was jemandem persönlich schmeckt. Das Konzept ist hier ein anderes. Die Frage an den Kellner zielt darauf ab, zu erfahren, welches Gericht sehr oft bestellt wird, so dass der Gast mit Hilfe des Restaurantangestellten erfahren kann, was gut ankommt. Über den Umweg »Servicepersonal« empfehlen gewissermaßen die anderen Gäste das Essen. Der Kellner ist nur ihr Sprecher.

Damit aber noch nicht genug der Indizien, an denen ein Japaner eine gute Lokalität erkennt. Wenn sich ein Inselbewohner spontan für einen Restaurantbesuch entscheidet, wird er die Lokalitäten bevorzugen, vor denen sich eine lange Warteschlange gebildet hat. Weil Menschen eben recht langsam speisen, bedeutet sich in eine solche zu stellen, manchmal eine Stunde Wartezeit oder mehr. Die Überlegung ist simpel die, dass ein Restaurant, welches so viele Personen vor seiner Tür versammeln kann, ein gutes sein muss. Ein Deutscher würde es wohl anders machen. »So eine lange Schlange? Da gehe ich woandershin«. Manchmal gehen die Japaner aber einfach in ein Restaurant, das gerade in der Nähe liegt, nehmen sich die Speisekarte und bestellen, was sie wollen. Das gibt es auch.

18

»Essen ist das Thema meines Lebens«, postete eine japanische Bekannte auf Facebook. Falsch! Nicht ihres Lebens. Des Lebens aller Japaner! Ein Grund, warum das so ist, liegt an den Medien, insbesondere am Fernsehen. Die Zahl der Sendungen, die Nahrung zum Thema haben, ist unfassbar. Es geht darin weder um die Zubereitung noch um eine dokumentarisch aufgearbeitete Geschichte irgendeiner Speise. Der Inhalt ist der Verzehr von Nahrung. Vergleichbare Formate habe ich im deutschen Fernsehen noch nicht gesehen. Bisher. Wie sieht so eine Sendung aus? Es kann um eine Fernsehmoderatorin gehen, die in eine japanische Provinz fährt. Ihr Auftrag besteht in der Verkostung einer aufregenden Speise. In einer Studiosituation vorab werden die Gründe, sowie die erhofften kulinarischen Genüsse unter Anwesenheit einiger als Gäste geladener Prominenter besprochen. Dann beginnt der eigentliche Beitrag. Die Fernsehmoderatorin stellt sich am Anfang des

Reiseberichts noch einmal vor und los geht es zu einem (als Beispiel) Nudelrestaurant in irgendeiner Provinz. Hier befindet sich dann eine Lokalität, die als über alle Grenzen hinaus berühmt, traditionsreich und malerisch gelegen vorgestellt wird. Vor allem seien die Speisen dort »zu lecker, um es zu ertragen«. Dann wird die berichterstattende Dame erwartungsfroh am Tisch sitzend gezeigt. Endlich serviert der Kellner die gepriesene Nudelsuppe. Japanische Sendungen haben die Angewohnheit, dass sie in kleinen kreisförmigen Fenstern oben links auf dem Bildschirm die prominenten Gäste im Studio einblenden. Das gibt dem Ganzen eine »Live«-Aura. Diese Prominenten sehen (in der Illusion) genauso wie der Fernsehzuschauer den Beitrag zum ersten Mal. Ihre Aufgabe ist es, zusätzliche emotionale Reaktionen zu geben. Wenn das Essen gebracht wird, ruft der eine Studiogast entzückt (aus dem schmalen Bullauge links oben): »Das sieht sooo lecker aus« (Japanisch:»oishisou!«). Der zweite Studiogast bläst ins gleiche Horn: »Ich will das essen!«. Die Fernsehmoderatorin im Nudelladen seufzt verliebt in Richtung der Nudelsuppe: »Oh, das scheint sehr lecker zu sein!«. Der erste Studiogast flüstert noch einmal ein kaum hörbares »...sooo lecker«. Dann folgt die obligatorische Großaufnahme der Suppe aus gefühlten drei Zentimetern Entfernung. Die Nudeln werden dabei mit Stäbchen etwas aus ihrer Brühe gehoben. Eine Off-Stimme schnurrt den Namen sowie die Zutaten der Suppe in einem Ton, der ins Schlafzimmer gehört. Die Moderatorin probiert endlich das Gebrachte. Mit einem Schlürfen verschwinden die ersten Nudeln in der kleinen Öffnung zwischen ihren Lippen. Dann kommt er... der Stromstoßmoment. Sie versteht, sie hat ein Stück göttliche Ambrosia im Mund. Sie reißt die Augen auf. Pure Wonne! Sie macht einen kleinen Hüpfer auf dem Stuhl, schwingt ihren Oberkörper nach oben in die Senkrechte, die Augen öffnen sich und werden zu strahlenden Sonnenblumen »Mmmmmmh.......leeeeckeeeer!!!!«. Daraufhin folgt eine Serie von Japan eigenen Glücksgesten, die zu beschreiben zu lange dauern würde. Die Studiogäste werden abwechselnd im Sekundentakt eingeblendet: Sie rufen: »Lecker! Lecker!«. Großaufnahme Gesicht der Japanerin:

Glück. Die Sekunden verstreichen. Der Blick geht zum Kellner: »Wirklich, wirklich unbeschreiblich lecker! Wirklich, wirklich vielen Dank« (Dank bekommt immer nur der Kellner oder Besitzer, nie der Koch. Es ist eine Ess-Sendung und keine Kochsendung). Der Rausch ist vorbei. Ein zweiter Löffel wird nie gegessen. Jetzt wird der Filmbericht wieder ernster. Es folgt ein kurzes Gespräch mit dem Besitzer. Zuerst wird ihm noch einmal dafür gedankt, dass seine Suppe so unerhört lecker ist und schließlich gefragt, warum sie so lecker sei. Szene vorbei. Studiogespräch, das Restaurant ist abgehakt. Es folgt die Fahrt zur nächsten Nudelbude. Dort wird sich die Szene mit der gleichen Verve an Emotion wiederholen.

Das Fernsehen leistet in Japan Hypnosearbeit. Es ist, als ob ein imaginärer Hypnotiseur murmeln würde: »Jedes Mal, wenn du in eine Nudel beißt, wirst du ein Gefühl haben, als ob du göttlichen Honig naschst«. Diese Art von Sendungen geben Schablonen von Gefühlsäußerungen in Worten, Gesten und Sprechmelodie vor. Das geht an den Japanern nicht spurlos vorbei. Sie imitieren das Gesehene und speichern es im Gedächtnis als normal ab. Leute aus unseren Gefilden verstehen nicht, welche Erwartungen erfüllt werden müssen. Wer von Japanern bekocht wird, sollte hier folgenden Fauxpas vermeiden: Keanu Reeves trat einmal in einer japanischen Essenssendung (sie hieß: »smapxsmap«) auf. Er wollte seinen neuen Matrix-Film in Fernost promoten. Trotz eines ihm gestellten Übersetzers war leicht zu sehen, dass er mit dem bunten Treiben der fünf beliebten Moderatoren der Sendung nichts anzufangen wusste. Man servierte ihm als Teil des normalen Ablaufs dieses Programms eine mit viel kulinarischem Know-How zubereitete Speise. Der Schauspieler nahm das Besteck und probierte das Gericht. Alle starrten ihn gespannt an. Wie würde er reagieren? Er sagte: »Das schmeckt gut«. Pause. Er verzog keine Miene. Er aß noch eine Gabel, doch er blieb still. Einer der Moderatoren schaute ihn fassungslos an. Er sagte nur: »Und das soll alles sein?«

19

Wer als Gast die Speise eines Japaners isst, sollte sagen, dass sie lecker ist. Das ist höflich. Hier bei uns wie in Japan. Was aber, wenn es wirklich nicht schmeckt? Der für sie unerträgliche Geschmack einer Mozartkugel hat eine mir damals gegenübersitzende Japanerin in ihrer Verzweiflung den Satz finden lassen: »Ich verstehe den Geschmack nicht«. So lud sie die Schuld auf sich und nicht auf das Schokoladenstück (Marzipan ist nicht für jeden Inselbewohner ein Genuss). Ich, der ich ihr die Mozartkugel als lecker angepriesen hatte, konnte in der Situation mein Gesicht wahren. Vorsicht: Japaner können sich rächen. Natto heißt die äußerst beliebte Speise in Japan. Es sind vergorene Bohnen, die so »hinüber« sind, dass sie Fäden ziehen. Sie gelten als sehr gesund. Ein Deutscher, der eine Japanerin heiraten wollte, wurde vom künftigen Schwiegervater mit diesem Gericht getestet. Nur wenn der angehende deutsche Schwiegersohn Natto nicht abstoßend fände, würde er seine Zustimmung für die Ehe geben. Die Akzeptanz der japanischen Kultur sollte durch das genüssliche Verspeisen der vergorenen Bohnen dokumentiert werden. Der Schwiegersohn, der dessen Absicht erriet, machte ein passendes Gesicht und konnte die Japanerin in den Ehestand führen. Wir könnten, wenn wir wollten, einen ähnlichen Test ersinnen. Wer einen Japaner einen tüchtigen Widerwillen gegenüber einer Speise empfinden lassen will, der soll ihm Reis mit Früchten vorsetzen. Das bringt alle Japaner ins Laufen. Reis und Früchte zu kombinieren (beispielsweise ein Reissalat mit Mandarinen), scheint den Inselbewohnern so absurd, wie bei uns Muscheln mit Schokolade zusammen zu essen. Eines meiner Kochrezepte, das ich einmal in einem Buch mit dem Titel »schnell und einfach« gefunden habe, ist Hühnchen mit Kirschen. Das Rezept beruht lediglich darauf, dass man ein Glas Schattenmorellen samt Saft in 0,25 Liter Wein gießt und diese Mischung einkocht. Dazu gibt es gebratenes Hühnchen. Die Beilage ist Reis. Für mich so lecker, dass ich es kaum ertragen kann. Ich habe noch nie einen Japaner getroffen, der nicht beim alleinigen Hören des Rezepts entsetzt die Augen verdreht hätte. Eine Asiatin kommentierte sogar: »Reis mit Früchten… das ist kriminell!«

20

Suchen wir zum letzten Mal einen Grund, warum die Japaner Essen überbordend lieben. Dieser betrifft das Erlebnis von Essen selbst. Wie viele wissen werden, ist die Portionsgröße japanischer Gerichte kleiner als bei uns. Essen soll in Japan erfrischen, nicht unbedingt satt machen. Die kleineren Portionen sind darüber hinaus gut für die schlanke Linie. Zumindest sind dicke Japaner im Straßenbild selten. Ein bedeutender Grund für die aus europäischer Sicht asiatischen Zwergenportionen besteht darin, dass sie die Intensität des Geschmacks gewährleisten wird. Der englische Sternekoch Heston Blumenthal hat einmal in seiner Fernsehsendung Personen einen Kaugummi eine Minute kauen lassen. Dann hat er den Testpersonen einen zweiten Kaugummi gegeben, mit der Frage, welcher von beiden mehr Geschmack habe. Die Testpersonen antworteten alle, dass der erste deutlich mehr Geschmack gehabt habe. Was die »Versuchskaninchen« nicht wussten war, dass es sich um die gleiche Kaugummisorte handelte, die nacheinander zum Kauen zur Verfügung gestellt worden war. Die Lehre, die Blumenthal daraus zog, war, dass sich das Gehirn schnell langweilt. Am Anfang eines Essens kommt der volle Geschmackseindruck, aber mit jedem Bissen schwindet er, bis die Speise Gabel für Gabel zu einem faden Brei im Mund vegetiert. Lediglich die Erinnerung an die ersten, frühen Bissen lässt den Genuss weiterbestehen. Große Portionen sind in Gourmetzusammenhängen unnötig. Kleine Portionen garantieren, dass das Essen zu Ende ist, bevor der Geschmack zu Ende ist.

Für Japaner beruht gelungenes Essen auf drei Säulen, die alle gleich gewichtig sind: Dem Geschmack, der Präsentation und der Struktur des Essens. Gelungenes Anrichten der täglichen Nahrung fußt im Inselstaat auf anderen Ideen als bei uns. Wir versuchen (bestenfalls) das Gekochte hübsch auf den Teller zu anzurichten. Aber seien wir ehrlich, meistens kommt doch dabei nur ein ›links die Kartoffeln und rechts das Fleisch‹ heraus. Zweckmäßig. Kann es denn anders sein? Es kann anders sein. Stellen Sie sich einen Teddybären vor. Er hat Augen, lächelt. Sie sehen seine Ohren und seine Nase. Stellen Sie sich vor, wie er im Bett liegt. Die Decke ist bis zu seinem Hals hochgezogen. Er trägt eine Schlafmütze. Im Hintergrund ein Fenster, durch das der Mond scheint. Gehen Sie jetzt in die Küche. Kochen Sie Reis. Wenn er fertig ist, richten Sie unter Zuhilfenahme einiger weniger anderer Mittel (Farbstoff, Kümmelkörner etc.) einen Teller an, der wie die beschriebene Szene aussieht. Gelingt ihnen das, haben Sie eines der Konzepte erfolgreicher Anrichtung in Japan umgesetzt: Den Animismus. Essen ist belebt. Überall wird der Tourist in dem Land etwas Naschhaftes finden, das durch geschickt angebrachte Details, ein Gesicht, eine Figur, eine ganze Szene darstellt. Fünfzig Prozent hat die Beseelung der Nahrung die Spiritualität des Shintoismus zu verantworten, fünfzig Prozent eine Spaßkultur, die das eben so will. Ein gutes Verkaufsargument ist der Animismus auch. Ein Cappuccino dessen Schaumkrone zwei sich mit dem Schnabel küssende Kolibris zeigt, wird öfter geordert.

Ein weiteres Beispiel, wie Japaner eine erfolgreiche Präsentation der Nahrung verstehen: In den großen Kaufhäusern im Tokioer Distrikt Ginza sind ganze Etagen der wuchtigen Geschäfte nur für Esswaren reserviert. Aber eigentlich hat der Besucher nicht das Gefühl, er wäre im Kaufhaus. Eher überkommt ihn das Gefühl, er wäre in einen Juwelierladen getreten. Die Produkte werden in funkelnden Glasvitrinen präsentiert. Selbst Fleischbällchen werden mit Liebe auf Spieße gezogen, so dass sie bestrichen mit irgendeiner Sauce wie funkelnde Perlenketten aussehen. Früchte werden mit essbaren Dekorationen zu kleinen Wunderwerken verarbeitet. An vielen Glastischen steht eine Verkäuferin, die zum Probieren einlädt. Auf den Gängen wuseln aufgeregte Japaner zwischen den Glasvitrinen hin und her. Hier gibt es etwas zu gucken: Ein Angebot ist nämlich unfassbarer als das andere. Kaufen kann man die kleinen, essbaren Kunstwerke zu einem vernünftigen Preis, wenn man sich vornimmt, sie nur in probiergroßen Portionnen zu erstehen. Essen soll die Menschen zum Staunen bringen. In diesen Etagen steckt die stolze Eigenrepräsentation des Kaufhauses, sowie das Selbstbewusstsein und das Know-How eines Traditionsunternehmens. Im privaten Haushalt finden wir das gleiche Prinzip nur etwas abgewandelt. Mütter bereiten ihren Kindern für die Schulpausen sogenannte Bentoboxen vor. Dabei handelt es sich um, wie der Name schon sagt, kleine Boxen, in deren Fächern allerlei Sushistücke, Eierrollen oder zierlich angeordnete Gemüsestücke verstaut sind. Die ganze Ehre der Hausfrau steckt in der Anrichte dieser kleinen Schachteln. Unter den Händen einiger Mütter reift das Konzept zu kleinen Prachtstücken. Wer hier nichts zu Wege bringt und alles übereinander schmeißt, wird sein Kind vor den anderen beschämen. Hier heißt es, jeden Tag in der Ästhetik kleine Rekorde aufzustellen. Zumindest sollte die Anordnung nicht doof aussehen.

Die dritte Säule, die Struktur eines Gerichtes, ist weniger selbstverständlich. Das Gefühl, wie sich etwas im Mund anfühlt und wie es sich beißen lässt, ist für Japaner äußerst wichtig. Wenn ein Japaner in ein Stück Schnitzel beißt, ruft er aus »leicht zu kauen!!!« oder »das ist weich!«. Die ersten Informationen, die an das Gehirn über das gerade Gegessene weitergeben werden, betreffen die Struktur des Essens. Wenn ein Löffel Pudding in den Mund geschoben wird, kommentieren die Inselbewohner augenblicklich diesen ersten Körperkontakt mit »total fluffig!«. In Deutschland würde ein Croissant-Abbiss nicht mit »herrlich weich« kommentiert werden. Kartoffelchips mit ihrer Knackigkeit sind am ehesten geeignet, ähnliche Erfahrungen zu machen. Eigentlich ignorieren wir diese Dimension des Essens. Die Struktur von Nahrung wird bei uns normalerweise nur bemerkt, wenn ein Fehler vorliegt, d.h. die Nudel nicht al dente, sondern zu weich oder zu hart. ist. Die Japaner nehmen das Beißgefühl als etwas wahr, was das Erlebnis »Essen« verstärkt. Eine Genusskategorie, keine Fehlerkategorie. Sie haben in ihrer Sprache einen umfassenden Wortschatz, der diese Eindrücke beschreibt.

Haben Frauen das Pokärtchen in Japan?

1

Es ist nicht zu fassen, wie wenig Japanerinnen deutschen Friseuren trauen. Alle Japanerinnen, die ich in Deutschland kennenlernte, wollten ihre Haare nur in einem japanischen Friseursalon schneiden lassen. Nun gibt es in meiner Heimatstadt Stuttgart keinen solchen Friseur. Der nächste ist in Frankfurt und dann noch weiter entfernt in Düsseldorf. Also fuhren sie mit dem Zug nach Frankfurt oder Düsseldorf. Mein zynischer Kommentar ihnen gegenüber war, dass japanische Frisuren wirklich nicht schwer zu schneiden seien: Gerader Pony, dann den Pony links und rechts in der Mitte zur Seite schieben, so dass ein umgekehrtes V entsteht. Die restlichen Haare unten gerade abschneiden. Das kann vermutlich jeder Friseur nach einem Monat Ausbildung. Eine der Antworten, die ich von ihnen auf die Frage erhielt, was sie dazu treibe, nur japanische Friseure aufzusuchen, war, dass sie Angst hätten, wegen ihrer mangelnden Sprachkenntnisse eine eigenartige Frisur verpasst zu bekommen.

Die andere Erklärung lautete: Japanische Haare seien dicker als europäische. Das stimmt wirklich. Das kann man leicht fühlen, wenn man die Erlaubnis bekommt, sie anzufassen. Japanerinnen beim Friseur lassen sich die Haare ausdünnen. Sie wollen weniger Haare auf dem Kopf haben. Westliche Damen wollen Haarverlängerungen und volles Haar. Damit die Haare der Asiatinnen leicht und locker bleiben, wird bei derjenigen, die es wünscht, mit einer speziellen Schere die Haarmenge gleichmäßig verringert.

Ebenso schwer ist es, in Deutschland einen Friseur zu finden, der die Wimpernkrümmung in einem Halbkreis von unten nach oben führen kann. Das scheint nicht im normalen Repertoire der Friseure zu sein.

Für die japanischen Frauen ist das aber ein wichtiger Beauty-Aspekt. Überhaupt die Augen: Sie sollen groß sein. Kleine Augen gelten als nicht so schön, so dass Japanerinnen aus einem Katalog von Gesichtern unweigerlich dasjenige als gutaussehend auswählen, bei dem die Augen am weitesten offen sind. Damit der Effekt von Größe entsteht, gibt es spezielle Kontaktlinsen, die der Pupille mehr Umfang geben. Für Europäer ergibt ein japanisches Gesicht mit kleinen Plastikscheiben im Auge optisch eine eher ungewohnte Mischung, die gleichzeitig einen Vampir und ein Kätzchen assoziiert.

Japanische Augen haben eine Mandelform, die gern mit einem Kajal-Stift zu Katzenaugen verlängert werden. Aber der wirkliche Unterschied zu europäischen Augen ist das Augenlid. Man sieht es in der Regel nicht. Deutsche Damen nutzen es, um dort durch Farbe zu wirken. Japanerinnen werden eher mit schwarzen Umrandungen an der Größe der Augen arbeiten. Besonders bei den benachbarten Koreanerinnen ist es zur allgemeinen Praxis geworden, sich den Augenbereich und die Gegend um das Augenlid europäischer trimmen zu lassen. Sie stehen an der Spitze der weltweiten Schönheitsoperationen. Vor allem die doppelte Augenlid-Operation wird in Korea nachgefragt. Auch Japanerinnen sind versucht, im Lidbereich nachzuhelfen, obwohl die Offenheit bei ihnen gegenüber chirurgischen Mitteln etwas geringer ist. Wem die plastische Hilfe des Arztes zuviel ist, klebt sich durchsichtige Klebestreifen unter die Augenbrauen. Dadurch werden die Augenlider hochgezogen und das Auge wirkt größer. Wem die so auf Schönheit getrimmten Gesichter japanischer Frauen gefallen, kann allerdings beim ersten Lächeln der holden Geschöpfe unsicher werden. In Japan gelten Zahnschiefstellungen als niedlich. Eine Japanerin, die in Deutschland lebte, war frustriert darüber, dass ihre nicht besonders gerade aneinander gereihten Zähne von den Deutschen nur mit dem Hinweis quittiert wurden, sie solle doch mal zum Zahnarzt gehen. In Japan hielte man das für putzig, sagte sie genervt.

Schauen wir uns einige andere körperliche Veränderungen an: Brustoperationen sind im Land der aufgehenden Sonne nicht so populär. Weltweit steigt die Zahl der Brustoperationen, weil der Eingriff billiger wird. Deutschland ist global gesehen immerhin auf Platz 4 mit 122.000 medizinisch veränderten Brüsten im Jahr 2019. Japan dagegen hatte nur 6463 Operationen mit derartigen Veränderungen. Durchschnittlich haben Japanerinnen die Korbchengröße A, während Deutsche bei B/C liegen, so dass man vermuten könnte, dass hier Nachholbedarf besteht. Aber das sind europäische Gedanken. Diesen Bereich nämlich gilt es für Asiatinnen aus Anstandsgründen zu verstecken. Ihn gar durch die Kunst der Ärzte zu betonen, ist absurd für sie.

Trotzdem sind die asiatischen Frauen nicht gegen alle medizinischen Schönheitsmaßnahmen. Gesichtsoperationen haben die Japanerinnen 231.457 mal machen lassen, während die Deutschen 101.534 mal ihr Aussehen so veränderten.

Da den Brustbereich freizulegen extrem anstößig ist, tragen japanische Frauen immer bis zum Hals geschlossen. Nackte Haut wird auf keinen Fall gezeigt. Trotzdem ist einen größeren Busen zu haben für viele etwas Erstrebenswertes, da er ja doch eine gewisse Wirkung auf die Männerwelt hat. Der Weg dazu sollte aber natürlich sein, nicht künstlich. So können sie es mit ihrem Anstandsempfinden vereinbaren. Viele Japanerinnen trinken deswegen Soja-Milch mit dem Ziel, hier einen Größenzuwachs zu erzielen. Wenn gar nichts mehr geht, kann man zu einem Gebäck mit Namen »F-Körbchen-Kekse« greifen, die Anteile der thailändischen Pflanze Pueraria Mirifica enthalten. Diese soll die Brust zu einem vorzeigbaren Umfang vergrößern. Produkte, die auf die Wirkung von Pueraria Mirifica setzen, werden auch bei uns verkauft, allerdings für einen recht gesalzenen Preis.

Frauen sind in Japan dünn. »Egal, wie dein Körper aussieht, die Hauptsache ist, du bist schlank«, sagte eine Freundin. Bei uns ist das Schlankheitsideal natürlich auch gang und gäbe. Der Unterschied ist, dass viele in Deutschland schlank sein wollen, in Japan aber sind sie schlank. Die USA hat fast 50% Übergewichtige, Deutschland etwa 30%, Japan knapp 4%. Das liegt selbstredend an der Ernährung. Es ist nicht leicht mit kleinen Portionen und der geringer Kalorienzahl japanischer Essen zuzunehmen. Da jeder irgendwie schlank zu sein scheint, werden Wörter gebraucht, die trotzdem Unterschiede markieren. Es gibt die Körperform »straight«, »wave« und »natural«. »Straight« bezeichnet einen runderen Brustbereich und einen ebensolchen Po. »Wave« weist auf einen flachen Brustbereich, aber einen birnenförmigen Pobereich hin und »natural« darauf, dass beide Körperstellen keine Rundungen aufweisen. Keins der drei Wörter assoziiert irgendeinen Mangel am Körper, selbst wenn er knochendünn ist. Der mit Kleidern behangene Körper ist ein Ort, den es gesund zu halten gilt und nicht schön. Das gilt für beide Geschlechter. Der ganze Muskelkult hat in Japan keinen Halt. Wer sich ins Gym begibt, wird einen gesunden Körper wünschen und nicht plötzlich aus dem Oberarm ploppende Wölbungen. Schöne Männer sind schlank und zerbrechlich. Frauen lachen Muskelprotze aus.

Hier noch ein körperlicher Aspekt, der sowohl Japaner als auch Japanerinnen betrifft. Japanerinnen sind nicht nur kleiner als ihre deutschen Gegenstücke – durchschnittlich 6cm, genau gesagt 1.59cm zu 1,65cm –, sondern auch kälter. Japaner, bzw. Asiaten aus Fernost haben im Vergleich zu Europa eine niedrigere Körpertemperatur. Diese beträgt zwischen 36,0 und 36,5 Grad. Meine Bekannte hat mir gesagt, dass ihre normale Körpertemperatur 35 Grad sei. Das kann durchaus sein. Eine Untersuchung von den nicht weit entfernten Vietnamesen hat eine Körpertemperatur zwischen 33-36 Grad ergeben, was noch einmal zeigt, dass es sich nicht nur um eine rein japanische Sache handelt. Eine Körpertemperatur von 37 Grad wird von den Inselbewohnern als Fieber empfunden, eine von 38 Grad als hohes Fieber. Das kann für eine in Deutschland wohnende Japanerin bei Arztbesuchen durchaus ein gewisses Maß an kulturellen Missverständnissen bedeuten. Kulturunabhängig kann noch bemerkt werden, dass Männer eine höhere Körpertemperatur haben als Frauen, die aber bei Männern in der Nacht stärker absinkt. Beide Geschlechter haben übrigens an unterschiedlichen Stellen am Körper Wärme- und Kälteregionen.

Japanische Frauen sind zudem zehn Monate schwanger. Bei diesem Fakt handelt es sich um keine Laune der Natur, sondern er ist einfach der Tatsache geschuldet, dass in Japan die Schwangerschaft von der letzten Periode aus gezählt wird, während bei uns die Empfängnis als

Schwangerschaftsbeginn veranschlagt wird. Eine Frau ist drei Monate und vier Tage schwanger, die genaue Angabe wäre als Zeitmessung in Japan möglich. Im europäischen Fall ist der Beginn der Tragezeit schwer zu bestimmen, besonders wenn ein Paar fleißig probiert hat, ein Kind zu bekommen. Der wahrscheinlichere Hintergrund der eigenartigen Zählweise ist der Mondkalender, der früher in Gebrauch war. Da der Mond nur 28 Tage braucht, um seinen Zyklus zu beenden, wurden die restlichen zwei oder drei Tage, die auf monatliche 30 Tage bzw. 31 Tage fehlen, zu einem Extramonat zusammengerechnet.

Gehen wir noch ein paar Äußerlichkeiten durch, bevor wir weiterschreiten. Bei der Kleiderwahl setzen Japanerinnen eher auf Mischfarben. Ein knalliges Rot oder Gelb geht gar nicht, ganz oder viel schwarz ist auch zu extrem. Es wird eher grau, beige oder mauve bevorzugt. Überhaupt werden die Kleider mehr der gesellschaftlichen Situation angepasst und deswegen sehr bewusst ausgewählt. Ebenso spielt die Jahreszeit eine große Rolle, die nicht nur aus Temperaturgründen den Kleiderstil verändert. Im Internet fand ich in einem YouTube-Video Modetipps für junge Frauen, die mit ihrem Freund ein Eis essen gehen. Die Frage, die behandelt wurde, war: Welche Kleider passen zu welcher Eissorte am besten? Seinen persönlichen Style zu finden, wie es im Westen gefordert wird, steht in Japan ein anderer Anspruch entgegen, nämlich der situationsangepasst elegant zu sein. Alles muss in sich stimmig sein, das heißt die Kombination der Kleidungselemente sowie der Accessoires sollte in einem perfekten Gleichgewicht sein. Selbst jugendliche Frauen, die auf den ersten Blick unangepasst scheinen, haben ihr Outfit genau überlegt, damit es zu der gerade genannten Vorstellung von Eleganz passt. Zudem muss das Erscheinungsbild im Idealfall an die Art des Treffens angepasst werden. Ein Rendezvous im Park wird mit einer anderen Kleiderauswahl angegangen als ein Rendezvous in einem Straßencafé.

Bei der Arbeit trägt man Hemd, Jackett, knielangen Rock, Strumpfhose und Schuhe mit mittellangen Absätzen. Überhaupt ist Röcke tragen sehr viel verbreiteter als hierzulande. Ein schon in Deutschland wohnender Japaner hat beim Telefongespräch mit seiner Frau, die zu dem Zeitpunkt noch in Japan war, als ersten Eindruck von unserem Land gesagt: »Röcke brauchst du keine nach Deutschland mitzubringen, die trägt hier niemand«. Er hätte auch einfach sagen können: »Emanzipation«.

Nach viel Körperschmuck wie Tattoos braucht genauso wenig Ausschau gehalten zu werden. Tätowierungen identifizieren jemanden nach allgemeiner Meinung als Mitglied der japanischen Mafia. Genauso verwenden Japanerinnen kein geruchsintensives Parfum. In einem Hotel, in dem auch Ausländer abstiegen, sah ich ein Schild, das das Tragen von Parfums im Hotelgebäude untersagte, weil sich die anderen Gäste dadurch belästigt fühlen könnten.

2

Eine YouTuberin, die dreisprachig war, sagte in einem Video in der entsprechenden Sprache: »Ich weiß nicht, woran das liegt: Wenn ich Englisch spreche, klinge ich entweder cool oder wie eine Schlampe. Wenn ich Japanisch spreche, geht meine Stimme nach oben und ich klinge total süß, und wenn ich Deutsch spreche, klinge ich angepisst.« Die Stimmen der Japanerinnen, besonders der jüngeren, sind nicht selten sehr hoch und erzeugen für Ausländer einen kanarienvogelartigen Ton. Die Satzmelodie kann mitweilen wirklich wild sein, weil sie wie bei einer Fahrt in einer Achterbahn rauf und runter geht. Was in Japan nicht auffällt, ist hierzulande eine Kuriosität. Eine japanische Schülerin, die ganz gut Deutsch sprach, zeigte sich wegen der Deutschen sehr verärgert, die sie wegen ihrer Stimme neckten. Resolut gab sie immer zurück: »Ich bin Japanerin. Ich spreche eben so!«.

Männer dagegen sprechen in einem ruhigen Brabbelton. Untersuchungen haben gezeigt, dass Japaner und Japanerinnen vierzig Prozent weniger Gesichtsmuskeln als Europäer bewegen, wenn sie sprechen. Bei einigen sieht es so aus, als ob sie geübte Bauchredner wären, weil sie den Mund so wenig bewegen.

Es gibt zwei Gründe für die hohe Stimme der Japanerin. Der eine ist, dass die Phonetik des Japanischen grundsätzlich ein Zentrum sehr weit oben im Mund ausbildet. In arabischen Sprachen wird sehr viel aus dem Hals gesprochen, weil es mehrere Kehlkopflaute gibt. Ein als simpel in der Aussprache erscheinendes »A« klingt im Arabischen, Deutschen und Japanischen ganz anders, weil jede Sprache einen Ort im Mund wählt, den der Sprecher als Startpunkt der lautlichen Worterzeugung wählt. Deutsche Vokale werden in der Mitte des Mundes zentriert; japanische Vokale aber etwas unter der Nase, also leicht über und hinter den oberen Schneidezähnen. Allein das begünstigt die Erzeugung einer hohen Melodie, weil der Rachen, in dem dumpfe Laute erzeugt werden, weit entfernt ist. Für die Männer bestehen die gleichen Voraussetzungen. Sie bemühen sich aber, die Aussprachemelodie wie einen Zug sein zu lassen, der nur auf einem geraden Gleis fährt. Das erzeugt eine hohe, aber monotone Stimmführung. Richtig tiefe Männerstimmen sind deswegen selten.

Der andere Grund für die lebhaft hohen Stimmen der Japanerinnen wird aus einer Studie der Universität Leipzig klarer. Frauen in Deutschland sprechen tiefer als vor 20 Jahren. Früher waren es 220 Hertz, jetzt sind es nur noch 110 Hertz. Die Erklärung liegt auf der Hand. Die Geschlechter bei uns haben sich vor dem Hintergrund der Gleichberechtigung aneinander angenähert. Frauen sind fast so gekleidet wie Männer. Röcke, High Heels und andere Accessoires der Weiblichkeit werden als überflüssig, ja störend empfunden. In einer Führungsposition zu sein und trotzdem ständig mit einer Schlafzimmerstimme zu sprechen, scheint unpassend. In Japan ist die Geschlechtertrennung noch so vorhanden wie sie bei uns in sehr alter Zeit war. Hohe Stimmen machen weiblich, vermutlich auch sexy und gehören mehr oder weniger zum Verführungswerkzeug der Frauen. Verheiratete Frauen imitieren seltener den putzigen Singsang-Ton der jüngeren Generation.

3

Kindheit ist in Japan sehr viel weniger wert als bei uns. Sagen wir lieber, Kindheit ist gar nichts wert. Zumindest eine bestimmte »Art« von Kindheit. Kinder sind ungehemmt, laut, sind unvernünftig, stören andere, folgen ihren Launen, meckern, maulen, widersprechen etc. Die Gesellschaft tut alles, um dieses Aufflammen von Zügellosigkeit klein zu halten. Ganztagsschulen, Schuluniformen, Schulregeln zu Haarlänge, Länge der Nägel, Verbot von Körperschmuck, Freizeitminimierung etc. Ständig ist ein Erzieher da, der erzieht. Kindheit ist in Japan ein Fehler, der durch Regeln korrigiert werden soll. Die Eltern machen hier keine Ausnahme. Sie formen ihre Kinder gemäß den allgemeinen Erziehungsidealen. Das ist normal. Die Wunschvorstellung einer gesellschaftlich perfekt funktionierenden heranwachsenden Dame ist eine andere als bei uns. Das Zauberwort hier heißt »otonashii«. Die Übersetzung mit einem einzigen Wort ist schwer, aber in fünf ist sie möglich: »anständig«, »sittsam«, »ruhig«, »unauffällig«, »fügsam«. Etwas zusätzliche Bedeutungstiefe verschaffen noch die japanischen Zeichen: 大人しい. Die ersten beiden Zeichen bedeuten »otona« »erwachsen«. Eine japanische Freundin hat zu mir gesagt: »Du kriegst als Mädchen ständig zu hören. Sei otonashii, sei otonashii!«.

Die Natur des Menschen lässt sich zwar niedertreten wie Gras, aber sie wird sich wieder aufrichten. Japanerinnen haben trotz dieses Erziehungsapparates ihren Charakter bewahrt. In öffentlichen Situationen werden sie gemäß den Wünschen der Gesellschaft anständig, sittsam, ruhig, unauffällig und fügsam sein. Privat sind sie das nicht. Der Japantourist, der am Eingang zu einem Museum eine sich tief verbeugende Ticketkontrolleurin lächeln sieht, mag vielleicht den Eindruck gewinnen, es sei echte Freundlichkeit. »Das gehört zum Job, fertig«, kommentierte geradlinig eine Bekannte dieses Verhalten. Eine andere sagte mir genauso kurz und bündig: »Wenn Besuch für meinen Mann kommt, öffne ich die Tür und mache meine Verbeugerei«. Die Schwierigkeit für Japaninteressierte ist es, bei den Inselbewohnerinnen zu einem Punkt zu kommen, an dem sie das »otonashii« aufgeben. Es benötigt schlicht etwas Geduld. Erst einmal über diese Schwelle hinweggekommen, werden sie Menschen mit eigenen Charakter und Gedanken.

4

Wer möchte, kann in eine Internetsuchmaschine unter der Suchfunktion »Bilder« die Worte »kawaii« und »Japanerin« eintippen.

»kawaii« ist vielleicht das wichtigste Wort, das man kennen muss, um die Welt japanischer Mädchen zu verstehen. Mehr noch: Es ist zu einem der zentralen Begriffe der japanischen Alltagskultur geworden. Niemand kann sich dem Konzept entziehen. So mächtig ist »kawaii«. Selbst unsere ästhetische Welt wird dadurch verändert, da auch wir über Produkte aus Fernost in Kontakt damit gekommen sind. Alles beginnt im kleinen Rahmen, mit japanischen Mädchen und der Art, wie sie erwachsen werden.

Ab dem Alter von elf Jahren versucht das Mädchen, »kawaii« zu sein. Oder anders gesagt, »kawaii« ist der Zielpunkt der gelingenden weiblichen Pubertät. Eigentlich ist es nur ein Alltagswort, das »süß" bedeutet. Jeder benutzt es, ob alt oder jung. Es hat erst einmal gar nichts mit dem Erwachsenwerden zu tun. Der Begriff hat seinen Ursprung in einem anderen Wort »kawayushi«. Es bedeutet: »Zum Davonlaufen mitleidserregend«. Man könnte es auch mit »zum Schreien herzzerreißend« übersetzen. Es ist eine schier nicht zu ertragende Niedlichkeit. Eine Sache oder Person, die »kawaii« ist, will man in die Arme schließen, knuddeln, liebhaben, man möchte ihr alle Fehler verzeihen und sie vor der Welt beschützen. Stofftiere sind beispielsweise »kawaii«. Stellen Sie sich das süßeste Kätzchen der Welt mit den größten herzzerreißenden Augen vor. Es ist traurig, es ist hilfesuchend, es hat Fehler, das Kätzchen miaut sie an und braucht Sie. Dieses Gefühl schneiden Sie bitte mit einer geistigen Schere aus und übertragen es auf ein Mädchen mit sechzehn Jahren. Löschen Sie alle unklaren Gedanken in sich, egal, wie kurz der Rock ist, den die junge Japanerin trägt. »kawaii« ist rein von körperlichen Begierden. Das Kätzchen ist es ja auch. Stellen Sie sich einfach ein Mädchen vor, das beim Anblick die gleichen Gefühle wie das traurige, süße Fellknäuel auslöst. Das ist »kawaii«. Das macht das

Mädchen zum perfekten Mädchen. Jetzt schneiden Sie das »kawaii«-Gefühl nochmal mit der geistigen Schere aus und heften es an Manga-Monster, Stofftiere, Kleider, Haarbänder, Fassaden, Möbel, Geschirr und so weiter. Jedesmal, wenn Sie eines dieser Produkte, ob Mensch oder Objekt, sehen, rufen Sie mit fiepsiger Stimme »kawaii, kawaii!!!«. Schließlich gehen Sie aus dem Haus und beginnen alles zu kaufen, was dazu beiträgt, dieses Gefühl auszulösen. Sie kaufen solange nichts anderes, bis die Wirtschaft fast nur noch Produkte anbietet, die bei Ihnen diese Emotion hervorrufen. Gehen wir kurz die Geschichte dieses zentralen Konzeptes in der japanischen Kultur durch, damit wir es besser verstehen: In den 1960 riefen Männer jungen Mädchen »Kawaiko-Chan« hinterher. Es bekam dadurch die Bedeutung »Schnuckelchen«. Es dauerte nicht lange, bis sich die Bedeutung auf »süß“ und »niedlich« änderte, was zur Beschreibung von hübschen Mädchen gebraucht wurde. Die jungen Japanerinnen identifizierten sich mit dem Ausdruck. 1974 erschien die Figur Hello-Kitty: Ein süßes Kätzchen mit roter Schleife im Haar, von dem man hilfesuchend angeschaut wird. Es war ein kommerzieller Erfolg. Alle waren sich einig. Hello-Kitty ist »kawaii«. 1975 sprang der Begriff mit der Einführung von Schreibstiften, die mit putzigen Figuren dekoriert waren, auf Gegenstände des Alltags um. Die Wirtschaft entdeckte erfreut, dass Mädchen »kawaii«-Produkte kauften. Mehr und mehr Erzeugnisse wurden mit diesen herzerweichenden Verzierungen produziert. Printprodukte zogen nach. Die Hauptfiguren in Mangas wurden »kawaii« gemacht. Mädchen gefiel diese neue Gestaltung. Sie hängten die an die Wände gepinten Boygroup-Poster ab und die weiblichen Manga-Persönlichkeiten auf. 1982 erschien in der Zeitschrift »Olive« eine Kampagne, die großen Erfolg hatte. Sie forderte Mädchen dazu auf, ihr Gesicht wie ein Papier, auf das Mangas gezeichnet werden, zu betrachten. Die Leinwand »Gesicht« sollte »kawaii« gestaltet werden. Dies war der Anfang eines Prozesses, an dessen Ende die Forderung stand, dass der Körper, die Kleidung, das Handy, der Ohrring, die Uhr etc. eines Mädchens »kawaii« sein sollte. Das Konzept entang wie ein Virus aus der Welt junger Japanerinnen heraus. Die ganze Kultur ist zwischenzeitlich im »kawaii«-Rausch. Alle Informationen, die Aufmerksamkeit erregen sollen, sind auf dieses Konzept hin getrimmt. Sei es Werbung, Plakate, Ankündigungen im Fernsehen, Hintergrunddekorationen, Schmuck, Alltagsgegenstände, Zeichentrickfiguren, Cover von Bühern etc. etc. etc. Man kann es nicht alles aufzählen. Selbst in Fernsehsendungen, die ernst über Politik sprechen, kann plötzlich links oben ein süßes Monstergesicht mit großen Augen und einem Lächeln bis zu den Ohren ins Bild springen, neben dem eine Information zur Wirtschaftslage steht. Selbst Männer versuchen, »kawaii« zu sein. Herbe Männlichkeit funktioniert bei der Damenwelt gar nicht. Auch unseren Kontinent hat das Konzept erreicht. Die Mädchen, die Manga lieben, haben es schon längst übernommen. Ein Blick in viele Kinderzimmer reicht hier zur Überprüfung.

Warum ist »kawaii« so erfolgreich? Kawaii bietet den Mädchen die Möglichkeit, sich als Frau zu erleben, ohne die zwei chauvinistischen Vorgaben zu erfüllen, die eine Männergesellschaft an sie stellt: Sei sexy, sei da zu unserem Vergnügen. Als die jungen Japanerinnen die Boy-Group-Poster abhingen und die süßen Mädchen aus Mangas auf, sprachen sie deutliche Worte. Sie wollten sich nicht mehr über den Erfolg bei der Partnersuche definieren. »kawaii« hebt zudem die Grenze zwischen Kinderwelt und Pubertät auf. Während bei uns die Lebensabschnitte (Kind-Jugendlicher-Erwachsener) wie mit der Schere durchschnitten sind, ermöglicht »kawaii« die Freuden der Kindheit wenigstens noch eine Weile zu bewahren. Gleichzeitig ist es eine Quelle von Selbstbewusstsein. Der zuckerige Schmelz von »kawaii« zwingt selbst den stärksten Goliath in die Knie. Tatsächlich wurde das Konzept von den Eltern anfangs mit starkem Misstrauen beäugt. Es verweigert sich nämlich als Lebenseinstellung den Sorgen und Pflichten der Gesellschaft. In Aussicht gestellt wird eine Welt ohne Leistungsdruck, eine Welt ohne Sorgen und eine Welt ohne Sexualität.

5

Die Pubertät endet irgendwann. Der Druck, im Verhalten und Auftreten erwachsen zu werden, ist groß. Das dauerte in Japan länger als anderswo. Bis 2022 begann das Erwachsenenalter nämlich erst mit 20 Jahren. Es wurde schließlich auf 18 herabgesetzt, um sich an die weltweiten Gepflogenheiten anzupassen. Auf den jungen Erwachsenen wartet eine neue Herausforderung. Die rasche Partnersuche. Wer diese nicht zügig erfolgreich abschließt, wird ein »lediger Parasit«. Hier geht es nicht nur um das »Hotel Mama«, sondern um den fehlenden Beitrag des Einzelnen zu einer funktionierenden Gesellschaft.

Alle Bemühungen waren erfolgreich, wenn irgendwann die eigene Hochzeit ins Haus steht. Staatlich zu heiraten ist in Japan so langweilig wie bei uns. Standesamt, zwei Zeugen, ein paar Unterschriften. Das reicht den wenigsten an Feierlichkeiten. Der Mann übernimmt den Namen der Frau (4%) oder die Frau übernimmt den Namen des Mannes (96%). Dass jeder Partner seinen eigenen Namen behält, wird vom Gesetz ausgeschlossen. Die Regierung sagt, ein Ehepaar ist wie eine Firma. Diese benutzt ja auch keine zwei Namen.

Grundsätzlich gibt es zwei Hochzeitszeremonien. Die japanische im Shinto-Schrein und die westliche. Die letztere ist just for fun. Diese muss im großen Stil erfolgen, aber nicht unbedingt direkt nach der Hochzeit. Selbst ein Jahr Verzögerung ist möglich. Es handelt sich nur um eine kurze Spaßveranstaltung, vielleicht drei Stunden am Mittag, mit viel Essen, aber wenig Alkohol. Und natürlich mit Geldgeschenken. Diese sind nötig. Die hohen Kosten der Feier werden vom Brautpaar selbst bezahlt. Finanzspritzen gibt es von den Eltern. Wer übrigens diese bei einer Hochzeitsfeier sucht, wird sie weit vom Hochzeitspaar entfernt an irgendeinem hinteren Tischende finden. Dort sitzen sie aus Bescheidenheit. Neben dem Brautpaar werden per Tischkärtchen gute Freunde platziert, deren Beitrag zur Paarwerdung dadurch gewürdigt wird. Dann die Kollegen aus der Firma. Ein bisschen sollte die Hierarchie in der Gesellschaft mit der Sitzverteilung in Einklang gebracht werden. Mir wurde erklärt, dass eine chinesische Hochzeit wie ein Festival sei, eine japanische aber eine Zeremonie. Das bedeutet nicht, dass alle sehr steif sind. Man darf nur keine lustigen Spiele für Braut und Bräutigam erwarten. In China werden allerlei unterhaltsame Aktivitäten ausgedacht, in Japan darf man sich auf das Essen fokussieren.

Wie teuer die Hochzeit ist, trägt zur Selbstachtung der Braut bei. Eine Bekannte sagte lächelnd: »Ich bin 20.000 Euro wert«. Das waren die Kosten für die Hochzeit, die mit einem imaginären Taschenrechner in sozialen Selbstwert umgerechnet wurden. Wie ernst das gemeint war, bleibt unergründlich. Die Braut wird mit dem Geld nicht gekauft, da ja das neu verheiratete Paar die Kosten trägt. Ihr geht es eher darum zu genießen, wo sie sich auf der sozialen Leiter befindet.

Bei Hochzeitsgeschenken gilt es ein paar Tabus zu beachten. Messer und Gläser gehen nicht. Das Messer zerschneidet das Band zwischen den Paaren. Das Glas könnte zerbrechen wie die Ehe. Aus dem gleichen Grund sollten alle Geldbeträge vermieden werden, die irgendwie durch die Zahl Zwei teilbar sind (20.000 Yen/40.000 Yen/ 60.000 Yen). Üblich ist, dass ein einzelner Gast 30.000 Yen schenkt (280 Euro). Wenn man als Paar kommt 50.000 Yen (380 Euro). Für eine drei Stunden-Veranstaltung ist das teuer. Grüner Tee, der gern getrunken wird, ist an der Hochzeit als Geschenk zu vermeiden. Dieses Getränk ist Teil des Bestattungsrituals. Japanische Stäbchen sind hübsch. Da aber im Krematorium die Reste der verbrannten Leichen mit Stäbchen in die Urne umgefüllt werden, sollte man auch um diese Dinge einen Bogen machen. Eine weitere Erklärung, warum Stäbchen unwillkommen sind, kommt von dem japanischen Wort dafür: »hashi«. Dieses bedeutet gleichzeitig »Stäbchen« wie auch »Brücke«. Die Seelen der Verstorbenen müssen nach buddhistischen Vorstellungen über die Brücke Sanzu schreiten, die ins Totenreich führt. Die guten Menschen dürfen sie überschreiten. Die schlechten werden von einem Troll ins schlangenverseuchte Wasser geworfen. Allein die Doppelbedeutung des Wortes »hashi« ist genug, um die Essstäbchen aus dem Geschenkekatalog zu streichen. Diese Bräuche kommentierte meine Bekannte mit: »Wir glauben nicht daran, aber wir halten uns daran«. Es gibt bei uns ebenfalls solche Traditionen. Wir vermeiden weiße Blumen als Dekoration bei Hochzeiten, da wir sie mehr für Beerdigungen als geeignet finden. Niemand würde in Schwarz heiraten. Warum eigentlich nicht? Es ist doch nur eine Farbe.

All diese Regeln sind mit einer gewissen Vorsicht zu genießen. Ich habe einer meiner jüngeren Bekannten, die aus Fukuoka ist, diese Regeln vorgelegt. Sie sagte nur kurz: »Nie gehört. Man schenkt doch nur Geld«. Eine andere Freundin, die im mittleren Alter ist und in Yokohama lebt, konnte die Regeln samt den meisten Erklärungen aufsagen. Alter, Wohnort, Region und Interesse an Bräuchen spielen in Japan wie bei uns eine große Rolle. Wahrscheinlich ist doch die Regel am besten, die besagt, jedes Geschenk ist schön, solange es Geld ist.

Die Japaner kannten geschichtlich betrachtet keine Hochzeiten, die den westlichen ähnelten. Bis ins Jahr 1800 reichte es, dass jemand an drei aufeinanderfolgenden Tagen mit der Braut im gleichen Bett schlief und danach etwas Reiskuchen mit ihr aß, um verheiratet zu sein. In der christlichen Religion heiratet das Paar in der Kirche, damit die Verbindung vor Gott kundgetan wird. Das japanische Paar ging zum Shinto-Schrein, damit die Braut vor Dämonen geschützt wurde. Hochzeiten haben in Japan keine solche Verbindung zur Religion, wie es bei uns ist. Die Götter interessieren sich nur für sich selbst. Ob jemand heiratet oder nicht, ist ihnen egal. Lediglich durch Verehrung sowie Gaben lassen sie sich dazu bewegen, das Brautpaar zu segnen.

Die Zeiten ändern sich und romantische Gefühle sind etwas allgemein Menschliches. Die Liebes-Hochzeit hielt via Hollywood-Filme Einzug in die japanische Kultur. Es gibt Agenturen, bei denen das Brautpaar einen Nachbau einer christlichen Kirche buchen kann, sowie eine Person mieten, die einen Priester spielt. Die Popularität romantischer Hochzeiten ist fast grenzenlos. Die Verwalter der Shinto-Schreine haben vor dem Hintergrund westlicher Konkurrenz nachgezogen, als sie irgendwann das kommerzielle Potential der Hochzeitszeremonien erkannten. Es können jetzt im Shinto-Schrein verschiedene Hochzeitszeremonien gebucht werden. Je nach Pomp zahlt man unterschiedlich. Egal, was man bucht, billig ist es nicht.

Eine Shinto-Heirat ist eine tolle Erinnerung, besonders, weil in ihr so viele ungewöhnliche Elemente vorkommen können. Die Kopfbedeckung der Braut zum Beispiel, die viele Kilo schwer ist. Ein richtiges Monsterding von Hut, jedoch optisch ein toller Blickfang.

Vielleicht nicht bei jeder Hochzeit findet man folgendes Detail: Bräuten wird traditionell ein Dolch überreicht, der im Kimono versteckt wird. Sollte jemand, durch die Schönheit der Braut geblendet, auf sexuell räuberische Gedanken kommen, wird sie versuchen, damit zuerst den Angreifer und, wenn das nicht geht, sich selbst zu erstechen. Nur so bewahrt sie ihre Ehre.

6

Und Männer? Japaner können schön sein. Bei uns ist die Frau das schöne Geschlecht. In Japan sind der Mann und die Frau schön. Ein gutaussehender Mann ist in Japan ein sehr femininer Mann. Die Industrie der Beauty-Produkte für den Mann boomt. Fein frisierte Haare, ein ausgeprägtes Kleiderbewusstsein, superschlank, hochgewachsen, sanft, empfindlich, leise, bescheiden. Ich habe einer japanischen Freundin eine Bildersammlung von Deutschen gezeigt, die nach Wahl irgendeiner Zeitschrift als schön bewertet wurden. Sie ging die Liste durch und ihr Kommentar war, während sie mit dem Finger die Bilder entlang glitt: »Wohnt bei mir im Haus…. wohnt bei mir im Haus…«. Ich habe verstanden, was sie meinte. Die deutschen Männer sehen aus ihrer Perspektive ungestylt aus, so dass sie nicht verstand, was an diesen so besonders sein sollte. Aus ihren Augen sahen sie so gewöhnlich wie ihre Nachbarn aus. Der (deutsche) natürliche Look hinterließ bei ihr keinen Eindruck. Schönheit beim Mann wird aus ihrer Sicht durch Beauty-Produkte hergestellt.

7

Man darf nicht denken, dass das Ziel von Japanerinnen allein die Ehe sei. 70% der jungen Frauen streben eine Arbeit an oder wollen im Beruf weiterkommen. Die klassische Trennung zwischen Hausfrau hier und arbeitendem Mann da bröckelt in Japan. Das ist für die Haushalte zum einen eine Geldfrage, zum anderen die Lösung des Problems, was zu Hause eigentlich tun, während das Einzelkind in der Ganztagsschule ist. In Japan ist die Geschlechterangleichung zudem eine Frage von mangelnden Arbeitskräften. Die Japaner klagen über ihre überalterte Gesellschaft. Die Alten würden wegsterben, aber keine Kinder nachkommen. Dieser Mechanismus hat jedoch auch gute Seiten, denn dadurch wurde ermöglicht, dass Frauen Teil der »work force« werden konnten. Das nutzen nicht wenige. Allerdings ganz so weit ist die japanische Gesellschaft in der Frauengleichstellung noch nicht. Dies wird in einer Statistik 2021 offenkundig. Das »Global Gender Gap-Ranking« stellt die Umsetzung von Frauenrechten und die geschlechterbezogene Chancengleichheit in einem Länder-Ranking dar. Das Ergebnis: Japan lag auf Platz 120 (von 156). Zur Einschätzung des Listenplatzes: Angola lag auf Platz 119, Sierra Leone auf Platz 121. Eine Blamage für einen modernen Industriestaat. Deutschland lag übrigens im Ranking auf Platz 5. Island führte die Liste an. Was die Sache noch schlimmer macht, ist, die Stellung der Frau wird immer schlechter. Und das in einer fortschrittlichen Demokratie. War das Land noch 2015 auf Platz 101, rutschte es 2017 auf Platz 114, um 2021 auf den besagten blamablen 120.Platz abzusinken. Irgendwann wird es beim listenletzten Yemen angekommen sein.

Gründe für das schlechte Abschneiden gibt es viele. Auch historische und kulturelle sind zu nennen. Widerstände gegen den Fortschritt entsprangen nicht nur dem männlichen Ego. Der im 19. Jahrhundert so stark gewordene Konfuzianismus, der Frauen an die Kochstelle verbannte mit dem Hinweis, die kosmische Ordnung wolle es so, ließ wenig Raum für Neuerungen zu. Bis heute argumentieren einige (ältere)

Japaner »konfuzianisch«, indem sie sagen, dass der wirtschaftliche Aufstieg Japans in den 1950er und 1960er Jahren nicht allein am Fleiß der Arbeiter liegen würde. Sie sagen, der Grund sei, dass die Japaner an der klassischen traditionellen Ehe (und damit an der Rollenverteilung) festgehalten hätten, wodurch das Universum ihnen Glück beschert hätte. Wären sie aber dem falschen Weg gefolgt, das heißt hätten sie die himmlische Ordnung gestört, wäre gesellschaftliches Chaos die Folge gewesen, das sich unter anderem in Form von wirtschaftlichem Abstiegs

bemerkbar gemacht hätte.

Historisch ein weiterer Grund der schlechten Stellung der Frau liegt in der japanischen Demokratie selbst. Genauer gesagt, wir sind schuld. Japan ist 1898 in eine Demokratie übergegangen. Die Gründer wollten ein modernes Land mit dem Vorbild Europa schaffen. Mit guten Absichten kopierten die damaligen Staatsgründer mehr oder weniger den Code Napoleon als verbindliche Gesetzessammlung. Das Standardwerk war in ganz Europa gängig. Die Japaner hatten es bei ihren ersten Reisen in Europa nach der Landesöffnung vor allem in Deutschland kennengelernt. In diesem war allerdings wenig vom Geist der Französischen Revolution übrig geblieben. Im Gegenteil: Die Rolle der Frau wurde darin auf ihr Wirken in der Familie beschränkt. Der Mann sei der alleinige Vorstand der Familie. Der Mann vertrete die Familie nach außen (das bedeutet unter anderem kein Wahlrecht für Frauen). Die Frau habe die Pflicht, dem Manne untertan zu sein und ihm bedingungslos zu gehorchen. Das war kein Rat. Das war zu jenen Zeiten durch den Code Napoleon verbreitet ein rechtsverbindliches Gesetz. Mit dessen Weltanschauungen entstand eine Mauer aus Religion, Sitte und Recht, die für neuartige Gedanken in Japan bis heute kaum einen Durchlass gewährte. Wäre Europa damals in solchen Dingen fortschrittlicher gewesen, hätten die Japaner vielleicht auch in diesem Bereich mehr Modernität übernommen.

Es überrascht sicherlich vor diesem Hintergrund nicht, dass das Frauenwahlrecht erst recht spät eingeführt wurde. Vielleicht unerwartet ist, dass weltweit das erste Land, das Frauen zur Wahl zuließ, eines ist, das sehr weit von uns entfernt liegt: Neuseeland öffnete im Jahr 1893 die Tür zur modernen Gesellschaft. Dann folgte 1902 das Nachbarland Australien. Unser Land war 1919 dran. Das Land der Freiheit und der Demokratie, die USA, bekleckert sich in dieser Beziehung nicht mit Ruhm, zumindest was die eigenen Ansprüche betrifft, und zog erst 1920 nach. In Japan dauerte es bis 1945, bis dort aufgrund des Drucks der Amerikaner, im Land endlich wirkliche demokratische Werte einzuführen, die ersten Wahlen mit Frauenbeteiligung stattfanden.

8

Wenn ich Japanerinnen nach der Emanzipation in Japan frage, schauen sie mich mit großen Mondaugen an. Man muss ihnen wie kleinen Kindern das Konzept erst einmal erklären. Die Entschlossenheit, sich in der Männerwelt Gleichheit zu erkämpfen, geht den meisten völlig ab. Woher kommt das? Für Japaner ist das Phänomen »gender gap« nur ein Teil eines größeren Themenkomplexes, der als»uuma-ribu« bezeichnet wird. Ausgeschrieben heißt das »human liberation« (ウーマンリブ/). Menschen (nicht Frauen speziell) sollen mehr Rechte gegeben werden. Fortschritte in diesem Bereich wurden nicht wirklich von Japanerinnen erkämpft. Die Zwangseinführung der Demokratie nach dem Zweiten Weltkrieg gemäß amerikanischen Vorgaben, war die japanische Form der Emanzipation. Einer der wichtigsten Bremsklötze für sozialen Fortschritt ist folgendes Denkmuster. »Beschwerst du dich über ein Problem, bist du das Problem«. Trommler, die auf Missstände hinweisen, erhalten allein aus der Tatsache, dass sie gewissermaßen »trommeln«, keine Unterstützung. Gesellschaftliche Änderungen werden in Japan durch drei Dinge erreicht: Katastrophen, Skandale oder Blamage der Regierung. Nicht durch den Kampf der Betroffenen. Deswegen gibt es keine Betriebsräte oder starke Gewerkschaften in unserem Sinne in Japan.

Man sollte trotzdem nicht sagen, dass es keine Emanzipationsbewegung in Japan gegeben hätte, so unbedeutend sie auch war. Eingeleitet wurde diese mit Raicho Hiratsuka (1886-1971), die 1911 eine Frauenzeitschrift mit dem Titel »Blaustrümpfe« herausbrachte. Die Auflage betrug monatliche dreitausend Exemplare, bis sie von der Regierung verboten wurde. Eines der Hauptanliegen der Feministin war, dass die Männer einen Syphilistest machen sollten, bevor sie heiraten. Ihr berühmter Ausspruch lautet »Am Anfang war die Frau, die die Sonne ist«. Wenn man ihn in den Zusammenhang setzt, wird der Sinn klarer: »Jetzt ist die Frau der Mond geworden, ein kränkelnder abnehmender Mond, der darauf wartet, dass die Sonne (der Mann) ihn anstrahlt«. Sie spielte darauf an, dass der erste (mythische) Kaiser Nachkomme einer Göttin, nämlich der Sonnengöttin Amaterasu war. Japan sei daher im Ursprung weiblich. Daraus entspringe, nach Raicho Hirtatsuka, das Recht auf respektvolle Behandlung. Das ist gar nicht so falsch. Historiker bestätigen das Vorhandensein eines Matriarchats in ältester Zeit. Japan ist das einzige industrialisierte Land, das geschichtlich gesehen auf Frauenschultern aufgebaut wurde. Schreine wurden beispielsweise von Priesterinnen geleitet. Erst durch die Einführung des Buddhismus im fünften Jahrhundert nach Christus wurde der Wechsel auf ein Patriarchat perfekt. Selbst dieser konnte die Bedeutung der Frauen im Staat nicht schmälern. Weibliche Kaiserinnen regierten Japan. Es gab sogar ganze Frauenheere, die in den Krieg zogen. Schwerbewaffnete Frauen waren in Palästen als Leibwachen der Frauengemächer angestellt. Einige weibliche Samurai bauten sich im ganzen Land einen Ruf als unbesiegbare Kriegerinnen auf. Der Konfuzianismus und der aufsteigende Militärkonservatismus im 19. Jahrhundert entmachteten die Frauen endgültig. Raicho Hiratsukas Kampf für Frauenrechte blieb nicht ohne Erfolg. Sie und andere Frauengruppen erkämpften 1921 das Recht, an politischen Veranstaltungen teilzunehmen. Bis zum Wahlrecht sollte es aber noch bis 1945 dauern. 67% der Frauen machten davon Gebrauch.

Tsuda Umeko (1864-1929) ging es um die Bildung der Frauen. Sie sollten die Möglichkeit haben, eine gehobene akademische Ausbildung zu bekommen. Sie gründete ein College, das bis heute zu den renommiertesten Bildungsorten in Japan zählt. Den Männern war das zuerst alles andere als willkommen. Sie argumentierte aber wirkungsvoll: Eine

Mutter gibt ihre Bildung in der Erziehung an die Söhne weiter. Wenn die Mutter klug ist, werden die Söhne klug. Weibliche Ausbildung sei männliches Eigeninteresse. Tsuda Umeko konnte ihr College gründen.

Eine in Japan aktive Gruppe war die Pink-Helm-Bewegung um Misako Enoki (geb. 1945). Die Aktivistinnen in dieser Frauen-Gruppe, die in den 1970er Jahren aktiv war, trugen pinkfarbene Helme. Ihre Mitglieder marschierten in Firmengebäude und stellten Firmenchefs lautstark zur Rede. Es waren unangenehme Themen, die sie hatten: Ungleiche Löhne, Diskriminierung und sexuelle Belästigung. Eine maximal mögliche Demütigung der Chefs, wenn sie vor ihren Mitarbeitern beschimpft wurden. Einigen schlotterten, wie man hört, die Knie. Die Pink-Helme waren gefürchtet.

Ganz andere Wege ging die Feministin Minori Kitahara (geb. 1970). Sie gründete in den 1990ern einen Sexshop, in dem Sexspielzeug für Frauen verkauft wurde. Das war ein großer Schritt in der Aufwertung weiblicher Sexualität. Die Botschaft war klar: Frauen sind nicht nur Lustobjekt der Männer. Sie haben auch eigene Bedürfnisse. Der Sexshop mit dem Namen LPC (»Love Peace Club«) war erfolgreich und wurde schließlich eine eigene Marke. Das Konzept war damals revolutionär. Die Folgen blieben nicht aus. Minori Kitahara wurde wegen Obszönität angeklagt und musste eine Zeitlang ins Gefängnis.

9

2018 wurde in Kyoto ein Wettbewerb im Sumo-Ringen durchgeführt. Bürgermeister Ryozo Tatami (66) hielt in der Sporthalle eine Rede. Plötzlich sackte er in sich zusammen und lag wie tot auf dem Boden des Kampfringes. Im Gehirn hatte sich ein Blutgerinnsel gebildet. Zwei Notfall-Sanitäterinnen kamen zu Hilfe, um den offensichtlich Sterbenden zu retten. Der Schiedsrichter kam herbeigeeilt. »Verlassen Sie den Ring, verlassen Sie sofort den Ring!«. Er hörte nicht auf, bis die Sanitäterinnen den Ring verlassen hatten. Den Kampfring mit der Anwesenheit von Frauen zu beschmutzen, gilt in dieser Sportart als tabu.

Man musste warten, bis männliche Sanitäter gefunden worden waren, um den Bürgermeister zu behandeln, der zum Glück überlebte.

Der Schiedsrichter entschuldigte sich anschließend, die Vorsitzenden der Sumo-Liga ebenfalls. Das Ereignis war im Fernsehen zu sehen gewesen. Eigentlich hatte der Schiedsrichter recht. Sumo-Ringen war ursprünglich ein Ritual des Shintoismus. Es entstand aus einem Tanz für den Erntegott und hat durch die Geschichte Verbindungen zum religiösen Denken Japans gehabt. Götter kämpften um den Besitz von Inseln, indem sie sich in dieser Art des Ringens betätigten. Der Kampf-Ring gilt deswegen als heilig. Die Unreinheit der Frauen kommt von einer natürlichen Gegebenheit. Der Monatsperiode. Es gibt einen buddhistischen Text, genauer gesagt ein Sutra mit Namen »Buddhas Blutschüssel« (ketsubon kyo). Darin wird gesagt, dass Frauen nach ihrem Tod in einen Teich aus Menstruationsblut fallen, wo sie zappelnd schwimmen und das Blut trinken müssen, in dem sie sich befinden. Grund für diese Bestrafung sei, dass Frauen mit ihrer Menstruation den Boden beschmutzen und so den Gott der Erde ärgerlich machen. Starker Tobak blöder Tobak möchte man meinen, aber er wurde seit dem 16. Jahrhundert in Japan selbst von Frauen als wahr empfunden. Das hatte Folgen. Früher durften Frauen aufgrund der Beschmutzungen, die eine Geburt mit sich bringt, eine Zeitlang den Schrein nicht besuchen. Frauen mussten ab dem 9. Jahrhundert in besonderen Behausungen leben, wenn sie ihre Periode hatten. (Diese Art von Behausungen existierten bis 1970 in Japan.) Wer das nicht konnte, sollte wenigstens zu Hause bleiben und sich in abgesperrten Bereichen aufhalten. Nach der Geburt wurde im 16. Jahrhundert neunzig Tage Heimaufenthalt nötig. Besuche gab es keine. Ihnen war untersagt, während der Menstruation das gleiche Wasser zu benutzen oder sogar vor dem gleichen Feuer zu sitzen wie der Rest der Familie. Frauen als unreine Wesen durften deswegen auf keine Berge steigen, denn dort wohnten Götter. Nach 1868 wurde Japan durch den Einfluss aus dem Westen moderner. Frauen durften zum ersten Mal einen Berg hochlaufen.

Wie steht es heute um die Monatsblutung? Japan war das erste Land, das 1947 Menstruationsurlaub einführte. Bei starken Beschwerden darf eine arbeitende Frau einige Tage zu Hause bleiben. Nach einer Untersuchung nahmen 1965 noch 26% der Japanerinnen diese Möglichkeit wahr. Dann sank die Zahl bis 2016 auf 0,9%. Verschwindend gering. Eine Erklärung liegt nicht unbedingt in der Peinlichkeit, die in der für Kollegen Offensichtlichkeit des Grundes vierwöchiger Abwesenheit besteht. Im unmodernen Jahr 1965 war es sicherlich noch unangenehmer als heute, einen solchen Wunsch gegenüber dem Chef zu äußern. Es mag an der schlechteren wirtschaftlichen Situation des Landes liegen. Zwar dürfen die Frauen zu Hause bleiben, bekommen aber für diese Fehlzeit kein Gehalt. Abgesehen davon, dass die Abwesenheit bei Monatsblutung an die oben genannten archaischen Forderungen erinnert, Frauen zu separieren, könnten Chefs weniger geneigt sein, jemand aus einer Gruppe einzustellen, die immer wieder Fehlzeiten hat.

10

Was ist es denn genau, was die Stellung der Frau selbst in der modernen Welt des heutigen Japans so schlecht macht? Dass der Blick in die Geschichte nichts Gutes bringt, war zu erwarten. Auch Europa hat mit Hexenverbrennungen etc. historisch sein Päckchen zu tragen. Aber was ist heute? Werden die Frauen herablassend behandelt, beleidigt oder geschlagen? Das normalerweise nicht. In einigen Fällen haben sie besonders im Haushalt eine gute Stellung. Zum Beispiel war es bis in die jüngste Zeit hinein üblich, dass die Frau das Haushaltsgeld verwaltete. Der Mann bekam wie ein Schulbub von ihr ein bisschen Taschengeld. Damit konnte er mit seinen Arbeitskollegen in die Kneipe gehen, aber auch nicht mehr.

Auf die Frage, ob sie im nächsten Leben wieder mit dem gleichen Geschlecht geboren werden wollten, antworteten 50% der japanischen Männer und Frauen mit »ja«. Beide Geschlechter antworteten in Prozenten gleich. Wenn ein Mann zu sein der Himmel auf Erden wäre, und eine Frau zu sein ganz furchtbar, hätte die Verteilung vielleicht zugunsten des Mannseins 90% zu 10% gelautet. Die Frauen sind so zufrieden oder unzufrieden wie die Männer mit ihrem von der Natur gegebenen Geschlecht. Übrigens werden Japanerinnen mit einer Lebenserwartung von durchschnittlich 88 Jahren weltweit am ältesten. Dies kann ebenfalls als Indiz geringer Unzufriedenheit bewertet werden. Japan ist eine moderne Gesellschaft. Sich um das Kind zu kümmern ist einfacher denn je. Kitas, Kindergärten und Schulen sind ganztätig. Elterliche Erziehungskonzepte beschränken sich oft auf ein ›wann bringe ich es hin‹ und ein ›wann hole ich es ab‹. Der Staat übernimmt viel von der Kinderbetreuung. Mal abgesehen von den zehn Prozent der Frauen, die die Universitäten bevölkern, stehen ihnen ganztags (24,7%), halbtags (37%) oder gar nicht zu arbeiten (29,2%) als Optionen offen, während Männer in Full-time-Jobs bis in die Nacht hinein malochen. Eine japanische Freundin stellte klar fest: »Mit einem Mann verheiratet zu sein, der nicht arbeitet, kann ich mir nicht vorstellen. Den würde ich rauswerfen«. So geht es den Männern in Japan. 53% der Frauen arbeiteten 2023 aber trotzdem selbst.

Die Ursachen mangelnder Emanzipation liegen in zwei Bereichen. Politik und Wirtschaft. Japan hat bis dato keinen weiblichen Premierminister gehabt. Der Frauenanteil im Parlament lag 2022 bei 10 %. (Etwa wie in Ghana oder Botswana). Der Wert in anderen demokratischen Staaten liegt bei 25,2%, in Deutschland bei 35%. Der Ministerpräsident Shinzo Abe ernannte 2018 nur eine Frau als Ministerin. Einige Jahre vorher hatte er noch gesagt, er wolle eine Gesellschaft schaffen, in der Frauen glänzen können. Auf den Widerspruch hingewiesen sagte er, dass er zwar nur eine Frau ernannt habe, aber sie würde gleich für drei arbeiten. In der Wirtschaft werden den Frauen wie in der Politik ebenfalls Steine in den Weg gelegt. Karriere zu machen ist schwer bis unmöglich. Frauen sind kaum in den oberen Etagen der Macht zu finden. Innerhalb oben erwähnten Gender-Rankings liegt Japan auf dem 139. Platz, was die Anzahl der Frauen betrifft, die in Manager-Positionen arbeiten.

Frauen werden von wirklicher Verantwortung ferngehalten. Sei süß, aber nicht mächtig. Wer als Frau in einer Firma arbeitet, bekommt die simpleren Aufgaben zugewiesen. Das erzeugt eine Atmosphäre von Resignation, mangelnder Wertschätzung und Nutzlosigkeit. Das bleibt nicht folgenlos. Sehr viele Frauen haben angegeben, sie würden Beförderungen sogar ablehnen. Auch in ihrem Denken sollten die oberen Positionen für Männer reserviert sein. Es überwiegt das Gefühl »das könnte ich nicht«. Vielleicht könnten sie es doch, wenn sie selbst und die Männerwelt ihnen das zutrauen würde.

Junge Frauen verdingen sich in fast endloser Zahl in einfachen Teilzeit-Jobs. Sie werden gebraucht, weil sie schön sind. Tickets abreisen am Kinoeingang, Dauerlächeln, niedlich sein, sich in schöner Sprache bedanken und verneigen. Einige Absolventinnen von Hochschulen beklagen, dass ihnen von der Arbeitsagentur nur mindere Jobs vorgeschlagen wurden. Bis vor 30 Jahren konnte schon mal in einer Stellenanzeige der Zusatz stehen: »Frauen können sich bewerben, wenn sie eine attraktive Figur und ein schönes Gesicht haben«. Frauen sind geschaffen worden, um den Männern Vergnügen zu bereiten. Von den Geishas bis hinzur Pornoindustrie gibt es hier eine lange Tradition. Das »Vergnügen« soll schon bei ihrem Anblick beginnen. Bis 1969 gab es eine eiserne Regel bei Fernsehsendern, dass Frauen über 30 nicht mehr als Nachrichtensprecherin fungieren können. Nur eine Gerichtsklage konnte diese Regel brechen, zumindest auf dem Papier. Wenn man durch die japanischen Programme zappt, hat sich nichts geändert. Immer noch ist Jugend und Schönheit Bildschirmvoraussetzung. Frauen, die im Büro arbeiten, müssen nervige Kleidervorschriften beachten. Rock, Bluse, High Heels, Strumpfhose und Weste. Wer nur irgendwie im Büro arbeitet, muss diese Kleider anziehen. High Heels und kurzer Rock haben aus männlicher Perspektive einen gewissen »sexy touch«, auch in Japan. Inzwischen gibt es wenigstens aufgrund der Initiative von Yumi Ishikawa eine Bewegung, die sich gegen das Tragen von Stöckelschuhen bei der Arbeit richtet. Ishikawa hatte in einem Bestattungsunternehmen gearbeitet, bis sie das Unternehmen verklagte. Ihr Ziel ist es, dass der Staat ein Gesetz gegen diskriminierende Geschäftskleidung erlässt.

Ein Skandal, der 2018 aufgedeckt wurde, zeigt, wie es läuft im Land im fernen Osten. Die medizinische Fakultät der Universität Tokio bewertete Aufnahmetests von Frauen absichtlich schlechter, damit diese dort nicht studieren konnten. Die Fakultät wollte hauptsächlich Männer ausbilden. Die Übeltäter erklärten ihre Motive: Frauen würden irgendwann schwanger werden und ihren Job als Ärztin an den Nagel hängen. Dadurch ergebe sich ein Mangel an medizinischer Versorgung für die Bevölkerung. Nur bei Männern sei gewährleistet, dass sie ihren Beruf aufgrund geringerer familiärer Verpflichtungen lebenslang ehrgeizig ausüben. Natürlich mussten die verantwortlichen Professoren ihren Hut nehmen. Seit der Aufdeckung des Skandals gingen die Leistungen der weiblichen Bewerber nach oben, bis sie schließlich 2021 die Ergebnisse der männlichen Bewerber übertrafen.

Der oben erwähnte Gender-Report hat zumindest etwas in Bewegung gebracht. Dessen Ergebnisse wurden in einigen japanischen Fernsehsendungen einer breiteren Öffentlichkeit vorgestellt. Die Regierung verlor ihr Gesicht. Das Maß an Gender-inequality wurde ebenfalls aus dem Ausland gerügt. Es gibt jetzt eine Ministerin für Gleichberechtigung und Frauenmacht, Tamayo Marukawa. Einige haarsträubende Gesetze wurden 2022 abgeschafft. Eines regelte die Rechte einer Frau bei einer Scheidung. Wurde ein Baby innerhalb von 300 Tagen nach Trennung von ihrem Mann geboren, war es Besitz des männlichen Ehepartners. Selbst wenn sie in dieser Zeit einen anderen Mann heiratete, hatte sie keinen Anspruch auf das Kind. Viele Frauen ließen ihr Neugeborenes nicht registrieren aus Angst, man könnte es ihnen wegnehmen. Ein verstaubtes über hundert Jahre altes Gesetz, das aber bis vor kürzester Zeit Gültigkeit hatte. Ein anderes betraf die Vaterschaft. Ein Mann konnte innerhalb besagter 300 Tage die Vaterschaft eines Kindes anzweifeln. Dieses Recht hatte die Frau nicht. Die größte Diskussion geht um den Zwang, sich nach der Heirat für einen einzigen Nachnamen entscheiden zu müssen. In der Praxis ist das der Nachname des Mannes. 70% der Japaner unterstützen die Idee, dass Ehepartner ihren eigenen Namen behalten dürfen. So behielten Frauen ihre Identität. Das sei ein wichtiger Schritt in Richtung Emanzipation. Alle sind dafür außer… die Ministerin für Gleichberechtigung und Frauenmacht. Sie ist aus der konservativen Partei.

Amerikaner – Wie sehr müssen sie sein?

1

Neulich hörte ich die Vorlesung eines amerikanischen Professors, der über die Beziehung von Amerikanern und Japanern sprach. Hier sei eine ewige Freundschaft entstanden, zwei Länder, die zueinander gefunden hätten, eine Bevölkerung, die sich in Bezug auf die Personen als auch auf die Kultur gegenseitig Respekt und Bewunderung zolle ....Ich fragte mich: Ist das wirklich so oder ist das nur Wunschdenken? Wie ist das Verhältnis der japanischen Kultur zur amerikanischen? Politisch agieren Amerika und Japan im gegenseitigen Einverständnis. Feindlich gesinnte Nationen wie Nordkorea, Russland und China bedrohen Japan. Um hier kein Ungleichgewicht entstehen zu lassen, steht das Land militärisch unter dem Schutz der USA. Die Amerikaner profitieren ebenso von der Situation. Sie haben mit Japan einen stabilen Verbündeten im Pazifik. Darüberhinaus dürfen Amerikaner Truppen in Japan stationieren, was sie fleißig auf Okinawa tun. Diese Insel kann auf einer Weltkarte geografisch neben Taiwan gefunden werden. Problematischer ist aber deren Lage unweit des chinesischen Festlands. Die Amerikaner sind aufgrund ihrer Militärpräsenz dort in Invasionsnähe von China und haben ebenso die Möglichkeit, den Schiffsverkehr in den Gewässern zu überwachen. Dies ärgert die Regierung in Bejing ungemein, die Japan als Verantwortlichen für die Misere sehen.

Das poltische Bündnis zwischen den USA und Japan ist in vielerlei Hinsicht ein stabiles Militärbündnis. Der Anfang zu diesem liegt in der Geschichte des Landes. Die Amerikaner verboten den Japanern nach dem Zweiten Weltkrieg, eine Armee aufzubauen. Pearl Harbor und die Folgen waren so schnell nicht vergessen. Der aggressiven Expansionspolitik, die Japan ein halbes Jahrhundert lang betrieben hatte, musste ein Riegel vorgeschoben werden. Hierfür schien eine dauerhafte Entwaffnung der beste Weg zu sein. Doch die U.S. Boys ließen den Japanern mit Absicht ein Hintertürchen offen. Der Kommunismus war dem Inselstaat zu nahe gekommen. Von ober drohte die Sowjetunion und von der linken Seite China, beide mit dem mutmaßlichen Ziel, Japan in eine fremdartige Ideologie zu drücken. Das Verbot militärischer Stärke beinhaltete deswegen den Paragraphen, dass zur Landessicherheit eine Armee von minimaler Größe geformt werden dürfe, die aber lediglich zum Zweck der nötigsten Verteidigung zu dienen habe. Aus dem mehr oder weniger vollständigen Verzicht auf Truppen wurde die fünftstärkste Armee der Welt. (Deutschland liegt im globalen Ranking hinter Indonesien auf Platz 16). Für die Aufblähung einer winzig zu haltenden Truppenstärke solcher Schlagkraft gab es in den Augen der Regierung in Tokio gute Gründe. Das benachbarte China war fast über Nacht zu einer Weltmacht aufgestiegen. Wirtschaftlich und militärisch. Ein politisches Bündnis konnten die beiden Länder nie erreichen. Russland hat seit dem russisch-japanischen Krieg (1904/5) ein katastrophales politisches Verhältnis zu Japan. Der Streit über die Zugehörigkeit einiger Pazifikinseln sorgt für andauernden Konflikt zwischen den Ländern. Nordkorea darf auch nicht vergessen werden, allen voran der Diktator Kim Yon-Un. Seine Atomwaffenambitionen brachten den Japanern weitere militärische Sorgen.

2

Einige Dinge aus Amerika haben die Japaner mit Begeisterung übernommen. Disneyland zum Beispiel. Der Vergnügungspark in Japan besteht genau gesagt aus zwei getrennten »Disneyländern«: Dem eher auf Familien ausgerichteten »Disney Resort« und dem mit Wasserachterbahnen bestückten »Disney Sea«. Für sie muss getrennt Eintritt bezahlt werden. Beide sind übrigens nicht in Tokio, sondern in Chiba, einer Nachbarstadt. Da aber Japans Hauptstadt so sehr mit den sie umgebenden Orten verwachsen ist, erkennt der Besucher keine Stadtgrenze. Die Bahn fährt nahtlos durch. Japaner gehen gern nach Disneyland. Es ist fast nicht in Worte zu fassen, wie verrückt die Japaner nach diesem Vergnügungspark sind. Disneyland und Micky Maus sind für Japaner wie der Petersdom und der Papst für Katholiken. Disneyland ist das Mekka der japanischen Kultur. Es ist aus japanischer Sicht das Zentrum des Universums für Spaß. Die Betreiber der beiden Parks (Disney Resort und Disney Sea) geben auf ihrer Homepage für das Jahr 2019 zusammengezählte 29 Millionen Besucher an. Der Eintritt ist natürlich nicht billig. Immerhin müssen 12.300 Angestellte bezahlt werden. (10.000 Teilzeitjobs und 2300 Festangestellte). Ein Ticket kauft man besser lange im Voraus in einer Tokioer Verkaufstelle, denn die 85.000 Eintrittskarten sind schnell an den Mann gebracht. Diese Menge Besucher wird nämlich täglich erwartet. Damit nicht so ein Gedränge in den beiden Parks entsteht, gibt es Tickets für den Morgen sowie Abendtickets mit günstigeren Preisen. Inhaber von Jahreskarten greifen zwar tief in die Tasche (zwischen 500 und 800 Euro), haben aber den Vorteil, dass sie nicht auf Eintrittskarten warten müssen. Corona drückte die Besucherzahlen drastisch nach unten. (Die Jahrestickets wurden während während sich die Seuche verbreitete, abgeschafft). »Lediglich« 10.000 Japaner und Japanerinnen durften täglich in die Parks, als die Epidemie am schlimmsten grassierte. Jetzt hat sich die Lage normalisiert. Die Japaner kommen in der gleichen Menge wie früher, um Mickey Maus zu besuchen.

Das Ärgerlichste an den hohen Besucherzahlen sind natürlich die langen Schlangen vor jeder Attraktion. Dreißig Minuten zu warten ist eine normale Zeitspanne, bevor man in den Karussellwagen steigt, der einen in zwei Minuten durch familienfreundliche Achterbähnchen schleift. Eine Freundin, die an einem Montag im Winter bei Null Grad den Park besuchte, hatte die Hoffnung, dass sie weniger Wartezeit in Kauf nehmen musste. Diesen Gedanken schienen alle gehabt zu haben. Sie berichtete von Wartezeiten von zweieinhalb Stunden bei einigen der beliebteren Attraktionen. Bei einem Aufenthhalt von zehn Stunden hätte sie also in lediglich vier Achterbahnen steigen können. Das Erstaunliche ist nicht, dass es solch endlose Schlangen hat, das Wunderliche ist, dass die Japaner diese Wartezeiten für ein bisschen Karussell akzeptieren. Und manchmal auch, wer sie akzeptiert: Die oben genannte Freundin beispielsweise ist 35 Jahre alt, kinderlos und arbeitet in gehobener Position in einer Elektronikfirma. Disneyland geht ihr (wie den meisten Japanern) über alles. Es war ihr fünfzehnter Besuch. Sie war schon mit den gesammelten Bürokräften ihrer Firma im Rahmen eines Betriebsausfluges dort. Ein Haufen meist männlicher Bürokräfte bis zum Alter von 60 Jahren quetschte sich bei dieser Gelegenheit in die krass bunten Karusellwagen und hatte Spaß. Ob sie während des Besuches das obligatorische Hemd und die Krawatte abgelegt hatten, ist mir nicht bekannt. Vielleicht sorgte ja das windbedingte Flattern einer Krawattenspitze um die Nase, wenn es um die Achterbahnkurven ging, für einen zusätzlichen Kitzel.

Trotz hoher Besucherzahlen überkommt den Besucher nicht das Gefühl der Enge. Mit einer Fläche von 470.000 Quadratmetern ist Disneyland nämlich sehr geräumig. Nie hat man beim Spazierengehen auf den Wegen das Gefühl, dass der Park beängstigend voll sei. Die Mama muss nicht Angst haben, den Kleinen im Gedränge zu verlieren. Wenn man sonst in der Platzarmut Tokios lebt und dann in die Weite des Parks tritt, ist allein das ein besonderes Gefühl. 45 Attraktionen warten auf den Besucher. Weniger als beim Zwilling in Florida, der 58 aufzuweisen hat. Durch die langen Wartezeiten ist es nicht möglich, alle Bahnen zu fahren. Es gibt aber ein Fast-Ticket (»Schnell-Ticket«), das ermöglicht, einmal ohne zu warten sofort in eine der Achterbahnen zu steigen. Dieses allerdings kostet pro Attraktion zusätzliche 20 Euro. Ferner gibt es alle möglichen Essgelegenheiten und Umzugs-Paraden, sowie am Tagesende ein Feuerwerk.

Der Park bietet mehr als das Auge sieht. Familien verbringen zusammen einen schönen Familientag. Es ist ein Ort des Familienglücks. Aber auch junge verliebte Paare gehen zusammen nach Disneyland, um eine schöne Zeit zu haben. Romantik, Herzklopfen, im Wagen zusammengedrückt und körpernah um die Kurven zu sausen, eine Traumatmosphäre, die perfekt dafür geschaffen ist, dass sich das Paar noch näher kommt. Freundinnen gehen gemeinsam nach Disneyland. Sie kaufen sich am Eingang Minnie-Maus-Öhrchen, die man sich wie Kopfhörer aufziehen kann, kichern und rennen mit einem Dauerlächeln zwischen der einen und anderen Attraktion hin und her. Und dann die Paraden: Ein langer Korso von Rio de Janeiro-artigen Umzugswagen mit lauter Musik und den grellsten Kostümen, die man sich nur vorstellen kann, zieht durch den Park. Alle Japaner stehen an der Seite, singen Lieder, klatschen in die Hände mit dem seligsten Lächeln auf dem Gesicht. Und in einem kurzen Moment spürt man es, das japanische Gefühl von Familie und Gruppe und Einzelnen und Kindheit und Freundin und Partner und Mickey Maus, alles schmilzt in einem fantastischen Moment zusammen, wo im Leben einfach alles passt. Alles ist in diesem Augenblick in Ordnung. Das ist der japanische Moment schlechthin.

In der Mitte des Disney-Resorts thront das große Disneyschloss, das jeder kennt, der zumindest einen neueren Disney-Film gesehen hat. Es ist Teil des Logos, der im Vorspann zu sehen ist. Vorbild ist das Schloss Neuschwanstein. Riesige Scharen von Japanern zieht es jährlich nach Deutschland, nur um Neuschwanstein zu sehen. Sie interessieren sich nicht für Geschichte, nicht einmal für die Schönheit des Schlosses, sie suchen nach dem Ursprung der Disney-Gefühle. Eine Freundin hat mir erzählt, wie sie in der Schulzeit ihr ganzes Geld, das sie mit Kleinjobs über Monate gespart hatte, zusammenkratzte, um nach Deutschland zu fliegen, damit sie Neuschwanstein sehen konnte. Sie fuhr hin, machte die obligatorischen Fotos, schaute träumerisch auf die Architektur und flog danach wieder zurück. Mehr und Schöneres gab es in diesem unseren Land für sie nicht zu sehen.

3

Eigentlich sollte man annehmen, dass Disneyland der gleichnamigen Firma aus den USA gehört. Ihre Zeichentrickfilme verzaubern die Welt. Micky Maus ist allerorten auf dem Gelände zu sehen genauso wie Achterbahnen, deren Dekorationsmotive aus erfolgreichen Disneyfilmen wie »Pirates of the Caribbean« entlehnt wurden. Zu Anfang des Vergnügungsparks war Disney Resort tatsächlich im Besitz der Firma aus den USA. Der Park steht jetzt unter der Leitung einer rein japanischen Investorengruppe, der Oriental Land Company. Das verwundert. Wieso wurde der Schlüssel zu diesem wirtschaftlichen Schmuckstück an die Japaner weitergegeben? Der Park in Tokio wurde 1983 unter großem Tamtam eröffnet. Disney war sicher, mit seinem Konzept einen finanziellen Treffer zu landen. Schließlich war die japanische Bevölkerung in ihren Augen zwischenzeitlich ausreichend »amerikanisiert«. Seit Langem waren Dinge wie McDonald's, Coca Cola und andere Leuchtfeuer amerikanischer Kultur in Japan akzeptiert. Der Park öffnete seine Tore und war eine Pleite. Als der Vergnügungspark in Tokio geplant wurde, war nämlich viel zu wenig über die japanische Kultur bekannt, als dass der Plan Erfolg hätte haben können. Disney war ratlos. Der Park stand, aber die Besucher blieben aus. Notgedrungen verkauften sie die Rechte an japanische Firmen. Disneyland wurde Eigentum der japanischen Oriental Land Company. Hinter dem Namen verbergen sich hauptsächlich eine Immobilienfirma (Mitsui Fudousan) und ein Eisenbahnunternehmen (Keisei). Disney behielt sich das Recht auf zehn Prozent der Ticket-Einnahmen und fünf Prozent der Snack-Verkäufe vor. Die neuen Manager aus dem eigenen Land wussten, dass es den Japanern neben den mechanischen Attraktionen auf zwei Dinge ankam. Das eine war das Essen. Japaner lieben aufregendes Essen. Was man an den Ständen im Disney-Resort kaufen kann, sind Gerichte, die kreativ und lustig sind. Ich aß zum Beispiel eine Truthahn-Keule, die mit Bein so groß und fleischig war, dass ich mich zu den Höhlenmenschen zurückversetzt fühlte. Solche Arten von ungewöhnlichen Leckereien sind allerorten zu finden. Beim Spazieren auf den Wegen gehen die Augäpfel von links nach rechts und von rechts nach links, um vielleicht unerwartet an einem Wegestand eine neue Versuchung zu entdecken. Die amerikanischen Manager dachten fälschlich (gemäß den Vorgaben ihrer eigenen Kultur), mit dem Verkauf von Popcorn und Eiscreme sei genug getan. Die zweite Sache, die für Japaner absolut unabdingbar ist, sind Mitbringsel. Die zahlreichen Vergnügungspark-Shops sind vollgestopft mit putziger Ware aller Art. Dabei gibt es zwei Kategorien. Die eine umfasst kleine Geschenkchen, die man seiner Familie oder Bekannten mitbringt, die zweite und wichtigere ist das Mitbringsel, das den Besucher an seine Zeit in Disneyland erinnert. Ohne ein solches gekauft zu haben, kann man sich nicht nach Hause wagen. Dem Japaner reißt es gewissermaßen ein Loch ins Herz, wenn er nicht mit wenigstens einem einzigen Erinnerungsstück den Park verlässt.

4

Der nordkoreanische Diktator Kim Jong Il (1941-2011) hatte einen ältesten Sohn mit Namen Kim Jong-nam (1971-2017). Dieser war dafür vorgesehen, bei seinem Hinscheiden dessen Nachfolge anzutreten. Allerdings liebte Kim Jong-nam Disney und wollte unbedingt den Disneypark in Tokio besuchen. Mit einem gefälschten Pass machte er sich in aller Heimlichkeit auf den Weg, um seinen geliebten Vergnügungspark zu sehen. Er hatte sich einen Pass aus der Dominikanischen Republik besorgt, in dem ein chinesischer Name eingetragen war. Das schien den Sicherheitsbeamten am japanischen Flughafen Narita verdächtig zu sein. Der falsche Pass flog auf, was zu seiner Verhaftung führte. Sein Vater, der Diktator, war außer sich vor Wut. Diese Schande. Sein Sohn folgte nicht den Lehren von Karl Marx, sondern von Mickey Maus. Er wurde aus der Erbfolge gestrichen, fiel in Ungnade und wurde wenige Jahre später – wie vermutet wird – im Auftrag seines Bruders, dem Nachfolger des Diktators, Kim Jong-un, ermordet. Zwei Frauen sprühten ihm 2017 am Flughafen in Malaysia das Giftgas VR ins Gesicht. (VR ist einer der giftigsten Stoffe der Welt, zehnmal so toxisch wie Sarin). 2019 kam darüber hinaus ans Licht, dass der abgefallene Bruder mit der CIA zusammen gearbeitet hatte. Wenn er Disneyland nicht so geliebt hätte, wäre er vielleicht der neue proamerikanische Führer von Nordkorea geworden.

5

Ein anderes wichtiges Importgut aus Amerika ist das Englische selbst. Dessen Weg in das Land ging geschichtlich nicht so glatt wie in anderen Ländern. Japan ist das einzige Land in Asien, das nie eine Kolonie war. Das macht einen Unterschied im Spracherwerb aus: Die britische Kolonie Indien begann schon ab dem Jahr 1830 damit, das Englische in die eigene Kultur zu integrieren. Heute ist es vielen Bewohnern des Subkontinents als Muttersprache eigen. Der normale Ablauf der Sprachübernahme in einer Kolonie ist ungefähr der folgende: Die westlichen Mächte verpflichten die eroberte Bevölkerung, die Muttersprache der Besatzer zu lernen (z.B. in der Verankerung von Sprachunterricht im Bildungssystem). Wer den Arbeitern Befehle geben will oder die Verwaltung einer Millionenbevölkerung im Auge hat, wird sich leichter tun, wenn die Einheimischen die Anweisungen der Herren verstehen. Oft übernahm die von der westlichen Kolonialmacht protegierte Oberschicht die Sprache aus dem Ausland. Sie zu sprechen wurde schick. Vom Hof des Königs wanderte die Sprache über die Häuser der Reichen gesellschaftlich nach unten. So war es in Japan nur teilweise. Der Erstkontakt mit dem Englischen begann schon vor dem Zweiten Weltkrieg, fand aber im Rahmen einer eigenartigen geschichtlichen Epoche statt, die den Namen Meiji-Zeit (1868-1912) trägt. Um die Abläufe zu verstehen, benötigt es einen Blick in die Geschichte. Die Japaner unterbanden während der Edo-Zeit von 1603 bis 1868 jeglichen Kontakt mit Ausländern. Lediglich die Holländer durften mit ihnen in diesem Zeitraum von 250 Jahren Handel treiben. Diese waren politisch neutral und – viel wichtiger – versuchten die Japaner nicht zu christianisieren.

Die Auseinandersetzung mit dem Christentum hatte in Japan 1549 begonnen, als der erste jesuitische Missionar Francisco de Xavier y Jassu das Land betrat. Dieser Francisco Xavier hat bis heute einen bleibenden Eindruck im Land hinterlassen. Er ist in Japan so bekannt wie es Christopher Kolumbus in anderen Ländern ist. Da der Missionar eine Tonsur trug, wird derjenige Japaner, der schütteres Haar bekommt, mit den Worten »du siehst aus wie Francisco de Xavier« geärgert. Der Prediger schaffte es damals dank seiner Persönlichkeit vor allem unter den Bauern in kürzester Zeit viele Anhänger zu gewinnen. Die Obrigkeiten sahen das gar nicht gern. Auch die Japaner von damals begriffen die Kolonialisierungstaktiken der Europäer: Zuerst kommen die Pater und dann die Soldaten. Aber die Westler brachten etwas mit, was die Feudalherren von Japan unbedingt wollten. Gewehre. 1637 rebellierten die japanischen Christen, angestachelt von europäischen Mächten, gegen ihre Herren. Die Regierungstruppen wiesen das Bauernheer rasch in seine Schranken. Unterstützung erhielten die Mächtigen dabei von den Holländern. Das war ein wichtiger Grund, warum sie von da an als einziges westliches Land mit den Japanern Handel treiben durften. Das Christentum blieb von 1603 bis 1868 in Japan verboten. Dem Zutritt vermeintlicher Kolonisatoren aus dem Westen wurde ein eiserner Riegel vorgeschoben. Jeder Europäer, der außer den Holländern in Japan an Land ging, wurde geköpft. Das galt selbst für Schiffbrüchige. Die akzeptierten Holländer durften Japan anlaufen, aber lediglich an dafür vorgesehenen Häfen und auch dann nur zum Warenumschlag.

Die USA knüpfte relativ spät Kontakt zu Japan. Das war teilweise der Tatsache geschuldet, dass Kalifornien bis 1846 noch zu Mexiko gehörte und erst 1850 als eigener Bundesstaat in die amerikanische Ländergemeinde aufgenommen wurde. Die innere Einheit gefunden, streckte das Land seine Fühler nach Westen aus. Dort gab es vor allem das Teeland China. Die Amerikaner waren ein Land (es war ja ursprünglich eine englische Kolonie), das Tee mehr als Kaffee schätzte. Dieses kostbare Gut konnte nur im Reich der Mitte in guter Qualität erworben werden. Die Handelsroute dorthin führte durch das feindliche Japan, das sich bis dato alles andere als gastlich gezeigt hatte. Das musste also geändert werden. Die amerikanische Regierung schickte 1853 zu diesem Zweck sechs Schiffe mit modernster Bewaffnung aus, die unter dem Befehl von Commander Perry standen. Die sogenannten »schwarzen Schiffe« (sie waren, um die Fugen zu verdichten, mit dunklem Pech bestrichen) tauchten wie finstere Geister an der Küste Japans auf. Aus den Schornsteinen qualmte unheimlicher Rauch. Den Japanern waren die mit Kohlen betriebenen Schiffe noch unbekannt. Ebenso überragte die Waffentechnik der Amerikaner diejenige des Inselreiches. Einige abgefeuerte Salven aus den Kanonen der Ankömmlinge ließen die Bevölkerung vor deren Kraft erschaudern. Der Samurai-Staat hatte ihnen nichts entgegenzusetzen. Die Schiffe der Japaner wurden noch vom Wind durch den Ozean geschoben. Man musste also verhandeln. Commander Perry äußerte in den erstan Gesprächen noch auf See einen einzigen Wunsch: Er wollte an Land kommen. Die Japaner taten alles in ihrer Macht stehende, um das zu verhindern. Die goldene Regel durfte nicht fallen. Der Flottenchef setzte sich durch. Er ging mit einer Reihe Soldaten an Land und übergab dort der verdutzten Militärführung einen Brief. Dann drehte er sich um, ging wieder auf sein Schiff und fuhr davon. Er war nur ein Postbote. Jedoch kein schlechter, denn der Brief kam an. Das Schreiben enthielt außer einigen Drohungen die Forderung, die Häfen für amerikanische Schiffe zu öffnen. Eigentlich wollten die Amerikaner wie gesagt mit China Handel treiben. Der Wert von Japan lag aus der Sicht der Amerikaner lediglich in der Möglichkeit, dort ihren Kohlevorrat aufzustocken.

Das Ereignis hatte aber weitreichende politische Folgen. Japan wurde bis zu diesem Zeitpunkt von Generälen (Shogunen) beherrscht. Aber welche Blamage! Die Generäle versagten bei der einfachen Aufgabe, das Land gegen »läppische« sechs feindliche Schiffe zu verteidigen. Ihre auf Traditionen ausgerichtete Lebensgesinnung hatte sie die Entwicklung der Technik gänzlich verschlafen lassen. Eine Chance für deren Gegner zuzuschlagen, insbesondere für den in einem goldenen Käfig gehaltenen Kaiser. Er sammelte eine Armee um sich. Es kam zu einem Bürgerkrieg zwischen der kaiserlichen Armee und der Armee der alten Machthaber. Ironischerweise stand in dieser Auseinandersetzung das eigentliche traditionelle Kaiserhaus für Modernität und Fortschritt. Die Generäle zogen den Kürzeren und in der Folge wurde eine Demokratie errichtet. Die Shogune und deren Samurais mussten für immer abtreten. Die Moderne war da. Sie hieß in Japan: Die Meiji-Zeit (1868–1912).

Jetzt war Japan offen. Die Meiji-Zeit begann mit Pauken und Getöse. Die Japaner gierten nach den unbekannten Dingen aus dem Westen. Vor allem der neue Handelspartner, die USA, brachte sie ihnen. Die amerikanische Kultur ergoss sich wie ein Wasserfall über die jahrhundertelang in völliger Isolation gebliebene japanische Insel. Sie löste in der Bevölkerung einen Rausch aus. Die Japaner wollten nichts anderes als von dieser neuen Welt zu naschen. Die Kimonos wurden an den Nagel gehängt. Es wurde Hemd und Krawatte getragen. Eisenbahnen wurden eröffnet. Zimmer westlich eingerichtet. Vorher verpönte Fleischgerichte kamen auf den Tisch. Kurz gesagt: Die alten Sitten wurden mit einem eisernen Besen zur Tür hinausgekehrt. Japan wurde »little America«, eine groteske Kopie des Westens.

Die Entwicklung in der Meiji-Zeit machte sich in der Sprache bemerkbar. 1889 gab es 89 holländische Wörter und 72 amerikanische Wörter im Japanischen. 1924 hat sich die Anzahl der ausländischen Wörter vervielfacht. 51% aller ausländischen Wörter waren nun englischen Ursprungs. Dies stellt lediglich einen Beleg für die Priorisierung des Landes im Handelsumgang mit englischsprachigen Ländern dar. (Wirkliche Sprachbeherrschung gab es wenig). Als die Meiji-Zeit 1912 ein Ende nahm, endeten auch die Bemühungen der Japaner der neuen Fremdsprache gegenüber. Nationalistische Politiker, die bis zum Ende des Zweiten Weltkriegs das Sagen hatten, forcierten die japanische Kultur als einzig mögliche. Sie zogen das Land in einen Krieg hinein, der mit dem Abwurf zweier Atombomben endete. Die Amerikaner waren von 1945 bis 1952 Besatzungsmacht. Jetzt sollten die Japaner demokratisiert werden. Dazu gehörte auch die Installation des Dranges im japanischen Volk, die Sprache ihrer neuen Herren zu lernen. Wer gezwungen wird zu lernen, lernt schlecht. Die Begeisterung, diese Sprache wirklich zu sprechen, war nie da. Japaner waren immer unter sich. Warum also eine Fremdsprache lernen? Trotzdem sind 90% der Fremdwörter im Japanischen zwischenzeitlich aus der englischen Sprache. Wie kommt das? Japaner behandelten englische Wörter wie Importware, die sie ihrer eigenen Sprache hinzufügten, anstatt das Englische selbst zu lernen. Der Warenstrom aus dem Westen brachte viele neue Dinge, die benannt werden wollten. Amerika öffnete nämlich Japan als erstes großes Wirtschaftsland seine Märkte. Moderne Produkte brauchten einen Namen. Wer durch einen Supermarkt läuft, wird feststellen, dass fast alle dort zum Kauf angebotenen Produkte nicht japanischen Ursprungs sind. Der Wortschatz aus der Ferne wurde in der Aussprache »japanisiert«. Aus »personal computer« wurde »paaso-kon«, aus »television« »terebi« und aus »smartphone« »sumaho«. Die Japaner beließen es nicht dabei, maschinell hergestellte Produkte fremdsprachlich zu benennen. Sie überführten eine Unmenge englischer Wörter in einer unglaublichen Kopierwut in ihre Sprache. Hauptsächlich Nomen, einige Adjektive, aber fast keine Verben. Der Prozess ist einmalig in der Welt und völlig eigenartig. Die japanische Sprache hat jetzt praktisch für fast jedes Nomen ein aus dem Englischen stammendes Äquivalent. Die schiere Menge an Wörtern macht das zu einem unerhörten Vorgang. Wem als Japanischlerner eine Vokabel nicht einfällt, hat hiervon einen Vorteil. Er kann meist das englische Wort benutzen und die dazugehörige japanische Aussprache vermuten. Das funktioniert fast immer.

Die Japaner verwenden für Fremdwörter eine gesonderte Schriftart, – das Katakana – das nur den Zweck hat, ausländische Worte irgendwie mit Strichen darzustellen. Jeder, der Japanisch lernt, muss drei Schriften lernen. (1) Die auf den chinesischen Zeichen beruhenden Kanji, (2) das die Grammatik ausdrückende Hiragana und (3) die erwähnte Schrift für ausländische Worte, Katakana. Ich bezeichne Katakana immer als eine Rateschrift, weil es mich etwas Rateaufwand kostet, ein mir unbekanntes Wort aus der Zeichenfolge zu verstehen. ジンジャーエール ist buchstäblich »tschinchaaeeru«. Hier ist »ginger ale« gemeint, also »Ingwerbier«. Wer bei フライトアテンダント »furaitoatendanto« sofort auf »flight attendant« kommt, also auf »Flugbegleiter«, muss schon genau hingeschaut haben. Mit einem gewissen Vergnügen nahm ich zur Kenntnis, dass selbst Japaner gelegentlich bei Katakana danebenraten. Ich erwischte gleich zwei Japanerinnen dabei nicht zu wissen, was »guttsu« (グッズ) bedeutet. Das Wort leitet sich von Englisch »goods«, also »Waren« ab. Es war meinen Bekannten rein aus dem Schriftbild nicht möglich, das Wort auf Anhieb zu verstehen (mit Kontext ging es). Nun gut. Fassen wir noch einmal zusammen: Dass es Fremdwörter in einer Sprache gibt, ist normal. Dass es geradezu von fast allen Nomen ein englisches Äquivalent gibt, ist alles andere als normal. Und ganz eigenartig ist, diese Wörter wie in ein Holzkästchen in ein eigenes Schriftsystem einzusperren. In diesem Schriftgitter werden sie bewahrt, jedoch als Wörter fremden Ursprungs deklariert. Diese Vokabeln hätten problemlos mit der anderen Schrift »Hiragana« geschrieben werden können. Sie hat gleich viele Buchstaben wie das Katakana für die neuen Wörter. Aber das Schriftsystem löst für die Japaner ein Problem. Die Gefahr, mit japanischen Wörtern vermischt zu werden, ist so nicht gegeben. Es ist, als sei es eine Botschaft: »Wir akzeptieren alle Dinge aus dem Westen voll. Aber wir trennen sie strikt von den japanischen Dingen«. Der Wunsch der Amerikaner, dass die Japaner Englisch sprechen, war erfüllt worden. Somehow, but somehow not.

6

Jeder, der mit Japanern zu tun hatte, weiß, sie können kein Englisch. Es ist zum Erbarmen, wie schlecht sie die Sprache beherrschen. Und das trotz der Tatsache, dass sie Englisch in der Schule lernen. Sie haben fast alle englischen Nomen schon als Eigenwortschatz in ihrer Sprache. Das Vokabellernen sollte leicht sein. Das japanische Bildungssystem muss den Vergleich mit keinem anderen in der Welt scheuen. Warum nur können die Japaner kein Englisch? Rechnen und Schreiben lernen sie doch auch problemfrei in der Schule. Die PISA-Studie, die die Fertigkeiten von Schülern in aller Welt mit einem zentralen Test misst, bestätigt, dass die Japaner selbst im Vergleich mit asiatischen Nachbarländern schlecht abschneiden. Weltweit liegt Japan im Ranking – das darüber Auskunft gibt, welches Land gut Englisch kann – auf Platz 78. Das sind zwölf Plätze hinter dem kommunistischen Vietnam (Platz 66) und 29 Plätze hinter dem Wirtschaftskonkurrenten China (Platz 49). Die Letzteren sind zwei Länder, die aus geschichtlichen und wirtschaftlichen Gründen nicht Amerika liebend sind. Auf Platz 1 liegt übrigens Holland. Das ist nicht überraschend. Besonders die Einwohner von kleineren europäischen Ländern sprechen gut Englisch. Ein Grund ist, dass Hollywood-Filme nicht synchronisiert werden und stattdessen im Original mit Untertiteln im Fernsehen oder Kino gezeigt werden. Das trainiert die Sprachfähigkeiten unserer Nachbarn. Auch die Ergebnisse des TOEFL-Tests (mit dem gleichen Frageansatz) haben die Japaner (2016) innerhalb Asiens nur auf Platz 27 von 31 Ländern gebracht. Südkorea, die ein ähnliches Schulsystem haben, hat es in diesem Ranking auf Platz 8 geschafft. Selbst Nordkorea lag noch 12 Plätze vor Japan. Bei Nordkorea muss eingeräumt werden, dass nicht innerhalb des Landes getestet werden konnte, sondern nur bei Nord-Koreaner, die ins Ausland geschickt worden waren, um zu studieren.

Warum liegen die Japaner auf solch unteren Plätzen? Eine erste Begründung könnte darin liegen, dass Englisch eine aufgezwungene Fremdsprache ist. Die Amerikaner gewannen den Krieg gegen Japan. Sie agierten in der Zeit von 1945 bis 1952 als Besatzungsmacht. Englisch wurde aufgrund ihrer Neuorganisation des Bildungswesens als Fach in den Unterricht aufgenommen. Die ältere Generation nahm das Englische schwer an. Amerika ist das Land, das zwei Atombomben auf Japan warf. Als weiterer Punkt kann angeführt werden, dass Englisch und Japanisch als Sprache nicht viele Ähnlichkeiten miteinander haben. Das kostet einen gewissen Lernmehraufwand. Eine Untersuchung, die sich nicht die Frage stellte, wie schwer Englisch ist, sondern wie schwer es ist, Englisch aus der Sicht eines japanischen Muttersprachlers zu lernen, hatte folgendes Ergebnis. Ein Japaner braucht aufgrund der Verschiedenheit seiner Sprache zum Englischen 2200 Unterrichtsstunden, um den Sprachlevel C1 erfolgreich abzuschließen (C1 bedeutet sehr gutes, fließendes Sprachvermögen). Wer Deutsch lernt und eine europäische Muttersprache besitzt, muss mit 900 Unterrichtsstunden rechnen. Die Japaner lernen sechs Jahre Englisch in der Schule. Die Unterrichtsmenge zusammengerechnet kommen sie dort nur auf 780 Stunden.

Das ist eine einleuchtende Erklärung, kann aber nicht die einzige sein, da andere Sprachen wie das Chinesische genauso andersartig sind. Deren Sprecher platzieren sich in den Rankings besser.

Ein weiterer Grund dafür, dass das Englische nicht in japanische Köpfe eindringen will, ist der Mangel an Gelegenheiten, es zu sprechen. Koreanisch oder Chinesisch zu lernen, wäre sinnvoller. In diese

Nachbarländer reist man. Von dort kommen die Touristen ins Land. Wenn Japaner an einen Ort reisen wollen, in dem Englisch dominiert, bietet sich Hawaii als Ziel an. Ein Direktflug dauert acht Stunden. Das ist eine Fernreise. Die Flugzeit von Tokio in die koreanische Hauptstadt Seoul dauert zweieinhalb Stunden. Das ist eine Kurzreise. Die Notwendigkeit, gute englische Sprachkenntnisse zu haben, wird in Japan verstanden. Die umgebenden Länder sind aber nicht so Englisch liebend, als dass sofort ein großer Gewinn daraus gezogen werden kann. Die Koreaner sprechen besser Englisch als die Japaner, aber bei weitem nicht gut genug, um sie als »Mittlersprache« zu verwenden.

Diese mangelnde Sprachfertigkeit ist auch bei uns bemerkt worden. Die hiesigen Gelehrten waren rasch dabei, eine schlüssige Erklärung dafür zu liefern, die seitdem, ohne hinterfragt zu werden, durch die Medien rauscht. Der japanische Sprachunterricht sei schlecht. Es würde nur Grammatik gepaukt werden, ohne auf das Sprechen wert zu legen. Die Schüler würden nur alles in ihr Heft kopieren, um die Klausur zu bestehen. Dagegen lässt sich einwenden, dass (fast) auf der ganzen Welt Sprachunterricht ähnlich abläuft. Auf Zensuren ausgerichtetes Lernen ist eine weltweite Konstante. Bei uns ist das doch auch nicht anders. Der japanische Fremdsprachenunterricht achtet seit Längerem auf mehr Praxis im Unterricht, was aber auch nicht den nötigen Erfolg gebracht hat.

Warum also sprechen die Japaner so schlecht Englisch? Gegenfrage: Warum sprechen wir so schlecht Französisch? In meiner Jugendzeit wurde Französisch sechs Jahre an der Schule gelehrt. Davon ist bei den meisten Schülern wenig hängengeblieben. Ein französischer Schüler in meinem Unterricht hat einmal verärgert die Französischkenntnisse der Deutschen mit den Worten zusammengefasst: »Sie sagen immer nur ›il faut…‹, ›il faut…‹«. Der Englischunterricht dagegen hat in den Köpfen mehr Spuren hinterlassen. Die meisten trauen sich zu, Englisch zu sprechen. Der Grund, warum der eine didaktische Aufwand fruchtet, der andere aber nicht, liegt in der Bewertung der beiden Sprachen durch die Schüler. Englisch ist cool, Französisch nicht. Es gibt aus Amerika coole Musik, coole Fernsehserien, coole Filme, coole T-Shirts, coole Computerspiele. Die gibt es in Frankreich vermutlich ebenso, aber nichts davon schafft es wirklich über die Grenze in die Jugendkultur. Dem Beispiel folgend lässt sich eine neue Erklärung ableiten, warum die Japaner kein Englisch sprechen. Die japanische Kultur ist aufregend. Es gibt keinen Nutzen im Lernen anderer Sprachen. Der Appetit der Inselbewohner wird durch die Kulturindustrie in Japan ausreichend gestillt. Englisch schafft es nicht, sich als trendige Fertigkeit innerhalb der japanischen Kulturglocke zu etablieren. Im Gegenteil: Die amerikanische Kultur ist in Werten und Verhalten befremdlich. Ein amerikanischer Blockbuster-Film ist in der japanischen Übersetzung irgendwie eigenartig. Diese subtile auf kleine Nuancen achtende japanische Sprache ist mit dem kruden Englisch aus Amerika nicht vergleichbar. Auf der einen Seite steht die Liebe zur behutsamen Wortwahl, die sachte und in Andeutungen die Beziehung der Mitmenschen untereinander definiert; auf der anderen Seite steht das amerikanische Filmgeschrei. ›Fuck you son of bitch‹. Wenn es kein übler Gangsterslang ist, ist normalerweise das schlimmste Schimpfwort in Japan »baka«, es bedeutet »Idiot«. Und selbst das Wort ist mit Vorsicht zu gebrauchen.

Bei der englischsprachigen Musik, die ja mehr Menschen in den Bann zieht als das meiste andere, wird es ähnlich merkwürdig für die Japaner. Amerikanische und britische Popmusik kommt aus dem Geist der Rebellion. Blues, Rock 'n' Roll, Jimmy Hendrix, die Beatles, Punk etc. sind Ausdruck einer rebellischen Haltung, die sich gegen die Werte der Eltern richtet. Sie verkörpert die Identität der westlichen Jugend. Musik als Rebellion ist völlig unverständlich für Japaner. Den wilden Rock 'n Roll, die Hippie-Zeit, den Punk gab es als musikgeschichtliche Perioden nicht. Japanische Musik hat eher Servicecharakter. Sie möchte gefällig sein, indem sie japanische Normen umsetzt, nicht angreift. Die Musik muss melodisch sein, die Popidole schön und die Mädchen süß. Als ein Mitglied einer Girl-Band nach einem Auftritt von einem eher als schleimig zu bezeichnenden älteren Fan ein »du hast mich zu wenig angemacht« zugerufen wurde, verneigte sie sich und sagte: »Entschuldigen Sie, ich werde mich beim nächsten Mal mehr anstrengen«. So weit der Geist der japanischen Musikrebellion.

Die amerikanische Kultur ist befremdlich. Die Motivation, deren Sprache zu sprechen, ist gering. Wer die japanische Kultur, Gesellschaft und Bildung überblickt, kann zudem sehen, dass Japan an jeder Stelle genug Eigenes produziert. Dies macht es überflüssig, die USA zu kopieren. Das schwächt die Notwendigkeit, eine Fremdsprache zu lernen, um etwaige Kulturphänomene zu ergründen, die nur mit der Kenntnis der Originalsprache zu verstehen sind. Trotzdem: Englisch ist die Sprache der Geschäftswelt. Hier nicht zu bestehen, wäre ein wirtschaftlicher Nachteil. Schlimmer noch: Die Computersprache ist Englisch. Als Grund für das Hinterherhinken Japans im IT-Bereich gilt, dass die Ingenieure nicht mal genug Englisch verstehen, um die Bedienungsanleitung eines Computers zu lesen. Wo soll denn da der Fortschritt herkommen? Die Schwachstelle muss auf irgendeine Weise ausgebügelt werden. Der Nachteil für die einen ist der Vorteil für die anderen. Nichts ist für einen Amerikaner so leicht, wie eine Aufenthaltsgenehmigung in Japan zu bekommen, wenn derjenige bereit ist, dort seine Muttersprache zu unterrichten. Englischlehrer verzweifelt gesucht. Einige kamen, viel gefruchtet hat es bisher noch nicht. Es ist kein Unterrichtsproblem. Im Vergleich mit den oben genannten Länderranking aus dem Jahr 2016, das die Englischfähigkeit darstellt, sind die Japaner im Jahr 2021 sogar noch einige Plätze weiter abgerutscht.

Die Gründe liegen in der Bewertung des Englisch-Sprechens an sich. Auf einem Schild, das Ende 2023 in englischer Sprache in einem Tokioer Supermarkt ausgehangen wurde, wird den ausländischen Touristen Folgendes kundgetan: »Die meisten Angestellten können kein Englisch sprechen. Bitte haben Sie ein Bild von dem gewünschten Artikel zur Hand oder versuchen Sie Japanisch zu benutzen«. Was vielleicht als eine hilflose Bitte einiger Angestellter gesehen werden könnte, wird durch den in rot geschriebenen Text in ein anderes Licht gestellt. Es wird nämlich begründet, warum kein Englisch benutzt werden soll. »Wir sind durch die ständige Verletzung der Anstandsregeln durch

Ausländer genervt. Das sind schlechte Manieren«. (»We are very troubled by the many violations of manners by foreigners. These are bad manners«). Hierzulande sind viele froh, wenn sie Gelegenheit haben, die internationale Sprache zu sprechen. Das Schild im Supermarkt identifiziert die Kommunikation in dieser Sprache als einen Mangel an Anstand, vergleichbar dem ebenso auf dem Aushang verkündeten Verbot, Müll im Supermarkt auf den Boden zu schmeißen.

In einem Youtube-Video wurden Japaner gebeten, sie mögen, ohne auf den Sinn der Worte zu achten, Englisch so sprechen, wie es für sie klingt. Fast alle fuchtelten mit den Armen, drehten den Kopf, bewegten den Oberkörper hin und her und überbetonten Wörter, um ihnen einen wichtigtuerischen Nachdruck zu geben. Interessant ist zunächst einmal, dass die Bitte, diese Fremdsprache zu *sprechen*, eine körperliche Reaktion auslöste. Die Vorgabe war nicht, etwas in Pantomime darzustellen. Die Japaner wollten offensichtlich nicht die Sprache, sie wollten einen gewissen Charakter zeigen, der mit den fremden Worten entsteht. Und der war negativ. Englisch klingt für Japaner belehrend, bringt eine pompöse Körpersprache mit sich und produziert einen selbstgefälligen, anderen mit Weisheiten auf den Wecker gehenden Charakter. Diese Fremdsprache scheint ihrer Identität gegenläufig zu sein. Kein Wunder also, dass der Sprachunterricht in der Schule so stockt.

7

Ein Blick in die Geschichte: Der Krieg zwischen den USA und Japan begann mit dem Überfall der Japaner auf Pearl Harbor am 7. Dezember 1941. Der Himmel war an diesem Tag klar. Es hätte ein schöner Morgen werden können. Um 7.55 Uhr erschienen über der Palmeninsel 353 japanische Flugzeuge, die von im Pazifik liegenden Flugzeugträgern gestartet waren. Sie brachten eine tödliche Fracht, die für die nur fünfhundert Meter große Hafenanlage bestimmt war. Die Taktik war genau festgelegt. Zuerst wurden Flug-Torpedos abgeworfen. Diese neue, nur den Japanern bekannte Technik, benötigte Kampfflugzeuge, die schwimmende Bomben abwarfen, die mit Propellern in das Hafenbecken getrieben wurden. Das war keine leichte Sache bei einer Wassertiefe von nur zwölf Metern. Die japanischen Piloten mussten lange üben, bis es ihnen gelang, die Bomben so abzuwerfen, dass sie nicht an den Seeboden stießen und verfrüht explodierten. Als diese Welle verklungen war, waren die hochfliegenden Bomber dran. Sie warfen tödliche Sprengsätze von weit oben über dem Hafen ab. Schließlich die Taucherbomber: Das waren Flugzeuge, die aus dem Himmel in die Tiefe stürzten, um ausgesuchte Ziele aus großer Nähe zu zerstören. Neuartige Mini-U-Boote riegelten den Hafen zusätzlich ab. Sie waren mit nur jeweils zwei Mann und zwei Torpedos bestückt. Durch ihre Länge, lediglich 15 Meter, und ihrem reduzierten Gewicht, konnten sie in das niedere Hafenbecken eindringen, um dort den Luftangriff zu unterstützen. Im Bombenregen verloren 2400 Amerikaner ihr Leben. Vier der großen Kriegsschiffe wurden versenkt, vier weitere wurden durch direkte Treffer hart geschunden. Zusammen mit den kleineren Booten blieben 19 Schiffe kriegsuntüchtig im Hafenbecken liegen. Darüber hinaus wurden 300 Flugzeuge zerstört. Die Japaner flogen den Angriff in zwei Wellen, so dass sich die Militäraktion auf einen Zeitraum von fünfundsiebzig Minuten ausdehnte. Die Amerikaner wurden regelrecht auf dem falschen Fuß erwischt. Kein Wunder, denn es war ein Angriff ohne Kriegserklärung. Dieses gegen die Den Haager Konventionen aus dem Jahr 1907 verstoßende Verhalten war einer der Hauptvorwürfe an die Japaner, allerdings geschah dies aufgrund eines unglücklichen Umstands. Eigentlich hätte der japanische Botschafter in den USA an diesem Tag kurzfristig um ein Gespräch mit dem amerikanischen Außenminister bitten sollen. Dieses Gespräch sollte zu einer genauen Uhrzeit, 7.30 Uhr hawaiianischer Zeit, stattfinden. Der Sinn dieses Treffens (25 Minuten vor dem Angriff) war vor dem Hintergrund der politischen Feindseligkeiten zwischen den beiden Ländern klar: Die Kriegserklärung. Die Anweisung an den japanischen Botschafter (die Kriegserklärung auszusprechen) erreichte etwa drei Stunden vorher Japans Botschaft. Leider verschlüsselte Tokio aus Angst, die Amerikaner könnten den Inhalt der Nachricht abfangen, die Botschaft so gründlich, dass die Empfänger auf der anderen Seite (die japanische Botschaft in den USA) zu lange brauchten, um die Nachricht der eigenen Regierung zu decodieren. Als dies endlich geschehen war, hatte der Angriff schon stattgefunden. Es war 14.00 Uhr, als die Kriegserklärung endlich ausgesprochen wurde.

Doch welchen Grund sollte es aus Japans Sicht gegeben haben, der das Risiko gerechtfertigt hätte, die starke Überseenation anzugreifen? Wollten sie Amerika erobern? Waren sie einfach Barbaren? Zur Beantwortung dieser Frage braucht es wieder etwas geschichtlichen Hintergrund. Eigentlich befand sich Japan seit 1937 im Krieg mit China. Dieses Jahr ist der Anfang des sogenannten Pazifischen Kriegs, der allgemein als der verlustreichste Krieg der Menschheitsgeschichte gilt. Wir haben diesbezüglich geschichtlich eine etwas eigenartige Perspektive. Für uns ist der Krieg, der zum Abwurf der Atombomben führte, eine Art Wurmfortsatz des Zweiten Weltkriegs. Das ganze Kriegsgeschehen im Pazifik wird als eine Art Zweikampf USA in der rechten Ecke und Japan in der linken Ecke dargestellt. Um nicht diesem Trug zu erliegen, tut man gut daran, den Pazifischen Krieg und den zweiten Weltkrieg als zwei getrennte Kriege zu sehen. Japan hatte 1931 einen Teil Chinas, die Mandschurei, besetzt. Kriegerische Feindseligkeiten mit China begannen aber erst am 7. Juli 1937, als chinesische und japanische Soldaten an der Marco Polo Brücke aufgrund einer Nichtigkeit begannen, auf sich zu feuern. Dieses Datum wird von vielen Historikern als der Anfang des Pazifischen Krieges gesehen, nicht Pearl Harbor. Dieser Krieg war opferreich und die Hauptleidtragenden waren die Chinesen: Über 22 Millionen von ihnen verloren direkt oder indirekt (durch Hungersnot) das Leben. Das genaue Kriegsgeschehen ist kompliziert und fand zwischen sehr vielen Teilnehmerländern statt. Die USA wurde durch einige Ereignisse, aber vor allem durch den Versuch, ihre Interessen im Pazifik zu wahren, in einen Krieg gezogen, der schon eine Weile zu Gange war. Der amerikanisch-japanische Krieg, auf den wir Heutigen die damaligen Ereignisse reduzieren, ist nur ein Teil des Pazifischen Krieges. Diesen verspürten die Amerikaner zum ersten Mal am eigenen Leib, als 1937 das amerikanische Schiff, die USS Panay, von den

Japanern versenkt wurde, als das Kanonenboot versuchte, amerikanische Bürger aus dem chinesischen Nanjing zu evakuieren. Die Beziehungen zum überseeischen Nachbarn waren spätestens ab da unrettbar angeschlagen. Aber hauptsächlich die japanische Expansionspolitik der damaligen Zeit kollidierte mit den durch die Westmächte etablierten Machtverhältnissen im Pazifik.

Das eigentliche Ziel der Japaner in diesem Krieg war die Eroberung Chinas. Die USA verspürten Sympathie mit den von den Japanern militärisch arg geplagten Chinesen, aber eigentlich war es ein Land, das die Engländer kolonialgeschichtlich dominierten. Schließlich rang man sich doch (aufgrund von Bitten der britischen Regierung) durch, China zumindest in der Form eines wirtschaftlichen Embargos gegen Japan zu Hilfe zu kommen. Amerika war der größte Lieferant von Öl, Stahl, Eisen, Petroleum und vieler anderer Güter, die Japan für den Krieg gegen China brauchte. Um das Embargo zu umgehen, versuchte die japanische Führung diese Rohstoffe aus Indonesien zu bekommen. Das pazifische Südostasien waren Gebiete, die von den Amerikanern und Engländern kontrolliert. wurden. Den japanischen Generälen war klar: Einen direkten Zugriff auf die Länder dieser Region mit dem Ziel, die dortigen Bodenschätze zu nutzen, war nur möglich, wenn einige Länder nicht mehr dem Einfluss der USA unterlagen. Die japanische Führung entschloss sich also, Amerika anzugreifen, um auf dem militärischen Wege, die USA aus dem Gebiet im Südosten Asiens zurückzudrängen. Auf diese Weise, dachte man, könne Japan an Rohstoffe gelangen, die dringend gebraucht wurden, um den Krieg gegen China erfolgreich fortzusetzen. Die Führung gab den Befehl, Pearl Harbor auf Hawaii – Hauptankerplatz der Schiffsmacht der USA – anzugreifen. Da die japanischen Generäle ihre militärische Unterlegenheit begriffen, schien ihnen ein Überraschungsangriff das beste Mittel zu sein.

Trotz aller Zerstörung war Pearl Harbor ein Misserfolg. Beispielsweise befanden sich zum Zeitpunkt des Angriffs alle amerikanischen Flugzeugträger auf See. Treibstoffvorräte wurden von den Bombern verfehlt und Reparatureinrichtungen nicht getroffen. Die USA erholte sich schnell wieder von diesem Schlag. Die nicht getroffenen Flugzeugträger sorgten nach nur fünf Monaten (in der Schlacht von Midway im Mai 1942) für die Zurückeroberung der Seeübermacht im Pazifik.

Das Ereignis hatte weitreichende Konsequenzen. Nicht nur auf der Insel. Alle Japaner, die in den USA lebten, wurden verhaftet und in Internierungslager gesteckt. Die Regierung fürchtete Sabotageakte der japanischstämmigen Bevölkerung. Das waren 117.000 asia-amerikanische Bürger, die vier Jahre in einem Gefängnis auf engstem Raum vegetieren mussten. Sie hatten nichts getan. Ihr Besitz wurde verkauft und zur Befüllung der Kriegskasse benutzt. Am Ende ihrer Haftzeit 1946 standen sie mit nichts vor den Toren der Haftanstalt. Ihr Hab und Gut war weg, ihr Leben zerstört und schlimmer noch, niemand interessierte es. Ronald Reagan war der erste Präsident der zugab, dass die Verhaftungswelle auf »Rassenvorurteilen« und »Kriegshysterie« beruhte.

8

Wenn man von der Beziehung von Japan zu Amerika spricht, kann der Abwurf zweier A-Bomben auf die Inselbevölkerung nicht ganz weggelassen werden. Es wurden genau genommen zwei unterschiedliche Typen dieser zerstörerischen Waffen verwendet. Die Wissenschaftler waren neugierig zu sehen, welche mehr Verwüstung anrichten würden. Man hatte ihnen lustige Namen gegeben: Die eine auf Uran basierte Bombe wurde »little boy« und die andere mit Plutonium gezündete wurde »fat man« genannt. Paul Tibbets (1915-2007) hieß der Mann, der die erste A-Bombe auf Hiroshima abwarf. Das Flugzeug, aus dem sie kam, hatte er Enola Gay genannt. Das war der Name seiner Mutter. Paul Tibbets brachte dabei 140.000 Menschen ums Leben, eine Zahl, die ein Rekord ist, weil ein Einzelner noch nie so viele Personen getötet hatte. Die zweite A-Bombe löschte dagegen »nur« 70.000 Menschenleben in Nagasaki aus. Sie war weniger effektiv, weil sie aus Spritmangel des Flugzeugs etwas weiter im Norden der Stadt abgeworfen werden musste. Die Plutonium-Bombe »fat man« war zwar zerstörerischer, aber da Nagasaki von Hügeln umgeben ist, fingen diese etwas von der

Sprengwirkung ab. In der 200.000-Personen-Stadt Nagasaki wurden deswegen »nur« 35% der Bevölkerung getötet, in der 250.000-Einwohner-Stadt Hiroshima waren es 56%. Die Hälfte der Opfer starb sofort, die andere Hälfte wenige Tage danach an Verbrennungen. Die Todesfälle durch Krebserkrankungen in den Folgejahren waren verheerend, aber aufgrund der nicht eindeutigen Ursachen schwerer zählbar.

Die Stadt Hiroshima war nach dem Abwurf der Atombombe noch bewohnbar. Das ist überraschend. Die Wasserversorgung wurde schnell wiederhergestellt und die die Bevölkerung unterstützende Lebensmittel trafen zeitnah ein. Die Gefährlichkeit der Strahlung war damals noch nicht ausreichend bekannt. Trotzdem sollte man denken, dass eine Stadt, die von einer Atombombe getroffen wurde, schlichtweg nicht mehr existiert. Das Stadtgebiet ist aber seit damals durchgängig besiedelt. Sollte lebensgefährliche Strahlung den Ort nicht für viele Jahrzehnte unbrauchbar machen? Einige Umstände verhinderten eine übermäßige Belastung durch Radioaktivität. Die Bombe wurde in einer Höhe von 570 Meter gezündet. Eine große Menge des radioaktiven Materials wurde in höhere Schichten der Atmosphäre geschleuert. Der Wind verteilte sie dort in viele Richtungen. Ebenso sorgte er dafür, dass nur ein Teil der Strahlung den Boden von Hiroshima erreichte. Am nächsten Tag einsetzende Regenfälle wuschen viel gefährlichen Staub ins Meer.

Es gibt zwei Gründe, warum die Atombombe verwendet wurde. Der eine Grund ist sicher ein psychologischer. Das Kind hat ein neues Spielzeug, es will damit spielen. Im Falle der Vernichtungswaffe heißt das, die Atombombe ist erfunden worden, man will sie auch irgendwo »hinschmeißen«. Tatsächlich war eine Erprobung der neuen Waffe in der Praxis ein wichtiger Aspekt, der vor ethische Überlegungen gestellt wurde. Der andere Grund, die Bombe einzusetzen, lag in weiterreichenden politischen Erwägungen, nicht in einer militärischen Notwendigkeit. Japan war im Begriff zu kapitulieren. Ein paar Tage mehr und der Krieg wäre zu Ende gewesen. Selbst die amerikanischen Generäle äußerten gegenüber dem Präsidenten, dass keine Notwendigkeit bestehe, die Waffe einzusetzen. Am 12. Juli 1945 – also einen Monat vor

Abwurf der Bombe am 9. August 1945 – trat die japanische Regierung mit Moskau in Kontakt, mit der Bitte, als Vermittler Friedensverhandlungen mit den USA einzuleiten. Tokio war durch amerikanische Luftangriffe zu 50% zerstört und 100.000 Japaner hatten den Tod gefunden. Moskau verhielt sich alles andere als wie ein Vermittler, denn sie überlegten selbst, Japan anzugreifen. Die Sowjetunion wollte die fette Beute nicht der amerikanischen Konkurrenz überlassen. Das wiederum ließ in den USA die Befürchtung aufkommen, dass Japan durch ein schnelles Vorrücken von Truppen aus der Sowjetunion besetzt werden könnte. Da Gefahr bestand, dass ein weiteres Land dem Kommunismus anheimfiele, beeilte man sich mit dem Abwurf der Atombomben. Die Sowjetunion verstand ebenso, dass sie sich sputen mussten.Wer würde Japan einsacken: Die USA oder die Sowjetunion? Die Regierenden in Moskau befahlen einen sofortigen militärischen Einsatz, konnten aber lediglich den Einmarsch ihrer Truppen in die von den Japanern besetzte Mandschurei erreichen, nicht aber ein Vorrücken auf die Inseln des Nachbarlandes. Die Bomben fielen, Japan kapitulierte und die Amerikaner wurden alleinige Besatzungsmacht des Inselstaates.

9

Tsutomu Yamaguchi (1916-2010) war ein Unglücksrabe und ein Glückskind. Er war zu Besuch in Hiroshima, als die erste Bombe fiel. Wie durch ein Wunder überlebte er sie mit nur einigen Verletzungen. Als er in seine Heimatstadt Nagasaki zurückkehrte, wurde dort gerade die zweite Atombombe abgeworfen. Und wie es das Schicksal so wollte, überlebte er das auch. Er wurde 94 Jahre alt. Tsutomu Yamaguchi war mit seinem Schicksal nicht allein. Es gab 165 Personen, die das gleiche Unglück erlebten und vor allen Dingen überlebten.

10

Japan verzichtete nach dem Zweiten Weltkrieg auf eine militärische Bewaffnung. Der § 9 ihrer Verfassung setzt fest, dass Kriege nicht als

Lösung für politische Ziele gebraucht werden dürfen. Japan ist es durch dieses Dokument untersagt, eine Armee aufzubauen, die zu diesem Zweck genutzt werden kann. Das war nicht ganz allein auf Antrieb der Japaner geschehen. Der amerikanische Militärkommandant MacArthur wollte Japan zur »Schweiz des fernen Ostens« machen. Eine Vision, die Risiken in sich trug, denn durch den Verzicht auf jegliches Militär wurde das Land schutzloser als nötig. Ist Japan die Schweiz des Ostens geworden? Über den langsamen, nicht ganz verfassungstreuen Aufbau einer stattlichen Armee haben wir ja schon gesprochen. Im Jahr 2022 gab es in Japan (125 Millionen Einwohner) 230.000 japanische Soldaten. Schätzen wir die Zahl ein: In China (1,4 Milliarden Einwohner) gibt es 2,3 Millionen Personen in den kampffähigen Truppen. In Norkorea (26 Millionen Einwohner) standen nach wikipedia-Auskunft im Jahr 2023 1,1 Millionen Soldaten im bereiten Dienst. Russland (145 Millionen Einwohner) bietet 900.000 Mann auf. Im Vergleich zu unfriedlich gesonnenen Nachbarländern ist die Armee Japans klein. Zu klein, um wirklich im Ernstfall Paroli zu bieten. Die schwache Geburtenrate in Japan lässt die Zahl der Rekruten ständig sinken. Die in einer wohlhabenden Gesellschaft mit einer pazifistischen Alltagskultur aufwachsende Jugend hat wenig Lust, Soldat zu werden. Pflicht zum Militärdienst besteht keine. Jeder muss sich aus freien Willen bewerben. Das maximale Bewerbungsalter wurde kürzlich von 26 auf 32 Jahre erhöht, was aber nur einen geringen Effekt hatte. Die Einführung einer besseren Wifi-Technik hat zumindest die Zahl der Marinesoldaten erhöht. Vorher sagten sich viele, dass ein Einsatz auf einem Schiff der Marine bedeute, monatelang ohne Kontakt zu seinen Liebsten auf dem Land zu sein. Dank der verbesserten Funktechnik wurde dieser Nachteil wettgemacht, mit dem Ergebnis, dass mehr junge Rekruten diesen Truppenteil als Wunscheinsatzgebiet wählten.

Für die Landesverteidigung steht in Japan eine gute Bewaffnung zur Verfügung. Technik statt Menschen. Aber Elektronik allein kann eine Invasion nicht stoppen. Dafür braucht es Männer. Die USA springen hier in die Bresche. Amerika stellt seit Jahrzehnten klar, es würde Japan im Kriegsfalle so verteidigen, als ob ihr eigenes Land angegriffen würde. Damit dies gelänge, entstand in den Augen amerikanischer Generäle die Notwendigkeit, große Mengen amerikanischer Truppen in Japan zu stationieren. Das untergrub jedoch die gewünschte Neutralität des Landes, denn es wurde schnell durchsichtig, dass es den Amerikanern auch darum ging, in Festlandnähe Truppen zu stationieren, um ihre Interessen in Asien besser durchzusetzen. Die Flugzeuge, die Vietnam im gleichnamigen Krieg bombardierten, starteten beispielsweise von der japanischen Insel Okinawa aus. Okinawa ist einen Steinwurf vom asiatischen Festland entfernt, aber viele hundert Kilometer von den vier großen japanischen Inseln. Die wichtigen Schiffsrouten führen zudem an der Insel vorbei. Ein guter Ausgangspunkt den Pazifik zu kontrollieren. Von dort aus kann auf die nahe Insel Taiwan ein Auge geworfen werden. Die Chinesen sehen es als abtrünnigen Teil ihres Mutterlandes. Die Amerikaner könnten also eingreifen, wenn China hier einen Schritt zur Wiedererlangung der Insel täte. Das alles macht Okinawa zu einem wichtigen Stützpunkt für die USA. Die Amerikaner bauten auf Okinawa direkt vor der Nase der Chinesen einen atomaren »Verteidigungsschild« auf. 1967 gab es dort 1200 Atomraketen, die alle auf die Nachbarländer zielten. Die Amerikaner behielten sich als ehemalige Besatzungsmacht das Recht vor, über die Insel zu bestimmen. Erst 1972 wurde die Verwaltung Okinawas offiziell an Japan zurückgegeben. Bei dieser Gelegenheit wurden die nuklearen Waffen entfernt. Zumindest für die Öffentlichkeit. In Geheimverträgen wurde abgemacht, dass weiterhin an ungenannten Orten in Japan Atomraketen stationiert werden. Offiziell zumindest sind jetzt keine Nuklearwaffen in Japan, aber mit den Bemühungen Nordkoreas darum und den starken Atommächten China und Russland in Schlagweite, ist es vielleicht verständlich, dass Ex-Premierminister Abe 2022 (vor dem Hintergrund des russisch-ukrainischen Kriegs) dazu riet, das Land mit den Vernichtungswaffen zu bestücken.

Die militärische Präsenz der Amerikaner brachte Vor- und Nachteile. Ohne sie hätte die Macht der kommunistischen Staaten dort eine andere Wirklichkeit entstehen lassen. Japan kann ruhig schlafen. Das Land wird von den USA verteidigt. Allerdings gefährdet die Anwesenheit der amerikanischen Truppen das Inselreich. Japan wird erst zu einem Land, das in den Augen anderer Länder gefährlich ist, weil es den USA ermöglicht, in Asien militärisch tätig zu sein. Die Präsenz der USA schafft vielleicht erst den Grund, die die Verteidigung des Landes notwendig macht. Der nordkoreanische Diktator schießt in regelmäßigen Abständen Marschflugkörper über Japan. Er hofft, das politische Bündnis zwischen den zwei Staaten zu schwächen. Wenn die Bevölkerung Angst vor Atomschlägen hat, drängt sie vielleicht die Regierung dazu, die Amerikaner zu entfernen.

11

In Okinawa sind weiterhin amerikanische Truppen stationiert. Das ist für die Japaner keineswegs billig, denn sie zahlen dafür sogenannte »Mitleidsgelder« (»Omoiyari Yosan«). 60% der Kosten der Stationierung muss Japan selbst tragen. In den Jahren 2016 bis 2019 war das eine Summe von 12,6 Milliarden Dollar. Japan zahlt zum Beispiel die Gehälter der in den Einrichtungen arbeitenden Japaner. Das können Bauarbeiter sein, das kann aber auch der Bartender sein. So »blechte« Japan für die 76 in den Kasernen arbeitenden professionellen Alkoholausschenker ein Jahresgehalt von 528.000$ und für die 47 Arbeiter, die die Golfanlagen in gutem Zustand hielten, 557.000$ an Gehalt. Sämtliche Kosten, die zum Erhalt und Ausbau der Basen notwendig sind, werden von der japanischen Regierung getragen. Das folgt aus einem Vertrag, der 1960 zwischen den Ländern geschlossen wurde. Eine ältere Studie aus dem Jahr 2002 – zu einer Zeit, als es auch in Deutschland noch mehr stationierte Amerikaner gab – zeigte, dass Deutschland 30% der Kosten für den Service trug, fremde Truppen im Land zu haben. Japan aber zahlte schon damals das Doppelte. Warum war das so? Aufgrund des schwachen Dollars und des starken Yens in den späten 1970er fühlte sich die japanische Regierung dazu gezwungen, mehr Kosten als üblich zu übernehmen. Als sich Bürger im Jahr 1978 darüber beschwerten, dass Japan den Geldbeutel so weit gegenüber den eigentlich wohlhabenden Amerikanern aufmachte, sagte der Verantwortliche für die Verteidigung Japans, Shin Kamemaru, die gezahlten Summen seien »Mitleidsgelder«. Der Ausdruck setzte sich fest, trotz der Bemühungen der Regierung ihn durch »Gastlandunterstützung« zu ersetzen. Donald Trump in seiner Präsidentenzeit forderte, diese eh schon doppelte Gebühr noch weiter zu erhöhen.

12

Auf Okinawa sind seit dem Zweiten Weltkrieg sehr viele amerikanische Soldaten. 70% der amerikanischen Militäreinrichtungen befinden sich hier. 75% der amerikanischen Soldaten sind auf der Insel stationiert. Das Militärpersonal umfasst 54.000 Mann. In keinem anderen Land hat die USA so viele Truppen.

Leider geht eine traurige Reihe von Ereignissen auf Soldaten dieser Armee zurück. 1955 wurde ein sechsjähriges Mädchen von einem amerikanischen Soldaten vergewaltigt und ermordet. Das erregte die Wut der Japaner auf Okinawa. 200.000 Japaner protestierten gegen die Anwesenheit der Kampftruppe aus den USA. 1956 versuchte die US-Militär-Führung große Grundstücke auf Okinawa (dauerhaft) zu erwerben, um dort Gelände zu haben, das ihnen nicht weggenommen werden konnte. Damit wäre theoretisch ein zeitlich unbegrenzter Aufenthalt auf Okinawa möglich geworden. Selbst der Regierung Japans wären dann die Hände gebunden gewesen. Diese Aneignung japanischen Landes durch eine ausländische Macht trieb wiederum 200.000 Demonstranten auf die Straße. 1959 verunglückte ein amerikanischer Düsenjet und krachte in eine Grundschule. Das unerwartete Unglück ließ 17 Kinder den Tod finden und verletzte weitere 210 Personen. 1965 fiel ein Militärcontainer an einem Fallschirm auf ein Mädchen, das friedlich spazieren ging. Dieses Ereignis brachte 10.000 Japaner zum Demonstrieren auf die Straße. 1970 wurde aus einem kleinen Verkehrsunfall eine Straßenschlacht zwischen 3000 Japanern und der US Militärpolizei.1995 kidnappten zwei Marines und ein Navy-Soldat ein 12jähriges Mädchen, schlugen und vergewaltigten sie. Aufgrund der heftigen Proteste von 80.000 Japanern, musste die US Basis Futenma verlegt werden. 2016 wurde die zwanzigjährige Rina Shimabukoro von einem 32jährigen amerikanischen Zivilarbeiter vergewaltigt und ermordet. Wieder protestierten 65.000 Japaner. Der Fall kam zu einer Unzeit, weil drei Monate zuvor ein amerikanischer Seemann, Justin Castellanos, wegen Vergewaltigung einer Japanerin aus der Provinz Kyushu verhaftet worden war. Ein Sprecher der amerikanischen Kommandozentrale sagte zu der Zeit, dass es sich um einen Einzelfall gehandelt habe, der sich nicht wiederholen würde. Die große Mehrzahl der Soldaten benehme sich vorbildlich. Etwa 6000 von Amerikanern ausgehende Verbrechen sind von den Behörden seit 1972 gezählt worden. Das sind nur die pressetauglichsten Fälle. Kleine Übergriffe, rüpelhaftes Verhalten kommen in der Regel nicht zur Anzeige. Die Einwohner von Okinawa klagen darüber, dass sich die amerikanischen Soldaten gegenüber ihren Töchtern ungebührlich verhalten würden. Sie würden die japanische Kultur nicht im Geringsten verstehen. Sie seien sitten- und anstandslos. Diese Position ist vor dem Hintergrund großer kultureller Unterschiede zu verstehen. Die amerikanischen Soldaten interpretieren die japanische Freundlichkeit falsch. Sie denken, das Lächeln einer Japanerin kann nur bedeuten, sie wolle angemacht werden. Die Bescheidenheit der Japaner wird als Charakterschwäche interpretiert und Höflichkeit als Dummheit.

Spaß oder wo in Japan der Bär steppt

1

»Go to eat«,»go to shopping«, »go to travel«. In der Corona-Zeit fürchtete die Regierung, dass der Handel, das Restaurantgewerbe und die Reisebranche finanziell einen irreversiblen Schaden erleiden würden. Sie startete ungeachtet des Risikos gegenseitiger Ansteckung eine Kampagne mit oben genannten drei Schlagwörtern. Das Englisch ist fehlerhaft – »go shopping« wäre etwas besser –, aber daran störte sich niemand. Teil der Kampagne war, dass Coupons verteilt wurden, die bis zu 30 Prozent Rabatt sicherten. Das aus Amerika stammende Couponsystem ist bei uns wenig verbreitet, aber die Japaner verpassen keine Chance, sie in die Hände zu bekommen, denn die Rabatte lohnen sich. Allerdings entsteht gelegentlich der Nachteil, dass praktisch alle die die Coupons haben, auf den gleichen Vorteil aus sind. Beim Einlass in einen Vergnügungspark kann in der Couponschlange zu stehen eine Stunde Wartezeit bedeuten, während die Vollzahler daran vorbei direkt in den Park schlendern.

In der Literatur über Japan geistert die Ansicht herum, dass die Japaner nicht wüssten, wie man Spaß hat. Es gehe nur um arbeiten, arbeiten, arbeiten. Amüsement kenne das Inselvolk nicht. Sicherlich, wenn unter Spaß verstanden wird, sich im volksnahen Sinne Bier über den Kopf zu schütten, während man Schlager singt, mag das sein. Wenn unbedingt unter Alkoholkonsum Vergnügen verstanden werden soll, so liegt Japan (2016) mit 6,9 Liter pro Jahr getrunkenem Alkohol auf Platz 4 der Trinkerländer in Asien, wobei Australien (9,7 Liter), Neuseeland (9,2 Liter) und Süd-Korea (9,1 Liter) noch vor Japan liegen, allerdings mit deutlich höherem Level an purem Alkohol. Deutschland würde die Spitze in Asien mit 10,7 Liter übernehmen.

Die Zahlen sagen nur, wieviel getrunken wurde, aber nicht was. Nur zu 18% ist das Alkoholgetränk der Wahl in Japan Bier, während es 75% der Deutschen bevorzugen. In Japan dagegen wird am liebsten Hochalkoholisches getrunken (Whiskey, Gin, Sake etc.). Als Relax-Getränk nach der Arbeit gilt es als eine gute Sache. Als durch die Corona-Krise die Alkoholindustrie schwächelte, rief die Regierung die Kampagne »Sake Viva!« ins Leben. Ihr Ziel war es, besonders junge Leute zum Konsum alkoholischer Güter zu bewegen. Der Wirtschaft zuliebe.

Die Firma »Sapporo Bier« braut seit 1876 eben solche namensgebende Getränke; Kirin und Asahi Bier sind auch bei uns in einigen Supermärkten zu erstehen. Auch Wein wird in Japan produziert, da es aber in Japan enorm häufig regnet, ist die Qualität schlecht. Er wird allgemein als dünn im Geschmack beschrieben. Die Japaner benutzen ihn am liebsten zur Saucen-Zubereitung, weniger zum Trinken. Guter Wein muss importiert werden. Hohe Importzölle machen ihn, wenn nicht unerschwinglich, aber doch teuer. Die Whiskey-Industrie dagegen ist groß und hat an Qualität die schottischen Whiskeys in Blindverkostungen links liegen lassen. Sake braucht fast nicht extra erwähnt zu werden. Japan hat durchaus eine Alkoholkultur. Die Männer gehen bei vielen Gelegenheiten nach der Arbeit halb freiwillig, halb durch Gruppendruck gezwungen mit den Kollegen sowie mit den Vorgesetzten in die Kneipe, um sich ein Absackergetränk (nach dem anderen) zu gönnen. Sich gemeinsam in einen beschwipsten Zustand zu trinken, ist ein Zeichen der Verbundenheit. Der Ehemann, der betrunken von diesen Zusammenkünften nach Hause kommt, ist oftmals kein schöner Anblick für die Ehefrau. Eine Bekannte von mir fand neulich – zur Tür hereingetreten – Ehemann und Kollegen im Wohnzimmer auf dem Boden selig schlafend vor. Aus einem einfachen Besuch unter Bürogenossen wurde dann eine Zecherei, von der es niemand mehr nach Hause schaffte. Die Frauen halten sich in der Regel vom Alkohol lieber fern, verschmähen aber nicht unbedingt ein Glas deutsches Bier. Für uns eher ein männliches Getränk. Die kleinen Japanerinnen schaffen durchaus ein Maß und mehr.

Ein großer Unterschied ist allerdings die Altersgrenze für den Genuss von Alkohol; die ist nicht 16 oder 18, sondern 20 Jahre. Das liegt daran, dass Japaner erst mit 20 Jahren mündige Erwachsene wurden. Das ist spät. Die Marke wurde schließlich im April 2022 auf »normale« 18 geändert. Allgemein nimmt man an, wirtschaftliche Gründe seien dafür ausschlaggebend gewesen. Jetzt dürfen 18jährige beispielsweise Verträge für Smartphones unterzeichen, ohne dass die Eltern ein Veto einlegen können. Zwar können die Japaner jetzt mit 18 Jahre heiraten, aber die Alkoholgrenze von 20 Jahre ist geblieben.

2

»Go to eat« ist eine der größten Vergnügungen in Japan. Die japanische Essenskultur ist für die Inselbewohner eine riesen »Gaudi«. Die Gerichte schmecken und man kann Zeit mit Partner und Freunden verbringen. Wenn mehrere Freunde zusammenkommen, wird unweigerlich ein Gemüseeintopf (Japanisch: »nabe«) gekocht. Das ist eine simple Sache, deren Wert darin liegt, dass alle als Gruppe mit Stäbchen aus einem einzigen Suppentopf essen. Das Gegenteil von fröhlicher Geselligkeit ist vielleicht unbeschwerte Einsamkeit. Dafür taugt Essen auch. Eine japanische Bekannte wunderte sich über die deutschen Sitten: »Warum sitzt denn niemand allein im Restaurant? Das ist so seltsam«. Ihr fiel der Paarzwang in deutschen Speisehäusern auf. Sie hat recht. Was macht es den Deutschen so unmöglich, allein in einem Restaurant zu sitzen? In Japan ist allein in ein Gasthaus zu gehen nicht Beleg eines gescheiterten Soziallebens. Essen macht so viel Spaß, dass es eigentlich keinen weiteren Menschen braucht. Zu kochen ist in Japan eine Möglichkeit, in die Niedlichkeitswelt einzutreten. Kindheit, die schmeckt. Für die Jüngeren wird bei vielen Gelegenheiten das Zubereitete mit Gesichtern animiert. Ein Klassiker sind Würstchen, die an ihren Enden so eingeschnitten werden, dass sie sich beim Anbraten aufstellen. In die Haut werden zwei schwarze Körner gedrückt. Auf diese Weise entsteht eine süße, im besten Falle leckere Wurst-Krake. Das kann die Mama zu Hause. In Restaurant-Umgebung wird noch mehr Kreativität geboten. Ich habe Tellergerichte gesehen, deren Anrichtung einem Teddybären glich, der in einer vollen Badewanne saß. Der Bär war aus Reis, die Schüssel verwandelte sich zur Wanne und die Suppensauce zum Badewasser. Auf Youtube lassen sich Japaner beobachten, die ihre Lieblingscartoon-Figuren nachbacken. Die Youtuberin Asaginyo backte die Helden samt Kulisse einer ganzen von ihr erfundenen Geschichte. Sie führte mit diesen Produkten ein rührendes Theaterspiel auf. Dann aß sie die Helden. Die Augsburger-Puppenkiste nur mit mehr Kalorien. Die Zubereitung von Essen kann zu einem gesellschaftsfähigen Brettspiel werden. Takoyaki sind kleine Teigbällchen, die traditionell in der Mitte mit Tintenfischstückchen gefüllt sind. Sie haben die Größe einer Kastanie und werden in einer Art Waffeleisen zubereitet. Viele Jugendliche lieben diese Teigkugeln. Die Füllung kann variieren. Von den 20 Bällchen, die in so ein Eisen passen, werden zwei mit etwas Unpassendem gefüllt. Das kann Lakritze sein oder ein Zitronenstück. Die Kugeln werden dann in zufällige Reihenfolge gebracht. Man isst abwechselnd und hofft, keine der gefürchteten Füllungen essen zu müssen. Noch mehr für Kinder gedacht ist eine Nudelrutsche. Sie gibt es in einer meterlangen Version oder (für Zuhause) in Tischgröße. Dabei handelt es sich um eine lange halbkreisförmige Rutschbahn, in deren Mitte etwas Wasser fließt. Der Vater oder der Nudelkoch lässt nun in dem Wasserstrom die Nudeln von erhöhter Stelle herabrutschen. Die Kinder versuchen weiter unten die vorbeitreibenden Nudeln mit den Stäbchen zu erhaschen.

Essen ist ein Medium der Kreativität in Japan. Für uns ist das eher malen, singen, tanzen. Für die Inselbewohner ist Kochen ganz klar eine der kreativen Künste. Wenn Picasso ein Japaner gewesen wäre, hätte er seinen Pinsel gegen einen Kochlöffel eingetauscht und wäre Koch geworden. Diese Kreativität schlägt Purzelbäume, wenn es um die Herstellung von Törtchen geht. Kuchen wie bei uns gibt es in Japan zwar auch, aber dieser hat nicht den gleichen Stellenwert. Wer bei uns im Café einen Kuchen bestellt, bekommt einen undekorierten Teller mit Kuchen an dessen Seite eine Gabel liegt. Die Auswahl ist in der Regel auf ein paar wenige Kuchenklassiker beschränkt, deren Aussehen sich an traditionelle Vorstellungen anpasst. Die Japaner lieben es, Törtchen zu essen. Diese süßen Minikuchen, die es in japanischen Konditoreien gibt, haben sich zu einer Kunstform entwickelt. An das Törtchen, sowie an die Anrichtung auf dem Teller werden hohe Erwartungen gestellt. Der Klassiker ist hier das als »Montblanc« bezeichnete Backwerk, das traditionell aus Kastaniencreme besteht. Aber der Fantasie sind da keine Grenzen gesetzt. Wer in einen japanischen Tortenladen geht, wird eine reiche Auswahl vorfinden. Bananen-Sushi-Kuchen, Regentropfen-Kuchen, Matcha-Pfund-Kuchen, Soufflé-Pfann-Kuchen… wie mag das wohl schmecken? Wenn man das wissen möchte, dann »go to eat«.

3

»Go shopping« –Warum ist Shopping so ein großes Vergnügen? Das ist es vielleicht überall auf der Welt. Einer der Gründe, warum es ist in Japan so intensiv ist, liegt am unterschiedlichen Warenverständnis der Japaner. Im Idealfall müssen Waren Eigencharakter haben, enorm praktisch sein, aufs Schönste verpackt, bunt, niedlich aussehen und durch eventuelle technische Funktionen begeistern. Wer gegenüber der Konkurrenz bestehen will, muss mit dem Produkt überzeugen. Es gibt von Seiten der Kunden Erwartungen an Ästhetik, Kreativität und Cleverness des Erzeugnisses. Diese sollten tunlichst erfüllt werden. Die so produzierten Waren allein aus den schönen Verpackungen zu holen, ist bereits ein Augenschmaus.

Wer die Auflistung gerade genau gelesen hat, wird ein wichtiges Wort, vermissen, nämlich »günstig«. Traditionell ist der japanische Markt nicht preisgetrieben, er ist qualitätsgetrieben. Eine Qualität, die sich schon in der ästhetischen Packung, ja selbst im Regal und dessen Dekoration wiederfindet. Man könnte sagen, das Produkt »beginnt« schon beim Eintritt in den Laden. Einkaufen ist Teil der Magie der Waren, die sich in Kaufhäusern ausdrückt, deren optische Gestaltung beeindruckend ist. Der Kunde könnte in jedem der Shoppingparadiese in Tokios Ginza-Distrikt ein Wochenende verbringen, ohne dass die Attraktionen knapp würden. Die großen Einkaufszentren sind im Grunde Warenpaläste, die allein schon den Besuch wert sind. Die Architektur der Kaufhäuser zeigt nach oben in die Vertikale. »The sky is the limit«, wie die Amerikaner sagen. Der Himmel ist die einzige Grenze. Die Japaner haben ebenfalls eine horizontale Variante der Shoppingzentren: Die Shoutengai. Das ist einfach ausgedrückt eine lange Einkaufsstraße mit Überdachung. Anders beschrieben: Ein regengeschützter, enger Flanierweg, der von kleinen Lädchen flankiert wird. Damit der Kopf nicht nass wird, gibt's ein Dach drüber. Keine Kurven, aber Kreuzungen. Trotzdem läuft man nicht kreuz und quer, sondern der Hauptschlagader entlang. Der Eingang der Shoutengai muss oft erst einmal gesucht werden, denn er ist nicht selten zwischen gewöhnlichen Straßenhäusern verborgen. Die Shoutengai in Osaka ist 2,6 Kilometer lang. Wer sie durchbummelt, kommt an 800 Geschäften vorbei. In einer Shoutengai und in den üppigen Kaufhäusern der Großstädte ist das Warenangebot im wahrsten Sinne des Wortes horizontlos. Es sind süße Paradiese, in denen der Kunde sein vielleicht mit Problemen überhäuftes »Ich« durch ein happy »Konsumenten-Ich« ersetzen kann.

4

Das Verhalten des Japaners als Konsument ist seit Langem für Konsumanalysten leicht vorhersehbar. Anders als ihre Gegenstücke in Europa oder der USA vermeiden Japaner, wenn es der Geldbeutel zulässt, billige Waren. Sie suchen Kaufhäuser mit hohen Preisen, ja selbst teurere Supermärkte auf, wenn dort Qualität vermutet wird. Sie lieben hochwertige Markenartikel, so dass nicht wie anderswo die billigen Waren in Massen produziert werden. Es ist genau andersrum: Höherpreisige Artikel werden in großer Stückzahl hergestellt. Das macht Japan zu einem interessanten Markt für Hersteller gehobener Produkte und verpflichtet im Gegenzug einheimische Firmen dazu, diesen Erwartungen entsprechende Artikel zu produzieren. Wenn man darauf achtet, wird man bei vielen Japanerinnen eine Markenhandtasche oder ähnliches entdecken. Eine Freundin ließ sich allein den Markengeldbeutel ihrer Wahl 500 Euro kosten, ohne dass ihr sonst übergroßer Reichtum nachgesagt werden konnte. Den Firmennamen auf dem Portmonee zu entdecken, fällt nicht leicht. Statuspomp ist weniger das Ziel als das Selbstwertgefühl hoch zu halten. Der Markt für Luxusartikel war bis 2010 auf elf Milliarden Euro angewachsen. Allerdings haben die immer noch schleppende Wirtschaft, aber vor allen Dingen die stagnierenden Löhne bewirkt, dass sich immer mehr Kunden auch für günstige Angebote interessieren. Seit 1990 wächst die Wirtschaft nicht mehr in dem Maße, wie sich das die Politiker wünschen würden. Der Luxuskunde hat seit einigen Jahren Konkurrenz vom Billigshopper bekommen. Der schmalere Geldbeutel hat zum Aufstieg von Ketten wie IKEA geführt, die im Möbelmarkt auch in Japan führend sind. Riesensupermärkte wie Costco, in denen man alles preiswert, aber nur im zwanziger, fünfziger oder hunderter Pack kaufen kann, sind beliebt. Billigfriseurketten wie QB House haben sich seit ein paar Jahren etabliert. Am Eingang des Ladens holt sich der Kunde ein Frisurenticket aus dem Automat und bekommt für 1000 Yen (acht Euro) die Haare geschnitten. Die Haare werden beim Abschneiden mit einem Vakuum-Schlauch abgesaugt. Nach etwa zehn Minuten ist die Frisur fertig.

Das Auseinandertriften dieser zwei Kundengruppen zu überwinden, haben ein paar Firmen geschafft. Die preisbewusste Gruppe und die nach qualitativ Hochwertigem Ausschau haltende Gruppe finden einen gemeinsamen Nenner beispielsweise in der Kleiderladenkette Uniqlo. Sie bietet günstige, aber hochwertige Kleidung. Die Geschäfte von Uniqlo sind für die Inselbewohner das Mekka des erschwinglich Modischen. 900 der 1300 Läden befinden sich allein in Japan, wo die Firma 810 Milliarden Yen Umsatz hatte. Der Gründer von Uniqlo, Tadashi Yanai, ist mit einem geschätzten Vermögen von 26 Milliarden Dollar, der reichste Mann des Inselstaats. In Deutschland findet man Läden in zehn Städten. Japaner in unserem Land setzen sich in jeden Zug, nur um eine der zehn Filialen zu erreichen. Als ich einmal zu einer japanischen Bekannten sagte, ich hätte gelesen, dass einer von drei Japanern gerade ein Produkt von Uniqlo anhabe, zupfte sie mit den Fingerspitzen an ihrem beigefarbenen Pullover, zog ihn nach hinten Richtung Ellbogen, wodurch ihr T-Shirt sichtbar wurde. Sie sagte: »Uniqlo«.

Die Firma erfüllt die japanischen Fashion-Forderungen, die allerdings für unsere Verhältnisse, was Farbwahl und Schnitt angehen, etwas zu unauffällig sind. Tatsächlich scheiterte die Ladenkette bei ihrem ersten Versuch, in Europa und den USA Fuß zu fassen, an der Einheitlichkeit ihrer Kleidung. Das gerade aber war eines der Geheimnisse des Erfolges in Japan. Uniqlos Anziehwaren sind so unspezifisch, dass sie noch nicht einmal eine bestimmte Altersgruppe als Kunden im Sinn haben. Die Firma verbreitet nicht das Gefühl Modediktator zu sein, sondern offeriert Waren, die außerhalb aktueller Trends liegen. Das ist kein Zufall: Das Geschäftsmodell sieht vor, Kleidung nicht nach traditionellen Kategorien einzuteilen (schön, sexy, elegant, sportlich…), sondern nach Funktionsbedürfnissen: »Soll wärmen«, »soll kühlen«, »soll lang halten«, »soll leicht waschbar sein« usw. Der Funktionalismus ist Trumpf. Die Kleiderfirma investierte, um diese Ziele zu erreichen, in Forschung. Was in den Modemetropolen New York oder Madrid geschah, war egal. Lediglich, was in den Entwicklerlabors passierte, war ausschlaggebend. Die »Heat Tech« genannte Materialtechnik war dabei der größte Erfolg, weil sie zur kalten Jahreszeit wirklich perfekt wärmt, ohne in Innenräumen Schweißausbrüche zu verursachen. Uniqlo ist zu einer nationalen Institution geworden, die den Japanern die als echt japanisch empfundene Körperumhüllung zur Verfügung stellt. In dem Funktionalismus der Kleidung, jenseits der überteuerten Markenware, finden Luxus- und Günstigshopper eine Schnittmenge.

5

Nicht alle Japaner können am »go shopping« teilnehmen. Der Konsumpalast öffnet sich wie andernorts nur für Leute, die Geld haben. Japan hat eine Bevölkerung von 120 Millionen Menschen. 21 Millionen davon leben unter dem Existenzminimum. In Osaka, der nach Tokio und Yokohama drittgrößten Stadt in Japan, gibt es im Stadtgebiet Kamagasaki einen Slum. Unser Japanbild ist sehr vom reichen Tokio geprägt. Eine japanische Fernsehsendung hat in Tokio und in Osaka in zwei vergleichbaren Ländern, ein hundert Yen (80 Cent) Sonderangebot aufgebaut. Die Kunden konnten sich mit den Händen eine 50cm große Papiertüte mit Kartoffelchips füllen. Diese lagen als unschöner Haufen in einer kleinen Stöberbox. Es war ein bisschen entwürdigend, mit den Händen wie ein lebender Bagger die billigen Kartoffelchips in die Tüte zu schaufeln. Zudem alle ohne Handschuhe in die gleiche Stöberkiste griffen. Während die Leute in Tokio mehr oder weniger Nase rümpfend an den Kartoffelchips vorbei liefen, kamen in Osaka immer mehr Kunden herbei gelaufen, um wirklich noch den letzten Kartoffelchip in die Tüte zu drücken. Das Sonderangebot machte die Kohlenhydrat-Cracker unwiderstehlich.

Das Maß an Bedürftigkeit, das auch in Japan besteht, lässt sich am Phänomen der »Menstruationsarmut« ablesen. In einer Umfrage unter 3000 Frauen haben 8,9% der Frauen angegeben, schon einmal in ihrem Leben so wenig Geld gehabt zu haben, dass sie sich keine Hygiene-Artikel für die Monatsblutungen kaufen konnten. Um das auszugleichen, verwendeten sie die Tampons und Binden länger als üblich oder tauschten sie mit Taschentüchern aus. Aufgrund der Situation strichen sie nach eigenen Angaben Treffen mit Freunden, vernachlässigten die Hausarbeit oder konnten sich bei der Arbeit nicht konzentrieren. Auch die Regierung ist auf die Menstruations-Armut aufmerksam geworden und versprach 2021 entsprechende Hygieneprodukte stärker zu subventionieren. Es gibt sogar eine wachsende Zahl von Schulen, die Hygieneartikel umsonst anbieten. Den scheuen Mädchen fällt es aber schwer, von diesem Angebot Gebrauch zu machen.

6

»go to travel« – Viele würden vermuten, dass sich hinter dem Wort »travel« eine mehrtägige Reise verbirgt. Als die Regierung jedoch diesen Slogan ausgab, hatte sie nur eintägige, maximal zweitägige Ausflüge innerhalb des eigenen Landes im Sinn. Der durch Corona schlapp gewordenen Reisewirtschaft musste unter die Arme gegriffen werden. Die bessere Übersetzung würde also lauten »Steige in den Zug, fahr irgendwohin, iss was, übernachte einmal und fahr dann wieder zurück«. Das Geld soll nicht ins Ausland fließen, sondern im Inland bleiben. Etwa 17 Millionen Japaner verlassen trotzdem jedes Jahr das Land. Topreiseziele sind die nahen Nachbarländer Taiwan oder Südkorea. Die Absichten der Kurztrips liegen im Shoppingbereich.

An den Strand zu gehen ist in Japan möglich und wird auch gemacht, aber es ist nicht unbedingt ein perfektes Freizeiterlebnis. Die Strände auf der Hauptinsel sind nicht besonders beeindruckend. Der Pazifik ist kalt, das Wasser nicht azurblau und das Gelände nicht mit Palmen übersäht. Das macht vielleicht nichts. Sonnengebräunte Haut gilt nicht als schön. Ein weißer Teint ist einer der wichtigsten Beautyaspekte, den es zu beachten gilt. Hier darf mit Creme nachgeholfen werden. Sonnenstrahlen müssen unter allen Umständen gemieden werden. Die Strände sollten also mit Sonnenschirmen ausgestattet sein, um die Haut blass zu lassen. Eine japanische Bekannte von mir wurde höflich gefragt, ob sie Surferin sei, als sie in einem Urlaub zu viel Bräune abbekommen hatte. Dass sich jemand freiwillig bräunt, konnte sich die gerade erwähnte Sprecherin einfach nicht vorstellen. Der Strand als Risikogebiet für weibliche Schönheit lässt dieses Stück Natur unattraktiver erscheinen als es ohnehin schon ist. Das Pauschalreisesystem mit all-inclusive, Voll- und Halbpension, das auf der Sonnenanbeterkultur beruht, ist deswegen nicht so etabliert wie bei uns.

Für Japaner ist ein Ort so interessant wie das Essen, das es dort gibt. Essen ist die Brille, durch die sie die Welt sehen. Im Falle eines Strandaufenthaltes erscheint im imaginären Brillenglas eine Süßspeise mit dem Namen Kakigori, die die Zeit am Strand genüsslich macht. Dabei handelt es sich im Wesentlichen um gefrorenes Wasser. Dieses hat als solches erst einmal keinen Geschmack. Das Besondere daran ist, dass Eisblöcke mit einem propellerartigen Schraubenmesser in kleine gefrorene Fetzen zerschnitten werden. Die von der Schneide abfallenden Stücke stapeln sich aufeinander und bilden schließlich einen Turm. Für den leckeren Geschmack sorgt Sirup, der in einer ordentlichen Portion darüber gegossen wird. Es ist das Strandeis schlechthin. Viele Haushalte haben sogar eine kleine Kakigori-Maschine zuhause.

Die Japaner, die in Deutschland sind, klagen übrigens über unser aus ihren eingeschränktes Angebot an Eis. Italienische Einwanderer habe ihre Eisvariante zu uns gebracht, viel Milch und guter Geschmack. Das gibt es in Japan auch, aber nicht in der Qualität des Originals. Ein Softeis dagegen ist im Sommer in Japan leicht zu haben. Das wiederum ist bei uns selten geworden. Softeis neige dazu, keimverseucht zu sein, besonders Salmonellen würden sich in der Eiscreme einnisten, heißt es bei uns. Im Gesamten hat Japan neben dem Stil-Eis drei eigenständige Sorten zu bieten: Das italienische Milcheis, das Softeis und schließlich das allseits beliebte Kakigori.

Japan hat wunderschöne Strände, die sich von Tokio aus in einer Entfernung von 2100 Kilometer auf der Insel Okinawa befinden. Hier entfaltet sich eine Urlaubskultur mit Strandhotels und Touristenzentren, die der unseren teilweise ähnelt. (Allerdings sollte bei einer Buchung beachtet werden, dass im August und September heftige Taifune darüber fegen können). Zwar wird das Liegen am Strand aus besagten Gründen vermieden, aber da Okinawa Schnorchel- und Tauchparadies ist, wird wenigstens das Wasser aufgesucht. Urlaub bedeutet für Japaner, aktiv zu sein und nicht sich auszuruhen. Entsprechend werden Wanderungen (am besten zum nächsten Fischrestaurant) unternommen. Um nach Okinawa zu gelangen, ist ein etwa drei Stunden langer Flug vonnöten. Das ist ungefähr die Fluglänge von Frankfurt nach Athen. Die »you-have-to-do-it«-Touristenattraktion sind von Wasserbüffeln gezogene Wägen. Die Besucher können sich in diesen durch niedriges Meerwasser zwischen zwei Inseln hin und her karren lassen. Früher war Okinawa Zentrum eines Königreiches mit Namen Ryukyu (1429-1879), das eine von Japan unabhängige Kultur hervorgebracht hat. Deren Überbleibsel ermöglichen den Touristen, historische Stätten zu besuchen. Die beeindruckende Natur bietet hervorragende Ausflugsmöglichkeiten. Dem Schnorchler steht ein Meer mit warmem Wasser offen, in dem sich leicht Meerschildkröten und unbändig große Fischschwärme bewundern lassen. Perfekt.

Es gibt noch ein Ziel, zu dem es die Japaner hinzieht. 1,5 Millionen japanische Touristen besuchten 2019 die Insel Hawaii. Allerdings hat die Inselgruppe, die früher so viele Japaner im Urlaub ansteuerten, an Beliebtheit verloren. Die Flugpreise steigen. Die Entfernung von 6500 Kilometer macht die amerikanische Insel zu einer echten Fernreise. Sieben bis acht Stunden muss man sich schon in den Flieger quetschen, um dorthin zu gelangen. Die Attacke auf Pearl Harbour war ein tragisches Ereignis. Aber eigentlich war die Beziehung von Japan zu Hawaii eng. Die Inselgruppe nahm schon im 19. Jahrhundert sehr viele japanische Immigranten auf. Sie wurden zuerst für die Zuckerrohr-, dann für die Ananasernte gebraucht. Deren asiatische Kultur beeinflusste nachhaltig die Gesellschaft dieser Insel. Die heute noch dort lebenden Japaner, Abkömmlinge der ersten Einwander, machen Hawaii in den Augen Japans »japanfreundlich«. Die Restaurants im Stadtteil Waikiki schildern ihre Menüs zweisprachig aus. Wer kein Englisch kann, kommt trotzdem durch. Zudem lassen sich westliche Güter (Kleider etc.), die in Japan teuer sind, zu einem vernünftigen Preis einkaufen.

7

»Meine Freunde werden mich nächste Woche besuchen«, bemerkte meine japanische Bekannte nebenbei, »und wir werden eine japanische Reise machen«. Ich war verwirrt. Was meinte sie mit »japanische Reise«? Die Situation war leicht zu verstehen: Ihre aus Japan zu Besuch kommenden Freunde wollten Europa sehen. Sie hatte vor, zusammen mit ihnen durch einige Länder zu reisen, um ihnen als »Expertin« Eindrücke der westlichen Kultur zu vermitteln. Aber was bedeutete in diesem Zusammenhang »japanische Reise«? Ich fragte sie zunächst, welche Orte sie mit ihren Gästen zu besuchen plane. Sie sagte mir, sie würden zuerst Rom, dann Pisa sowie Venedig und Florenz anschauen. Als nächstes würden sie nach Paris fliegen. Im Anschluss daran sei London das Ziel. Am Ende ginge es zurück nach Stuttgart, wo sie ihre Freunde verabschiede. Ich nickte und fragte, wie lange die Freunde zu

Besuch seien. »Vier Tage« antwortete sie. Ich war baff. Diese Tour in vier Tagen? »Ich habe dir doch gesagt, es ist eine japanische Reise«, lächelte sie.

8

»Go to travel«, »go to eat«, »go to shopping« sind wichtige Teile der japanischen Vergnügungskultur. Diese müssen unbedingt noch durch »go to sing« und »go to bathing« ergänzt werden. »Go to sing« lässt sich am besten als Liebe zum Karaoke-Singen ausdrücken. Es gibt Karaoke-Bars, bei denen der Mutige auf die Bühne springt, um das Publikum mit eigenem Gesang zu beschallen. So kennen wir das auch. Diese Bars waren seit Anfang der 1970er in Japan vorhanden. Daisuke Inoue war als Erster auf die Idee gekommen, Tonaufnahmen ohne Gesang zum Mitsingen abzuspielen. Er war Chef einer kleinen Musikfirma. Gleichzeitig war er Musiker, der in Bars auftrat, um das nötige Geld für sein kleines Unternehmen aufzubringen. In der Kneipenszene Westjapans waren genug Geschäftsleute unterwegs, die mit Kollegen Spaß haben wollten. Man trank zusammen, hörte sich die Lieder einer Liveband an und wie im Festzelt bei uns sang man ab einem gewissen Alkohollevel mit. Als solcher Musiker verdiente Daisuke Inoue sein Geld, als er Inhaber seiner eigenen Musikfirma wurde. Er verstand, was die Leute wollten und er verstand etwas von Musikaufnahmen. Er stellte den Barbesitzern Bänder mit Liedern zur Verfügung, die in den Bars problemlos abgespielt werden konnten. Ein sofortiger Erfolg. Der Kneipenwirt sparte sich das Geld für die Live-Band. Den Gesang musste das Publikum liefern. Ein Spaß für alle Anwesenden. Karaoke war geboren. Der Ausdruck »Karaoke«, der gern zwar nicht falsch, aber irreführend als »leeres Orchester« (kara = »leer«, oke = »Orchester«) übersetzt wird, bezeichnete früher in der Musikbranche einen Typ Bandaufnahme. Auf dieser spielte nur das Hausorchester der Firma, die für Gesang reservierte Tonspur war leer.

In Japan ist eine andere Variante von Karaoke allerdings weitaus beliebter. Vor allem jüngere Leute bevorzugen diese Art des Entertainments. In den zahllosen Karaoke-Läden in Tokio lassen sich abgetrennte Abteile für fünf bis zwanzig Euro pro Stunde mieten. Dort geht man mit Freunden zusammen hinein. Es gibt eine Bank, einen Tisch, eine Leinwand und eine Maschine, mit der der Lieblingstitel ausgewählt werden kann. Jemand nimmt als Erster das Mikrophon in die Hand, drückt auf den Startknopf, schaut auf das untertitelte Video auf der Leinwand und singt in Anwesenheit der besten Freunde zur Musik. Die Zuhörer klatschen im Takt mit, oder suchen sich schon mal aus der Titelliste den Song heraus, den sie dann zum Besten geben, wenn der Freund oder die Freundin mit dem Liedbeitrag fertig ist. Zwischendurch klopft es an der Tür und der Kellner bringt die bestellten Getränke. Das Ganze ist für alle ein Heidenspaß.

In Deutschland völlig undenkbar! Jeder nicht wie Caruso singende Freizeit-Künstler würde hierzulande riskieren, in irgendeiner Form direkt oder indirekt mit bissigen Kommentaren bedacht zu werden. Keine Freundschaft würde gegen den zu erwartenden Spott schützen. In Japan hingegen muss man in der Regel nicht fürchten, mit Häme übergossen zu werden. Das passiert einfach nicht. Ein bisschen greift den Inselbewohnern die Musik selbst unter die Arme. Die japanischen Lieder sind im Allgemeinen etwas leichter zu singen. Klare Töne, lang ausgesungen, ärmer an Schwierigkeiten, sie zu halten. Eine japanische Freundin sagte mir bezüglich des deutschen Singens: »Ich mag die Deutschen, nur eine Sache habe ich an ihnen auszusetzen. Sie haben keine schönen Stimmen«. Die Kritik scheint mir nur zum Teil berechtigt zu sein. Weniger die Stimmen als die Sprache selbst macht den Unterschied. Das Deutsche springt von Konsonant zu Konsonant (»Pforzheim«). Das Japanische hüpft von Vokal zu Vokal (»Tokio«). Die Musik des Inselreiches beruht nicht auf jugendlichem Protest. Es fehlt weitgehend das rockig-revolutionäre Element. Auf blusige Halbtöne wartet man in den populären Liedern vergebens. Es gibt sehr schöne japanische Lieder, aber in deutschen Ohren sind das brave Liedchen ohne Ecken und Kanten – zumindest im Mainstreambereich. Schmalzige Schlager für die Großelterngeneration gibt es natürlich auch. Diese Musikrichtung wird »Enka« genannt, aber jüngere Japaner machen einen weiten Bogen um diese Art der Musik. Die bei der jüngeren Generation angesagten Richtungen sind J-Pop und K-Pop. Das »J« steht für Japan und das »K« für Korea. Für den Laien wirken die Lieder ähnlich, aber es bestehen Unterschiede im Arrangement der Songs und in der Optik der Musikvideos. Man könnte grob sagen, K-Pop ist etwas flippiger und unkonventioneller als der brave J-Pop. Die Damen aus Korea sind sexy. Lack- oder Lederstiefel gehören wie irres Popowackeln zum Grunddesign dieser Musik. K-Pop kann koreanisch gesungen werden, aber Englisch darf es auch sein. Dieser größere Sprachhorizont sorgt für den enormen Erfolg selbst in westlichen Ländern. An einem Zeitschriftenstand in meiner Heimatstadt Stuttgart sah ich gestern gleich zwei Zeitschriften im BRAVO-Stil, die K-Pop zum Inhalt hatten.

In Japan wird Japanisch gesungen. An internationalen Großerfolgen besteht scheinbar kein Interesse. Das ist nicht überraschend, denn die Musik hat eine andere Funktion für die Gesellschaft als um den Globus zu gehen. Der nach innen, also in die eigene Bevölkerung gerichtete japanische J-Pop dient als Grundlage für die Idol-Kultur. Diese »Idol-Kultur« ist einer der zentralen Erscheinungen in der Unterhaltungsindustrie. Das Wort »idol« benutzen die Japaner in einer Variante der englischen Aussprache [ai-do-ru]. Unter »idol« versteht man Mädchengruppen oder Jungengruppen, die als Band agieren. Eigentlich nichts Neues. Im Westen hatten die »Backstreet-Boys« oder »Take that« mit dieser Art der Musik Erfolg. In Japan bedeutet die idol-Kultur die Chance für Teenager entdeckt zu werden. Wer durch eine Großstadt in Japan geht, wird immer wieder auf der Straße Gruppen von Jungen oder Mädchen bemerken, die tanzen und singen. Sie sind Teil der Glamour-Hoffnungen in Japan. Youtube ist vollgestopft mit Videos japanischer Mädchen, die in ihrem Zimmer zur Musik in Socken auf und ab hüpfen. Tanzen ist fast wichtiger als Singen, deswegen reicht es erst einmal, wenn man zeigt, dass man fähig ist, die Choreographien der beliebtesten Gruppen nachzutanzen. Ziel ist es, von einem der einflussreichen Musikmanager gesehen zu werden, um schließlich Mitglied einer neu geformten Band zu werden. Die Auswahl aus hunderten von Mädchen für die bekannteren Bands wird im Fernsehen übertragen. Genauso gab es landesweite (jährliche) Abstimmungen, bei Bühnenauftritten bei der wohl beliebtesten Idolgruppe mit dem Namen AKB48 in der Mitte tanzen durfte. Kein politisches Wahlergebnis wurde von manchen mit solcher Spannung erwartet wie dieses Votum. Die gerade genannte Mädchen-Band hatte eine eigene Spielsendung im Fernsehen. 500 Episoden liefen über den Bildschirm. Die beliebte Jungengruppe »arashi« hatte das auch, eine andere, smapxsmap, hatte dafür eine Kochsendung, die jahrelang lief. (Ich glaube nicht, dass die »Backstreet-Boys« gleichzeitig zu ihrer Musikkarriere eine Kochsendung hatten). Wenn die Idol-Zeit zu Ende ist, werden viele Schauspielerin bzw. Schauspieler und wechseln ganz in den Fernsehbereich. Vor diesem Hintergrund sind die Karaoke-Läden nicht nur Quelle von unerhörtem Spaß für die Japaner, sie sind Traumboxen oder gar Trainingsraum für eine mögliche Ídol-Existenz. Kein Wunder also, dass es landesweit 10.000 von ihnen gibt.

9

Wenn es um die Vergnügungen der Japaner geht, darf eine nicht fehlen, die für viele ein tägliches Plaisier ist: Baden. Die Japaner baden zu Hause, in den öffentlichen Badehäusern (»Sento«) und dort vor allen Dingen in den Heiß-Wasser-Quellen, die Onsen genannt werden. Die tektonisch instabile Beschaffenheit des Landes, die Grund einer rissigen Bodenbeschaffenheit ist, lässt immer wieder heißes Wasser aus dem Erdinneren sprudeln. Dieses wird über Leitungen in holz- oder steinumrandeten Waschzubern gesammelt, in denen man sitzen kann, um sich zu entspannen. Um diese Wasserbecken herum wurden wiederum Gebäude gebaut, die ebenfalls wie die heißen Quellen den Namen »Onsen« tragen. Das Besondere ist hier eben, dass das Wasser, welches der Gast vorfindet, statt vom Wasserboiler von feurigen Vulkanen erwärmt wurde. Und davon gibt es nicht wenige: 111 aktive Vulkane sind im Land verteilt. Traditionelle japanische Hotels (»Ryokan«) nutzen die Badelust für sich und bieten kombinierte Aufenthalte mit Übernachtung, Abendessen und Onsenbenutzung an. Die Onsen haben Tradition. 1661 wurde das erste Badehaus eröffnet, aber die Ryokan selbst gehen bis ins achte Jahrhundert nach Christus zurück. Diese Art von Hotels sind ein Guckloch in die Vergangenheit Japans. Sie dienten ursprünglich Reisenden als Zwischenhotel. Heutzutagen werden sie wegen ihrer hervorragenden Onsen-Einrichtungen gebucht. Der Aufenthalt in einem Ryokan ist deswegen ein absolutes Tourismus-Muss. Die Angestellten schlürfen in Kinomos und in klappernden Holzsandalen durch die Hotelflure und das Essen wird auf irgendwelchen Brettchen serviert. Japaner lieben es, ihre Freizeit in einem dieser luxuriösen Häuser zu verbringen, deren Hauptattraktion die Badegelegenheiten sind.

In der simpelsten Form handelt es sich bei einem Onsen um ein mit Ziegelsteinen oder Holzlatten befestigtes, recht rundes Loch, in das der Besucher steigt. Es kann in der Art eines Whirlpools in den Boden eingelassen sein oder als kleiner Krater eine steinerne Ringmauer haben. Der Badende steht oder hockt in dem höchstens bis zur Brust gehenden Wasser, bis es ihm zu heiß wird. Schwimmen ist nicht möglich; es ist wirklich nur eine Art künstlich angelegte Badewanne, die innerhalb oder auch außerhalb eines Gebäudes sein kann. In letztem Fall ist eine Pflanzenwelt im Bereich einer Umzäunung so angeordnet, dass sich ein Restausblick, Blumen, Sträucher etc. zu einem recht malerischen Gesamtbild zusammentun. Von Außen Reinsehen lässt die Anordnung niemals zu; im Onsen ist man nackt und die Geschlechter sind sittsam getrennt. Nur in den teureren Onsen kann eine Familie zum Zimmer ein privates kleines Bad mieten.

Das Wasser ist heiß. Es sind zwischen 41 und 42 Grad im Becken zu erwarten. Klingt nicht heiß? Eine Sauna hat ja schließlich 90 Grad. Aber es ist wirklich heiß. Jährlich sterben etwa 20.000 – vor allem ältere – Japaner in den heißen Bädern an Kreislauf- und Herzversagen. Die empfohlene Höchstbadezeit beträgt zehn Minuten. Die meisten dehnen die Zeitspanne auf gefährliche 15 Minuten aus. Das Vergnügen, das die Inselbewohner beim Betreten eines heißen Bades empfinden, wiegt die Nachteile in deren Augen eindeutig auf. Der Japaner wehrt sich hartnäckig dagegen, mögliche körperliche Gefährdungen aufgrund der Hitze zuzugeben. Das hat seinen Grund. Gemäß alter Anschauungen gilt das Baden im heißen Wasser als ungemein gesundheitsfördernd. Generäle, Kaiser, selbst Götter haben ihren Leib in Onsen versenkt und kamen gestärkt und gesundet wieder heraus. Die Hitze würde das Nervensystem anregen, sowie die Selbstheilkräfte stärken. Die Verbindung zur Natur dieser Quellen verlängere die Lebenserwartung. Zudem ist im Inselstaat kaltes Wasser nicht besonders beliebt. Das kalte Bad wird traditionell von Büßenden gebraucht, die das Ziel verfolgen, sich von den Versuchungen der Welt zu entwöhnen. Kneipp könnte in Japan nicht punkten.

Der unbekleidete Besucher eines Onsen wird neben dem Becken einen Schemel vorfinden, der vor einem in Kniehöhe angeschraubten Wasserhahn umgekippt (mit den Stuhlbeinen nach oben) steht. Umgekippt bedeutet »der Platz ist frei«. Der Hocker ist unglaublich niedrig. Dort setzt sich der Besucher hin und spritzt sich mit dem Schlauch ab, der an dem Wasserhahn vor ihm angebracht ist. Daneben stehen alle möglichen Seifen, die zum perfekten Waschen beitragen können. Und so wäscht man sich dann. Gründlich. Immer wieder. Und noch einmal. Fünf Minuten. Zehn Minuten. Endlich geht es in den Onsen-Pool. Jetzt heißt es, die Hitze zu ertragen. Eine längere Zeitspanne im heißen Wasser bewegungslos auszuharren, ist schon eine Herausforderung. Sich zu bewegen tut durch die Heißwasserbewegung fast weh. Nachdem der Kreislauf beinahe kollabiert, wird das Becken verlassen, dann wiederholt sich das Waschritual von Neuem und in voller Länge, als ob man es noch gar nicht ausgeführt hätte. Dann wieder ins Becken, wieder raus, waschen, wieder rein… bis man müde ist, aber auch bis man vollständig entspannt ist.

Onsen sind keine Hallenbäder, aber es gibt öffentliche Häuser mit größeren Becken, in denen die Japaner nach Geschlechter getrennt baden. Auch dort ist Plantschen oder gar Schwimmen tabu. Japaner finden Schweiß extrem abstoßend und der Besucher schwitzt vor allen Dingen am Kopf. Deswegen legen viele ein kleines Handtuch auf den Kopf. Aber Achtung: Handtücher dürfen das Wasser nicht berühren. Wer eklig sein und jeden verärgern möchte, tauche mit dem Kopf komplett unter und winde dann mit den Händen die Haare aus. Haare dürfen auf keinen Fall, nicht einmal einen Zentimetr mit dem Wasser in Berührung kommen. Ohne sich zu waschen und von der Tür der Schwimmanlage im Direktmarsch ins Becken einzusteigen, dürfte allerdings ebenso ein geeignetes Mittel sein, um zu testen, ob auch Japanern ab und zu mal der Geduldsfaden reißt.

Staat und Grundelkunde

1

Es ist nicht unüblich, ein japanisches Dokument in die Hände zu bekommen, das am Textanfang eine eigenartige Kombination aus Buchstaben und Zahlen hat: »reiwa 3«, »showa 10«, »heisei 8« … Dabei handelt es sich nicht um einen Spionagecode, sondern um japanische Datumsangaben. Die meisten Japaner geben ein Datum auf die gleiche Weise wie die Amerikaner an. Allerdings schreiben die Inselbewohner die Reihenfolge spiegelverkehrt. Man beginnt mit dem Jahr, dann den Monat, dann den Tag. Es gibt aber eine überall akzeptierte japanische Alternative. Diese ist traditioneller und formeller als die westliche Schreibweise, weswegen sie eher in Dokumenten als in privaten Mitteilungen zu finden ist. Sie richtet sich nach dem Antrittsjahr des Kaisers. Jeder Amtszeit werden Epochennamen zugeordnet, die das vorderste Ziel des Kaisers ausdrücken (z.B. Frieden, Harmonie, Glück…). Die Zahl drückt schlicht den Zeitraum eines Jahres aus. Da 2019 das erste Dienstjahr des japanischen Kaisers Naruhito war, war 2019 »reiwa 1«, 2020 ist dann »reiwa 2«, 2021 »reiwa 3« usw. Epochennamen werden gern abgekürzt, so dass am Ende nur noch »H8« für »heisei 8« übrig bleibt. H8 bedeutet demzufolge: »Im achten Jahr der Amtszeit des Kaisers«.

Die Perioden heißen in rückwärtiger Reihenfolge: reiwa (2019–), heisei (1989–2019), showa (1926–1989), taiso (1912–1926), und meiji (1868–1912). Glücklicherweise leben japanische Kaiser lange. Für den Zeitraum von 1868 bis 2020 gilt es nur, sich fünf Namen zu merken. Wer aber alle Ära-Namen bis zum Beginn der Zeitrechnung im siebten Jahrhundert kennen möchte, hätte eine Liste mit 250 Begriffen vor sich. Aber über die Kaiserjahre alter Zeit lückenlos Bescheid zu wissen wird nicht erwartet. Das moderne Zählsystem hat mit dem Aufbruch in die Demokratie in der Meiji-Zeit, also mit dem Jahr 1868, begonnen. Vorher gab es diese Datumsangaben bereits, aber ohne verlässliches System, was Notation oder Namensgebung angeht. Selbst Experten müssen deswegen in Listen nachschauen. Die erste Epoche, die zählt, ist die Meiji-Zeit. Das Wort bezeichnet sowohl die Epoche als auch den Namen des Kaisers. Später tritt der Name des Staatsoberhauptes zugunsten schöner Worte zurück.

Die Epochennamen haben eine Bedeutung. »Showa« bedeutet »leuchtender Frieden«. im Falle von »reiwa« ist es »schöne Harmonie«. Das Letztere ist ein Fantasiewort, das von einem Gedicht eines Sammelbands von Gedichten aus dem Jahr 730 mit dem Titel »Man'yōshū« (einer der großen Klassiker der japanischen Literatur) inspiriert worden sein soll. Es ist eine Zusammensetzung aus zwei Wortanfängen. In diesem Fall eine voreilige Wahl, denn das erste der zwei japanischen Zeichen für reiwa 令和 steht für »Befehl«. So könnte es ebenfalls mit »befohlener Frieden« übertragen werden. Das etwas unglückliche Händchen bei der Namenswahl machte nicht den besten Eindruck.

2

Nicht selten lässt sich im Internet die Meinung finden, dass über den Kaiser zu reden für Japaner tabu sei. Als ich eine japanische Freundin nach Kaiser Akihito fragte, der 2019 abdankte, fragte sie erstaunt zurück, wer denn Kaiser Akihito sei. Ich stutzte. Ich dachte ehrlich gesagt, sie veräpple mich. Ich erklärte ihr also, dass es der Name des (damals) aktuellen Kaiser sei, eine Neuheit, die sie interessiert aufnahm. Damit wollte ich es nicht bewenden lassen. Ich hakte nach, wie es denn sein könne, dass sie den Kaiser nicht kenne. Sie antwortete, sie kenne den Kaiser schon, aber alle würden den Kaiser mit »Tennou« (= Kaiser) betiteln. Niemand würde über ihn mit dessen richtigem Namen sprechen. Es war von mir also ein Fauxpas, den Geburtsnamen des Kaisers zu verwenden, als ob er irgendein »Karl« oder »Otto« wäre. Die richtige Benennung seiner Person selbst im Gespräch unter Freunden lautet »die Majestät der Kaiser«.

Der Tennou ist eine Respektsperson, um die es viel weniger Medienrummel gibt als um das englische Königshaus. Ein japanisches Mädchen, das ein Foto von dem sich auf einer Urlaubsreise befindlichen Kaiser Akihito machte und diesen Schnappschuss auf Twitter postete, löste landesweite Empörung aus. Die Würde des Kaisers zu schützen ist Teil der öffentlichen Aufgabe. Paparazzis lassen deswegen beim Tennou den Deckel auf der Kameralinse. Früher galt der Kaiser als lebender Gott. Die Amerikaner setzten diesem Status nach dem Zweiten Weltkrieg ein Ende. Wenn die Japaner ihren Tennou behalten wollen – sagten sie –, müsse er »Mensch« werden. Der Kaiser stimmte zu. Der himmlische Glanz, der seinem Amt innewohnt, kann aber bis heute nicht vollständig weggewischt werden. Er ist weiterhin höchster Priester des Shintoismus. Achtzehnmal im Jahr betet er gemäß seiner Aufgabe im Schrein zu den Göttern, damit sie Japan Glück bescheiden. Wie stünde der Landesobere vor den Kami da, wenn zu privaten Gelegenheiten geschossene Paparazzi-Bilder von ihm durch die Presse gingen?

Der Kaiser ist ein Mensch. Zum Beispiel spielte der ehemalige Tennou Akihito gerne Tennis. Seine künftige Gemahlin hatte der spätere Kaiser bei eben dieser Freizeitaktivität kennengelernt. Er war auf der gleichen Schule wie John Lennons Geliebte, YoKo Ono. Sie und er waren Freunde. Und Kaiser Akihitos Wissen im Bereich Grundelkunde ist herausragend. Er veröffentlichte viele wissenschaftliche Abhandlungen über das Verhalten dieser Fischart. Zu dem Zeitpunkt, als er sein Amt antrat, war er bereits unter Fachleuten für seine Forschungen in diesem Bereich bekannt. Ein Vertreter dieser Gattung ist nach ihm benannt (»Exyrias akihito«). Selber hat er beim Fischen in Okinawa im Jahr 2001 und 2008 zwei neue Arten entdeckt (»Callogobius albipunctatus« und »Callogobius dorsomaculatus«). Genauso gehen fünf neue Krabbenarten auf das Konto des Tennou, die er in der Zeit vor seiner Inthronisierung 1989 entdeckt hatte. Als fast neunzigjähriger Rentner ging er noch zweimal die Woche ins Biologielabor des Kaiserpalastes, um dort zu forschen.

Diese Art von Informationen sind Ausnahmen. Der Landesobere entzieht sich, wo er nur kann, den Blicken der Öffentlichkeit. Das drückt sich bereits in der Architektur des Kaiserpalasts in Tokio aus, von dem der Besucher vielleicht enttäuscht ist. Es ist nämlich außer hohen Mauern nicht viel zu sehen. Das Gebäude selbst ist hermetisch abgeriegelt. Nur zweimal im Jahr, zur Neujahrsansprache am 2. Januar und am Geburtstag des Kaisers, werden Leute in den Schlosshof gelassen. (Jedoch ist der Park um den Palast herum sehr schön).

Natürlich gibt es auch im japanischen Herrscherhaus Skandale und Skandälchen. Die Nichte von Kaiser Naruhito mit Namen Mako zum Beispiel heiratete 2021 einen bürgerlichen Mann mit Namen Komuro. Sie schied deswegen aus der kaiserlichen Familie aus. Sie verzichtete zur Beschleunigung des Vorgangs auf 1,2 Millionen Euro Abfindung, die ihr zugestanden hätten. Der Skandal bestand nicht nur in der bloßen Heirat eines Bürgerlichen, sondern auch in dessen Hintergrund. Die Mutter von Komuro war mit einem Mann verlobt, von dem sie 35.000 Euro als Unterstützung bekam. Dieser forderte das Geld zu einem späteren Zeitpunkt wieder zurück. Das klingt nicht nach viel Skandalmaterial, aber diese unruhige finanzielle Lage von Komuros Mutter rückte dessen Familie in ein schlechtes Licht. Der Verbindung wurden deswegen von vielen Seiten Steine in den Weg gelegt.

Die spätere Kaiserin Masako heiratete 1993 den japanischen Prinzen Naruhito, der 2019 auf dem Chrysanthementhron Platz nahm. Sie ist eine hochgebildete Frau, die bei fast jedem einen guten Eindruck hinterlässt. Aber ihre Familienvergangenheit birgt dunkle Geheimnisse. Ihr Großvater arbeitete in einer Bank als Konkursverwalter. 1930 war er dabei, die Firma Cisso zu sanieren. In dieser Zeit veranlasste er, dass das bei der Plastikproduktion angefallene Methylquecksilber in die Gewässer um die Stadt Minamata geleitet wird. Eine Anweisung mit schlimmen Folgen. Das hochgiftige Quecksilber kannte kein Erbarmen. Es gab bei der vom Wasser abhängigen Bevölkerung 3000 Tote und 17.000 Schwererkrankte. Die Quecksilbervergiftung aus dem Yatsushiro-See ging als Minamata-Krankheit in die Medizingeschichte ein. Die ans Licht gekommene Verbindung der neuen Kaiserin zu den Ereignissen sorgte dafür, dass ihre Präsenz im kaiserlichen Umfeld heftig in die Kritik geriet. Hinzu kam eine Fehlgeburt, deren Folgen Ursache einer starken Depression wurden. Vor allem der Druck, einen männlichen Nachfolger zu gebären, lastete seit Anfang ihrer Ehe schwer auf ihr. Glücklicherweise bekam der Bruder von Kaiser Naruhito, Prinz Akishino, einen Jungen, der als Nachfolger gehandelt wird.

3

Nach gültigem japanischem Recht darf keine Frau als machthabende Kaiserin regieren. Das war nicht immer so. Es gab in der Geschichte Japans acht Herrscherinnen. Die letzte von ihnen war die Kaiserin Go-Sakuramachi, die von 1762 bis 1771 ihr Amt ausübte. Frauen und Kaisertum wurden erst in der späten Edo-Zeit (das heißt im 19. Jahrhundert) voneinander getrennt, als der Konfuzianismus über die Gesellschaft Macht gewann. Dieser Weltanschauung liegt simpel gesagt die Auffassung zugrunde, dass ein Mann wie ein Mann, eine Frau wie eine Frau, ein Bauer wie ein Bauer und ein Handelsmann wie ein Handelsmann leben soll. So habe es das Universum bestimmt. Eigenmächtige Änderungen dieses nicht gerade modern zu nennenden Rollenverständnisses bringen Unglück, Chaos und Schrecken, weil sie die kosmische Ordnung stören. Im Grunde hat das Erstarken dieses sehr alten philosophischen Konzepts erst die fügsame Frau in Japan geschaffen. Das war durchaus auch mal anders. Ein Beispiel: In Japan gab es vor der Edo-Zeit Frauenkampftruppen. Die Amazonen in Europa sind nur mythische Kämpferinnen. Die Japaner hatten die »onna-musha« (女武者) genannten Kriegerinnen nicht nur in der Literatur. Es waren starke Kämpferinnen, die den Ausgang von Schlachten beeinflussten. Es konnten Frauen auf Pferden sein, die mit Pfeilen den Feind niederschossen oder Bodensoldatinnen mit Lanzen, die auf die Leiber von Reitern einstachen. Bei der Verteidigung von Burgen spielten mit ebensolchen Waffen ausgerüstete Frauen eine wichtige Rolle. Sogar weibliche Generäle sind seit dem Genpei-Krieg (1180-1185) verbürgt. Die geschichtlichen Aufzeichnungen sprechen von ganzen Reitertruppen, die aus Frauen bestanden. Reale Amazonen. Einzelne Kriegerinnen bauten sich Ruhm auf, der sich in ganz Japan verbreitete. Eine unter ihnen, Akai Teruko (1514-1594), wurde von allen bewundert, weil sie noch bis inzums Alter von 76 Jahren in den Krieg zog. Nachdem dieses »Konzept« in der Edo-Zeit hundert Jahre geruht hatte, griff man wieder kurz vor dem Ende des Zweiten Weltkriegs darauf zurück, als man fürchtete, amerikanische Truppen könnten den Heimatboden betreten. Frauen wurden zum Kampf mit Lanzen trainiert. Man hoffte so genügend Invasoren tot zu stechen, um die Kontrolle über das Land zu bewahren.

4

Die Macht des Kaisers ist eingeschränkt. Durch die Einführung eines Parlamentes 1890 wurde Japan zumindest technisch gesehen eine Demokratie. Aber nicht erst westliches Gedankengut beschnitt die Kraft des Tennou. Geschichtlich hat Japan zwei Modelle hervorgebracht, wie das Land regiert werden kann. Das eine Modell ist das Kaisertum, das andere Modell ist das Shogunat, bei dem ein General, ein Shogun, in Kriegszeiten sowie in Friedenszeiten das Land führt. Wie kam es zu den zwei Modellen? Um das zu verstehen, muss man in der Zeit etwas zurückgehen. Im Jahr 800 nach Christus war das Land in separate 220 Einzelgebiete zerstückelt. Da die Fläche von Norwegen ungefähr der von Japan entspricht, kann man sich vorstellen, in Norwegen gäbe es 220 unabhängige Länder. Diese Kleinstaaten wurden von regionalen Adligen regiert. Sie führten ständig gegeneinander Krieg, verbündeten sich, heirateten untereinander und konkurrierten, wo sie nur konnten, um Macht und Einfluss. Ohne zentrale Lenkung bringt diese Situation permanente Konflikte. Das verlangte nach einer Lösung. Zu verwundbar war der Inselstaat unter solchen Bedingungen gegenüber Feinden von Außen. Eine Verbesserung dieser instabilen politischen Verhältnisse zeichnete sich ab, als der Inselstaat das chinesische Staatsmodell übernahm, an dessen Spitze ein göttlicher Herrscher stand. Die Autorität eines solchen Kaisers fußte auf seiner »himmlischen« Abstamung. Er verstand sich als Abkömmling spiritueller Wesen und war dessen Stellvertreter auf Erden. Gegen ihn zu revoltieren bedeutete gegen die Götter anzugehen. Seinen Befehlen nicht zu gehorchen konnte im Himmel wie auf Erden schlimme Folgen nach sich ziehen. Tatsächlich weigerten sich bei einer Gelegenheit im Boshin-Bürgerkrieg (1868/9) Soldaten der einen Seite auf die andere Seite zu schießen. Grund war, dass die andere Seite die kaiserliche Flagge gehisst hatte. Hätten die feindlichen Truppen lediglich eine Nationalflagge oder eine Truppenflagge geschwungen, wäre die Befehlsverweigerung ausgeblieben. Auf den Kaiser und dessen Vertreter zu feuern war für viele undenkbar, gleichgültig, welche Nachteile sich daraus ergaben. Der Herrscher als Integrationsfigur konnte seit der Einführung dieses Modells von Anfang an eine Brücke schaffen, die die Unterschiedlichkeit politischer Ziele der Landesfürsten zu einem neuen Ganzen bündelte. Selbst die Amerikaner schafften das Kaisertum nach dem für sie siegreichen Ende des zZweiten Weltkriegs nicht ab, aus Furcht, das Land könnte ohne den Kaiser in politischem Chaos versinken. So ist heute das japanische Kaisertum die älteste Monarchie der Welt. 126 Generationen hintereinander aus der gleichen Familie. Das Geheimnis dieser Langlebigkeit lag nicht in großer Macht, sondern im fast durchgängigen Verzicht auf Macht. Diese übten andere aus, zu denen wir jetzt kommen.

Das andere Regierungsmodell war das Shogunat. Es entstand in der Kamakura-Zeit (1147-1199). Seinen Wirkungshöhepunkt erreicht es aber erst vierhundert Jahre später. Die Edo-Periode (1603-1868) war die längste Friedensepoche Japans. 250 Jahre ohne Krieg. Eine unglaublich lange Zeit. (In Europa gab es im gleichen Zeitraum 124 Kriege). Das verdankte das Land der Effektivität des Shogunats. In der Edo- Zeit hatten die Shogune des Tokugawa-Clans die Führung. Den Mächtigen aus dem Clan fehlte die göttliche Aura, die den in dieser Periode zur Schattenfigur gewordenen Kaiser seit Jahrhunderten vor Umstürzen schützte. Sie mussten stets damit rechnen, dass andere Generäle sich zusammentaten, um die Spitze des Staates zu erklimmen.

Der Tokugawa-Clan ersann, um dies abzuwenden, bösartig zu nennende, aber wirkungsvolle Methoden. Ein Edikt wurde erlassen. Darin stand, dass die Adligen, die den kleinstaatenartigen Gebieten Japans vorstanden, Frau und Kind nach Edo (heute Tokio) schicken mussten. Hier sollten sie nach dem Willen des Shoguns dauerhaft Residenz beziehen. Die Landesfürsten selbst mussten ebenfalls mehrere Monate im Jahr in Edo bleiben. Auf diese Weise war es dem Shogun möglich, vermeintliche Intriganten zu kontrollieren. Dies gelang allein schon durch die Tatsache, dass er seine Provinzvorsteher Monate in seinem Machtbereich wusste. Ein Heer konnten die weit von der Heimat Entfernten nicht versammeln. Waren sie aber wieder in ihren Provinzen, blieben Frau und Kind als Geiseln in der Stadt. Sollte jemand von den Landesfürsten in irgendeiner Weise an umstürzlerischen Tätigkeiten beteiligt sein, drohte der Tokugawa-Clan, ihre Familie umzubringen.

Durch die konsequente Machtverlagerung in eine einzelne Stadt entsprang durchaus auch etwas Gutes. Diese erzwungene Zusammenführung von Vorstehern verschiedenartigster Provinzen schuf so etwas, wie eine gemeinsame japanische Kultur. Der Shogun, die Fürsten, die Familien der Mächtigen, die Entourage bis hin zur Dienerschaft aßen die gleiche Küche, schauten die gleichen Theateraufführungen an, trugen Kleider der neuen Mode entsprechend und kommunizierten in einem einheitlichen Japanisch miteinander. Sie brachten, in ihre Provinzen zurückgekehrt die Sitten und die Kultur Edos mit. Das heutige Tokio, das mit den umgebenden Städten zum größten Metropolgebiet der Welt zusammengewachsen ist, war vor dem Edikt des Tokugawa-Clans ein verschlafenes Städtchen. Die Adelsdamen beklagten sich zu Anfang über die vielen Füchse sowie Wildtiere, die sie auf den weiten Grasflächen um ihre Häuser herum sahen. Erst die Order des Shoguns und die daraus entstehende Ballung einer Adelsgesellschaft an diesem Ort machten das ehemalige Edo, das heißt das heutige Tokio, zu einer bedeutenden Stadt. Hatte Edo im Jahre 1600 noch 100.000 Einwohner wuchs die Stadt bis zur Mitte des 18. Jahrhunderts auf eine Million Einwohner an.

Das System des Shogunats war die Grundlage einer langen Friedenszeit in Japan. Es bot die Möglichkeit, Gelder, die nicht mehr in Kleinkriege investiert wurden, für anderes zu nutzen, besonders für den Ausbau holprigster Wege zu einem vorzüglichen Straßensystem. Gesellschaftliche Veränderungen waren unvermeidliche Folge der neuen Verhältnisse. Die Zeit der Kaufleute war gekommen, wohingegen der Stern der Kriegerkaste sank. Die Samurai hatten ihren Lebenzweck im Kampf für ihren Patron gesehen. Ein schier ewiger Friede im Land raubte ihnen ihre eigentliche Funktion. Sie wurden Verwaltungsbeamte mit einem festen Stipendium an Geld, dessen Größe davon abhing, auf welcher hierarchischen Stufe sie innerhalb der Samuraikaste gestanden hatten. Zuerst war dies eine recht üppige Geldmenge, aber da das Stipendium in 265 Jahren praktisch nicht erhöht wurde, fraß die Inflation den Wert dieses Gelds. Die Samurai verarmten. Ihr Ruhm war nur noch eine Erinnerung, in der sie schwelgen konnten, während sie Amtsformulare mit einem Griffel ausfüllten.

Das Ende des Shogunats kam, als amerikanische Schiffe 1854 in Japan anlegten. Dies beendete die Zeit der strikten Isolation Japans von anderen Ländern. Der Tokugawa-Clan, der in der Edo-Zeit die regierenden Shogune stellte, hatte bis zu diesem Ereignis den Kontakt mit dem Ausland untersagt. Kein Westler sollte seinen Fuß (außer an einem einzigen Hafen) auf Japan setzen. Japanern wurde bei Androhung der Todesstrafe verboten, das Heimatland zu verlassen. Die Amerikaner erzwangen sich mit militärischer Stärke eine Präsenz im Inselstaat. Der Kaiser, der zu einer rein repräsentativen Figur abgestiegen war, beeilte sich zu den ausländischen Neuankömmlingen gute Beziehungen aufzubauen. Er fühlte, seine Zeit war nach Jahrhunderten der Machtlosigkeit gekommen. Die Amerikaner verstanden, welchen Verbündeten sie mit dem japanischen Kaiser hatten. Ihr Ziel war es, Handelsbeziehungen mit dem Inselstaat zu beginnen, doch der verstockte Shogun stand ihnen dabei im Weg. Ein erfolgreiches Bündnis mit dem Kaiserhaus wurde geformt, ein kurzer Bürgerkrieg folgte und das Vorhaben gelang: Der Shogun verlor seine Macht. Dieser hatte sich unter den Adligen mit seinen harten Regeln keine Freunde gemacht. Viele von ihnen standen aus diesem Grund auf der Seite der kaiserlichen Truppen. Die Samurai, deren Kampfesstärke einst der militärische Panzer der Gesellschaft war, waren zu Stubenhockern verkommen. Ihre Treue gegenüber ihrem Shogun war deswegen nichts weiter als ein Lippenbekenntnis. 250 Jahre Frieden hatte sie unerfahren in Kriegsdingen gemacht. Das Shogunat fiel. Die Amerikaner wollten eine Demokratie. So wurde Japan eine kaiserliche Demokratie.

5

Mir hallt noch immer ein entschlossener Kommentar einer südkoreanischen Schülerin im Ohr: »Japan ist keine Demokratie!«. Wir waren gerade dabei, über die Beziehungen Koreas zu seinen Nachbarstaaten zu sprechen. Ich hatte, ohne Böses zu ahnen, die Aussage in den Raum gestellt, Japan und Südkorea seien sehr ähnliche Länder. Ich sah an ihrer Mimik sofort, dass ihr die Bemerkung nicht schmeckte: »Doch es gibt einen Unterschied. Japan ist keine Demokratie«. Mir fiel in diesem Augenblick keine Entgegnung ein, weil ich das Statement so realitätsfern fand. Mir blieben jedoch die Worte im Gedächtnis. Warum hatte sie das behauptet? War es nur ein Vorurteil? Die Beziehung Südkoreas zu Japan ist aufgrund historischer Vorkommnisse sehr belastet. Wollte sie Japan, das ihr Land einst als Kolonie beherrschte, auf diese Weise einen »verbalen Hieb« versetzen? Das schien mir plausibel. Alles, was mir damals zu Japan einfiel, waren Belege eines fleckenlosen, freiheitlichen Staates. Nach dem Zweiten Weltkrieg schufen die Amerikaner dort eine Demokratie nach eigenem Vorbild. Das neue Staatsgebilde ließ mehr Volksvertretung zu, als jemals dort möglich gewesen war. In dem von der »Economist Intelligence Unit« herausgegebenen Ranking aus dem Jahre 2022, das auflistet, wie sehr ein Land Demokratie verwirklicht, belegte Japan den 16. Platz, noch vor England (Platz 18), Frankreich (Platz 22) und Südkorea (Platz 24). Selbst noch vor den USA (Platz 30), die innerhalb der Gruppe »fehlerhafte Demokratien« aufgelistet sind. Deutschland ist Platz 14. Norwegen Platz 1.

Japan ist eine Demokratie. Kein Zweifel. Trotzdem findet sich im politischen Gefüge des Landes einiges Auffällige. Japan hatte beispielsweise im Zeitraum von 1975 bis 2022 25 Premierminister. Wenn man die neunjährige Amtszeit von Shinzo Abe abzieht, werden daraus 23 Premierminister in 43 Jahren. (Abe war zweimal Ministerpräsident). Die durchschnittliche Regierungszeit beträgt nur die Hälfte der Wahlperiode, das heißt die meisten von ihnen werfen irgendwann das Handtuch. Dafür lassen sich zwei Gründe angeben. Der eine ist, die Lenker des Landes stehen stark unter Druck. Die japanische Öffentlichkeit verzeiht Fehler nicht. Wer in seiner Politik also fehlgeht oder in einer Krise weniger als angemessen reagiert, wird aus dem Amt gedrückt. Eine internationale Studie (2021) mit dem Titel »Vertrauen Sie ihren Politikern« trägt vor, dass nur 36 von 100 Japanern den Politikprofis das unbedingte Vertrauen aussprechen. In Deutschland sind es 55 und in China 88 von 100 Personen. Der zweite Grund kurzer Amtszeiten liegt in einer recht ungewöhnlichen Tatsache. Viele Staatsführer nutzen den »Job« Ministerpräsident« lediglich als Trittbrett für andere weniger in der Kritik der Öffentlichkeit stehende (besser bezahlte) Posten. Yoshiro Mori, der von 2000 bis 2001 Premierminister war, wechselte nach seiner Amtsaufgabe zum diplomatischen Dienst. Er diente als Vermittler zwischen Russland und Japan. Er war ein guter Freund von Putin, denn beide mochten den Judosport. Danach wurde er Präsident der Rugby-Liga. Schließlich ernannte man ihn zum Vorsitzenden des Organisationskomitees der Olympischen Spiele 2020 in Tokio. Allerdings fiel er in dieser Funktion mit sexistischen Kommentaren auf, die es selbst in unsere Nachrichtensendungen schafften. Er sagte, dass die Redezeit in Ausschüssen erhöht werden sollte, wenn es mehr weibliche Sitzungsteilnehmer gäbe. Frauen würden es einfach lieben, endlos zu reden. Das kostete ihn seinen Posten. Yoshiro Mori ist ein Beispiel für das Geklüngel alter Leute an der Spitze Japans, die sich gegenseitig »Pöstchen« zuschieben. Die frauenfeindlichen Kommentare sind nicht allein der Weltanschauung eines einzelnen Politikers entsprungen. Der fünffache Milliardär Taro Aso war 2008 bis 2009 Ministerpräsident Japans. Dann wurde er Finanzminister und Vizepräsident des Landes (von 2012 bis 2021). Als Finanzminister sagte er (nach wikipedia), er wolle Japan zu einem Land machen, in dem »reiche Juden gern leben wollen« würden. »Obwohl Hitler die richtigen Ideen hatte, war er kein guter Mensch, weil er soviele Leute getötet hat«, »Die Leute im Nahen Osten vertrauen den Japaner, weil wir dort niemand ausgebeutet haben und wir in keine Kämpfe verwickelt waren und auch kein Maschinengewehr abgefeuert haben. Japan kann das machen, was die Amerikaner nicht können. Es ist also besser, keine blonden Haare und blauen Augen zu haben. Zum Glück haben wir Japaner gelbe Gesichter«. Er dankte der globalen Erwärmung, weil dadurch der Reis besser schmecke. Japans Machthabende bilden einen verwobenen und nach Außen geschlossenen Männerclub, der die Eigenständigkeit der Politik und die Kraft des Landes, sich zu erneuern, gefährdet. Er ist einer der Bremsklötze echter Demokratie.

Die Regierung und der Regierungschef werden seit über siebzig Jahren von einer einzigen Partei gestellt. Sie ist konservativ und heißt LDP. Lediglich während zwei Wirtschaftskrisen wechselte die Regierungsgewalt für zusammengerechnet vier Jahre in die Hände einer anderen Partei (und zwar von 1993 bis 1994 und von 2009 bis 2012). Die gängige Erklärung dafür ist, die konservative, gesellschaftlichen Fortschritt verweigernde Haltung der LDP reflektiere den Wunsch der Bevölkerung, an ihrem gewohnten Lebensstil festzuhalten. In der Wahl von 2019 wählten 67% der Generation mit einem Lebensalter von 65 Jahren, aber nur 30% der Personen unter 30 Jahren. Dass sich auf diese Weise in einer überalterten Gesellschaft konservative Ansichten durchsetzen, verwundert nicht. Den Schluss zu ziehen, Japan sei ein Einparteiensystem nach dem Vorbild Chinas, ist aber falsch. Die LDP regierte meistens mit einem Koalitionspartner. Einer der wenigen Regierungschefs, der aus den Reihen der Oppositionspartei gewählt wurde, hieß Yukio Hatoyama. Eine Krise hatte 2009 einen Machtwechsel bewirkt. Wie würde sich ein Regierungschef anstellen, der nicht aus der LDP kam? Die Japaner waren gespannt. Seine Politik machte auf sie einen guten Eindruck. Seine Frau dagegen stieß die Wählerschaft vor den Kopf, als sie in einem Interview erklärte, sie sei von Aliens entführt worden und schon zum Planeten Venus gereist. Die konservativen Politiker geben für die Japaner ein besseres Bild ab. Ihre Ruhe bringt Vertrauen. Jedoch bekam dieses Vertrauen Risse, als Premierminister Shinzo Abe 2022 von einem Attentäter auf offener Straße erschossen wurde. Die Bevölkerung war geschockt und solidariserte sich mit dem Politiker der LDP. Die japanische Presse wurde nicht müde, das Attentat als einen Angriff auf die Demokratie selbst zu bezeichnen. Was der Sache eine Trübung gab, waren die Ergebnisse der Folgeuntersuchung. Besonders das Forschen nach dem Motiv des Täters öffnete einen Blick auf Hintergründe, die sonst vor dem öffentlichen Auge verborgen sind. Der Attentäter gab als Grund für sein Tun die Verbindung an, die Abe zu einer religiösen Sekte hatte. Diese Sekte nämlich sei verantwortlich für den finanziellen Ruin seiner Mutter gewesen. Die Mutter, die Anhängerin dieser religiösen Gruppe gewesen war, habe auf Druck jener Vereinigung dieser so viel Geld bezahlen müssen, dass sie all ihr Erspartes und sämtliches Hab und Gut dafür einsetzte. Shinzo Abe sei ein stiller, aber hinter den Kulissen ehrgeiziger Unterstützer dieser Sekte gewesen. Seine Politik habe diese religiöse Gruppe stets protegiert. Soweit die Vorwürfe des Attentäters. Was war das nun für eine geheimnisvolle Sekte, die von Shinzo Abe so geschätzt wurde? Die Moon-Sekte. Sie war bei uns vor allen in den 1970er Jahren tätig. Eine eigenartige Gemeinschaft. Sie hielt beispielsweise Massenhochzeiten ab, auf denen Ehen zwischen unbekannten Partnern geschlossen wurde. Der Priester wählte zwei Personen zufällig aus den Anwesenden aus, die im Beisein von zahlreichen so zusammengefügten Paaren unmittelbar getraut wurden. Der Führer der Sekte soll seine erhöhte Stellung dadurch genossen haben, dass er seinen sexuellen Trieben unter seinen jungen Anhängerinnen freien Lauf ließ. Besonders die manipulativen Methoden der Sekte, zu Geld zu kommen, führten zu Kritik. Sie verschwand aus Europa und tauchte unter anderem Namen in Asien, speziell Südkorea, wieder auf, bis sie auch nach Japan gelangte. Die Polizeiuntersuchung im Anschluss an das Attentat auf Abe brachte ans Licht, dass etwa hundert Politiker inklusive einiger Staatssekretäre Verbindungen zu der dubiosen religiösen Organisation hatten. Der Einfluss von religiösen Vereinigungen auf die Politik ist nach der japanischen Verfassung verboten. Die Öffentlichkeit war fast mehr geschockt als vom Attentat auf den Premierminister selbst. Man stelle sich vor, es käme plötzlich ans Licht, dass ein Drittel des Bundestags, die Minister und der Bundeskanzler Mitglieder der Scientology-Sekte wären? Dass religiöse Gruppen in Japan Einfluss auf die Politik haben, wird gern unter den Tisch gekehrt. Es ist sicherlich ein Demokratiemangel, wenn dies geschieht. Zudem ist es kein Einzelfall. Es ist bekannt, dass die buddhistische Sekte Soka Gakkai den Koalitionspartner der LPD, eine Partei mit dem Namen Komeito, unterstützt.

Mongi, Mingi, Manga... stay creative!

1

Eine meiner Lieblingssendungen, die ich als Kind – ich glaube, sie lief immer sonntags – sah, war »Heidi«. Das niedliche, kleine Mädchen, das mit ihrem Großvater zusammenlebte. Sie sprang die Schweizer Berge rauf und runter, traf ihren Freund Peter und spielte mit den Ziegen. Ich fiel aus allen Wolken, als ich eines Tages erfuhr, dass »Heidi« eine in Japan gemachte Zeichentrickserie war. Wie war das möglich? Schweizer Bergwelten waren nie besser dargestellt worden. Wie hatten es die Asiaten geschafft, den tiefempfundenen Zauber der Alm zum Leben zu erwecken? Mein Staunen schien kein Ende nehmen zu dürfen, als mein weiteres Nachforschen ergab, dass sehr viele meiner Lieblingskinderserien wie »Biene Maja«, »Wicki«, »Captain Future«, »Kimba« oder »Sindbad« alle aus Japan stammten.

Bis zu einem gewissen Zeitpunkt in der Fernsehgeschichte versteckten die japanischen Produzenten von Zeichentrickfilmen die Eigenarten ihrer Kultur hinter europäischen Kulissen. Die auf den internationalen Markt exportierenden Verantwortlichen aus dem asiatischen Land begriffen natürlich, dass eine japanisch aussehende Biene, die sich verneigt und sich gemäß den traditionellen Höflichkeitsanforderungen bei der Blume entschuldigt, wenn sie Blütenpollen nascht, beim ausländischen Publikum nicht ziehen würde.

Den kulturellen »Gap« verschleiern konnten die Macher vieler Serien allerdings nicht. Mehrere Episoden der Serie »Sindbad« wurden im Jahr 1978 wegen ihrer angeblichen Grausamkeit nicht ausgestrahlt. Sie waren nicht grausam, aber die Kulturunterschiede waren zu deutlich. Die Kinder vor dem Fernseher hätten das Gesehene nicht verstanden. Ich erinnere mich in diesem Zusammenhang noch an eine bestimmte Sindbad-Folge. Deren Ausstrahlung wurde nicht als Ganzes verhindert, aber sie wurde im Schneideraum zensiert. Die Handlung, die den Schnitt veranlasste, war dabei ungefähr Folgende: Der clevere Sindbad schaffte es, einen walgroßen Fisch zu stranden, der ihm vorher auf dem Meer zugesetzt hatte. Dieser lag regungsunfähig mit traurigen Augen im Sand. Lediglich seinen Schwanz konnte er noch ins Wasser tunken. Dem Zeichentrickhelden leuchteten die Augen, nicht aus Häme, sondern aus Vorfreude. In seiner Hand hielt er ein Messer, während sich die Mundwinkel mehr und mehr zu einem großen Grinsen verzogen. Dann folgte in der deutschen Version der Filmschnitt. Als wieder aufgeblendet wurde, erschien vor den Augen der Zuschauer das bleiche, abgefressene Skelett des Tieres. Sindbad und seine Freunde lagen mit gefülltem Magen glücklich am Strand. Für mich damals eine bedrückende Szene, weil das Tier mir herzlich leid tat. Ein Europäer hätte vielleicht versucht, das verendende Lebewesen wieder ins Meer zu schieben. Für einen Japaner bestand dazu kein Grund: Es gab leckeren Fisch zu essen. Ein Feuer war in der Szene nicht zu sehen. Die Cartoon-Helden hatten ihn vermutlich lebend verspeist. Das hat durchaus einen kulturell verankerten Hintergrund: In Japan existiert nämlich eine spezielle Zubereitungsart, die Ikizukuri (生き作り) heißt. Der Fisch, der auf dem Teller serviert wird, zappelt noch. Die Kiemen bewegen sich, wenn das Essen beginnt. Meine japanische Bekannte präsentierte mir sogar auf einem Bild von ihrem Okinawa-Urlaub einen Tintenfisch, den sie lebend auf dem Teller verspeist hatte. Ich schimpfte sie »Barbarin«. Sie lächelte.

2

Das Versteckspiel der japanischen Kultur hörte mit dem Jahr 1995 auf. »Sailor Moon« lief als Zeichentrick-Reihe im deutschen Fernsehen. Die Figuren aus der Serie hatten japanische Namen. Die Heldin hieß nicht Claudia oder Petra, sie hieß Usagi Tsukino. Weder die Kleidung, noch der (von den Synchronsprecherinnen gut kopierte) typische, verbale Singsang der japanischen Mädchensprache, die Bildkomposition, die

Handlungsführung etc. hatten alle keinen westlichen Anstrich. Fiel die Serie deswegen durch? Nein, im Gegenteil: In Deutschland versammelten sich immer mehr Fans vor dem Fernseher. »Sailor Moon« zielte nämlich auf eine Zuschauergruppe, die bis dahin im Zeichentrickfilm verschmäht wurde: Mädchen. Während »Biene Maja« oder »Heidi« noch auf ein jüngeres, den Geschlechtsdingen gleichgültig gegenüberstehendes Publikum abzielte, wurde »Sailer Moon« für gerade der Kindheit entrückte Mädchen in der beginnenden Pubertät gemacht. Der Manga-Boom, den Deutschland später und bis heute erlebt, beruht auf der Aktivierung dieser Käuferschicht. »Sailer Moon« verkaufte sich in Deutschland seit seinem Erscheinen als Comic in den ersten zehn Jahren über zwei Millionen Mal. Die Titel »Manga Love Story« schaffte im gleichen Zeitraum 1 Million und »Fairy tale« 570.000 verkaufte Exemplare. Das sind Bestsellerzahlen. Mit »Sailor Moon« fiel der Imperativ der patriarchalischen Gesellschaft, Jungs müssen unterhalten werden, nicht die Mädchen. Diese Modernität zahlte sich für die Verlage in klingender Münze aus. Deutschland wurde im Jahre 2022 das drittgrößte Manga-Land in Europa (nach Frankreich und Italien). Corona ließ die Nachfrage nach den Bändchen gar um 75% steigen. Von Titeln wie »Hero Academy« (im Carlsen-Verlag) wurden bis 2022 1,4 Millionen Exemplare verkauft. Da hält eigentlich kein Buch mit.

3

Vier Jahre später, also 1999, lief im Fernsehen zum ersten Mal eine Serie, die auf unsere Kultur bis heute großen Einfluss hat: »Pokemon«. Im Jahr 2000 folgte im deutschen Fernsehen, das damals nicht minder erfolgreiche Konkurrenzprodukt »Digimon«. Beide Serien waren Produkte, die nicht speziell an den westlichen Markt angepasst waren. »Pokemon« kurz für »Pocket Monster« und »Digimon« »Digitale Monster« nehmen in den Geschichten vielfältigen Bezug auf die japanische Gespensterwelt. Gleichzeitig sind sie nur ein winziger Teil einer breiten, weit in die Geschichte des japanischen Fernsehens zurückreichenden Cartoon-Tradition. Für Deutsche waren »Pokemon« und »Digimon«

etwas Neues. Für Japaner sind sie ein weiteres Fernseh-Produkt, das sein Material aus einem etablierten Kreaturen-Kabinett aus Monstern, Robotern und Dämonen nimmt. Pokemon zum Beispiel schaufelte Ideen aus der in Japan beliebten Serie »Ultraman«.

Die lustigen Pokemon begannen 1996 als ein von Nintendo vertriebenes Computerspiel. Sie hießen damals noch »Kapsel Monster«. (Referierend auf die kapselartigen Bälle, in denen die Pokemon aufbewahrt wurden). Innerhalb von nur fünf Monaten verkaufte sich das Game Boy-Spiel in Japan 3 Millionen Mal. Was die Leute anzog, war das Konzept. Es handelte sich nämlich um ein digitales Rollenspiel, in dem Monster gefangen, trainiert, zum Kampf geschickt und getauscht werden mussten. Dieser Ansatz unterschied sich sehr von anderen Computerspielen wie »Pacman« oder »Spaceinvaders«. Es hatte Potential mehr zu sein, Potential, zu einer Geschichte geformt zu werden. Da Zeichentrickfilme auch in Japan teuer sind, erprobte man die Figuren zuerst in einem Manga. Als erkennbar wurde, dass die Charaktere hier funktionierten und die Verkäufe stimmten, entschloss sich die Firma, eine Serie daraus zu machen. Das funktionierte gut. Den Fans der Pocket-Monster stehen (bis zum Jahr 2022 produzierte) 1000 Fernsehfolgen zur Verfügung, in denen rund 2000 Pokemon aufgetreten sind.

4

Gleichzeitig zu den Printprodukten machte sich die japanische Kultur über die Spielzeugindustrie bemerkbar. Am 12. Mai 1997 erschien das Tamagochi auf dem deutschen Markt. Der Name leitet sich aus dem japanischen Wort für Ei »tamago« und dem landestypisch ausgesprochenen Wort »watch« → »wottchi« ab. Die japanische Jugend kaufte nach Erscheinen dieses Produkts die Regale leer. Als in Spielzeugläden keines mehr zu finden war, entstand ein Schwarzmarkt, auf dem das Gerät gehandelt wurde. Ein Tamagochi ist ein digitales Haustier, genauer gesagt ein digitales Küken in Form eines Eies, das durch Tastendruck gefüttert werden muss, und dem über weitere Tastenbedienungen virtuelle Aufmerksamkeit gegeben wird. Die Erfinder dieses Spielzeugs, Aki Maita und Akihiro Yokoi, entwarfen das kleine elektronische Gerät zuerst so, dass das elektronische Haustier stirbt, wenn vom Besitzer vergessen wurde, es in regelmäßigen Abständen zu füttern. In den engen Wohnungen japanischer Großstädte können oft keine Haustiere gehalten werden. Die Macher des Spielzeugs wollten einen realitätsnahen Ersatz dafür anbieten. Dazu gehörte auch der Tod des geliebten Haustiers. Die Kinder sollten Verantwortung lernen und ebenso die Konsequenzen von Vernachlässigung von Pflichten verstehen. Einigen Kindern machte der Verlust des Tamagochi aus Eigenverschulden schwere psychische Probleme. In Japan wurden Tamagochi-Friedhöfe errichtet und Hotlines für Trauernde eingerichtet. In Deutschland wurde das bedrückende Ende verboten. Die Spielehersteller mussten eine Reset-Taste hinzufügen, durch deren Betätigung das Tamagochi wieder von den Toten auferstehen konnte.

5

Der Manga-Boom begann etwa ab dem Jahr 2000 mit »Pokemon«. Ich war damals in einer Comic-Redaktion tätig, die parallel zur Fernsehveröffentlichung die Geschichten der Serie »Digimon« als Comic druckte. Ursprung der Monsterfiguren war Spielzeug. Sie wurden nämlich zuerst als Tamagochi vertrieben. Als Printprodukt waren sie zu jener Zeit unglaublich populär. Wir brachten zweiwöchentlich Hefte mit einer Auflage von bis zu 110.000 Exemplaren heraus. Alle liebten die kleinen, süßen Zeichentrickfiguren. Sogar die Bild-Zeitung fragte bei uns an, ob wir bereit wären, für sie eine Textpassage zu schreiben. Sie planten wohl, eine regelmäßige Monsterkolumne in ihrer Zeitung zu veröffentlichen. Ich war gleich Feuer und Flamme und spitzte schon meinen Bleistift. Die Vorstellung, zwischen saftigen Sexskandalen und übertriebenem Enthüllungsjournalismus ein Pokemon zu platzieren, fand ich unwiderstehlich eigenartig. Leider blieb es bei der Projekt-Idee.

Wieder und wieder wurden wir in der Redaktion mit kulturellen Unterschieden zwischen Deutschland und Japan konfrontiert. Eine Comic-Reihe, die vom Verlag herausgegeben wurde, hatte einen Helden, der eine Augenklappe trug. Das Problem war, dass er als Dekoration darauf ein Hakenkreuz hatte. Klar, Hakenkreuz geht gar nicht. Aber das Hakenkreuz war eins, bei dem die äußeren Linien in die andere Richtung zeigten 卍. Diese Swastika ist ein buddhistisches, sehr religiöses Symbol, das die Sonne samt ihrem Strahlenkranz symbolisiert. Man sieht es in Indien wie auch in Japan an manchen Tempeln. Es assoziiert Religion, nicht Terror. Die Argumente für und wieder eine Änderung in der Redaktionskonferenz waren mannigfaltig. Viele wollte es so drucken. Sie sagten, es handele sich erkennbar um ein japanisches Produkt. In amerikanischen Filmen würden doch auch Hakenkreuze gezeigt. Der Held habe zudem keinen faschistischen Hintergrund, darüberhinaus gehe das Hakenkreuz gewissermaßen in die »verkehrte« Richtung. Wenn das nicht zumutbar sei, könne man ja gleich auf jeden asiatischen Tempel klettern, um das Zeichen wegzurubbeln. Trotzdem entschieden wir, das Symbol zu zensieren. »Ich will nicht ins Gefängnis«, drückte die Redakteurin damals das Ergebnis ihrer Überlegungen aus.

6

Welche Rolle spielen Manga in Japan? Die Antwort ist: Japan ist eine Manga-Kultur. Manga sind Comics. Die gezeichneten Taschenbücher stehen in jedem Laden gleichberechtigt neben Büchern. Das Niveau dieser Erzeugnisse ist unglaublich. Kein Wunder: Eine ganze Kultur steckt ihre Kreativität und Kraft in die etwa zweihundert Seiten langen Erzählungen, die ohne Farbe auskommen und etwa vier Euro kosten. Fragt man junge Japaner danach, was sie werden wollen, wenn sie groß sind, antworten sie meistens drei Dinge: Sänger, Koch und Comiczeichner. Die Manga-Reihe »One Piece« ist allein in Japan über 500.000 Millionen Mal verkauft worden. Die »Harry Potter«-Bände sind auch 500.000 Millionen Mal verkauft worden, aber nicht in einem Land, sondern weltweit. Die Reihe »Demon Slayer« ging im Zeitraum von nur einem einzigen Jahr (2020) 85 Millionen Mal über den Ladentisch. 25% aller Papierprodukte sind in Japan Manga. Einige vielleicht zynische

Quellen sagen, dass die Japaner mehr Papier für Manga verwenden als für Klopapier. Es gibt in Japan Manga-Cafés, in denen dem Besucher bereitliegende Hefte zur Lektüre zur Verfügung stehen. Es gibt Manga-Hotels, in denen sich der Gast ein Zimmer mietet, damit er sich an der reichhaltigen Manga-Bibliothek des Hotels bedienen kann.

Aber was ist das Geheimnis dieser kleinen Büchlein? Warum sind sie so erfolgreich? Um das zu beantworten, muss erst die Frage gestellt werden, warum sind sie es in Deutschland nicht? Comics sind für Deutsche ein amerikanisches Produkt, das Soldaten aus Übersee nach dem Zweiten Weltkrieg nach Deutschland brachten. Dort waren sie zu Beginn Beilagengeschichten in Zeitungen und Zeitschriften. Popeye (seit 1929) war ursprünglich ein solcher Strip. Simple und kurze Aneinanderreihungen von Bildern mit einer Pointe am Ende. Die Geschichten mussten einfach nur lustig sein. Als sich aber Superman 1938 zum ersten Mal in die Lüfte erhob (eigentlich flog er am Anfang nicht, sondern sprang nur), änderte sich das Medium schlagartig. Die Muskelheldenfigur im Spandex-Anzug mit Cape assoziierte Zirkusakteure, die ihre Stärke zur Schau stellten. Superman machte am Anfang das, was Zirkusartisten taten, er verbog zum Beispiel vor staunenden Augen Stahl. Die neu erschaffene Figur verließ die Manege, um auf Verbrecherjagd zu gehen. Diese Geschichten beflügelten die Fantasie der Kinder. Superman löste einen unglaublichen Comic-Boom aus. Am Zeitschriftenstand konnte der Leser schnell zwischen bis zu fünfzig Nachahmprodukten wählen. Die bloße Verbrecherjagd endete, als der zweite Weltkrieg begann. Superhelden stellten fortan Nazis hinterher, die in Form von Spionen sowie Saboteuren in den USA ihr Unwesen trieben. Die Comics waren Teil der Kriegspropaganda geworden, die als probates Mittel gesehen wurde, die Köpfe der Acht- und Neunjährigen kriegsfroh zu stimmen. Die Eltern akzeptierten das Gewaltpotential in den Heften.

Die Zeiten änderten sich. Der Krieg war zu Ende. In den USA waren Comic-Hefte nach ihren patriotischen Anfängen in die Kritik geraten. Der Markt schrumpfte. Die Verlage schauten sich nach einer neuen Leserschicht um. Sie versuchten, ein »älteres« Publikum anzusprechen.

Die Kinder, die als achtjährige Superman gelesen hatten, waren nun in der Pubertät. Nach Kriegsende erschienen zum ersten Mal Comics für Jugendliche. Neue Themen, neue Ideen, neue Freiheiten. Die Verleger der Hefte verstanden die Bedürfnisse von Teenagern in der Pubertät. Körperlich deutlich und lasziv bewegten sich infolgedessen einige gezeichnete Damen durch das Medium. Das konnten die Anstandswächter nicht ohne Reaktion durchwinken. Das prüde Amerika gab der Lektüre dieser Hefte die Schuld für den allgemeinen Sittenverfall. Der lautstarke Protest war erfolgreich, da die Verlage nicht den Mut aufbrachten, sich gegen die konservativen Teile der Bevölkerung zu stellen. Sie riskierten eine immense Käuferschicht zu verlieren. Die Eltern entschieden, welche Lektüren im Haus geduldet wurden. Im schlimmsten Falle hätte eines der mit Gefängnis belegten Sittengesetze greifen können. Die Verlagshäuser ruderten zurück. Comics blieben Schriften für Acht- bis Dreizehnjährige. Vorpubertär und vorsexuell, Kinderlektüre eben. Dadurch war eine absolute Altersgrenze etabliert, die wie eine Gefängnismauer um die kreativen Möglichkeiten des Mediums gebaut worden waren. Vor diesem Hintergrund wurde 1954 der »Comic-Code« (eine Art Regelsammlung) eingeführt, zu dem sich die Verlage »freiwillig« verpflichteten. Keine Flüche, keine Nacktheit, keine Scheidungen, keine übertriebene Gewalt, keine Zombies. Darüberhinaus mussten Autoritäten positiv dargestellt werden und das Gute hatte über das Böse stets zu triumphieren. Hielt sich ein Verleger nicht an die Vorgaben, stiegen die großen Werbekunden aus. Der Comic-Code blieb bis 2011 bestehen.

Einigen ging das noch nicht weit genug: 1954 erschien ein Buch des Psychiaters Fredric Werthams mit dem Titel »Verführung der Unschuldigen« (»Seduction of the innocent«). Eine Psychoanalyse der Folgen des Comic-Konsums. Der Seelendoktor knüppelte so heftig, wie er nur konnte, auf die Heftchen ein. Er berichtet unter anderem von einem sechsjährigen Jungen, der Comics liebte. Dieser wurde gefragt, was er denn später werden wollte. Er antwortete: »Ich will ein Sex-Monster werden«. Ein Mädchen, das zwanzig Comicbücher am Tag gelesen hatte, soll mit siebzehn als Puffmutter einem Prostitutionsring aus zwölfjährigen Mädchen vorgestanden haben. Jungen würden durch die Lektüre homosexuell. Selbst minderjährige Jungen würden sich als Folge gierigen Bildergeschichten-Konsums als Lustobjekte alten Männern zur Verfügung stellen. Der Psychiater machte in den Medien mit seinen Thesen ordentlich Radau. Die Sorge, ein »schwules« Kind großzuziehen, das zu so einem nicht geworden wäre, wenn es nur etwas Vernünftiges gelesen hätte, wog schwer in den konservativen Köpfen dieser Zeit. In Deutschland waren die Ansichten ähnlich verstockt. Der Direktor der Hagener Stadtbibliothek, Wilhelm Hoppe, schrieb ein Buch mit dem Titel »Schluss mit den Comics«. Darin bezeichnete er Comics als »die literarische Volksseuche des Bildschmökerunwesens«, als »Bildidiotismus« und als »Kulturschande«. Das zog in der damaligen Bundesrepublik. Die Wirkung dieser und ähnlicher Schriften hält bis heute an. Wer traut sich schon, in der Öffentlichkeit ein Donald-Duck-Taschenbuch zu lesen? Fans gibt es genug, wie man hört.

7

Während die Comickultur in Amerika unter der Last konservativer Sittlichkeitsvorstellungen zusammenzubrechen drohte, wurde Japan davon nicht beeinflusst. Niemand kam im Inselstaat auf die Idee, die Bilderbücher zu kritisieren. Der doch irgendwie auf das Lachen reduzierende Name »Comic«, also »Komisches«, wurde nie verwendet. Die Japaner nannten diese Art von graphischer Erzählung »Manga«. Das Wort stammte aus der japanischen Kunstgeschichte. Es bezeichnete lose Bildersammlungen, vielleicht besser Bildermappen, in denen Darstellungen von Menschen, Tieren oder Monstern zu finden waren. Die Zeichnungen enthielten noch nichts Erzählerisches, es bestand aber die Möglichkeit, mehrere Aktionen, die eigentlich nacheinander geschahen, in einem einzigen Bild zusammenzufassen, (beispielsweise verschiedene Posen beim Tanz einer Tänzerin). Die Hintergründe und alles, was überflüssig schien, wurden wie bei heutigen Comics weggelassen. Die größten japanischen Künstler wie Hokusai (1814-1878) hatten solche Bildermappen zum Teil in jahrzehntelanger Arbeit zusammengestellt. Von Anfang an rückte Japan allein durch die Wortwahl das Medium Comic in die Nähe der Kunst, wodurch es in der Kultur mehr Halt hatte, als es in den USA möglich war, wo die Bilderbücher nur als eine zweifelhafte Lektüre von Unerwachsenen galten.

Die Kunstprodukte der alten Meister hatten trotz allem mit den heutigen Mangas wenig gemein, weil sie keine fortlaufend erzählten Geschichten enthielten. Ab dem Jahr 1870, wohl durch den Einfluss ähnlicher englischer Schriften, gab es die ersten satirischen Magazine in Japan, die Karikaturen verwendeten, um Politiker aufs Korn zu nehmen. Ab 1895 erschien das erste Magazin (»Shounen Sekai«), das sich an junge Leute richtete. Es enthielt kleine Popeye-artige Strips. Es gab, kurz gesagt, schon sehr früh eine reichhaltige »Illustriertenszene«, die sich Bildergeschichten zur Unterhaltung bedienten, ohne aber damit künstlerisch nach den Sternen zu greifen. Dann kam das Jahr 1947 und alles änderte sich. In Japan erschien in diesem Jahr zum ersten Mal ein moderner Manga. Durch die amerikanische Besatzung waren neuartige Bildergeschichten aus den USA auf die Inseln gekommen. Bücher, sowie Zeitungen wurden von den Behörden aus Übersee auf die richtige Gesinnung durchgeschaut. Erzählende Zeichnungen waren im Gegensatz zu Printprodukten unverdächtig, weil die Amerikaner sie gemäß ihrer eigenen Tradition für zu gering erachteten, um ihnen einen kulturellen Einfluss zuzutrauen. Manga waren von Anbeginn ein freies Medium, das sich bis heute zum Stirnrunzeln vieler Ausländer außerhalb bestimmter inhaltlicher Bedenken entwickelt. Der erste japanische Comic Manga hieß »Die neue Schatzinsel« und war mehr oder weniger eine Neuerzählung des Buchklassikers »Die Schatzinsel«. Autor war der damals erst neunzehnjährige Osamu Tezuka, der damit einen Überraschungserfolg landen konnte. In dem wirtschaftsschwachen Japan der Nachkriegsjahre wurden unglaubliche vierhunderttausend Exemplare davon verkauft. Tezuka gilt als der Gründervater der japanischen Comickultur. Sein bekanntestes Werk ist die Vorlage zur Zeichentrick-Serie »Kimba«, aber in Japan ist er mehr durch die Serie »Astro-Boy« bekannt geworden, die er zwischen 1952 und 1968 schuf. Tezuka hat bis zu seinem Tod im Jahr 1989 etwa siebenhundert Serien (mit zusammen hundertfünfzigtausend gezeichneten Seiten) geschaffen, von denen viele hunderte Millionen Exemplare verkauft wurden. Das trug ihm den Spitznamen »Gott des Manga« ein. Vor allen Dingen machte es ihn sehr reich. In den 1950ern lebte er noch mit anderen Nachwuchskünstlern in einer WG in Tokio. Kaltes Wasser, eine Gemeinschaftsküche, schlichte Verhältnisse, zum Baden musste er in ein öffentliches Waschhaus gehen. Dank seiner Zeichenkunst gelang es ihm, zu einem der reichsten Japaner zu werden.

Tezuka hatte bezüglich der Bildergeschichten neue, revolutionäre Ideen, die die Form und den Inhalt des Mediums bis heute bestimmen. Ein simpel scheinendes, aber mächtiges Konzept war, die Länge der Geschichte zu erhöhen, sowie sie zeitlich fortschreitend zu machen. Das kann man sich wie die Handlung eines Romans vorstellen, dessen Kapitel durch einzelne Mangabände repräsentiert werden. Eine Erzählung kann durchaus vierzig oder fünfzig Bände umfassen, manchmal auch nur zehn oder zwanzig, wenn es der Stoff verlangt. Sie wird einen Anfang und ein Ende haben, denn Manga erzählen normalerweise nur eine einzige Geschichte. Wenn diese beendet ist, hört die Serie auf und der Comic bekommt den Zusatz »abgeschlossen«. Dass Mangas »zeitlich fortschreiten« beinhaltet, dass sich Figuren verändern können. An dieser Veränderung ist der Autor der Hefte stark interessiert. Viele, die sie zum ersten Mal lesen, werden überrascht sein, wie wenig eigentlich passiert. Es gibt ganze Bände, in denen alles stillzustehen scheint. Lediglich seitenlange Gespräche, sowie die innere Reflektion eines Ereignisses sind zu lesen. Charakter geht immer vor Handlung. Zumindest nach Tezukas Vorstellungen. Walter Benjamin hat einmal den interessanten Satz geschrieben, es gäbe keine Erinnerung in Comicheften. Nicht so bei den japanischen Comics. Tezuka hat das Konzept der Zeit eingeführt. Der Held weiß noch, was er vor drei Bänden gesagt hat und beginnt nicht wie Superman oder andere amerikanische Heftchenhelden immer im gleichen Zustand.

Tezuka postulierte darüber hinaus, dass Geschichten kompliziert sein können. »Kompliziert« bedeutet hier, dass mehrere Handlungsstränge möglich sind, die untereinander verbundene Figuren an verschiedenen Orten und zu verschiedenen Zeiten zeigen können. Wie das gemeint ist, lässt sich beispielsweise an Osamu Tezukas Werk »Adolf« verdeutlichen. Es ist ein Manga, der die Geschichte dreier »Adolfs« erzählt. Zwei davon sind Adolf Kaufmann (Sohn eines aus Deutschland nach Japan geflohenen Juden) und sein Freundes Adolf Kamille (in Kobe geboren, Sohn eines deutschen Sekretärs, der über seinen nationalistisch gesinnten Vater in den Umkreis des Faschismus gezogen wird). Der dritte Adolf ist Adolf Hitler, der natürlich als Bösewicht der Geschichte auftritt. Die Handlung in Gang setzen geheimnisvolle Dokumente, die beweisen, dass der Führer jüdische Vorfahren hatte. Diese zu finden, sie zu vernichten oder zu veröffentlichen, treibt die äußere Handlung voran. Die Handlung ist vielschichtig. Sie entwickelt sich über eine spannende Kriminalgeschichte mit einer sehr differenzierten Charakterdarstellung zu einer ausgearbeiteten Persönlichkeitsstudie sich immer mehr in die Abgründe brauner Ideologie verstrickender Figuren. Dass diese verwickelte Story in einem Comic überhaupt entstehen konnte, ist den Vorgaben des Künstlers zu verdanken, der Manga als eine kreative Form verstand, die nicht Woche für Woche die gleiche Handlung wiederholt.

Osamu Tezuka schuf den Manga also in dreierlei Weise: Erstens, indem er Formelemente vorgab, die eine komplexe, dem Roman ähnliche Erzählweise ermöglichten. Zweitens, indem er den Verlagen zeigte, dass für Manga ein breites, kaufwilliges Publikum vorhanden ist, und drittens, indem er als Mangazeichner immens reich wurde. Viele sahen im Japan der Nachkriegsjahre und später die Chance, durch diese Bildergeschichten ihr Talent in bare Münze umzuwandeln.

Nicht wenige der besten kreativen Köpfe Japans versammelten sich im Umkreis der neuen Darstellungsform. In diesem Medium sein Können zu zeigen, war alles andere als brotlose Kunst. Die Mangakultur ist nach wie vor ein guter Weg, zu Anerkennung und Reichtum zu kommen. Man muss nur viele Tausende andere Mangakünstler an Qualität übertreffen.

8

Fujiko Fujio lebte mit Osamu Tezuka zu dessen ärmsten Zeiten zusammen in einer WG. Er ist der Erschaffer von Doraemon, den er in vierzig Mangabänden auftreten lässt. Doraemon ist eine blau-weiße Roboterkatze, die vom älteren Nobikun aus der Zukunft geschickt worden war, um sein jüngeres Selbst zum fleißigen Lernen und mehr Regelbeachtung zu animieren, denn er glaubt, sein Leben wäre besser verlaufen, hätte er in seiner Jugend mehr Disziplin gehabt. Der junge Nobikun benutzt die futuristische Technik, die ihm die Roboterkatze zur Verfügung stellt, aber nur, um noch mehr lustiges Durcheinander zu erzeugen, als er eh schon angerichtet hat. Doraemon und Nobikun sind in Japan überall: Sei es als Comic, als Zeichentrickserie, als Plüschtier, auf Handtüchern, Tellern, T-Shirts etc. Wenn man Elvis Presley, Marilyn Monroe und den Dalai Lama in eine Bekanntheitskugel pressen würde, dann wäre das ungefähr das Maß an Popularität von Doraemon und Nobikun, das die beiden in Japan genießen. »In Deutschland bin ich weltbekannt« sagte der Moderator Kuhlenkampf einmal schmunzelnd über sich. Doraemon ist in Japan weltbekannt. Wer die Figuren aus dem Comic nicht kennt, an dem geht die Kultur Japans vorbei.

9

Manga ist eine sehr schnelle Lektüre. Eine japanische Freundin sagte mir, dass sie einen (zweihundertseitigen) Band in fünfundzwanzig Minuten lese, ihr Mann aber brauche dafür nur fünf Minuten. Diese Art der Lektüre erinnert an Daumenkino, bei dem Figuren durch das vielfache Loslassen eines Papierrandes zum Leben erweckt werden. Der Manga ähnelt also, was das Tempo angeht, eher dem Film als dem Gemälde. Damit ein Kunde nicht einfach im Buchladen das Produkt im Stehen liest, sind sie in Celluphan-Folie verschweißt. Eine Serie gilt als Newcomer, wenn sie weniger als sechs Bände veröffentlicht hat. Meine gerade genannte Freundin interessierte sich für eine Mangareihe, ging in den Buchladen, kaufte sich die ersten fünf Bände und las sie an einem Wochenende. Das sind immerhin tausend Seiten Comic. Dass dies überhaupt möglich ist, liegt am niederen Preis von drei oder, wenn es wirklich teuer ist, fünf Euro pro Ausgabe. Da mehrere Bände gelesen werden, wird es dann doch etwas preisintensiver. Den niederen Anschaffungspreis ermöglicht der Mangel an Farbe, denn (außer gelegentlich den ersten acht Seiten) ist nur der Umschlag bunt.

Die Geschichten erscheinen zuerst nicht im typischen Manga-Format, welches in etwa der Größe eines deutschen Taschenbuches entspricht, sondern in telefonbuchartigen Wälzern. Diese können ein Volumen von bis zu tausend Seiten haben, Bei ihnen handelt es sich um Anthologien, die die fortgesetzten Erzählungen von vielleicht zwanzig Autoren beinhalten. Das Papier ist so dünn und billig, dass es jedes Toilettenpapier edel aussehen lässt. Kein Wunder, dass diese Bände nach einer Bahnfahrt auf dem Nachhauseweg mitunter gleich wieder im Müll landen. Die besten und beliebtesten Geschichten stehen vorne, die unbeliebten am Schluss. Wenn die Geschichte eines Autors dann von Woche zu Woche in der Anthologie nach hinten wandert, verheißt ihm nichts Gutes.

Die Zeichner müssen sich einer immens großen Konkurrenz stellen, die ein Publikum bedient, das bereits ein Leben lang alle möglichen Mangageschichten gelesen hat und nach etwas Neuem giert. Ist die Geschichte erfolgreich, wird ein ordentlicher Manga von 196 Seiten Länge gedruckt, in dem die bereits veröffentlichten Fortsetzungsgeschichten erscheinen. Die Erzählung hat also schon einen gewissen Fankreis, wenn sie im Buchregal erscheint. Hier aber muss sie sich vielen tausenden Konkurrenzprodukten stellen, denen der Sprung in den Buchladen ebenfalls gelungen ist. Eine Serie wird schnell wieder abgesetzt, wenn sie keine Leser anzieht, denn jene verzeihen den Mangel an Kreativität oder Können nicht.

10

Manga dienen nicht nur als Quelle der Unterhaltung. Sie sind ein politischer Faktor. Japan ist von Ländern umgeben, die es aufgrund vieler schlimmer geschichtlicher Ereignisse sowie bedrohlicher aktueller Entwicklungen als politischen Gegner sehen. Es gibt immer wieder Ausschreitungen gegenüber Japanern in diesen Ländern. Immer noch ist man sich besonders in Süd-Korea die Kolonialgeschichte bewusst. In Ländern wie China und Nordkorea zeichnen die Regierungen ein düsteres Bild von Japan, gerade so, wie es in ihre politischen Pläne passt. Das würde funktionieren, wenn da nicht die Manga wären. Die Hefte sind in ganz Asien und zwischenzeitlich fast auf der ganzen Welt beliebt. Beinahe alle jungen Leute in den Nachbarländern lesen sie. In Südkorea werden sie unter dem Namen »Manhwa« nachgeahmt. Viele erwärmen sich für Japan schon deswegen, weil ihre Lieblingsgeschichten in gezeichneter Form aus diesem Land kommen. Die Leser gewinnen einen Einblick in die Kultur des Inselstaates und nehmen deren Bewohner anders war als es die Politiker in ihrem Land vielleicht wollen.

Was die Götter ins Wasser geschmissen haben

1

Die Antwort auf die Frage, wie Japan geographisch aussieht, lautet in der Regel, dass das Land aus vier dicht nebeneinander liegenden Inseln besteht: Die Hauptinsel Honshu, auf der unter anderem Tokio liegt, dann das naturreiche Hokkaido im Norden, weiterhin Shikoku, das sich im Süd-Osten befindet, und schließlich das sich topographisch weit nach unten erstreckende Kyushu. Aus der Ferne betrachtet bildet Japans Fläche ein imaginäres, leicht gekipptes »j«, wobei der Punkt auf dem »j« Hokkaido darstellen könnte.

Die Beschreibung Japans als einem Staat aus lediglich vier Inseln darf als übereilt bezeichnet werden. Ein Grund dafür ist Okinawa. Hinter dem Namen versteckt sich eine Inselgruppe vor den Toren Taiwans. Die Entfernung zu Tokio ist ordentlich groß: 1500 Kilometer trennen die Insel vom Hauptland. Nichtsdestotrotz zieht es die Japaner in ihren kurzen Urlauben dorthin. Traumwetter und Traumstrände erwarten den Touristen. Okinawa mitgerechnet ergibt die Addition fünf Inseln. Leider wieder eine Zahl, die nicht ins Schwarze trifft. Es sind nicht fünf Inseln, es sind 6852. Einige der über sechtstauend Inseln sind den großen Landflächen sehr nahe, andere befinden sich in weiten Entfernungen, manche sind klein, manche größer, nicht wenige bilden Inselgruppen, andere ragen einsam aus dem Pazifik. Den meisten Japanern ist ihre Existenz nicht bekannt. Einer Bekannten gelang es, dreißig Namen japanischer Inseln aufzuzählen. Das scheint die Grenze des Möglichen zu sein.

2

Die Zahl 6852 ist mit Vorsicht zu genießen. Inseln können kommen und gehen. Als beispielsweise die Bewohner von Sarufutsu der Nordinsel Hokkaido an einem schönen Morgen im Oktober 2018 aufwachten, müde vor ihre Häuser traten und einen Blick über das Meer schweifen ließen, klappte ihnen wahrscheinlich die Kinnlade runter. Die Insel, die noch am Vorabend, direkt vor ihrer Nase im Meer lag, war verschwunden. Einfach weg. Das Eiland hieß Esanbe Nakita Kojima. Es ragte 1,4 Meter aus dem Wasser. Niemand weiß bis heute, warum die Insel genau verschwunden ist. Sie scheint geologisch instabil gewesen zu sein. Man muss einräumen, dass die Insel mit 20 Quadratmetern ziemlich klein war; ungefähr wie ein Wohnzimmer. Trotzdem bleibt das Ganze ein Rätsel. Von Wissenschaftlern wird vermutet, dass die Instabilität entweder durch Treibeis – Hokkaido liegt ja ziemlich im Norden – oder durch die Auswirkungen von Erosion verursacht wurde. Das japanische Atlantis ist trotzdem nicht so schlimm: Im Jahr 2021 und 2023 gab es zwei unterseeische Vulkanausbrüche, deren Magmaauswurf so stark war, dass zwei neue Inseln von etwa einhundert Metern Durchmesser entstanden. Japans Geografie lebt und befindet sich aufgrund der tektonischen Aktivität in einem ständigen Umwandlungsprozess.

3

Selbst Zwerginseln haben eine enorme Bedeutung für Japan. Nehmen wir Okinotorishima. Der Name (沖ノ鳥島) bedeutet »Vogelinsel im Meer« und sie ist vom japanischen Mutterland 1740 Kilometer entfernt. Sie ist im Wesentlichen ein verschwindend kleines Meeresatoll. Alles liegt unter Wasser, aber an drei Stellen ragt ein etwa ein Meter breites Stück Insel aus dem Meer. Nur sieben Zentimeter. Niemand könnte lange darauf stehen, ohne die Balance zu verlieren. Von diesen drei winzigen Bodenstücken hängt für die Japaner viel ab. Jährlich werden mehrere Kontrollen durchgeführt, ob sie noch da sind und nicht das Schicksal von Esabe Nakita Kojima geteilt haben, auf ewig im Meer zu versinken. Damit gerade das nicht durch die Kraft brandender Wellen passiert, also um die Auswirkungen von Erosion unter Kontrolle zu bekommen, wurden rund um die Inseln Korallen angepflanzt. Die Behörden zogen darüberhinaus einen turmartigen Betonblock um die Spitzen der Zwerginseln. Um Wassereindringen zu verhindern, werden die Röhren zusätzlich mit einem Deckel verschlossen.

Welchen Sinn ergibt das? Einen sehr guten Sinn. Die kleinen Inselchen braucht niemand. Sie könnten Mutter Natur überlassen werden, aber es ist nach internationalem Seerecht so, dass Inselbesitz ebenso das maritime Hoheitsrecht um sie herum einschließt. Das Recht auf exklusiven Fischfang eingeschlossen. Japan hat dank dieser minimalen Inselfläche von drei bis vier Quadratmetern Anspruch auf weitere 140.000 Quadratkilometer Pazifik.

Das führt uns zu einem ganz wesentlichen Punkt beim Verständnis der politischen Geographie von Japan. Überlegen wir uns noch einmal die Ausmessungen des Landes. Es sind 6852 Inseln. All diese Inseln blähen Japan weit über das hinaus auf, was man gewöhnlich auf der Karte sieht. Japan hat einen Landteil und einen Seeteil. Der Inselstaat ist auf Platz 61 im Ranking, das die größten Länder der Erde aufzählt, aber das ist nur der Landanteil von 380.000 Quadratkilometern. Mit dem Seeanteil werden daraus 4,47 Millionen Quadratkilometer. Im Vergleich: Deutschland stehen 357.386 Quadratkilometer zur Verfügung. Das bringt Japan flächenmäßig auf Platz 7 der größten Länder der Erde.

Die meisten der kleineren Inseln sind als Wohnort nicht besonders attraktiv. Von 1960 bis heute ist die Zahl der Leute, die auf den kleineren Inseln leben und leben wollen, von 960.000 auf 460.000 geschrumpft. Außer gutem Klima, Badewetter und Fischfangmöglichkeiten bieten sie wenig. Die Bewohner sind gegen die Auswirkungen saisonaler Taifune schlecht geschützt. Medizinische Versorgung und der Nachschub von Lebensmitteln kann wetterbedingt zum Problem werden. Eine ebenso große Auswahl an Waren, wie man sie in einem Tokioer Kaufhaus sieht, dürfen die Inselbewohner nicht erwarten. Zudem ist die Zahl der Arbeitsmöglichkeiten beschränkt, zumindest was Arbeit angeht, die nicht irgendwie auf Fischfang und dergleichen Aktivitäten beruht. Es ist ein einfach nichts los: Tokio (und andere japanische Großstädte) sind modern, voller Möglichkeiten und Wunder der neuesten technischen Entwicklungen. Gerade Jugendliche, die heranwachsen, fühlen immer weniger die Bereitschaft, auf den abseitigen Inseln zu leben, und wollen aus den beschränkten Möglichkeiten der Berufswahl ausbrechen. In einer japanischen Dokumentation wurde mit Bewohnern abgelegener Inseln gesprochen. Der Interviewer fragte eine Frau (die japanische übliche Höflichkeit über Bord werfend), warum sie so eine schlimme Frisur habe. Sie sah tatsächlich sehr ungebürstet aus. Sie sagte, dass es auf der Insel keinen Friseur mehr gebe. Alle der vierhundert Einwohner müssten sich die Haare selbst oder gegenseitig schneiden. Aus diesem Grund hätten alle eine mitleidserregende Frisur und alle würden gleich aussehen. Wenn sie zum Friseur wolle, müsse sie fünf Stunden mit dem Boot zur nächsten größeren Insel gebracht werden. Allerdings würden nicht so oft Boote fahren. Jahreszeiten und Wellengang würden immer eine Rolle spielen. Ein Geburtstagsgeschenk, das ihr eine Bekannte vom Festland geschickt hatte, kam erst eineinhalb Monate nach dem Ereignis, weil der Postverkehr nur mit kleinen, wetterabhängigen Booten erfolgen konnte. Ihr größter Wunsch sei es, wieder einmal einen Burger von einer Fastfood-Kette zu essen, so etwas gäbe es auf der Insel nicht.

Die Bevölkerung wandert ab. Um diesen Trend umzukehren, hat die Regierung ein Programm mit dem Namen »Remote island development project« ins Leben gerufen. Sie ließ sich das Entwicklungsprojekt 76 Milliarden Euro kosten. Es gebe besonders auf den entfernten Inseln eigenständige Kulturen, die nicht ausgelöscht werden dürften. So wurde es zumindest verlautbart. Sicherlich gibt es auf den Inseln einzigartige Traditionen. Die Inseln haben aber ebenso strategischen Wert. Auf »Japans auswärtigen Grenzen« werden Militärbasen errichtet, von denen Boden-Luft-Raketen gestartet werden können.

4

Okunoshima, eine Insel, die zwei Kilometer groß ist und neben Hiroshima liegt, war ein geheimnisvoller Ort. So mysteriös, dass sie bis 1945 auf keiner Landkarte erscheinen durfte. Hintergrund dieses Verbots war, dass sich während des Zweiten Weltkriegs eine Giftgasfabrik auf der Insel befand. Damit dies nicht bekannt wurde, leugnete die Regierung gleich die Existenz der ganzen Insel. Um die Wirksamkeit der Giftgase zu testen, wurden dort Experimente mit Hasen gemacht. 1945, am Ende des ZweitenWeltkriegs, wurde die Giftgasfabrik stillgelegt und alle ehemaligen Mitarbeiter verließen die Insel. Angeblich wurden bei dieser Gelegenheit alle Hasen, die man im Rahmen der Experimente benutzt hatte, kurz vor Schließung der Anlage getötet. Wie weit das stimmt, ist ungeklärt. Jedenfalls vermehrten oder irgendwelche Hasen auf der Insel ohne natürliche Feinde ganz prächtig. Die Verwaltung versuchte, die Hasenausbreitung zu kontrollieren, was eine unmögliche Aufgabe blieb. Die niedlichen Hoppeltiere vermehren sich nämlich, wenn man sie lässt, rasend schnell. Am Ende kam etwas Gutes dabei heraus, nämlich eine schöne Touristeninsel mit jährlich zehntausend Besuchern. Auf dieser warten siebenhundert Hasen, die gefüttert und fotografiert werden dürfen. Als weitere Attraktion gibt es auf der Insel ein Giftgas-Museum. Hunde und Katzen sind übrigens auf der Insel strengstens verboten.

Tierinseln sind kein Einzelfall. Hier lässt sich zum Beispiel die Katzeninsel Aoshima (猫の島) anführen. Lediglich sechs Personen wohnen dort. Diese müssen sich ihr Eiland mit hundertfünfzig herrenlosen Katzen teilen. Ursprünglich waren sie zur Bekämpfung von Ratten und Mäusen gedacht. Sie wilderten aus, vermehrten sich und wurden alsbald zum Touristenmagneten. Das Futter der Pfotentiere wird von Spendengeldern bezahlt. Der Katzenenthusiast findet in Japan gleich drei solcher Inseln, die sich im Besitz von Vierbeinern befinden. Sie lassen die Kassen klingeln. Gemäß einer Überschrift in einer Online-

Zeitung »Warum uns Instagram zu schlechten Touristen macht« ist die Besucherzahl der Tierinseln seit der Einführung sozialer Medien in die Höhe geschossen. Nicht mehr Bildungsstätten, sondern Orte, an denen schöne Bilder zum Posten in sozialen Medien gemacht werden können, sind das Ziel. Das allein erklärt das Vorhandensein der Tierinseln aber nicht. Instagram-Tourismus gibt es überall auf der Welt. Die Gegebenheiten der japanischen Religion sind zu berücksichtigen. Viele Götter haben besondere Schutztiere. Wer solche vertreibt, riskiert den Zorn der Kami. In Nara wurde das ganze Stadtzentrum Hirschen überlassen. Tausend ausgewachsene Sika-Hirsche tummeln sich inmitten der Stadtbewohner und drängen sich mit ihnen durch die Einkaufsstraßen. Dort ist es teilweise so eng, dass man die Hirsche aus dem Weg schieben muss. Es sind wilde Tiere, die gefüttert werden können, aber ansonsten ihrem eigenen Willen folgen. 2019 wurden 209 Touristen durch Tritte sowie Bisse der Tiere verletzt. Die Vierbeiner waren ursprünglich die Reittiere der Kami, die in Naras Kasuga-Taisha-Schrein hausten. Die Hirsche zu entfernen, würde zweifellos die dortigen Götter verärgern.

5

Ist Japan überhaupt ein Inselstaat? Einige Geologen äußern ein entschlossenes »Jein«. Bis in die 1990er dachte man, bei Japan handele es sich um Inseln, die aus dem Wasser ragen. Diese seien durch aktive Vulkane aufgeschüttet worden. Dazu passte aber nicht, dass unter Japan Sediment-Gestein liegt. Sediment-Gestein entsteht unter anderem durch Wasser-Erosion (nicht durch Vulkanablagerungen). Diese ist in Küstengebieten häufig. Die neuere, die Fakten glättende Theorie besagt also, dass Japan vor 15 Millionen Jahren von Asien abgebröckelt ist. Die Drehbewegungen einer bestimmten Kontinentalplatte hat das, was heute Japan ist, vom Festland weggeschoben. Mit anderen Worten: Japan ist keine natürlich entstandene Inselgruppe. Was aus dem Wasser ragt, sind Teile des ehemaligen Kontinents. Das ist nicht unnormal.

Landmassen im Pazifik sind in Bewegung. Geologen haben berechnet, tektonische Platten werden dafür sorgen, dass Australien auf Japan aufläuft. Die Kollision wird in 50 Millionen Jahren erwartet.

6

Die Inseln sind ein Segen, weil sie für Touristen schön sind und die Fischfangreviere Japans vergrößern. Die Inseln sind aber ebenfalls ein Fluch. Wie leicht könnten sie Auslöser für einen verheerenden Krieg werden. Jahrhunderte währender Streit um Besitzansprüche, hat sie zu einem politischen Brandherd gemacht. Japan hat nie wirklich gute Beziehungen zu seinen direkten Nachbarländern aufgebaut, weil der Dauerdisput um Hoheitsrechte das Verhältnis zu Russland, China und Korea bis heute vergiftet. Ein gutes Beispiel wie sehr selbst winzigste Eilande Grund für Konflikte sein können, findet man in den Senkaku-Inseln. Die Senkaku-Inseln liegen neben Taiwan und sind 2200 Kilometer von Tokio entfernt. Diese Kilometerzahl entspricht ungefähr der Entfernung von Nürnberg nach Moskau, also doch eine ziemliche Ecke. Es sind fünf kleine Inseln, hauptsächlich Felsen, unbewohnt, nicht schön. Hauptbewohner der Senkaku-Inseln sind Maulwürfe, Ziegen und Seevögel. Die Maximallänge einer der Inseln dieses Verbundes beträgt 3,3 Kilometer. Ihre Besitzer sind die Japaner. Die Chinesen behaupten, die Inseln würden ihnen gehören, und zwar seit dem 14. Jahrhundert, schon deswegen, weil sie von ihren Vorfahren entdeckt worden seien. Sie präsentierten zur Unterstützung ihrer Forderungen mittelalterliche Landkarten aus der Ming-Zeit (1368-1644), auf denen die Inselgruppe schon verzeichnet war. Die Inseln hätten chinesische Namen getragen. Sie seien immer schon als Teil des Reiches angesehen worden. Die Japaner ließen sich durch diese Argumentation nicht erweichen.

Die Inseln wurden im Rahmen des japanisch-chinesischen.Krieges (1894/1895) annektiert. Sie waren damals unbewohnt, aber strategisch wichtig. Kriege verschieben Grenzen. Nicht jeder verlorene Landabschnitt muss notwendigerweise zurückgegeben werden. Wenn das so wäre, würde die Weltkarte anders aussehen.

Der Grund, eine so weit entfernte Inselgruppe zu beanspruchen, liegt für die Japaner in der guten strategischen Lage in Festlandnähe. Lediglich 330 Kilometer trennen sie vom asiatischen Kontinent. Von hier aus kann ein spionierender Blick auf China geworfen werden. Das japanische Argument, die Inseln hätten 1895 annektiert werden dürfen, weil sie unbewohnt waren, trägt aber nur, wenn die Japaner sie selbst besiedeln. Sonst wären sie weiterhin Niemandsland. Mit den Senkaku-Inseln ist leider wenig Nützliches anzufangen. Sie sind Nistplatz für eine reiche Vogelwelt. Die Japaner bauten, um irgendetwas am Verhandlungstisch vorweisen zu können, auf der größten der Inseln, Uotsuri, eine Fabrik zur Verarbeitung von Albatrosfedern. Zusätzlich wurde sie Ausgangspunkt einer lebhaft betriebenen Thunfischfischerei. Im Zuge dieser »Entwicklungsmaßnahmen« kamen immerhin zweihundert Japaner, um dort zu leben.

7

Im Falle der Senkaku-Inseln ging der Streit über endlose Diskussionen am Verhandlungstisch hinaus. In China hatte sich eine angeblich nicht von der Regierung ausgehende Bewegung mit Namen »Baodiao« formiert. Sie forderte die Rückgabe der Diaoyu-Inseln (wie sie im Chinesischen heißen) an ihre rechtmäßigen Herren, das chinesische Volk. Alle Unterstützer dieser Bewegung stellten klar, bei den Senkaku-Inseln handele es sich um chinesisches Mutterland, welches ihnen von den Japanern geraubt worden sei. Parolen allein waren zu wenig. Die Entschlossenheit der Mitglieder der Aktivistenvereinigung, ein deutlicheres Zeichen zu setzen, stieg im vom Patriotismus erhitzten Gemütern.

David Chan Yuk-Cheung war ein begabter Student aus Hong Kong, der es zum Radio- und Fernsehmoderator brachte. Er war darüber hinaus einer der Vorsitzenden der Baodiao-Bewegung. Am 26. September 1996 fuhr er mit fünf weiteren Aktivisten zu den Senkaku-Inseln, sprang mit einer Schwimmweste ins Wasser und wollte so eine Art Protest-Schwimmen veranstalten. Unglücklicherweise verfing er sich in einem Kabel und ertrank. Auch der japanische Rettungsdienst kam zu spät und seine Leiche wurde von einer chinesischen Flagge bedeckt zum Festland gebracht. Ein Mann starb, aber ein Märtyrer, der zu politischen Zwecken benutzt werden konnte, war geboren. Seit dieser Zeit versuchen immer wieder Aktivisten in Inselnähe ins Wasser zu springen und zu den Inseln zu schwimmen, um das zu erreichen, was David Chan Yuk-Cheung nicht geschafft hatte. Aber es dauerte bis zum Jahr 2012, bis es einem Boot von Aktivisten gelang, dem Netz der japanischen Küstenwacheschiffe zu entgehen. Unter dem Gesang der chinesischen Nationalhymne wateten fünf nasse Aktivisten an Land und hissten dort die Flagge von China.

8

Woher kommt der patriotische Überschwang der Jugend Chinas, sich in das Thema »Rückgabe der Insel« so zu verbeißen? Wenn man die Bewegung »Baodiao« betrachtet, ist ein gewisser nationaler Irrsinn nicht zu leugnen. Hier haben die Politiker ihre Hände im Spiel. China hat zum Inhalt des Schullehrstoffs gemacht, Japan als gegnerisches Land darzustellen. Japaner würden versuchen, sich mit jedem Mittel chinesisches Territorium einzuverleiben. Kinder in China wachsen in der Schule mit einem klaren Feindbild auf. Filme und Fernsehserien mit exakter politischer Absicht unterstützen dabei die Verbreitung von Stereotypen. Das trägt Früchte. Ich habe chinesische Schüler von mir in einer Weise über Japan sprechen hören, die ich als Ergebnis dieser Art von Beeinflussung werte, aber hier nicht wiederholen will. Die Notwendigkeit, ein solches Feindbild aufzubauen entstand in der Folge des Jahres 1989. Einer der Schlüsse, die die chinesische Regierung aus den Protesten am Tian'anmen-Platz gezogen hatte, war, dass den jungen Chinesen eine gute Portion Vaterlandsliebe zu fehlen schien. Wie sonst hätten sie sich zu solchen Protestaktionen hinreißen lassen? Um den gewünschten Patriotismus entstehen zu lassen, musste das Nachbarland als Aggressor herhalten.

Historisch gesehen war der Inselstaat in der ersten Hälfte des 20. Jahrhundert tatsächlich ethisch verurteilenswert. Japan hatte aus kolonialistischen Gedanken heraus, während des 2.Weltkriegs Teile Chinas besetzt. Ereignisse wie das »Nanjing Massaker« (1937) waren so schlimm, wie der Name vermuten lässt. Der Verbündete Japans zur damaligen Zeit war Hitler und so hat man sich auch benommen. Ohne die Richtigkeit geschichtlichen Verständnisses jetzt im Detail zu diskutieren, herrscht zumindest in China die Auffassung, die kommunistische Bewegung und damit die kommunistische Partei, hätte das Land von Japans Despotie befreit. Das Nachbarland in die Knie gezwungen zu haben, legitimiert also die Herrschaft der kommunistischen Partei. Japan als das Land des Schreckens zu bezeichnen, dessen ewige Absicht es ist, das chinesische Mutterland zu unterwerfen, lässt die Chinesen zusammenstehen. Hunderte nationale und antijapanische Filme wurden und werden gedreht, Lieder gesungen und Bücher zu diesem Thema geschrieben, sowie nationale Gedenkstätten errichtet, an denen – nach deren Fertigstellung – große Demonstrationen gegen Japan stattfanden.

9

2012 drückte Premierminister Yoshihoko Noda den Wunsch der japanischen Regierung aus, drei der fünf unbewohnten Senkaku-Inseln für zwanzig Millionen Dollar kaufen zu wollon. Eine davon war schon im staatlichen Besitz, drei weitere sollten nun von ihrem damaligen Besitzer, der Familie Kurihara, erworben werden. Diese wiederum hatte die Insel von der Familie Koga erstanden, die auf der Insel eine Fischverarbeitungsanlage unterhielte. Weder den Kogas, denen die Insel seit Ende des 19. Jahrhunderts gehörte, noch den Kuriharas ging es wirklich um die Inseln. In mehreren deutlichen Statements drückten sie aus, dass der Besitz der Inseln dazu beitragen sollte, die Pazifikausdehnung

Chinas zu unterbinden. Deswegen hörte das Familienoberhaupt, Hiroyuki Kurihara, mit Freude, dass die Regierung weitere Inseln aufkaufen wollte. Er konnte einen Teil der Verantwortung an die Regierung abgeben, der es dadurch möglich wurde, die Insel stärker mit Militär und Küstenwache auszustatten.

Was wie ein harmloser Geschäftsdeal aussah, war der Auslöser einer Reihe von antijapanischen Ausschreitungen. Die Chinesen reagierten empört auf die Pläne der Regierung in Tokio: »Niemand kauft chinesisches Mutterland!«. Es kam zu anti-japanischen Demonstrationen in China und Hong Kong. Aufgestauter Hass entlud sich in zwei großen Protestaktionen. Japanische Flaggen wurden verbrannt, »Fuck you Japan«-Schilder hochgehalten, »Selbst wenn wir jeden Japaner töten müssen, wir holen uns die Inseln«, schrien die Demonstranten, »Hunde und Japaner haben keinen Eintritt« hieß es auf einem Ladenschild, Schaufenster von japanischen Läden wurden eingeschlagen, japanische Autos zerstört, japanische Konzernniederlassungen angegriffen (die aus Sicherheitsgründen schließen mussten, was einen 250 Millionen Dollar Schaden für die Autoindustrie bedeutete), das Konsulat mit Flaschen beworfen Japanische Bücher sollten verboten und mit einem Publikationsbann belegt werden. Diese Art von Umtrieben klingt für uns geschichtlich bekannt. Die Demonstrationen seien vom Staat organisiert und einigen Demonstranten soll ein Stundenlohn für ihre Protestaktion gezahlt worden sein. So war es zumindest im Internet auf geheimen chinesischen Microblocs zu lesen. Vielleicht richtig, vielleicht falsch. Die konsequente Feindbild-Erziehung der Chinesen trug ihre Früchte in den Ausschreitungen. Das Credo lautete: Sein Land lieben, heißt Japan hassen. Als die Ausschreitungen schließlich immer gewalttätiger wurden, schritten die chinesischen Behörden endlich ein. Die Demonstranten, die die Flagge Chinas schwenkten und mit lautem Gebrüll »Erklärt Japan den Krieg! Erklärt Japan den Krieg« durch die Straßen zogen, wurden mit Wasserwerfern, Tränengas und Pfefferspray zur Raison gebracht. Internationale Kritik und die Tatsache, dass Japan ein wichtiger Handelspartner war, halfen mit, die chinesischen Behörden zu veranlassen, die immer militanter werdenden Demonstranten zu entwaffnen.

10

Zehn Jahre nach den Ausschreitungen gegen die Japaner hat sich politisch nicht viel verändert. Eine junge Chinesin wurde 2022 verhaftet, weil sie auf der Straße einen Kimono trug. Sie war Cosplay-Fan und trug das Kostüm einer ihrer Lieblingscharaktere. Fünf Stunden wurde sie von den Ordnungskräften auf der Polizeistation heftig beschimpft. »Du trägst einen Kimono? Bist du überhaupt eine Chinesin?« Nachdem ihr Handy nach verdächtigen Inhalten untersucht worden war und einer Nacht im Gefängnis, wurde sie am nächsten Tag wieder freigelassen. In den sozialen Medien fragte sie, seit wann es in China ein Gesetz gebe, das verbiete, einen Kimono zu tragen.

11

Ein Internet-Reporter der Webseite vagabondjourney, der Chinesen danach befragte, wie ihre Meinung über die Japaner sei, war überrascht, wie emotional die Antworten ausfielen: »Wir hassen Japaner«, »das sind Teufel«, »wie könnte man Japaner nicht hassen?«, einer skandierte »Krieg, Krieg!«. 66% der Chinesen hatten 2021 ein negatives Bild von den Japanern. Der Hauptgrund sei – wie 77 von 100 Personen angeben – die Weigerung der Japaner sich für die Verbrechen des Zweiten Weltkriegs zu entschuldigen. Besonders das erwähnte »Nanking-Massaker« im Jahre 1937 würde von den Japanern verschwiegen werden, bei dem 200.000 chinesische Zivilisten und Soldaten von den japanischen Truppen getötet worden waren. 58 der Personen führten als Grund den Konflikt um die Senkaku-Inseln an, warum sie Japaner für schlechte Menschen hielten, und 23 Personen verurteilen Japans Bündnis mit Amerika, das nach ihnen das Ziel habe, China in seinem Freiheitsstreben einzudämmen.

Wenig wird von den Chinesen dabei beachtet, dass Japan im Zeitraum 1972 bis 2018 3,65 Trilliarden Yen an Wirtschaftshilfe geleistet hatte. Einen Teil des Aufstiegs ihres Landes hat es dem ungeliebten Nachbarn zu verdanken. Die Verflechtungen im Handelsbereich sind immer noch stark und beide Länder profitieren von guten Beziehungen zueinander.

Sehr zum Ärger der chinesischen Altfunktionäre entwickeln viele junge Chinesen sogar ein äußerst positives Japan-Bild. 66% der Chinesen sehen Japaner negativ, das heißt aber auch, dass 34% zumindest keine negative Meinung von dem Land haben. Wieso hat hier die politische Hetze versagt? Die Antwort ist »Instagram«. Das Nachbarland Japan ist besonders bei der jüngeren chinesischen Bevölkerung ein äußerst beliebtes Reiseziel. Die jugendlichen Chinesen posten ihre Fotos auf den sozialen Medien genauso wie ihre Kommentare und Erfahrungen im Inselstaat. Die Landschaft ist schön, das Essen schmeckt und die sich lohnenden Fotomotive sind schier grenzenlos. Die chinesischen Touristen haben eine schöne Reise, die sie mit einer Flut von Handy Fotos dokumentieren. Jene Schnappschüsse zeigen ein anderes Bild als das von der chinesischen Führung gewünschte. Wenn sich unter den geposteten und verschickten Bildern die »likes« anhäufen, sind diese auch irgendwie »un-likes« gegen ihre Regierung.

12

2020 verkehrten an 333 Tagen chinesische Schiffe um die Senkaku-Inseln, alle im pazifischen Hoheitsgebiet Japans. Im Februar 2021 tauchten zwei Schiffe der chinesischen Küstenwache im Gebiet um die Inseln auf. Diese Boote waren bewaffnet und gehörten zum Militär. Der japanischen Küstenwache stand damals die Möglichkeit offen, das Feuer auf die andere Seite zu eröffnen. Von Chinas Seite werden Drohungen ausgesprochen. Der chinesische Außenminister Wang Yi sagte mit bedrohlicher Rhetorik, dass japanische Fischerboote (die sich rund um die Senkaku-Inseln aufhielten), die sich der (historischen) Fakten nicht bewusst seien, der chinesischen Regierung keine Wahl ließen, als die notwendige Antwort zu geben. Japan stationierte eine bedeutende Menge an kampffähigen Schiffen in der Region, um gegenüber dem Gegner bedrohlich aufzutreten. Eindringende chinesische Schiffe werden gestellt und aus dem Territorium vertrieben. Patrouillierende japanische Schiffe und provozierende chinesische Schiffe fahren den Pazifik auf und ab. Fischerboote, Boote von Aktivisten, die Küstenwache und große militärische Schiffe kommen und gehen. Es gab Ereignisse, bei denen sich Boote gegenseitig rammten. Die Anzahl der gesichteten chinesischen Kriegsschiffe hat sich Jahr für Jahr gemehrt. Waren es 2007 noch 17 Schiffe, erhöhte sich deren Zahl bis 2015 auf 49 und bis 2021 auf 71. Der Konflikt beschränkt sich nicht nur auf das Meer. Der Luftraum über den Inseln wird von chinesischen Kampfjets überflogen. China hat bisher sieben künstliche Inseln im Pazifik auf eigentlich winzigen Korallenbänken errichtet. Dort wurden Militärbasen sowie Landebahnen installiert. Es sind künstliche Inseln, die bis in die Nähe von Australien reichen. Von dort aus können Flugzeuge starten, die jederzeit in eine Kampfhandlung eintreten können. Japan hat ein Land vor der Haustür, das den Pazifik beherrschen will. Der Streit um Inseln ist der Weg dorthin.

Mönche, die dir auf den Kopf schlagen

1

»Wenn du Dämonen siehst, töte Dämonen, wenn du Buddhas siehst, töte Buddhas«, heißt es in einem bekannten Spruch des Buddhismus. Was glauben die Japaner eigentlich? Es ist fast nicht möglich, mit einem Japaner ein Gespräch über Buddhismus zu führen. Da weichen sie aus wie Häschen, hinter denen der Wolf her ist. Mein erstes solches Erlebnis hatte ich, als ich einen Japaner fragte, ob er Buddhist sei. Die Gesichtsmimik vereiste augenblicklich. Er antwortete rätselhaft. Nur ein Wort: »Vielleicht«. Ende der Konversation. Die Reaktion mag ein Versuch gewesen sein, meiner taktlosen Direktheit zu entgehen. Womöglich mangelte es ihm an einer klaren Haltung. Ich grübelte damals, ob die Frage seine Privatsphäre verletzt hatte. Womöglich steckte eine philosophische Haltung dahinter im Sinne von »zu einem Buddhist *wird* man, man *ist* es nicht«. Diese Vermutung ließe sich kulturell untermauern. Im Buddhismus gibt es keine dem Christentum vergleichbare Taufe. Genauso fehlt der staatliche Zwang, auf Dokumenten Religionszugehörigkeit festzuhalten. Jemand kann Buddhist werden, indem er sich in genügender Weise in die Lehren Buddhas vertieft. Es ist ein Lernprozess und nicht wie bei uns Identitätsbehauptung. Ich wusste das. Jedoch reichte mir das als Erklärung der kryptischen Antwort des Japaners nicht aus. Das Land steht immerhin voller Tempel und 84 Millionen Japaner zählen sich nach Umfragen zum Buddhismus. Zumindest »vielleicht«. Ich habe gründlich nachgelesen. Ich habe mit Bestimmtheit bei meinen japanischen Freunden nachgefragt. Ich habe die Wurzeln des Problems (womöglich) verstanden. Das »Vielleicht« des Japaners war im Grunde exakt und klar. Seine Antwort reflektierte die Tatsache, dass der Buddhismus grundsätzlich eine konfuse Religion ist.

Die Inselbewohner haben die Lehren des Buddhismus verändert und vor allen Dingen vermehrt, was den Dogmen dieser Glaubensrichtung weitere Unklarheit bescherte.

2

Viele werden wissen, dass die Wiege des Buddhismus in Indien liegt, wo ein Mann namens Siddharta Gautama eine Erleuchtung hatte. Die genaue Datierung seiner Lebensdaten ist schwierig. Die einen sagen, er habe von 563 bis 483 vor Christus gelebt, die anderen meinen, mit 490 bis 410 nach Christus richtig zu liegen. Bewiesen ist nichts. Siddhartas Moment der Erleuchtung war Grund für einen Namenswechsel. Er wurde von da an »Buddha« genannt. In der Sanskritsprache bedeutet diese Anrede lediglich »Erwachter«. »Buddha« ist also streng genommen kein Name, sondern die Beschreibung eines »Geisteszustandes«. Konsequenterweise verstehen einige buddhistische Richtungen die Betitelung als religiösen Sammelbegriff für vom Irdischen erlöste Personen, von denen Siddharta Gautama der Erste war. Buddhas Lehren und Taten wurden zuerst über einen enormen Zeitraum hinweg durch Mönche mündlich weitergegeben und erst viel später, 250 Jahre nach dem Tod des Religionsstifters, niedergeschrieben. Das ist, als ob man sich zu merken versucht hätte, was jemand im Jahre 1780 gesagt hat, ohne jemals eine Zeile davon zu Papier gebracht zu haben. Mit der damaligen Niederschrift wurden Buddhas Lehren nicht endgültig fixiert. Tatsächlich gab es bis ins Jahr 1500 nach Christus datierte Erstverschriftlichungen von Taten und Worten des Religionsstifters. Der Buddhismus umfasst also einen offenen Textkorpus, der erst 2000 Jahre nach dem Ableben Siddhartas Gautamas geschlossen wurde. Ein der Bibel vergleichbar verbindliches Lehrwerk gibt es aus diesem Grund nicht.

Alle Niederschriften sind nicht gleich wichtig. Am meisten Autorität haben die sogenannten Sutras aus dem ersten Jahrhundert vor Christus. Sutras können kurze Sinnsprüche, Beispielgeschichten und Reden sein, die ihren Ursprung in Buddhas Tun haben. Von diesen gibt es mehrere hundert, aber besonders das Lotus-Sutra hat allgemeine Bekanntheit erreicht. Diese Sinnsprüche sind in vielen Fällen nicht so geschrieben, dass sie direkt verstanden werden können, sondern sollen helfen, eine höhere Erkenntnis zu erlangen, die nicht zwangsläufig durch ein simples Leseverständnis mitgegeben wird. Diese populären Texte haben ebenfalls keine alles übergreifende Autorität. Es gibt innerhalb des Buddhismuses Diskussionen, ob die Sutras gleichgewichtig bedeutend sind. Ja manche sagen sogar, sie seien als Ganzes unnütz. Der Versuch, einen einheitlichen Glaubenskern zu finden, ist fast unmöglich. Nicht einmal über das Wesen des Gründers besteht Einigkeit. Ist er Mensch, Gott, sind es Götter, ein Schutzgeist, ja gar ein Gott des Shintoismus? Wartet er im Paradies, wirkt er auf Erden, ist er lebendiger Teil des Kosmos oder hat er sein Ende im Nirwana gefunden? Selbst seine Körperdarstellungen variieren extrem. Der chinesische Buddha ist fett und munter, der thailändische ist dürr und wie eingeschlafen.

Als Kern der Lehre gilt für Viele das Folgende: Das Leben wird als Illusion verstanden. Wir sehen die Welt falsch und aus den daraus resultierenden Missverständnissen kommt unser Leiden am Dasein. Wem es gelingt, in einem Moment der Erleuchtung den großen Vorhang wegzuziehen, der vor die wahre Welt geschoben wurde, befreit sich aus seinen Irrtümern und damit auch aus dem Leiden. Dieser gemeinhin als Erleuchtung verstandene Zustand, ermöglicht es, nach dem Tod ins Nirwana einzuziehen. Wer aber ohne Erleuchtung, an der Zielflagge seines Lebens angekommen ist, wird wiedergeboren. Je nachdem, welchem ethischen Standard ein Mensch zu Lebzeiten gefolgt ist, wird er eingeordnet. Den Guten erwartet ein weiteres Leben als Mensch. Wer aber als Unhold durch die Lande schritt, hat ein Dasein als Maus, Kakerlake oder sogar Bakterium zu erwarten.

Die Frage aller Fragen ist aber, wie kommt jemand zur Erleuchtung? Hier gehen die Meinungen auseinander. Auf einer Flöte zu blasen, unter einer Pappelfeige zu sitzen, nichts zu essen, sich die Arme oder die Augenlider abzuschneiden, jahrelang vor einer Wand zu sitzen, Unsinn zu denken oder einfach gar nichts zu machen. Allgemein wird angenommen, dass die Wahrscheinlichkeit eine Erleuchtung zu erfahren, durch die Nähe zu jemandem erhöht wird, der selbst schon dieses Privileg hatte: ein Buddha oder zumindest kurz davor steht (ein Bodhisattva). Die schon wie eine Glühbirne Erleuchteten oder wenigstens halb Erleuchteten ziehen diejenigen an, die noch im Dunkeln tappen. Sie werden Sammelpunkt von Schülern, die den Worten dieser besonderen Menschen lauschen. Die buddhistische Schule ist geboren. Der Meister führt seinen Adepten neue Methoden vor, deren Befolgung die Hoffnung birgt, schlussendlich ins Nirwana einzuziehen. Die Lehren des Meisters werden von seinen Adepten zu Papier gebracht. Hunderte neue Schriften entstehen. Ist der Meister gestorben und hinterlässt genügend Schüler, lohnt sich die Gründung eines eigenen Klosters. So wird das Erbe der Bodhisattva oder Buddhas zusammengehalten.

3

Der Buddhismus ist ab 552 nach Christus in Japan sicher datiert. In diesem Jahr kamen Mönche aus dem koreanischen Reich Baekje nach Nara, um dem Kaiserhof die neue Glaubensrichtung vorzustellen. Sie scheint aber schon etwas vorher Fuß gefasst zu haben. Die genauen Quellen fehlen. Die Ausbreitung des Buddhismus erfolgte entlang der Seidenstraße, auf der nicht nur Seide, sondern die gesamten Waren des fernen Ostens transportiert wurden. Die Seidenstraße selbst war eine 6400 Kilometer lange Route von China nach Venedig, über die nicht nur Waren, sondern auch die Pest nach Europa eingeschleppt wurde. Mit der teilweisen Öffnung Japans in den frühen Jahrhunderten unserer Zeitrechnung verlängerte sich die Seidenstraße: Ihr neuer Endpunkt war Nara, Japan. Das blieb nicht ohne Wirkung auf die Kultur der Inselbewohner. Die Zahl der buddhistischen Tempel erhöhte sich in der nach dieser Stadt benannten Nara-Zeit (710 bis 784) von 200 auf 1000.

Als der Buddhismus in Japan Einzug hielt, hatte er schon mehrere Kulturen durchwandert. Bereits in seinem Geburtsland Indien waren die Schriften, Lehren, Kommentare und Interpretationen zu einer beachtlichen Fülle angewachsen. Die neue Religion entstand im Umfeld des bereits etablierten Hinduismus, der zu Buddhas Lebzeiten schon auf eine tausendjährige Tradition zurückblicken konnte. Die schillernde Fabelwelt, viele Rituale und die grundlegendsten Gedanken lieh sich der Buddhismus aus dem Hinduismus. Die Beiden teilten sich sogar mit Vishnu, Ganesh, Brahma oder Lakshmi eine gemeinsame Götterwelt, deren Sinn für Außenstehende schwer zu erkennen ist, da es ja eigentlich um Buddha gehen sollte. Ja einige, die etwas davon verstehen, meinen sogar, der indische Buddhismus sei nichts anderes als eine weitere Blüte des Hinduismus. Die einzige Auffälligkeit sei, dass sich hier alles um den Religionsstifter Siddharta Gautama drehe, wohingegen der Hinduismus nicht personenfixiert sei. Die nächste Station des Buddhismus war nicht, wie man denken würde, China, sondern Griechenland. Alexander der Große dehnte sein Reich in den Beutezügen 334 vor Christus bis nach Indien aus. Er ließ dort eine Garnison Griechen zurück. Diese vermischte sich mit der einheimischen Bevölkerung. Die griechisch-indische Kultur war geboren, eine Mischung aus griechischem und indischem Götterglauben. Buddha selbst wurde bis ins 1. vorchristliche Jahrhundert nicht dargestellt. Durch den Einfluss der Kultur des Westens entstanden die ersten Buddha-Statuen, die auffällige Ähnlichkeit zu Abbildungen Alexander des Großen hatten. Auf eben diese Weise drang das Götterpantheon des Mittelmeers in den noch jungen Buddhismus ein.

Der Buddhismus zog im Jahr 150 vor Christus nach China. Der staatskonforme Konfuzianismus sowie der Daoismus mit seiner Lehre von den ausgleichendenden Kräften Yin und Yang hatten hier die Oberhand. War in Indien das prächtige Durcheinander noch Religionsprinzip gewesen, herrschte hier Harmonie und Ordnung. Aber auch in China war eine reiche Götterwelt zu finden. Der Daoismus hatte ein gutgefülltes Pantheon aus himmlischen Göttern und irdischen Geistern vorzuweisen. Wie würde sich der Buddhismus hier einfügen? Der Buddhismus begann sich zu wandeln. Er adaptierte diese weltanschaulichen Konzepte, gleichzeitig sog er die Mythen des Landes in sich auf. Es dauerte trotzdem tausend Jahre bis der Eindruck entstand, China sei schon immer ein buddhistisches Reich gewesen. 384 nach Christus erreichte Siddharta Gautamas Gedankenwelt Korea. Der König des Großreiches Baekje stand der neuen Religion skeptisch gegenüber, aber den Ruf, den sich der Buddhismus aufgebaut hatte, bestehende Machtstrukturen nicht zu untergraben, stimmten ihn milde.

Schließlich im oben erwähnten Jahr 552 nach Christus kam ein – im Vergleich zu seinen Ursprüngen – völlig verwandelter Buddhismus in Japan an. Jetzt betrat er einen Inselstaat, der bis zum Rand mit Legenden, Aberglauben und spirituellen Kreaturen gefüllt war. Ja mehr noch: Das Land hatte mit dem Shintoismus und dessen Kami-Göttern bereits eine Religion. Es musste also eine weitere, vielleicht die bis dahin schwierigste »Integrationsleistung« erbracht werden. Die Schriften indischer oder chinesischer Meister konnten hier nämlich niemanden überzeugen, geschweige denn, dass sie viele lesen konnte. Der Buddhismus musste »japanisch« werden, wenn er hier bestehen wollte. Diesen »cultural gap«schloss der Buddhismus mit neuen, landeseigenen Schulen, deren Anhänger sich in Klöstern scharten. Außerdem versorgte er die Japaner mit auf den heimatlichen Inseln geborenen, religiösen Meistern. Uneins darüber, wie die Synthese Buddhismus mit der landestypischen Kultur auszusehen habe, kam es notwendigerweise zum Zerfall der Lehren. Gleichzeitig wurden japanische Formen des Buddhismus erschaffen. Er splittete sich relativ rasch in sechs Schulen auf, deren Vertreter eigene Tempel als Glaubenszentrum erbauten. Die sechs entstandenen, speziell japanischen Schulen hießen Hosso, Kusha, Sanron, Jojitsu, Kegon und Risshu. Diese waren nicht die einzigen, aber sie hatten zur Anfangszeit der Religion den größten Zulauf. Andere weniger populäre wie Tendai und Shingon vermehrten das Potpourri der unterschiedlichen Gedankengebäude.

4

Nara war von 710 bis 784 Hauptstadt des Reiches, wobei »Hauptstadt« nur den Ort bezeichnet, an dem sich der Kaiser dauerhaft aufhielt. Vor der endgültigen Wahl von Nara (und dann später dem unweit davon entfernt liegenden Kyoto) waren schnellwechselnd fünfunddreißig Orte Machtzentrum des Landes gewesen. Der Grund, warum die zwei Hauptstädte, Nara und Kyoto, aber auch alle anderen kaiserlichen Residenzen sehr weit im Süden verortet waren, lag am Verkehr mit dem Festland, denn dieser wurde über den bequem schiffbaren Meeresabschnitt mit Korea möglich. Auch kriegerische Attacken waren mehr oder weniger nur über den dem Festland nahesten Punkt zu erwarten, so dass eine kaiserliche Präsenz im Kriegsfall garantierte, dass Befehle von oberster Stelle schnell an die Truppen übermittelt werden konnten. Aber vor allen Dingen die herrlichen buddhistischen Tempel in Nara zogen den Kaiser an. Wo die Tempel waren, dort musste auch er sein. Dahinter standen nüchterne politische Überlegungen: Nara hatte sich als buddhistisches Zentrum Japans etabliert und übte über die besondere Stellung, die Religion für die Menschen eben hat, Einfluss auf die Bevölkerung aus. Der Kaiser, der sich als lebender (shintoistischer) Gott verstand, tat gut daran, nicht gegen die neue Glaubensmacht aufzutreten, sondern sich mit ihr gut zu stellen. Der Bevölkerung brachte der Aufstieg des Buddhismus allerdings nicht nur Gutes. Der Bau der wie Pilze aus dem Boden schießenden Tempel wollte bezahlt werden. Die Herrscher belegten die Adligen und über sie die Bauern mit einer fast nicht zu stemmenden Steuerlast. Nicht nur den Kaiser gierte es nach Geld. In Nara standen sieben große Tempel. Sie gehörten den sechs mächtig gewordenen buddhistischen Orden. Um sie herum scharten sich die Anhänger verfeindet zu nennender buddhistischer Glaubensrichtungen. Geführt wurden diese buddhistischen Schulen von politisch denkenden Männern. Ihr Ziel war es nicht, die Wahrheit ihrer Lehre zu beweisen, sondern die Gunst des Kaisers zu erringen. Die Tempel versuchten auf das Herrscherhaus samt dem Regierungsapparat Einfluss zu nehmen. Sie hatten die erwähnten Gelder im Auge, welche aus den Taschen der Mächtigen über Spenden und Steuern in ihre Taschen fließen sollten. Die Mächtigen der Tempel konnten in Kaisernähe in der Politik mitmischen. Der Buddhismus wurde ein »political player«.

5

Wie sehr weicht doch die japanische Mönchswelt von der des Westens ab. Der Buddhismus hat mit seiner friedlichen Philosophie im Laufe der Zeit ein Image von Sanftheit und Güte aufgebaut. Das war nicht immer so. Die buddhistischen Tempel unterhielten in Japan (bezeugt ab dem Jahr 949) Soldatenabteilungen. Diese wurden hauptsächlich aus den Mönchen gebildet, die im Kloster lebten. Das westliche Bild eines verschlafenen Klosters im verschneiten Bergland irgendwo traf im historischen Japan nur manchmal zu. Die Tempelanlage mit dem Namen Enryaku, die auf dem Berg Hiei bei Kyoto liegt, war ein Konglomerat von dreihundert Häusern. Dazu gehörten große Ländereien und ein starkes Heer, das fähig war, sich gegen jeden Angreifer zu verteidigen. Mit anderen Worten: Enryaku war wie ein kleines Fürstentum unter buddhistischer Gesetzgebung. Offiziell wurde der Aufbau von Truppen in einem Kloster wie Enryaku mit dem Kampf gegen übernatürliche Gegner begründet. Das Dämonen-Tor, durch das das Böse in die Welt tritt, lag nach den Legenden im Nord-Osten von Kyoto, und zwar an der Stelle, wo der Berg Hiei ist. An genau der Stelle wurde das Kloster Enryaku errichtet. Sein Zweck: Den japanischen Herrscher gegen die Dämonenheere zu verteidigen.

Das Kloster Enryaku hatte in der Realität weniger spirituelle Gegner zu fürchten als andere buddhistische Tempel. Diese waren ebenso bewaffnet und feindlich gesinnt. Streitigkeiten gab es um Nachfolge, Etikette im und um den Tempel, dann die Beteiligung am Hofe, vor allem, welches Kloster die buddhistischen Riten ausführt, wenn das Staatszeremoniell das verlangt. Als Feuerwaffen in Japan eingeführt wurden, adaptierten die Mönche von allen am schnellsten das neue Kriegsgerät. Auch ohne diese waren die Heere der Klöster so stark, dass sie nicht selten sogar Samurai-Heere besiegten, bis sie endlich 1603 in einer großen Schlacht endgültig untergingen.

6

In den Jahren 1274 und 1281 versuchte die mongolische Flotte nach Japan überzusetzen. Ihr Ziel: Eroberung des Landes. Hoffnungsarm, aber mutig, stellten sich die Japaner der Übermacht entgegen. Kubla Khans Flotte hatte schon China und Korea mühelos bezwungen, hier sollte eine Nation, deren nautisches Wissen sich fast nur auf den Bau von Fischerbooten beschränkte, kein Problem sein. Hier benötigte es schon ein Wunder, um das Unvermeidliche abzuwenden. Kubla Khans Flotte erschien am Horizont. Die Japaner bestiegen ihre Boote. Es kam zur Schlacht. Während der kriegerischen Auseinandersetzungen standen die buddhistischen Mönche auf den Hügeln am Rande des Meeres, um zu Buddha zu beten. Gemäß den Riten des Buddhismus sagten sie dabei Sutras auf, eine Form des Gebetes, bei der im Sprechgesang immer wieder die gleichen Sätze rezitiert werden. Auf diese Weise sollten sich die Sutras zu Zaubersprüchen verwandeln. Und tatsächlich – und das ist historisch in der Geschichtsschreibung verbürgt – kam ein Sturm auf. Ein unbändiger, mächtiger Orkan, gegen den selbst Kubla Khans mongolische Flotte machtlos war. Der unbändige Wind ließ die Schiffe des mongolischen Herrschers an den Felsen zerschellen. Mann und Maus versanken elend in den Fluten des Meeres. Japan war gerettet, zumindest für eine kurze Zeit. Kubla Khan ließ nämlich dieses Naturunglück nicht den Grund werden, seine Bemühungen, Japan zu erobern, aufzugeben, Sieben Jahre später versuchte er es erneut. Seine Flotte rückte heran. Die buddhistischen Mönche bezogen wieder ihre Stellung auf den Hügeln und begannen erneut, Sutras zu singen. Und wieder kam ein ungeheurer Wind auf. Die mongolische Flotte, versank ein zweites Mal. »Gott« und »Wind« ins Japanische übersetzt ergeben »kami« und »kaze«. Der Begriff »Kamikaze« (»Göttlicher Wind«) hat seinen Ursprung in diesen Geschehnissen.

Der Vorfall änderte die Wahrnehmung des Buddhismus in Japan mehr als es irgendwelche Schriften hätten erreichen können. Wer vermochte noch an der Wirksamkeit der Sutras zu zweifeln? Die Kami des

Shintoismus waren im Glauben vieler mächtige Naturgeister, deren Wirken in den Kräften der Welt sichtbar wird. Aber hier war etwas Unglaubliches geschehen. Buddhistische Mönche konnten göttlichen Wind aus der Natur herbeibeten. War das nicht Beweis, dass Buddha im Bunde mit den shintoistischen Göttern war? Viele glaubten nun, dass die shintoistischen Götter einfach die Verkörperung Buddhas seien. Zwischen Buddhismus und Shintoismus bestand in den Augen der Japaner kein fassbarer Unterschied mehr. Vor allem in der Zeitperiode, die wir im Westen das Hochmittelalter nennen, wurde aus dem japanischen Buddhismus eine Art Naturreligion und der Shintoismus irgendwie eine Art Buddhismus. Die Identität beider Religionen hielt lange an. Erst als der Kaiserkult am Ende des neunzehnten Jahrhunderts wieder erstarkte, wurde der Shintoismus als Nationalreligion neu entdeckt und der Buddhismus recht willkürlich trotz seiner tausendjährigen Geschichte auf der Insel als etwas Fremdes gebrandmarkt.

Im heutigen Japan sind Shintoismus und Buddhismus nicht wirklich zwei Religionen, zumindest nicht zwei Religionen, die gegeneinander arbeiten. Es hängt vom Einzelnen ab, wie sehr er die beiden getrennt sehen will. Wenn die Japaner zum Beispiel an Neujahr einen geweihten Ort aufsuchen wollen, entscheiden sie sich nicht nach der Richtigkeit der Religion. Sie suchen den schönsten Schrein oder den schönsten Tempel auf. Beide werden als gleichberechtigte Teile der Kultur Japans betrachtet. Ästhetik geht vor Wahrheit. Das Vergessen von Unterschieden hat durchaus auch Nachteile: Besonders ältere Japaner ärgern sich inzwischen über eine jüngere Generation, die einen buddhistischen Tempel besucht, um dort Buddha um Glück und Gesundheit zu bitten (traditionell Aufgabe der Kami-Götter). Viele Jugendliche klatschen am Tempeleingang in die Hände und machen all das, was man in einem shintoistischen Schrein zu tun hat, aber nicht in einem buddhistischen Ort der Verehrung Buddhas. (Man würde sich hierzulande ja auch etwas wundern, wenn jemand in die Kirche käme und einen Gebetsteppich ausrollen würde). Die Art zu beten ist im Buddhismus nämlich ganz anders. Sie kommt aus Indien, einem Land, wo die rechte Hand rein, die linke Hand (die Toilettenhand) unrein ist. Das muss bei einem

Tempelbesuch in der speziellen Gestik des Gebets berücksichtigt werden. Die Hände (sowie der Mund) müssen auf jeden Fall gewaschen sein. Geklatscht wird bei den Buddhisten nicht. Die Handflächen werden still aneinandergelegt. Es herrscht Ruhe.

7

Zur Anfangszeit des Buddhismus gab es in Japan sechs große und zwei kleinere Schulen, deren Anhänger den unterschiedlichsten buddhistischen Lehren folgten. Zu den alten Schulen kamen schon bald zwölf neue dazu, bis sich schließlich ab dem sechzehnten Jahrhundert zwanzig Variationen des Buddhismus auf dem Inselstaat tummelten. Die Toleranz, die die Japaner gegenüber Religionen zeigen, solange sie nicht versuchen, die japanische Gesellschaft revolutionär zu verändern, brachte wenig Widerstand gegenüber neuen buddhistischen Propheten hervor. Die Ableger des Buddhismus mehren sich selbst heutzutage noch, so dass es nicht leicht ist, mit Klarheit in dieses Durcheinander der Schulen zu blicken, denn es ist noch lang kein Ende in Sicht. In neuerer Zeit werden christliche Elemente in die traditionelle asiatische Religion integriert, mit der Folge, dass nicht nur der Unterschied zwischen den einzelnen Richtungen, sondern auch zwischen dem Buddhismus und christlichen Glaubensvorstellungen mehr und mehr verwischt wird.

Gibt es trotz des Tohuwabohus eine Form des Buddhismus, den die meisten Japaner als den ihrigen anerkennen? Man würde meinen es ist der Zen-Buddhismus. Dieser aber zuerst von den Samurai adaptierte Glaubenszweig hat seine Wirkung hauptsächlich in der Kunst entfaltet: Japanische Gärten mit ihrer Schlichtheit sind hier zu nennen, genauso ein den Japanern eigenes ästhetisches Konzept mit dem Namen Wabi-Sabi. Wabi-Sabi versucht unansehliche Dinge zu schaffen. Eine krude Töpferschale beispielsweise, die der Betrachter als ungeschickt zerbeult betrachten würde. Die Welt ist nicht perfekt, die Schale ist es deswegen auch nicht. Löse dich von den irdischen Dingen. Der Zen-Buddhismus ist nicht für den Alltag gemacht. Nur die Enthusiasten widmen sich ihm in Japan. Eine andere Glaubensrichtung erreicht viel mehr Menschen. Der »Reines-Land-Buddhismus« ist die buddhistische »Sekte« mit den meisten Anhängern in Japan. Etwa 26 Millionen Japaner folgen deren Ideen, die sie in siebentausend Tempeln in Japan vertreten finden. Zudem werden von ihren Anhängern Schulen, Universitäten und Kindergärten organisiert. Er übernimmt also auch soziale Aufgaben und ist in den japanischen Alltag integriert. Ich habe eine Japanerin einmal mit den Inhalten dieser Schule konfrontiert und über die Absurdität der Annahmen darin gesprochen. Ihre Antwort war nur ein kaltes: »Ich halte sie für richtig«. Thema beendet.

Der Buddhismus ist eigentlich elitär. Er fordert vom Gläubigen, Frau, Kind, Haus und Herd aufzugeben und das eigene Leben ganz dem überweltichen Ziel zu widmen. Das Ziel ist Erleuchtung, die demjenigen widerfährt, der ausschließlich den Wegen des Buddhismus folgt. Für so eine Lebensweise werden sich die wenigsten entscheiden. Der Buddhismus verfolgt zudem Ziele, die ihn das Interesse an der Mitwelt verlieren lassen. Der Gläubige durchbricht im Zustand der Erleuchtung den ewigen Zyklus unendlicher Widergeburten. Auf die Weise wird das Leiden des Daseins beendet und die erleuchtete Seele geht ins Nirwana ein, wo sie sich auflöst. Unter Auflösung wird die Vernichtung des Selbst verstanden, welche das Aufgeben egoistischer Wünsche und das Festhalten an einem trügerischen Ich-Gefühl beinhaltet. Die Seele verschwindet oder sie wird gewissermaßen ein identitätsloser Fetzen im Treiben des Kosmos aus unendlich vielen, kleinen Fetzen. Das Nirwana ist genau genommen das, was andere Religionen durch alle möglichen Heilsversprechen verhindern wollen: Der Tod.

Das ist alles philosophisch kompliziert und zudem etwas gruselig. Damit kann der Budhhismus beim Volk nicht punkten. Der »Reines-Land-Buddhismus« richtete sich schon seit seiner Gründung an die ganze Bevölkerung. Der in zwei Unterschulen unterteilte Buddhismus wurde im Jahr 1175 und die andere Variante 1250 geschaffen. Die neue Form des Buddhismus richtete sich an einfache Leute wie Fischer und Bauern. Das war ungewöhnlich, denn die Finanzkraft religionsinteressierter Adliger hielt andere Schule über Wasser. Vor allen Dingen wurden jetzt auch Frauen gleichberechtigt in die Glaubensrichtung integriert. Auch das war neu. Der traditionelle Buddhismus trug vor, dass Frauen auf einer niederen Daseinsstufe stünden. Nur als Mann habe man eine reelle Chance, erleuchtet zu werden. Frauen sollten ethisch einwandfrei leben, dann hätten sie mit ein bisschen Glück die Gelegenheit als Mann wiedergeboren zu werden. Hier setzte der »Reines-Land-Buddhismus« ein. Die Idee des Gründers mit Namen Honen, auch Frauen und einfache Bürger in seinen Buddhismus gleichbrrechtigt aufzunehmen, war bahnbrechend, aber auch gefährlich. Es dauert nicht lange, bis er schnellstens seine sieben Sachen packen musste, um in aller Heimlichkeit Japan zu verlassen. Vier Hofdamen des Kaisers waren nämlich zu seiner neuen Bewegung konvertiert. Das ärgerte den Kaiser damals maßlos, da er eine andere Schule unterstützte. Honen erwischte er nicht mehr, deswegen ließ er wenigstens einige seiner Anhänger hinrichten.

Der »Reines-Land-Buddhismus« glaubt, die Welt sei bereits rettungslos moralisch ruiniert. Deswegen sei für die Menschen in diesem Dasein keine Erlösung möglich. Alle werden also in dieser Welt endlos im elenden Kreislauf des Lebens treiben wie Schiffbrüchige in einem Meer, in dem es kein Land gibt. Einen kleinen Lichtschimmer der Hoffnung auf Rettung gebe es aber, diese bestehe in einem Gebet: »Namu Amida Batsu«, »Namu Amida Batsu«; Namu Amida Batsu«.... (»Ich nehme Zuflucht zu Buddha«). Wer diese Worte in zahllosen Widerholungen im Laufe seines Lebens aufsagte, errege (vielleicht) die Aufmerksamkeit Buddhas. Dieser könne zwar nicht bewirken, dass die Seele eines Toten ins Nirvana kommt, aber in eine andere, bessere Welt. Mit Buddhas Hilfe erwache der Gestorbene nämlich in einem Totenreich, welches den Namen »das reine Land« trägt. In dieser Welt, die sich so sehr von der Dunkelheit unseres jetzigen Daseins unterscheidet, habe die Seele die Möglichkeit, darauf vorbereitet zu werden, Erlösung zu finden. Die gelingt dank der Hilfe zahlreicher Buddhas, die dort als Lehrer tätig sind.

Der Erfolg des »Reines-Land-Buddhismus« liegt darin begründet, dass er wenig Aufwand erfordert. Lediglich dieses eine Gebet zu sagen ist nötig. Andere meinen sogar, selbst dieses sei überflüssig, Buddha würde schon wissen, wo man sei. Damit fallen willentliche Anstrengungen, ja jegliche religiöse Praxis einfach weg. Jeder kann Anhänger sein, ohne dafür einen Finger krumm zu machen. Diejenigen, die in Notlagen den Satz »Namu Amida Batsu« sprechen, haben darüber hinaus in Buddha einen spirituellen Ansprechpartner. Der Gang zum Tempel entfällt. Buddha hilft, denn seine allgegenwärtige Güte lässt die Menschen nicht im Stich. Die Darstellungen des reinen Landes haben Ähnlichkeit mit den Beschreibungen des Himmels im Christentum. Die vielen Buddhas, die sich dort aufhalten sollen, glitzern golden oder farbenfroh wie Engel. Dieser Buddhismus gibt den Menschen die Hoffnung, ein geliebter Verstorbener möge ein besseres Leben nach seinem Hinscheiden haben. Trauernde am Grab finden in der Vorstellung Trost, der Tote würde in einer besseren, reineren Welt wiederauferstehen. 90% aller Beerdigungen werden gemäß buddhistischen Bräuchen durchgeführt.

Noch einmal sei an das Zitat einer japanischen Bekannten erinnert, die sagte, der Shintoismus kümmere sich um die Lebendigen, der Buddhismus aber um die Toten. Was ins tägliche Leben hineinragt sind die Götter des Shintoismus. Das Jenseits aber gehört dem Buddhismus. Ich verstehe ein bisschen die Antwort meines japanischen Bekannten vom Anfang des Kapitels, der mir durch die Blume mit »Vielleicht bin ich Buddhist« sagte, er wolle nicht über den Buddhismus sprechen. Das Thema ist zu nah am Friedhof.

8

Der Buddhismus ist nah am Friedhof. Der Tod ist teuer in Japan und Gräber kosten Geld. Ein Familiengrab ist da die günstigste Variante, was in der einmaligen Anschaffung nicht billig ist, aber preiswerter als mehrere Einzelgräber zu kaufen. Wer Luxus will – und den gibt es – kann hier viele Yen liegen lassen. Es gibt beispielsweise an Gräbern Touchscreens, die Bilder des Toten zeigen. Die buddhistischen Mönche, die mitverdienen wollen, haben sich eine clevere Möglichkeit ausgedacht, Geld aus all dem zu ziehen. In Japan bekommt der Verstorbene einen neuen Namen. Dieser wird in schwer leserlicher Kalligraphie in der Grabanlage vermerkt und steht meistens auf der Rückseite des Grabsteines. Ein neuer Name verhindert nach den buddhistischen Glaubensvorstellungen, dass die Toten aus dem Jenseits zurückgerufen werden, wenn sie in Alltagskonversationen ihre weltlichen Namen hören. Die Vorstellung ist, dass der Himmel ein eigenes Land ist, welches in verschiedene Hierarchieschichten unterteilt ist. Wer dort wohnt, braucht den alten irdischen Namen nicht mehr. Es ist aber kein Ort des Müßiggangs, denn Ziel dieses Ortes ist es, bei einem der dortigen Buddhas zu lernen, die endgültige Erlösung zu finden. Ich habe bei Japanern nachgefragt, was das denn für Namen seien, die die Verstorbenen bekommen. Sie erklärten mir, dass diese mit Adelstiteln vergleichbar seien. Der Name ordnet die Seele einer der Schichten zu. Die Erstellung solcher Namen ist kompliziert: Er sollte den Geburtsort und andere Informationen enthalten, die die Person ausgemacht haben. Je länger der Name ist, desto bedeutender ist er. Als mir die Details dieser Namenswahl immer noch nicht klar waren, sagten meine Freunde nur »Wir verstehen auch nicht, wie das funktioniert«. Woher bekommt man einen neuen Namen? Den verkaufen die Mönche für teures Geld. Wer für seinen lieben Verstorbenen einen besonderen Namen haben möchte, der ihn auf ein höheres Level im buddhistischen Himmelreich bringt, muss dafür tief in die Tasche greifen. Darüberhinaus muss den Mönchen die Beerdigungszeremonie auch bezahlt werden. Damit noch nicht genug: Wer nach dem Tod seine Verwandten wiedersehen will, muss für sich selbst einen Namen erkaufen, der ihn auf die gleiche Himmelsebene bringt wie seine bereits verstorbenen Lieben. Das hat einen gewissen Domino-Effekt zur Folge, denn wenn die Verwandtschaft auf einer teuren, höheren Ebene weilt, muss das gleiche Geld berappt werden, um dorthin zu kommen. Sonderangebote gibts nicht.

Wo es dich in Japan hintransportiert

1

Das U-Bahn-System in Japan macht einen verrückt. Es beginnt damit, dass es nicht einen einzigen Betreiber des Streckennetzes gibt, sondern mehrere. Die Japaner haben einen Pass, der ihnen erlaubt, alle zu benutzen. Sie schieben ihre Handys mit einer lässigen Bewegung an den Scannern der Schranken vorbei, die den Außenbereich und den Innenbereich der Bahnhöfe abgrenzen. Ohne Pass zu sein bedeutet für den Touristen, dass immer darauf geachtet werden muss, mit welcher Linie man fahren möchte. Es kann sein, dass nachgezahlt werden muss, wenn man den Betreiber Richtung Fahrziel wechselt. Ein weiterer Grund für die Verwirrungen ist die Größe der japanischen Hauptstadt. Tokio ist so groß, weil es mit anderen Städten wie Chiba oder Yokohama zusammengewachsen ist. Es ist deswegen mit vierzig Millionen Bewohnern die größte Metropolregion der Welt. Es gibt dreizehn Linien mit zusammen zweihundertfünfundachtzig Stopps, die täglich 8,5 Millionen Fahrgäste transportieren. Meine im Vergleich zur japanischen Hauptstadt beschauliche Heimatstadt Stuttgart hat allerdings mehr Linien als die asiatische Hauptstadt. Es sind siebzehn und diese werden noch durch ein zusätzliches S-Bahn-Netz unterstützt. Dass Tokio trotzdem die Personenmenge schafft, liegt daran, dass die U-Bahnen in sehr kleinen zeitlichen Abständen fahren. Selten muss man lange auf die nächste U-Bahn warten. Die Wagen sind gut gefüllt, aber nur selten gedrängt voll. Dafür sind aber die Gebäude der großen Haltebahnstationen mit schlicht unbegreiflichen Massen von Menschen voll. Das Gefühl der Enge überkommt den Besucher nicht in den U-Bahnen, sondern in den mit hektischen Menschen gefüllten Laufwegen der Gebäude. Die Menschen ballen sich. Wer durch die Hallen der Haltestellen Shinjuku und Shibuya läuft, hat das Gefühl, die Japaner fliegen einem um die Ohren. Nicht ganz zu unrecht: Shinjuku beispielsweise ist die größte U-Bahn-Station der Welt mit täglich 3,5 Millionen Transportsuchenden. Der Tourist, der sich hier von der Hektik der Japaner anstecken lässt, hat einen unruhigen Urlaub.

2

Bei einem Vortrag über Japaner sagte mir eine Zuhörerin, sie wolle nach Japan reisen und überlege sich, ob sie dort ein Auto mieten solle. Ich wurde sofort kritisch. Mir schien das keine sehr empfehlenswerte Idee zu sein. Was gibt es zu Bedenken? Japan hat Linksverkehr. Gerade an befahrenen Kreuzungen verwirrt der ungewohnte Sitzplatz auf der rechten Seite. Zudem sind einige Straßenschilder anders. Das Stoppschild beispielsweise ist dreieckig und trägt die japanische Aufschrift 止まれ(»tomare«), die ein Anhalten fordert. Darüber hinaus sind nicht alle Wegeschilder in der für uns lesbaren Schrift gehalten. Japan weigerte sich 1968, das Wiener Übereinkommen zur Vereinheitlichung von Straßenschildern zu unterschreiben, weswegen die Straßenschilder zwar oft gleich sind, aber nicht unbedingt gleich sein müssen. Das beginnt schon bei den Ampeln, von denen einige die Farben rot, gelb und blau haben. Zwar wurde 1973 auf grün gewechselt, aber in einigen Gebieten findet man immer noch diesen Typ Ampel. Die Japaner sagten, das kräftigere Blau wäre von der Ferne besser zu erkennen als ein mildes Grün. Darüberhinaus war das japanische Wort für grün (»midori«) früher für das Grün der Vegetation reserviert. Ein technisches Ding wie eine Ampel mit dieser Pflanzen beschreibenden Farbe zu versehen, war wohl anfangs als unpassend empfunden worden. Weiter wird gesagt, dass seitlich am Straßenrand stehende Polizisten, die am Straßenrand nach Ampelsündern Ausschau hielten, diese Farbe besser sehen können. Für den europäischen Autofahrer sind das kleinere Probleme, die durch etwas Gewöhnung und ein gutes Navigationssystem gelöst werden können. Der Besucher aus dem Ausland wird die Straßensituation sogar in der Hauptstadt als überraschend moderat empfinden. Das täuscht über unsichtbare Schwierigkeiten hinweg. Wer in Tokio ein Auto kauft, muss nachweisen, dass er einen Parkplatz hat. Ohne Parkplatz kein Auto. Sehr nervend ist, dass das Parken am Straßenrand außer an den wenigen Bereichen mit Parkuhren verboten ist. Größere Einkaufszentren bieten zwar Parkplätze an, aber darüber hinausgehend irgendwo mit Glück eine Parklücke zu finden, ist ausgeschlossen. Falschparken ist keine gute Idee, denn die Strafgebühren beginnen bei 80 Euro. Die Chance, dass das Auto abgeschleppt wird, ist hoch. Das alles schränkt die Mobilität innerhalb der Stadt unglaublich ein. Das Auto wird zur Last. Man hat ein Auto, aber wohin damit? Die U-Bahn gewinnt im Bequemlichkeitsvergleich um Längen.

Japan hat zudem den Weltrekord an innerstädtischen Ampeln. In Großstädten ist oft Stop and Go die alleinige mögliche Fortbewegung. In Europa werden immer mehr Ampeln durch Kreisverkehre ersetzt. Ein Kreisverkehr verlangt mehr Aufmerksamkeit beim Einfahren, aus diesem Grund gibt es keine unverantwortlichen Autofahrer, die bei Gelb oder Rot Gas geben, statt zu bremsen. Dank der Kreisverkehre konnte in den Niederlanden die Zahl der Verkehrsunfälle (im Vergleich zu Ampeln) auf 10% gedrückt werden.

Wer gar denkt, er könnte durch die Lande reisen und sich zwischendurch mit einem Glas Bier stärken, der sei gewarnt. Früher mussten Personen bei einer Alkoholkontrolle entlang eines geraden Striches laufen. Konnten sie das nicht, galten sie als fahruntüchtig. Konnten sie das, war alles in Ordnung. Das Besondere daran: Nicht die Menge des konsumierten Alkohols gab den Ausschlag, nur die Fähigkeit, davon unbeeinflusst fahren zu können (ausgedrückt in der Fähigkeit, den geraden Strich entlang laufen zu können). Bei diesem »Test« war es egal, ob ein einziges Bier oder fünf getrunken wurden. Das Argument war, dass jede Person unterschiedlich auf Alkohol reagiert. Der eine kann nach einer Flasche Wein noch fahrtüchtig sein, der andere wird durch ein einzelnes Glas betrunken. Die Zeiten sind vergangen. Jemand, der kontrolliert wird und der nur ein einziges Bier konsumiert hat, riskiert eine verrückt hohe Geldstrafe, selbst Gefängnis ist nicht unmöglich. Mehr noch: Alle Personen, die zum Zeitpunkt der Kontrolle mit im

Auto saßen, werden ebenfalls bestraft (weil sie die Person nicht daran gehindert haben zu fahren). Das kann so weit gehen, dass sogar Freunde, die ihr Auto an die Person verliehen haben, bestraft werden. Das ist hart. Nicht jedem merkt man es an, wenn er nur ein Bier getrunken hat.

Japan ist grundsätzlich keine Autofahrernation. Diese Aussage mag überraschen bei einer Fülle von Auto-Herstellern aus dem eigenen Land, die ihre Autos weltweit verkaufen, und bei zweiundachtzig Millionen Autos auf den japanischen Straßen. Zudem ist der Monatsunterhalt mit 85 Euro viel billiger als in Deutschland (400 Euro monatlich für einen Mittelklassewagen). Das zeigt lediglich, dass Japan eine Autobesitzer, aber keine Autobenutzernation ist. Ein Deutscher fährt durchschnittlich 15.500 Kilometer im Jahr. Ein Japaner fährt nicht einmal die Hälfte davon: 6000. Der Grund ist die Verstädterung Japans. 45% der Gesamtbevölkerung leben in den Großstädten wie Tokio, Osaka und Fukuoka oder in Städten, die sich im nahen Umland dieser Städte befinden. Zum Beispiel ist die mit 3,4 Millionen Einwohnern zweitgrößte Stadt Japans, Yokohama, mit Tokio zusammengewachsen, so dass nicht wenige Japaner in Yokohama wohnen, aber in Tokio arbeiten. Mit dem Auto wäre für sie das Pendeln machbar, aber es kämen lange, aber vor allen Dingen unplanbare Fahrzeiten zusammen. Wer pünktlich ins Büro kommen will, würde vermutlich nicht riskieren, seinen PKW zu benutzen. Zudem gewähren die Bahnen die Möglichkeit, am Handy herumzutippen oder – was für viele übermüdete Geschäftsleute Gold wert ist – zu schlafen. Aber nicht nur innerhalb von Metropolen erweist sich der PKW als unvorteilhaft: Autobahnen zu benutzen ist ein teurer Spaß, weil die Maut alles andere als billig ist. Wer mit dem Auto von Tokio nach Osaka fährt, zahlt 13.500 Yen an Maut (etwa 103 Euro). Wer mit dem Schnellzug, also dem Shinkansen, die gleiche Strecke fährt, zahlt 13.620 Yen (104 Euro). Die Maut ist so teuer, weil die Politiker denken, der Straßenbau sollte sich allein aus Mautgebühren finanzieren. Ein störrischer PKW-Besitzer könnte trotzdem sagen: Die Fahrt mit dem Auto von Tokio nach Osaka kostet 103 Euro (allerdings plus Benzin), die gleiche Fahrt mit dem Zug kostet 104 Euro. Gleich. Warum also nicht doch mit dem Auto fahren, wenn es kein so großer Unterschied ist? Da würde der Autoenthusiast aber die Fahrzeit nicht im Blick haben. Für die 507 Kilometer Distanz von Tokio nach Osaka braucht der geduldige Autofahrer 6 Stunden 25 Minuten. Mit dem Shinkansen gerade mal 2 Stunden 21 Minuten.

3

Beim Parken auf größeren Parkplätzen (z.B. von Supermärkten) fällt dem erstaunten Europäer vielleicht etwas auf. Die Japaner parken (im Gegensatz zu uns) rückwärts ein. Als Begründung wird angegeben, dass Leute, die rückwärts einparken, eher mit ihren kleinen Stadtautos ganz nach hinten fahren, so dass nach vorne mehr Platz entsteht, was ein Vorteil für Autofahrer ist, die zwischen den engen Parkreihen kurven.

4

Es gibt keine Straßennamen in Tokio. Der in Häuserschluchten der Hauptstadt Umherwandernde findet konsequenterweise ebenfalls keine Straßenschilder, anhand derer er sich orientieren könnte. Mehrstöckige Gebäude haben oft Namen und (wahrscheinlich) eine Hausnummer. Das Problem wiederum an diesen Hausnummern ist, dass sie nicht fortlaufend sind, sondern die chronologische Reihenfolge anzeigen, in der die Häuser gebaut wurden. Man kann alt und neu unterscheiden, aber nicht links und rechts. Die Namen der Häuser sind auf große Holz- oder Steinplatten geschrieben. Meistens ist das auch der Name des Besitzers. Diese Schilder haben nichts mit der Adresse zu tun. 1923 gab es in der Region in und um Tokio ein großes Erdbeben. Das Unglück forderte 105.000 Tote. Darüber hinaus wurde 120.000 Häuser komplett zerstört, sowie 278.000 Gebäude zur Hälfte und 726.000 davon teilweise. In den Trümmern lagen die erschlagenen Leichen der Besitzer. Niemand wusste mehr so richtig, wessen Haus da zusammengestürzt war. Die Behörden verfügten, dass große Namensplatten an den Häusern angebracht wurden, so dass der Besitzer im

Katastrophenfall ermittelt werden konnte. Es gab nämlich bedauerliche Fälle, dass Schlitzohren versuchten, sich ein kostenfreies Grundstück zu erschleichen, indem sie einfach behaupteten, dieser oder jener Trümmerhaufen sei ihr altes Haus gewesen.

Japaner geben Adressen, ohne auf Straßennamen Bezug zu nehmen an. Zuerst kommt die Präfektur, dann die Stadt, danach der Stadtteil, dann der Wohnblock. Per Hausnummer erkennt man innerhalb der Häuseransammlung das einzelne Haus. Die genauen Asiaten geben sogar manchmal Stockwerk oder Zimmernummer an. Wer von einem Japaner einen Zettel mit einer Adresse in die Hand gedrückt bekommt, muss sich aber gewahr sein, dass Anschriften rückwärts geschrieben sind, das heißt sie beginnen mit der Hausnummer und enden mit der Stadt.

5

Auf die U-Bahnen sind die Japaner sehr stolz. Ihre uhrwerkähnliche Pünktlichkeit ist phänomenal. Angenehm wird die Fahrt schon auf dem Bahnsteig, denn die Disziplin der Inselbewohner beim Einsteigen ist vorbildlich. Sie stellen sich in einer seitlich auf den Eingang zulaufenden Schlange an, warten, bis alle Aussteigewilligen draußen sind, und steigen dann selbst ohne Stress in das Transportmittel. In meiner Heimatstadt Stuttgart gibt es immer unangenehmes Gedränge. Jeder will einen Sitzplatz ergattern.

In einer Tokioer U-Bahn schweigt der Fahrgast. Jeder starrt vor sich hin oder auf sein Handy. Bei uns wäre diese etwas eisige Atmosphäre eher in einem Aufzug zu erwarten.

Die Bahnhöfe – seien es nun Zug oder U-Bahnbahnhöfe – sind mit der Funktion »Haltestelle« nicht richtig beschrieben. Sie haben zentrale Wichtigkeit im Leben der Bewohner von Großstädten. Je nach Station sind die U-Bahnstationen enorm groß und haben eine schier endlose Zahl an kleineren Läden, die alles Mögliche verkaufen. In den Läden gibt es beispielsweise Ekiben (駅弁). Dabei handelt es sich um Essensboxen, in denen eine Auswahl an Sushi-Reisgerichten ist. Einige Bahnhöfe haben sich den Ruf aufgebaut, die besten Ekiben zu verkaufen, die – gar nicht mal so billig – als Mitbringsel von einer Reise genauso hervorragend taugen wie als Abendessen. Nicht selten wurde mir von Japanern empfohlen, statt in irgendein Stadtrestaurant zu gehen, eine dieser zum Kultobjekt gewordenen Ekiben zu erstehen. In den Bahnhöfen wird man zuhauf Curry-, Sushi- und andere Schnellrestaurants finden. Sie spielen eine bedeutende Rolle in der Versorgung der japanischen Arbeitswelt. Japaner arbeiten gern lang und wissen nie so genau, wann sie nach Hause kommen.

Die Person, die daheim das Abendessen zubereitet, kann nicht wissen, wann der (in der Regel) Gatte zur Tür hereinschneit. Das Ehepaar versorgt sich oft individuell mit Abendessen. In den Schnellrestaurants findet der hungrige Geschäftsmann in den geöffneten Läden der Bahnhöfe ein breites Angebot. Es muss schnell gehen. Der müde Arbeiter will nach Hause. Damit das geschieht, haben die Japaner ein cleveres System etabliert. Vor den Essgelegenheiten steht ein Automat mit Knöpfen und mit darüber zu sehenden Bildchen, auf denen das gewünschte Essen abgebildet ist. Hier wirft man ein paar Münzen ein, ein Tickt erscheint, mit dem man in den Laden geht. Man setzt sich auf einen Hocker an einer Bar, schiebt dem Tresenmann sein Ticket hin und hat nach höchstens zwei Minuten seinen Teller vor sich stehen. Wenn dieMahlzeit beendet ist, geht der Arbeiter nach Hause. Ohne Wartezeit. Bezahlt wurde ja schon am Automaten.

6

In Tokio mit dem Bus zu fahren, ist möglich, aber im Gegensatz zu der Direktheit der Linienführung einer U-Bahn ist der Omnibus in der Stadt zu behäbig. Das Umsteigen sowie nicht aufeinander abgestimmte Fahrpläne verschiedener Betreiber erschweren das rasche Fortkommen. Außerhalb der Großstädte, wo die Zuglinien rarer werden, ist der Bus auf jeden Fall zu empfehlen. Das Bussystem funktioniert außerorts hervorragend. Es gibt sogar Fernsehsendungen mit dem Thema Omnisbusfahren.

Etwas eigenwillig ist diese Art der Beförderung in Kyoto. Dort steigt der Fahrgast hinten ein und zieht ein Ticket aus einem Kasten, der innerhalb des Busses angebracht ist. Auf diesem steht seine Einstiegsstation. Steigt er dann aus, zeigt er dem Fahrer das Ticket, der ihm dann den Preis nennt, der zu bezahlen ist. Busfahren spiegelverkehrt.

Der Nachteil günstiger oder gar kostenloser Bustickets ist, dass die Finanzierung eines Transportsystems in ländlichen Gegenden für Busunternehmer ein Verlustgeschäft geworden ist. Die Jungen sind in die Stadt gezogen. Auf dem Land wohnen die älteren Leute. Landesweit gesehen bekommen 36,4 Millionen Japaner über 65 Jahren Tarif-Vergünstigungen, bei uns sind das mit 18,4 Millionen nur etwa die Hälfte der Bürger.

7

Der Shinkansen ist ein Hochgeschwindigkeitszug, der mit einem Tempo von 320 Stundenkilometern die großen Städte Japans anfährt. Ein technisches Wunderwerk auf Schienen. Jedoch gibt es internationale Konkurrenz. Die deutsche Variante, der ICE, fährt mit 300 Stundenkilometer weniger hurtig durchs deutsche Land. Der TGV aus Frankreich schafft die 320 km/h ebenfalls. Dessen Geschwindigkeit ist allerdings gedrosselt. Der TGV könnte 574 Stundenkilometer fahren, der Shinkansen – je nach Modell – 403 Stundenkilometer, die neuesten sogar 603 Stundenkilometer, doch das Gleis und die Streckenführung lassen das im Augenblick noch nicht zu.

370 Millionen Japaner benutzen jährlich den Shinkansen. Bei einer Einwohnerzahl von 126 Millionen kauft also jeder Inselbewohner im Jahr durchschnittlich drei Mal ein Ticket. Ein normaler Shinkansen kann 1400 Passagiere befördern. Unser ICE (in Abhängigkeit davon, wie viele Wägen angehängt sind) 444, im Höchstfall 918 Reisende. Der TGV kommt da nur auf 512. Die Shinkansen-Zugflotte, die zwischen Tokio und Osaka verkehrt (das entspricht im deutschen Maßstab der Strecke zwischen Stuttgart und Hannover), besteht aus acht Zügen. Sie fährt innerhalb von 24 Stunden 120 Mal hin und her. Sie befördert an

jedem Tag 400.000 Personen. Die deutsche Bahn hat neulich mit Zufriedenheit kundgetan, dass 80% der Reisenden, die mit dem ICE fahren, mit einer Verspätung von maximal 15 Minuten am Zielort rechnen dürfen. Solche Verspätungen wären in Japan schockierende Verhältnisse. Der Shinkansen hat eine durchschnittliche Verspätung von 35 Sekunden. Da die Shinkansen teilweise in einem fünfzehn Minuten-Takt fahren, wäre eine Verspätung von fünfzehn Minuten gar nicht denkbar. Der eine Zug würde auf den anderen auffahren.

8

Ich fahre mit der U-Bahn durch Stuttgart. Sie bringt mich zuverlässig und pünktlich ans Ziel. Das muss sie tun, denn ich habe ein Ticket gekauft. Im Falle des Shinkansen ist das etwas anderes. Der Hochgeschwindigkeitszug ist nicht nur ein weiteres Transportmittel für die Japaner. Er ist das Symbol für das moderne Japan. Die Japaner sind bis zum Platzen stolz auf ihr Schienengefährt, das 1964 anlässlich der Olympiade in ihrem Land zum ersten Mal fuhr. Die Ingenieurskunst, die in einem solchen Zug steckt, ist tatsächlich erstaunlich. Tüchtige Lokomotiven zu bauen stellt nur eine Voraussetzungen hoher Geschwindigkeiten dar. Die Vibrationen der Wägen werden bei hohem Tempo so stark, dass sie aus den Schienen hüpfen können. Das war einer der zentralen Probleme der Anfangszeit, die von den Konstrukteuren gelöst werden mussten. Als die Strecke von Tokio nach Osaka 1889 zum ersten Mal mit Schienen verlegt wurde, dauerte die Fahrt noch sechzehneinhalb Stunden. Jede Minute, die diese Strecke schneller befahren wird, zeigt den Fortschritt des Landes. Der Shinkansen ist kein Zug, er ist ein Messgerät für das Gelingen des Landes. Der Zug symbolisiert eine schöne Gegenwart, aber verweist mehr noch auf Japans frohe Zukunft. Was man liebt, muss man pflegen. An jeder Endhaltestelle steigt ein mehrköpfiges Reinigungsteam in den Shinkansen, das ihn innerhalb weniger Minuten auf Hochglanz putzt. Auf diese Weise werden die Wägen mehrmals täglich gereinigt. Die Fahrgäste dürfen erst einsteigen, wenn alles makellos ist.

Ganz Fernasien setzt auf Züge als Fortbewegungsmittel. In manchen Ländern sind die Straßenbeläge zum Erbarmen, mit Autos und dreirädrigen Gefährten verstaut und selbst im besten Zustand nicht geeignet, Personenmassen am Tag von A nach B zu befördern. Die Länderregierungen sehen die Lösung nur im Schienenverkehr. Es gibt im Grund nur vier Länder, die einen Hochgeschwindigkeitszug herstellen, der den Anforderungen genügt, zukunftsweisende Mobilität zu garantieren: Dnr Shinkansen aus Japan, den ICE aus Deutschland, den TGV aus Frankreich und die CRH-Reihe der Chinesen. Diese vier Staaten sind in einer starken Konkurrenz-Situation zueinander. Schnellzüge, sowie Schienen-Know-How lassen sich gut verkaufen. Zum Beispiel hat Thailand für den Ausbau seines Streckennetzes mit Schnellzügen eine Summe von 8,1 Milliarden Euro ausgeschrieben. Taiwan und Indien sind auch an der Errichtung eines Zugsystems mit Hochgeschwindigkeitszügen interessiert. Zuschlag bekommt derjenige Hochgeschwindigkeitszug mit der günstigsten Finanzierung, aber auch mit den besten Daten. Frankreich mit dem TGV hat nicht so gute Karten, weil die Passagiermenge nicht so groß ist. Auch die Deutschen müssen sich anstrengen zu Punkten, denn ihnen geht ein Ereignis voraus, das ihre Wettbewerbschancen gering macht: Das Zugunglück von Eschede am 3. Juni 1998, bei dem 101 Passagiere den Tod fanden. Das ganze Unglück beruhte auf einem durch Materialermüdung abgesprungenen Radreifen, der sich unten am Zug verhakt hatte, wodurch beim Vorbeifahren eine Weiche beschädigt wurde, was zu einer Verkettung von mehreren Dingen führte. Der ICE entgleiste. Das Problem war nicht nur, dass ein Radreifen eine Serie von technischen Defekten bewirkte, sondern dass das ganze Sicherheitssystem des ICE in einer Notlage versagt hatte. Irgendein mechanisches Problem kann es immer geben, aber das Ergebnis darf auf keinen Fall ein entgleister Hochgeschwindigkeitszug sein. Das hat den Ruf des ICEs in Asien schwer beschädigt. Der Shinkansen hingegen fährt auf einer Insel, die zu den aktivsten Erdbebengebieten der Welt gehört, zudem jagen Taifune über die Insel und es gibt Schneemassen wie sie nur in Japan vorkommen. Ein

Shinkansen ist zwar schon das ein oder andere Mal entgleist, aber noch nie kam es zu Todesfällen.

Dieses hohe Maß an Sicherheit, das durch eine besondere Notfall-Mechanik gewährleistet wird, hat den japanischen Hochgeschwindigkeitszug immer zu etwas Besonderem gemacht. Bei einem Erdbeben sorgen Sensoren dafür, dass der Shinkansen automatisch stoppt. Bei den teils schweren Erdbeben im Jahr 2004, 2011 und 2022 kam es deswegen nur zu leichten Verletzungen.

China hat zwischenzeitlich technisch die Führung übernommen. Die von China vorgestellten Projekte wie ein 13.000 langer Unterwasser-Hochgeschwindigkeitszug von China über Sibirien nach Alaska – so futuristisch sie sein mögen – wirken glaubwürdig, wenn sie von chinesischer Seite entworfen werden. Obwohl man sich fragen kann, warum ein großer Personenstrom aus China unbedingt in Windeseile nach Alaska wollen sollte. Der Sinn solcher Projekt ist klar: Es wird posiert, es werden gewissermaßen die Ingenieursmuskeln gezeigt, damit mögliche Investoren die richtigen Entscheidungen treffen.

Wenn die Natur ihren Nachttopf über dich leert

1

Wer in Japan wohnt, muss sich gegenwärtig sein, dass es jederzeit ein Erdbeben geben kann. Etwa 1500 Erdbewegungen werden jährlich registriert. Die meisten davon lassen nur die Gebäude kurz zittern. Die Zahl der stärkere Schäden anrichtenden Erdbeben ist glücklicherweise gering, aber trotzdem nicht zu unterschätzen. Im Jahr 2020 wurden vier »ernste« Erdbeben, 2021 sieben und etwas weiter zurück, im Jahr 2016, sogar zweiundzwanzig solcher Naturphänomene verzeichnet. Das bedeutet, dass die Einwohner Japans in manchen Jahren alle drei Monate, in anderen alle zwei Wochen einem größeren Erdbeben ausgesetzt waren. Natürlich ist das nur theoretisch, da sich das Epizentrum nicht immer an der gleichen Stelle befindet. Die Erdwellen verlieren in der Entfernung ihre Kraft. Die ganze pazifische Region, die sich im Halbkreis entlang der Küste des südamerikanischen Kontinents über Alaska, Russland und China bis nach Australien erstreckt, wird als »pazifischer Feuerring« bezeichnet. Neunzig Prozent aller Erdbeben der Welt ereignen sich in dieser Region. Tausend Vulkane, die jederzeit auszubrechen drohen, sind hier zu finden. Innerhalb dieser weltweit instabilsten Region befindet sich Japan an der Stelle, die innerhalb dieser instabilen Region am instabilsten ist. Hier stoßen nämlich die vier großen pazifischen Kontinentalplatten aufeinander, deren Bewegung der Grund für Erdbeben und Vulkanausbrüche ist. Japan besitzt hundertfünfundachtzig Vulkane, von denen hunderteiner noch aktiv sind.

Zehn Prozent der Vulkanausbrüche weltweit ereignen sich in Japan. Um den Umgang mit diesen zu erleichtern, haben Geologen ein Warnsystem mit fünf Stufen eingeführt: Stufe 1 – Der Vulkan könnte aktiv sein. Stufe 2 – Man darf sich nicht in die Nähe des Kraters begeben.

Stufe 3 – Man darf sich dem Vulkan nicht nähern. Stufe 4 – Man muss die Evakuierung vorbereiten. Stufe 5- Sofortige Evakuierung. Ganz verlassen kann man sich auf dieses System allerdings nicht. Der seit langem schlimmste Ausbruch eines japanischen Vulkans forderte dreiundsechzig Opfer. Der zweihundert Kilometer westlich von Tokio gelegene Vulkan Ontakesan brach am 27. September 2014 ohne Vorwarnung aus und überraschte damit Wissenschaftler und Behörden. Erst sieben Minuten vor der Eruption wurde auf den Geräten der Geologen eine Warnung ausgegeben. Da an diesem Tag das Wetter hervorragend war, befanden sich viele Besucher an den Hängen des Berges, der als hervorragendes Wandergebiet bekannt war. Durch einen plötzlichen Riss im Stein in eintausend Meter Tiefe waren große Mengen Grundwasser in das Magma geflossen. Das Wasser wurde augenblicklich in Dampf verwandelt. Immer mehr vaporisierte Flüssigkeit wurde so wie in einem gewaltigen zum Bersten gefüllten Gaskessel erhitzt. Das führte zu einer Wasserdampfexplosion, die den Berg in einem gewaltigen Ruck aufriss. Dreiundsechzig Wanderer fanden den Tod.

2

Auch der Fujiyama – die Japaner nennen ihn »Fujisan« – ist kein stiller Vulkan. Vor mehr als dreihundert Jahren, und zwar im Jahre 1707, ist er das letzte Mal ausgebrochen. Nicht austretende Lava wurde damals zum Problem, sondern die Asche, die beim Ausbruch in die Luft geschleudert wurde, regnete als dicke Schicht auf die Felder und machte in diesem und im kommenden Jahr Ackerbau unmöglich. Die Folge war eine immense Hungersnot. Sollte sich ein Ausbruch des Berges heute wiederholen, wäre das für die sich in seiner Umgebung befindenden Städte eine Katastrophe. Viele davon sind nämlich empfindlich nahe an das 3776 Meter hohe Wahrzeichen Japans gebaut worden. Zum Glück wird er von den Geologen als ein eher ruhiger Vulkan eingestuft. Der Fujiyama verfügt genau gesagt über mehrere Vulkane. Unter dem allbekannten oberen Krater liegen zwei weitere. Das Wahrzeichen Japans ist also eher eine Vulkangruppe. Der Berg wächst und wächst, zumindest aus erdgeschichtlicher Perspektive, denn genau darunter treffen sich drei Erdplatten, deren Aufeinandertreffen im Inneren der Erde den Boden nach oben schiebt.

Auf den Fujiyama kann man hochlaufen, was jedes Jahr 300.000 Personen auf den vier Routen, die zur Verfügung stehen, unternehmen. Bis zu 9000 Besucher täglich sind unterwegs, was die Notwendigkeit entstehen lässt, die Wege von Müll und anderen Dingen zu befreien. Seine Besteigung ist nur im Sommer von Juli bis Anfang September erlaubt. Der Grund ist, dass ein Wanderer, der bei Sonnenaufgang startet (das macht man von einer Busstation aus), es gerade wieder vor Sonnenuntergang zurückschafft. Mit zehn Stunden für Auf- und Abstieg muss gerechnet werden, und da in den Sommermonaten die Zeit, in der es Sonnenlicht gibt, am längsten ist, ist es nur in diesem dreimonatigen Zeitfenster erlaubt, die Wanderung zu unternehmen. Die Behörden haben damit recht: Im Dunkeln über den 3776 Meter hohen Vulkan zu stapfen, ist nicht die beste aller Ideen. Wer denkt, oben auf dem Vulkan anzukommen wäre eine besondere Sache, möge sich bewusst werden, dass es auf der Spitze wie in einem Rockkonzert voll ist. Hinz und Kunz klettert in dem kurzen Zeitfenster hinauf, das im Jahr zur Besteigung zur Verfügung steht.

3

Die fürchterlichsten Naturkatastrophen ereigneten sich in Japan historisch gesehen als Folge von Erdbeben. Eines der schlimmsten war jenes von 1923. Es betraf Tokio und die umgebende Region. Wie von einem perfekten Pfeilschuss getroffen, war das Gebiet in und um die Hauptstadt das Epizentrum einer gewaltigen Erderschütterung geworden. Am 1. September 1923 um 11.58 Uhr schlug das Unglück zu. Das Erdbeben wurde auf der Richterskala mit 7,9 beziffert, was nicht die größte Stärke aller gemessenen Erderschütterungen war, aber der Ort, die Millionenstadt Tokio, machte die Folgen verheerend. Die Behausungen der meisten Einwohner der Hauptstadt fielen in sichzusammen. Der Zeitpunkt – 11.58 Uhr – war darüber hinaus sehr unglücklich. In vielen Küchen wurde gerade das Mittagessen gekocht, welches an offenen Kochstellen zubereitet wurde. Die daraus resultierenden Feuer waren zerstörerischer als jede Erderschütterung. Ein frischer Wind, der über die Region blies, ließ die Flammen für zwei Tage zum Himmel lodern. Die hauptsächlich aus Holz gefertigten Häuser stellten hervorragendes Brennmaterial zur Verfügung. Aus dem historischen Filmmaterial, das ich anschaute, sind mir die endlosen Rauchfetzen im Gedächtnis geblieben, die von starken Böen als unheimlicher Qualm durch die Stadt getrieben wurden. Wer damals davon eingeholt wurde, verlor die Orientierung und musste unweigerlich im Rauch ersticken. Das Erdbeben verursachte zudem eine zehn Meter hohe Tsunami-Welle, die sich über die Küstenregion, vor allem über die Nachbarstadt Yokohama ergoss. In Tokio wurden sechzig Prozent, im benachbarten Yokohama sogar neunzig Prozent der Stadt zerstört. 570.000 Häuser wurden vernichtet und ein Schaden angerichtet, der heute mit 18 Milliarden Euro beziffert werden würde. Die Stadt war so sehr dem Erdboden gleichgemacht, dass sich Japan überlegte, eine neue Hauptstadt zu benennen. In einem Dokumentarfilm aus dieser Zeit stellte jemand in Yokohama eine Kamera auf einen erhöhten Punkt. Er drehte dann die Kamera langsam im Kreis. Bis zum Horizont stand kein einziges Haus mehr, das nicht vom Erdbeben niedergeworfen worden war. Selbst nach Vollendung einer ganzen Drehung waren es nur zwei Häuser zu erkennen, die als Ruine noch standen.

Damit war aber noch nicht alles beendet. Infolge der mangelnden Hygiene verbreiteten sich Krankheiten. Zudem ging das Gerücht um, dass die in Japan lebenden Koreaner das Unglück nutzen wollten, um Anarchie zu erzeugen oder gar einen Staatsstreich planten. Deswegen töteten wütende Mobs aufgebrachter Japaner wahllos zehntausend bisher friedlich in der Stadt lebende Koreaner. Da die Inselbewohner ihre westlichen Nachbarn oft nicht gut von Chinesen unterscheiden konnten, wurden viele von ihnen ebenso grundlos gemeuchelt. Die Polizei nahm schließlich die Koreaner in Schutzhaft, damit die sich ausbreitende Gewalt ein Ende hatte. Die Zahl der Toten war inzwischen auf mehr als 140.000 angewachsen. Skrupellose Politiker nutzten das Chaos, um politische Gegner töten zu lassen. Sie hofften darauf, es würde angenommen werden, jene seien in den Bränden umgekommen.

4

Naturkatastrophen werden gern als isolierte Phänomene gesehen. Sie treten auf und verschwinden. In Japan sind die Verhältnisse anders: Unglück bringt hier Unglück hervor. Ein Beispiel: Im Jahr 1791 kam es zu einer Reihe von Erdbeben. Diese führten dazu, dass 1792 der Vulkan Unzen ausbrach. Die austretende Lava war Grund für einen gewaltigen Erdrutsch an den Hängen des Vulkans, der jede Behausung und jeden Menschen mit sich riss. Der Erdrutsch samt Lava krachte ins Meer und löste dort eine Megatsunami-Welle aus, die nach Berichten aus dieser Zeit die Höhe von gar hundert Metern erreichte. Bei diesen Ereignissen starben fünfzehntausend Japaner, die wenigsten davon aber an den direkten Folgen des Vulkanausbruchs.

Das oben beschriebene Kantou-Erdbeben von 1923 hatte eine Stärke von 7,9. Es war nicht das schwerste Erdbeben. Im Ranking nimmt es nur Platz dreizehn ein. Lediglich der Ort, Tokio und Umgebung machte es so opferreich. Das stärkste Erdbeben war mit einer Stärke von neun das Touhoku-Erdbeben im Jahre 2011. Es war die viertstärkste Bodenerschütterung, die je in der Welt gemessen wurde. Zwanzigtausend Tote waren das direkte Ergebnis dieser Naturkatastrophe. Das Epizentrum lag im Gegensatz zum Kantou-Erdbeben 370 Kilometer nördlich von Tokio, in einer Region bei Fukushima. Das Erdbeben türmte das Meer zu der mächtigsten Tsunami-Welle auf, die die Welt in den letzten zweihundert Jahren gesehen hatte. Selbst die in Naturkatastrophen erfahrenen Japaner waren nicht auf solch ein Ereignis vorbereitet. Während Erdbeben ein tägliches Ereignis sein können, ist die Zahl bedrohlicher Tsunami gering. Das Kernkraftwerk in Fukushima wurde von dieser Riesenwelle verschlungen und dessen Zusammenbrechen führte dazu, dass 164.000 im Umland wohnende Personen mehr oder weniger auf Lebenszeit ihr zu Hause aufgeben mussten.

Die Vorgänge, die zur Kernschmelze in Fukushima am 11. März 2011 führten, waren simpel. Bei Erdbebenbeginn versuchten die Verantwortlichen, den Reaktor herunterzufahren, aber das Beben verursachte einen Stromausfall. Die Notstromgeneratoren sprangen an. Just in diesem Moment erreichte die Riesenwelle die Anlage. Das Atomkraftwerk wurde von einem entsetzlichen Wasserschlag getroffen. Die Überflutung ließ die rettenden Notstromgeneratoren ebenfalls versagen. Kein Strom, keine Kühlung. Es kam zur Kernschmelze. Die Wassermassen hätten das Kraftwerk natürlich gar nicht erst erreichen dürfen, aber die Mauern um das Atomkraftwerk waren zu niedrig. Die Monster-Tsunami-Welle hatte mit vierzehn Metern Höhe keine Mühe, das Mauerwerk zu überspülen. Damit war die Katastrophenkette noch nicht beendet. An vielen Stellen des Kraftwerks waren Feuer ausgebrochen. Diese führten zu weiteren Explosionen, die Trümmer in alle Richtungen streuten. Zudem mussten die Betreiber den noch arbeitenden Teil des Reaktors schnellstmöglichst abschalten. Jemand musste ins Zentrum des Kraftwerks, wo die Strahlung am höchsten war. Das war aufgrund der Intensität der Radioaktivität geradezu ein Himmelfahrtskommando. Die »Fukushima 50« meldeten sich für diese Aufgabe. Von den achthundert Arbeitern erklärten sich fünfzig bereit, das Risiko einzugehen. Später stießen noch weitere Arbeiter dazu, so dass die Zahl auf hundertdreißig wuchs, aber die Presse hatte schon den Ausdruck »Fukushima 50« geprägt. Die Arbeit war nicht an einem Tag erledigt, sondern dauerte Wochen an. Nicht nur die Stärke, sondern auch die lange Zeit, in der sich die Personen in der Radioaktivität aufhielten, belastete den Körper mit einer gefährlichen Strahlenmenge. Ältere Arbeiter (ohne Kinderwunsch) wurden dabei bevorzugt. Ein Grund war, dass bei Personen im fortgeschrittenen Alter Krebs langsamer voranschreitet. Mit der Abschaltung des Reaktors war es nicht getan. Es wurde eine 1,5 Kilometer lange, unterirdische Eismauer errichtet. Anders ausgedrückt: Der Boden um das Kraftwerk wurde gefroren. Im Zustand des Permafrosts sollte die Erde das mit Radioaktivität vollgesogene Grundwasser am Zurückfließen ins Meer hindern.

Die japanische Regierung setzte sich das ehrgeizige Ziel, die Gegend rund um Fukushima wieder bewohnbar zu machen. Sie lässt bis heute den verstrahlten Boden abtragen und auf Laster laden. Tausende LKWs täglich bringen die verseuchte Erde in ein Zwischenlager. Doch wo soll diese sagenhafte Menge toxischer Erde eigentlich am Ende hin? 43 Milliarden hat sich die Regierung die Abfuhr radiokaktiver Erde bis jetzt kosten lassen. Man denkt, dass das Projekt 2051 beendet sein könnte. Einige Gegenden sind schon bewohnbar, aber niemand will dorthin zurückkehren. Deswegen werden 15.000 Euro für diejenigen ausgelobt, die dazu bereit sind.

Aufgrund der Katastrophe von Fukushima beschloss Japan den Ausstieg aus der Atomkraft und drosselte den Energiebezug daraus auf 6% (Deutschland 12%). Vor der Drosselung betrug der Anteil der Kernkraftwerke an der Stromdeckung 30%, welcher von vierundfünfzig Atomkraftwerken produziert wurde. Zehn Jahre nach dem Unfall waren trotzdem noch neun Reaktoren tätig. Diese liegen alle im Westen von Japan, abseits der großen Städte. Sie werden einem anderen Reaktortyp zugerechnet, da sie nicht mit Heißwasser operieren wie Fukushima. Die Japaner, die in der Umgebung der Nuklearkraftwerke wohnen, sind natürlich gegen sie, aber die Stromproduktion spült aufgrund einer Steuer für Energieerzeuger viel Geld in die Regionalkassen, so dass die Provinzverwaltungen Interesse daran haben, Laufizenzen nicht zu hinterfragen. Die Versuchung, eine kostengünstige Energiequelle zu besitzen, ist für die Regierung zu groß, als dass es langfristig zu einem Umdenken in der Politik kommen würde. Die Bevölkerung zieht hier sogar mit. Waren noch kurz nach der Reaktorschmelze 80% der Japaner gegen Atomkraftwerke, sank die Zahl der Gegner im Jahr 2021 auf 11%.

5

Oft wird übersehen, wie teuer Naturkatastrophen sind. Das Triple-Desaster Jahr 2011 (Erdbeben, Tsunami, Reaktorschmelze) schlug dabei mehr als üblich ein Loch in den staatlichen Geldbeutel. Japan muss mehr als andere Länder die Finanzen zur Reparatur von Schäden bereitstellen. Der Inselstaat gibt 18,5% des Geldes aus, das Länder weltweit zur Beseitigung der Folgen von Naturkatastrophen verwenden. Es selbst macht aber nur 0,28% der Landflächen auf unserem Globus aus. Das belastet die Staatskasse mit ungemeinen Kosten. Das bisschen, was man tun kann, Opferzahlen niedrig zu halten, wird getan.

6

Das Kantou-Erdbeben von 1923 war Anlass dafür, den 1. September zum Katastrophentag auszurufen, in dem Sinne, dass an diesem Tag Notfallübungen gemacht werden. Was tun, wenn der Boden unvermittelt schwankt? Die Japaner geben folgende Tipps: Für die meisten wird einsichtig sein, sich im Fall einer Erderschütterung nicht in die Nähe von umsturzgefährdeten Schränken und dergleichen zu begeben. Den Aufzug zu nehmen ist selbstverständlich gefährlich, aber das Treppenhaus oder zumindest der Ort vor dem der Aufzug, ist ein einigermaßen sicherer Platz, da dort normalerweise wenig Möbel und dergleichen sind, die zur Gefahr werden können. Natürlich könnte man die Treppe nach unten laufen, aber bei Erdbebenlängen von dreißig Sekunden lohnt es sich kaum, zudem man ja auf der Treppe stürzen könnte. Unter den Tisch zu kriechen, ist vermutlich die beste Reaktion, wenn man sich im Inneren befindet. Was ist, wenn jemand gerade Auto fährt? Sofort anhalten oder gleich ganz aussteigen? Beide Reaktionen sind nicht bedenkenfrei. Gemäß japanischer Verhaltenstipps sollte man an die Seite fahren, und aussteigen. Wenn die Rettungswagen aufgrund verlassener Autos nicht durchkommen, könnte das Menschenleben kosten. Danach im Auto sitzen zu bleiben ist gefährlich, weil man sich den Kopf am Lenkrad anstoßen könnte. Andere Fahrer könnten kurzzeitig die Kontrolle verlieren und das am Straßenrand abgestellte Auto rammen. Es gibt in Japan Notfallplätze, zu denen man gehen kann. Das eigentliche Erdbeben dauert nicht so lange, allerdings könnten eventuelle Nachbeben ebenfalls die Sicherheit gefährden. Grundsätzlich muss alles, was in Japan als größeres Objekt in der Nähe von Menschen aufgestellt wird, auf seine Notfalltauglichkeit und Notfallnützlichkeit geprüft werden. Es gibt beispielsweise vierhundert Getränkeautomaten, deren Mechanik so eingestellt ist, dass sie in einer solchen Situation Getränke umsonst zugänglich machen. Selbstverständlich muss die Architektur von Häusern stärkeren Bodenschockwellen widerstehen. Alles, was in Japan ist, muss erdbebensicher sein.

7

Sehr viele Dinge in Japan sind nicht erdbebensicher. Allen voran die Strommasten. Das typische Bild einer japanischen Stadt sind die endlosen Stromkabel, die in geringen Abständen an gar nicht so hohen Leitungspfählen hängen. Die Kabel, die die Häuser mit Strom versorgen, verzwirbeln sich im Auge des Betrachters zu einem Durcheinander von Leitungen, die bedrohlich über den Köpfen des Spaziergängers hängen. Es sind wirklich Knäuel von Kabeln. Die Szene in Filmen, in der Godzilla durch Tokio schreitet, könnte in der Realität gar nicht sein. Er würde ständig über diese aus seiner Sicht vermaledeiten Stromkabel stolpern. Alle großen Städte wie London, Paris oder Hong Kong haben die Elektrizitätsleitungen unter der Erde verschwinden lassen. Den Strom überirdisch zu führen ist ein gewagtes Unterfangen in einem Land, das wie gerade beschrieben permanent in Gefahr schwebt, eine Naturkatastrophe zu erleben. Bei einem größeren Erdbeben fällt in Japan als erstes der Strom aus, weil die Leitungspfosten umfallen. Von diesen gibt es satte 38,85 Millionen. Auf Häuser fallende Strompfosten erzeugen vielleicht nur Sachschaden, treffen sie Fußgänger, ist das Unglück groß. Auf die Straßen fallende Leitungsträger blockieren zusätzlich den Verkehr und Rettungswagen, auf Schienen fallende den Zug- und U-Bahntransport.

Warum sind in Japan die elektrischen Stromleitungen alle überirdisch? Es gibt zwei Gründe: Der eine Grund ist, dass Japan nach dem Zweiten Weltkrieg wieder möglichst schnell mit Strom versorgt sein wollte. Eine überirdische Verkabelung lässt sich deutlich schneller errichten, als den Boden innerstädtisch an fast jeder Stelle aufzureißen.

Die japanische Methode sparte nicht nur Zeit, sondern auch Kosten. Der zweite Grund besteht in der leichteren Wartung der Leitungen. Das Elektrizitätswerk braucht den Boden nicht jedes Mal wieder aufzubaggern, wenn es irgendwo ein Leitungsproblem gibt. Auch hier liegt eine Kostenüberlegung zugrunde. In einer Stadt wie Tokio kommt hinzu, dass das unterirdische Wasser- und Gasleitungssystem so kompliziert und teilweise so alt ist, dass es schwer ist, wirklich zuverlässige Karten zusammenzutragen. Kurz gesagt: Es ist ein Rätsel, wie es da unter den Füßen der Japanern aussieht. Zur Olympiade 2020/21 wollte die Verwaltung wegen der unschönen Optik mehre Tausend Kilometer Kabel in Tokio entfernen. Doch es fehlte der Wille, den Plan umzusetzen. Man stelle sich vor, jede Straße in Tokio müsste unterkabelt werden.

8

Teile Japans versinken jedes Jahr in für uns unvorstellbaren Schneemassen. Fünfzig Prozent der Flächen Japans sind im Winter Opfer der weißen Flocken. Der Schnee hat Japan irgendwie auch geschaffen. Zumindest was den Städtebau angeht. Die großen Städte wie Tokio liegen auf der nach Amerika zeigenden Pazifikseite der Insel. Auf der Westseite, die China zugewandt ist, liegen Orte mit geschichtlich wenig politischer Bedeutung. Dort hätte nie eine Millionenmetropole errichtet werden können. Der Grund ist der Schnee: Der Norden und der Westen ersaufen jeden Winter regelrecht in den weißen Flocken. Die Versorgung der Bevölkerung wäre nicht garantiert gewesen. Auch Tokio kann von Schneefällen getroffen werden. Aber nur von geringem Ausmaß. Es werden jährlich lediglich zehn Tage leichter Schneefall verzeichnet. Die Temperatur liegt meist über Null Grad.

Die Behinderungen durch Schnee sind mannigfaltig. Flüge werden gestrichen, Zugverbindungen fallen aus, die Straßen werden gesperrt oder sind unbefahrbar, auf der glatten oder matschigen Fahrbahn häufen sich Verkehrsunfälle und nicht selten kommt es auch zu Stromausfällen. Überraschend einsetzender Schneefall ist der Grund für Staus.

Jedes Jahr gibt es Berichte von Autofahrern, die in kilometerlangen Wagenlinien stehen, ohne dass nur ein Zentimeter gefahren werden kann, siebzehn, achtzehn Stunden, so lange, dass sie sogar in ihren Autos übernachten müssen. Zuerst geht das Benzin aus, das die Heizung betrieben hatte, dann wird es kalt. Wer noch Benzin hat, tut gut daran, ab und zu mal auszusteigen und den Auspuff freizumachen. Der sich auftürmende Schnee kann das Rohr verstopfen, wodurch giftige Abgase ins Auto gelangen können. Selbst fahrende Züge sind nicht sicher. So krachten 2014 zwei Züge bei Tokio ineinander, weil die Bremsen eingefroren waren.

Die drei Städte mit dem meisten Schneefall weltweit (im Ranking mindestens hunderttausend Einwohner oder mehr) liegen in Japan. Ganz vorne liegt Aomori, eine Hafenstadt mit 228.000 Einwohnern. Ein winterlicher Schnellfall von acht Metern und mehr ist nichts Unübliches. Wer will kann spektakuläre Bilder von der Passstraße Tateyama Kurobe im Internet finden, die zeigen, wie Busse durch links und rechts aufgetürmte Schneewände von zwanzig Metern und mehr fahren. Diese Fotos lassen den Bus klein wie eine Maus aussehen. Ein japanischer Fernsehmoderator erzählte neulich, wie er im nördlichen Sapporo während eines ordentlichen Schneegestöbers durch einen Park ging. Er verlor die Orientierung, bog falsch ab und versank im Schnee, und zwar so, dass nur noch sein Kopf herausschaute.

Die Schneemassen in Japan haben auch etwas Gutes: Hervorragende Skigebiete. Die Inselbewohner fahren sehr gerne Ski. Kein Wunder also, dass die olympischen Winterspiele 1972 in Sapporo und 1998 in Nagano in dem Land ausgetragen wurden. Die japanischen Skispringer erreichen seit Langem gute Ergebnisse. Beim Sapporo-Schneefestival, das jährlich im Februar stattfindet, entstehen aus dem vom Himmel gefallenen weißen Pulver unvorstellbare Figuren, ja ganze Paläste werden damit nachgebaut. Dieses begann simpel, als 1950 einige Schulklassen im dortigen Odori Park Schneefiguren bauten. Zwei Millionen Besucher zieht dieses Ereignis jährlich an. Und als dieser Besucherstrom während der Pandemie unmöglich wurde, verlegte man es kurzerhand ins Internet und präsentierte die Skulpturen wenigstens als Video.

Eines der Probleme an diesen Schneemassen ist, wie sie eigentlich geräumt werden sollen? Es hat ja überall Schnee. Wer acht Meter Schnee schaufelt und diesen mit Schwung auf bereits liegende acht Meter Schnee wirft, hat am Ende sechzehn Meter Schnee. Um der Sache Herr zu werden und auch im winterlichen Norden so etwas Ähnliches wie normalen Alltag zu ermöglichen, hat man in Sapporo begonnen, den Schnee auf Lastwagen zu laden. Das Ziel ist das Hafengebiet der benachbarten Stadt Otaru. Dort warten Bagger auf die täglich 6300 Schneelieferungen auf vier Rädern. Die Bagger schaufeln den Schnee ins Meer. Da aber das Meer bei solchen Mengen zu gefrieren droht bzw. der Schnee zu langsam schmilzt, rühren die Bagger mit ihren Schaufeln im Meer wie man eine Suppe umrührt, damit sich der Schnee verteilt.

Ein anderes, sehr ernstes Problem sind die Schneemengen, wenn sie sich auf den Dächern der Häuser sammeln. Besonders die traditionell gebauten Häuser oder ältere Gebäude können den Schnee nicht tragen. Da die Gefahr besteht, dass das Dach einstürzt, hilft nichts anderes, als mit der Schneeschaufel hinaufzuklettern und zu schaufeln. Das wiederum ist äußerst riskant. Bei Eis und Schnee auf einem Dach schwungvolle Bewegungen zu machen, lässt viele abrutschen. Verletzungen und Todesfälle sind nicht selten. Besonders alleinstehende alte Leute haben oft keine Hilfe und klettern im wahrsten Sinne des Wortes todesmutig auf das Dach. Aber nicht nur oben ist es gefährlich. Vom Dach herabstürzende Schneemengen begraben die Unvorsichtigen unter sich. Diese verlieren die Orientierung und ersticken.

9

In Tokio regnet es viel. Keine größere europäische Stadt kommt auf dieselbe Regenmenge. Berlin hat einen Niederschlag (beruhend auf dem Durchschnittswert der letzten dreißig Jahre) von jährlichen 571mm, London 557mm, Moskau 689mm, Oslo 763mm. Tokio erreicht 1603mm. Es gibt eine Regenzeit im Juni und Juli mit besonders vielen Wolkenbrüchen. Das Wort »Regenzeit« erschreckt viele angehende Japanreisende. Ganz so sorgenvoll braucht man dieser Naturgegebenheit nicht gegenüberzustehen. Es handelt sich um kurze, heftige Regenschauer, die die Hitze des Sommers unterbrechen. Wir würden sie »Platzregen« nennen. Die Japaner nennen diese unkalkulierbaren, plötzlichen Wasserergüsse »Guerilla«-Regen. Die Inselbewohner wissen sich dagegen zu wehren. Sie verwenden dafür besondere Objekte: Regenschirme, genauer gesagt Vinylregenschirme. Diese sind durchsichtig und sehen alle mehr oder weniger gleich aus. Das Praktische an ihnen ist: Sie kosten fast nichts. Wer von einem unerwarteten Wolkenbruch überrascht wird, geht in einen Laden am Straßenrand und kauft sich einen solchen für einen Preis, der sonst für ein Glas Bier ausgegeben wird. Jedes Mal, wenn es zu regnen anfängt, klingelt die Kasse der kleinen Händler. Da macht es auch nichts, wenn man ihn versehentlich in einem Schirmständer vergisst oder nicht mehr weiß, welcher von den dort zusammengedrängten Schirmen der eigene war. Weil die Japaner so ehrlich sind, geben sie herrenlose Schirme bei der Polizei ab. 430.000 Regenschirme landen so jährlich bei den Behörden; 20% der Fundsachen insgesamt.

10

Viel Regen birgt die Gefahr von Überschwemmungen. Die Kanalisationen in den Großstädten sind vorzüglich, aber auf dem Land nicht. Japan besteht zu 80% aus Bergen und Hügeln. Das in der Mitte der Hauptinsel liegende Land ist an vielen Stellen unbewohnt und in geradezu naturbelassen. Größere Städte sind dort nicht zu finden, aber Dörfer schon. Die Menschen wohnen an den flacheren Küsten. Der südliche, bevölkerungsreichere Teil Japans ist nicht gut befestigt. Alle Gebäude in Hanglage sind gefährdet, in einem der tausendfünfhundert jährlichen Erdrutsche in die Tiefe gezogen zu werden. Der ständige Regen in Japan lässt die Flüsse in grausamer Regelmäßigkeit über die Ufer treten. Der Boden ist schlammig. Reißende Ströme fließen durch die Städte und Dörfer. Helfer suchen mit Händen und Armen im schlammigen Wasser nach Opfern.

Auslöser heftiger Regenfälle sind oft Taifune. 2016 ist Japan gleich von sechs von ihnen heimgesucht worden. Wenn die Regenzeit endet, beginnt die Taifun-Saison. Sie dauert von Juli bis Oktober, im August und September sind sie am häufigsten. Ein Taifun dauert ein paar Stunden, aber die Folgen können noch Tage anhalten. Besonders Reisende sollten sich über das Auftreten dieser Winde bewusst. Meine japanische Freundin warnte mich, ich solle den September nicht als Reisezeit auswählen. Es gebe Taifune, sagte sie schlicht. Aber ich dachte mir, die Japaner überleben diese Stürme doch auch. Man muss eben vorsichtig sein. Ein Tag vor meiner Reise war aber tatsächlich ein Taifun angekündigt. Doch ich glaubte Glück zu haben, er schien vor mir Japan zu erreichen, so dass ich nach seinem Wüten in Tokio landen würde. Als ich mich aufmachte, in die japanische Hauptstadt zu reisen, war ich froh, dass ich dem Taifun des Vortags entgangen war. Mein Flieger ging von Helsinki zum Tokioer Flughafen Narita. Nervös hatte ich im Internet auf der Homepage der Fluggesellschaft nachgeschaut, ob der Flug nicht doch gestrichen wurde, weil der Taifun Faxai in Japan an Land schlug. Jedoch schien alles reibungslos zu gehen und ich landete völlig übermüdet, aber sicher auf japanischem Boden. Als ich das Flughafengebäude betrat, frage ich den erstbesten Ordnungsbeamten, wo die U-Bahn nach Tokio-Stadt abfahre. »Es fährt keine U-Bahn«. »Und der Bus?«. »Es fährt kein Bus«. Wie sich herausstellte, waren sämtliche Verkehrsmittel lahmgelegt, weil Bäume auf die Schiene gefallen waren und die Straßen erst wieder von Gegenständen befreit werden mussten. Die Verwüstungen, die der Taifun angerichtet hatte, mussten erst beseitigt werden. Vorher ging gar nichts. Stunde um Stunde wartete ich darauf, dass sich die Lage änderte. Währenddessen kamen mehr und mehr Flugzeuge an. Auf die Idee, diese zu Flughäfen umzuleiten, die noch regulär arbeiteten, kam keiner. Die Halle füllte sich mit Menschen wie ein Luftballon, der aufgeblasen wird. Der Inhalt der Getränkeautomaten ging rasch seinem Ende entgegen. Offene Geschäfte gab es keine. Das Stadtzentrum Tokios war 57 Kilometer entfernt. Alle stellten sich an Busticketverkaufstellen an, die zwar nicht geöffnet hatten, aber wenn sie doch irgendwann geöffnet werden würden, könnte nur ein vorderer Reihenplatz, die Chance bieten, ein Busticket zu ergattern. Die U-Bahnabgänge waren mit Ketten verhängt. Die Zahl der Menschen, die sich in der kleinen Halle drängten, stieg um Mitternacht auf 16.900. Keine Getränke, kein Essen und japanische Flughafenangestellte, die ohne Anweisung von ihrem Chef gar nichts machen, schon gar nicht eine Frage klar beantworten. Der Platz wurde unerträglich eng. Es dauerte zwölf Stunden, bis wieder U-Bahnen fuhren, aber diese konnten die Menschenmengen nicht bewältigten. 13.330 Passagiere mussten am Flughafen auf dem Boden schlafend verbringen. Auch Kinder und sehr alte Leute. Erst am nächsten Tag zur Mittagszeit lösten sich die Menschenmengen auf, die ohne Essen und Trinken ausharren mussten.

11

Selbst wenn keine Wolke am Himmel zu sehen ist, können Taifune für den Menschen gefährlich sein. Sie sind Wirbelstürme, d.h. sie drehen sich. Das bringt das Wasser in eine Kreisbewegung. Das in Bewegung gesetzte Meer kann per Strömung Schwimmer mit sich ziehen. Deswegen lautet eine japanische Weisheit: »Gehst du im August ins Meer, wirst du aus der Welt gezogen«.

Bei dir spukt's wohl?

1

Japaner glauben an Geister. Kein Wunder: Religion als Geisterglaube prägt die Landeskultur seit Anbeginn der Zeiten. Der Shintoismus und der Buddhismus stellen übersinnliches Personal in großen Mengen zur Verfügung. Selbstgesponnene, teilweise uralte Figuren aus der einheimischen Spuk-Folklore ergänzen dieses noch. Damit nicht genug: Unheimliche Gestalten aus Indiens und Chinas Mythologie sind im Schlepptau des Buddhismus in das Inselland gekommen. Der Buddhismus propagiert das heimliche oder unheimliche Wechselspiel zwischen Mensch und dessen Gründergestalt. Buddha kann durch Gebete dazu bewegt werden (wie mit Geisterhand), günstig in das Leben einzugreifen. Der Ahnenkult, der besagt, dass Verstorbene aus dem Jenseits ins Diesseits wandern, um der Verwandtschaft Gutes zu tun, ist ein wichtiger Ziegelstein im spirituellen Gebäude japanischer Religionen. Der Shintoismus animiert die ganze Welt mit übersinnlichen Wesen. Die Natur folgt nicht Naturgesetzen, sondern wird durch das Wirken der Kami am Laufen gehalten. Wer einen Stein von der Erde aufhebt, muss vermuten, dass darin eine japanische Gottheit – in welcher Form auch immer – haust. Alles ist beseelt. Alles voller Götter. Aus der Sicht gesehen ist das Dasein jedes Japaners in jedem Moment im spirituellen Austausch mit dem Übersinnlichen. Die Zeitepoche der Aufklärung hat in Europa Religion vom so genannten Aberglauben klar getrennt. In Japan gab es diese Epoche nicht und der Glaube an spirituelle Wesen ist so stark in der Geschichte des Landes verstrickt, dass diesen zu eliminieren die Kultur des Landes zu zerstören bedeuten würde.

In der populären Kultur treten sehr wenige Kami auf. Dieses Zentrum japanischen Glaubens ist in Unterhaltungswerken fast tabu. Eigenartige fleischgewordene spirituelle Wesen dagegen bevölkern zuhauf die kreativen, erzählenden Produkte. Von Haruki Murakamis populären Romanen bis hin zu den beliebten Serienhelden aus Pokemon, fast alles, was erfolgreich produziert wurde, sind mehr oder weniger Geistergeschichten. Dabei darf der japanische Geist nicht mit dem bei uns heimischen europäischen Gespenst gleichgesetzt werden. Der spirituelle Kosmos der Japaner ist anders aufgebaut als hierzulande. Als erstes muss man verstehen, dass übersinnliche Wesen in Japan dem Menschen gegenüber eine Grundhaltung einnehmen, die mit dem Satz »Ihr seid mir egal!« beschrieben werden kann. Die Geister leben in ihrer Welt, der Mensch in seiner. Nur, wer sie stört, muss mit schlimmen Folgen rechnen. Sie haben uns nichts zu sagen und wir verstehen sie auch nicht. Wenn sie unser Leben doch beeinflussen, es ändern oder es unheimlich machen, passiert das meistens, weil sich ihre Sphäre und die unsere zufällig treffen. Dann ereignen sich Dinge, mit denen wir zu tun haben, die wir aber nicht begreifen. Ein paar dieser uns sonst gleichgültig gegenüber tretenden Wesen haben böse Absichten. Warum wissen wir nicht. Sie haben sie einfach. Ein sehr kleiner Teil der Geister hat ein gutes Temperament und hilft dem Menschen. Wer gewissermaßen mit eigenen Augen sehen will, wie das gemeint ist, dem empfehle ich zwei Filme. Der eine ist »Totoro« und der andere ist »Chihiros Reise ins Zauberland«. Alle Japaner haben diese zwei Filme gesehen. Diese Filme sind nicht die Bibel des modernen japanischen Spiritualismus', aber nahe dran.

2

In die Geisterwelt etwas Ordnung zu bringen ist eine schwere Sache. Die Geschichten über Erscheinungen sind sehr alt, gleichzeitig werden sie ständig verändert, umgeschrieben oder ganz anders erzählt. In einer der bekanntesten Erzählungen in Japan ist von einer Schneefrau (Yuki-Onna) die Rede. Sie ist mit einem weißen Kimono gekleidet, sie hat schwarze Haaren, blaue Lippen und ist von unglaublicher Schönheit. So erscheint sie dem ahnungslosen Wanderer in Schneestürmen. Sie küsst ihn und ihr eisiger Atem lässt ihn sofort erfrieren. Es bleibt eine Leiche zurück. Die Geschichte gibt es in schier endlosen Fassungen. Einmal ist die Frau ganz nackt, das andere Mal hält sie ein Baby im Arm. Sie saugt dem Opfer das Blut aus. Sie hat Sex mit der Leiche. Sie hilft den Menschen aus dem Schneesturm. Sie ist gütig und voller Erbarmen. Manchmal ist sie lebender Ausdruck einer Naturkraft, nämlich der Stärke und Kälte eines Schneesturms, manchmal nur ein Geist, der sich vom Menschen auch zum Guten bewegen lässt, und manchmal ist sie ein Scheusal.

Versuchen wir etwas Klarheit im bunten Durcheinander der japanischen Geisterfolklore zu finden. Man sollte auf jeden Fall die »youkai« kennen. »Youkai« ist das Wort für eine Gruppe spiritueller Wesen, die überirdischen Ursprung haben. Ein youkai kann mit unsichtbarem Tun das Leben beeinflussen. Wenn eine Vase, die sonst sicher stand, plötzlich zur Seite kippt, kann das auf den Einfluss einer dieser negativen Geister zurückzuführen sein. Eine Krankheit, deren Ursache nicht bekannt ist, lässt genauso ihr heimtückisches Wirken vermuten. Das unerklärte Knarren einer Diele ein Erdbeben. Wenn es keine schlichte Erklärung gibt, kommen youkai in Frage. Einige sehr frühe Legenden stellen diese youkai als Gottgestalten (Kami) dar, deren Wunsch es wurde, Negatives zu tun. Sie haben den Vertrag, der zwischen den Menschen und den Göttern (gute Gaben gegen gute Geschenke) bestand, einseitig aufgekündigt. Nicht alle sind böse. Man kann lediglich sagen, dass youkai spirituelle Wesen sind, die eine eigene von den Göttern unabhängige Existenz erlangt haben. Wenn diese körperliche Gestalt annehmen, werden sie zu »obake«, was grob übersetzt, »ein Verkleideter« bedeutet. Das kann (wie im Falle der Futakuchi-Onna) eine Menschenfrau sein, die normal aussieht, aber am Hinterkopf von der Haarpracht verborgen einen weiteren Mund hat. Es kann wie im Fall des Nuppeppo ein menschenunähnlicher Fleischklops auf Beinen sein. Im Gesamten aber sind es übersinnliche Kreaturen, die in einer grotesken Gestalt hausen. Sie haben es bis in die Moderne geschafft. Jeder kennt diese Youkai/obake aus Film und Fernsehen. »Godzilla«, der in den Meerestiefen schlief, bis ihn eine Atombombenexplosion aufweckte, ist im weitesten Sinne ein obake und damit auch ein youkai. (Das Wort »Godzilla« leitet sich übrigens von »Gorilla« und »kujira«, dem japanischen Wort für »Wal« ab). Dass die obake auch Helfer des Menschen werden können, kann an der sehr populären Pokemon-Figur Pikachu festgemacht werden. Der Name der Serie, »Pokemon« kurz für Pocket-Monster, lässt den kleinen, gelben Liebling der Fans in diese Gruppe gehören.

Von den youkai abgeleitet werden die Oni. Sie sind große, trollartige Geschöpfe, die in den Bergen oder in fernen Gebieten leben. Sie machen Raubzüge und erschlagen jeden, den sie zu fassen bekommen, und gelegentlich fressen sie Menschen. Wer hier die bekannteste japanische Legende überhaupt lesen will, kann das mit der Geschichte über Momotaro, den Jungen, der aus einem Pfirsich geboren wurde, tun. Der Junge macht sich auf, Oni zu erschlagen, die sein Dorf überfallen haben. Die Geschichte ist nicht allzu lang und im Internet leicht zu finden. Japaner wundern sich, dass Europäer dieses beste aller japanischen Märchen nicht kennen.

3

Der Glaube an Geister ist sehr verbreitet in Japan. Einige glauben gar, sie hätten schon ein solches gesehen. Diese übernatürlichen Erscheinungen heißen auf Japanisch yuurei und sind »klassische« Gespenster, das heißt sie sind Seelen von Verstorbenen, die auf Erden wandeln. Ich fand einmal den Ausdruck »Nachzerrer« im »Lexikon des deutschen Aberglaubens«, als ich für ein anderes Buch recherchierte. Darunter wurden allerlei Arten von Schreckgestalten (Gespenster, Vampire, Zombis etc.) zusammengefasst. Ein »Nachzerrer« ist jemand, der, wie der Name schon sagt, an einem Lebenden zerrt. Der noch Atmende soll in ein verfrühtes Grab geschleift werden. Vielen Toten reicht das nicht: Sie wollen ihr Opfer zu dem erbarmenswürdigen Wesen machen, das sie selbst sind. Yuurei haben genau diese Absichten. Sie treiben mit den Menschen ein schlimmes Spiel. Im Grunde sind es nur verletzte

Wesen, deren Einsamkeit sich in Hass verwandelt hat. Yuurei sind Ermordete, die einen ungerechten Tod durch Verrat und Missgunst starben. Ihre Kleidung ist noch die vom Moment, als sie starben. Beispielsweise das weiße Totenhemd und eine Kopfbinde mit Dreieck, in das Leichen kurz vor ihrer Verbrennung gehüllt werden. Sie kleben am Diesseits, weil ihr Hass sie hier hält. Die yuurei können Besitz von Körpern ergreifen, um sie wie Marionetten zu bewegen. Meist erscheinen sie aber vor ihren Opfern. Ihr Ziel ist Rache zu nehmen, an denen, die sie gemeuchelt haben, oder schlichtweg an jedem, dem es besser geht als ihnen. Sie bleiben an Orten, wo ihre Wut am größten ist. Das ist meist dort, wo sie gestorben sind. Nichts soll ihr Leiden lindern. Yuurei sind gruseliger als youkai. Youkai sind Fantasiefiguren, die letzlich aus der Kreativität der Imagination geboren wurden. Yuurei waren lebende Menschen, bis sie der Tod ereilte. Youkai eignen sich als Plüschtiere und Spielzeug. Yuurei nicht. Die Ähnlichkeit zu europäischen Gespenstern endet hier. Aberglaube vermischt sich in Japan mit Ahnenglaube. Geistererscheinungen sind erwünscht, wenn es sich um die Seelen der Verstorbenen handelt. Sie werden an kleinen Hausaltaren angelockt und es wird sogar ein Fest abgehalten, um deren Ankunft und Abschied aus und zum Totenreich zu zelebrieren. Einmal im Jahr nämlich kommen die Toten aus dem Jenseits zu den Lebenden und besuchen sie. Nicht alle Geistererscheinungen sind also unerwünscht und manche sind sogar schön. Es gibt eine rührende Szene am Ende des kleinen Romanes »Daidokoro« der Autorin Banana Yoshimoto, in der beschrieben wird, wie im Morgengrauen am rosafarbenen Himmel über einem Fluss die Seele eines geliebten Verstorbenen sichtbar wird. Sie treibt in den morgendlichen Schwaden im kühlen Sonnenlicht, einen Moment nur vollständig zu sehen. Die Seele verblasst langsam, dann entschwindet sie immer mehr, denn es ist Zeit, sich auf den Weg ins Jenseits zu machen. Sie wirft einen letzten Blick auf die geliebte Person, die weinend an den Ufern des Flusses steht. Aus. Der Geist ist verschwunden.

4

Man würde denken, die übersinnlichen Unholde wären kulturgeschichtlich sehr alt und in den japanischen Traditionen verwurzelt. Das stimmt nur teilweise. Die aus alten Zeiten überlieferte Folklore deckt nur einen Bruchteil des gesamten spirituellen Kosmos im modernen Japan ab, dessen greifbarer Anfang zeitlich viel näher liegt, nämlich in der Edo-Periode, also nur vierhundert Jahre entfernt. Die japanische Gesellschaft ist in der Edo-Zeit (1603-1868) verstädtert worden. Die Städte wuchsen, das Land leerte sich, die Bürger wurden reicher. Wenn man in der Stadt lebte, fühlte man sich sicher. Aus den schaurigen Legenden, die – aus der Sicht der in der Frühzeit Japans lebenden Menschen – vor realen (spirituellen) Gefahren warnten, wurde Unterhaltung. In bürgerlichen Theatern (japanisch: Kabuki) spielte man unheimliche Stücke. Es gab professionelle Horrorgeschichten-Erzähler. In der frühen Zeit waren die übersinnlichen Wesen, wie der Name schon andeutet, unsichtbare Phänomene. Aber die Maler wollten Geld verdienen. Sie fingen an, den Geistern Körper zu geben, schlicht aus dem Grund, weil sie etwas auf die Leinwand bringen wollten. In dieser Zeit änderte sich die Geisterwelt. Sie wurde durch den Pinsel des Malers nicht nur sichtbar, sondern erst geschaffen. Die größten Maler Japans haben Monsterbücher gezeichnet, in denen sie ihrer Fantasie kreativen Lauf ließen. Selbst Hokusai (1760-1849), das mit Leonardo da Vinci vergleichbare Genie Japans, hat ein solches verfasst. In dieser Zeit nahmen die Geistergeschichten einen neuen Anfang. »In der japanischen Kunst spukt es«, bemerkte einmal ein Kunstkritiker über die Allgegenwärtigkeit von übersinnlichen Erscheinungen in der Insel-Kultur. Der Maler Maruyama Okyo (1733-1795) hat ein besonders berühmtes Bild mit dem Titel »Der Geist Oyuki« geschaffen. Oyuki war eine Geisha, mit der der Maler angebandelt hatte, die aber bereits mit siebzehn Jahren verstarb. In einer Vision sah er sie als wandelnde Leiche: Ihre blutlosen Wangen, ihre blasse Haut, ihre schwarzen, langen, zerzausten Haare. Sie trug das bleiche, weiße Hemdchen, das Toten zu

Beerdigungen angezogen wurde. Oyuki war in der Erscheinung ein Mädchen ohne Füße. Die Verstorbene schaute ihn im Traum einen Moment an, dann verschwand es. Maruyama Okyo griff zum Pinsel, malte seine Vision und erschuf so das bis heutige in Gruselgeschichten allgegenwärtige japanische Gespenst. Das Mädchen hatte übrigens keine Füße, denn gemäß Volksglauben wurden den Toten in der Unterwelt die Füße abgeschnitten. Sein Bild eines Geistes als Mädchenleiche im Nachthemd hat sich bis in unseren Kulturkreis verbreitet. Es wirkt auch ein bisschen gruseliger als unser Gespenst mit einem Bettlaken über dem Kopf. Es lohnt sich hier, die Begriffe »japanisches Gespenst« in die Suchmaschine seines Vertrauens einzugeben, um sich selbst ein Bild davon zu machen. Grundsätzlich muss bemerkt werden, dass es heute immer noch wie in der Edo-Zeit in Japan zugeht. Die Künstler erschaffen die Geister. Das bedeutet, in Mangas oder in Filmen wimmelt es von schaurigen Gestalten. Jemand, der in Tokio wohnt, hat vermutlich seine Kenntnisse betreffs des Übersinnlichen nur aus Werken, die an der Kinokasse oder an der Kasse im Buchladen erfolgreich waren. Wer sich also als Ausländer ein paar Bände einer entsprechenden Mangaserie kauft, kann schnell zu dem aufschließen, was Japaner über Geister und Co. wissen.

5

Die Japaner machen sich ganz gern über ihren eigenen Geisterglauben lustig und spielen ihren Zeitgenossen üble Streiche. Es gibt eine Sendung mit dem Namen »Monitoring«, die sich hier nicht zurückhält. Die »Opfer« des Schabernacks sind Personen des Alltags, am liebsten aber Prominente, wenn die Sendung sie zu fassen bekommt. Die Streiche sind wirklich erschreckend. Ein harmloser Passant steigt des Nachts in den letzten Überlandbus, der zu diesem Zeitpunkt noch gut mit Fahrgästen gefüllt ist. Draußen ist es stockdunkel, weil keine Straßenlaternen leuchten. Station für Station steigen immer mehr Fahrgäste aus. Dann ist nur noch der Fahrer da. Er hält plötzlich an einer verlassenen Stelle an und steigt aus, »Moment, bitte«, ruft er noch, und weg ist er.

Der Fahrgast ist ganz allein im Bus. Das Licht geht plötzlich aus. Um den Bus herum nur verlassene Natur. Ein paar Tropfen Mondlicht erhellen die Szene. Nach Minuten weiß der Passagier nicht mehr was tun und verlässt den Bus, um nach dem Fahrer zu suchen. Niemand da. Er steigt wieder ein. Dann auf einmal ein unmenschliches Wimmern, das sich nach einer kurzen Pause wiederholt, und das schließlich länger und bohrender wird. Dann kleine Schritte. Ein Kind steigt im Halbdunkel ein. Der Kopf ist zur Seite geneigt und die Haut leichenblass. Es trägt nur ein weißes Nachthemd. Während der Kopf weiter zur Seite geneigt ist und die Augen verdreht ins Nirgendwo starren, kommt es näher. Es wimmert herzerrreißend:»Hilf mir, hilf mir«. Es bedeutet ohne Zweifel: »Hilf mir, ich bin tot«– Dann endlich wird der erschrockene Fahrgast von den Machern der Sendung in die Realität zurückgeführt und der Streich aufgelöst. Erlösendes Lachen. Wehe dem, der in die Fänge so einer Comedy-Sendung in Japan gerät. Es wurden schon ganzer Häuser präpariert, nur um »leichtgläubige« Personen zur Erheiterung des Publikums zu erschrecken.

6

Wer im Sommer den Fernseher einschaltet, wird mit einem Überangebot an Horrorfilmen konfrontiert. Da die Temperaturen auf 40 Grad steigen, soll es demjenigen, der vor Angst zittert, kühl werden. So zumindest die inoffizielle Begründung.

7

Ob es an den Folkore-Monstern liegt oder einfach daran, dass die Welt, in der wir leben, selbst noch in unserer modernen Welt nicht ganz beherrscht werden kann, es ist festzustellen, die Japaner sind ein erschrecktes Volk. »kowai« heißt in ihrer Sprache »das macht Angst«. Es ist einer der meistgeäußerten Gesprächseinwürfe. Jedes Mal, wenn ein Inselbewohner einen Vorfall nicht versteht, ruft er »kowai!«. Wenn sich aus irgendeiner Situation eine Gefahr entwickeln könnte, ruft er »kowai!«. Wenn sich ein Unglück an egal welcher Stelle auf der Welt ereignet, ruft er »kowai!«.

Es gibt in Japan, wie bei uns, allerlei Aberglauben. Viele davon nehmen irgendwie Bezug auf den Tod. Das beginnt schon mit dem Zählen. Wenn ein Japaner von eins bis zehn zählt, klingt das in etwa so: Eins, zwei, drei, Tod, fünf, sechs, sieben, acht, Schrecken, zehn. Die Zahl Vier wird wie das Wort »Tod« (»shi«, 死) und die Neun (»ku«, 九) wie »Schrecken« (»ku«,苦) ausgesprochen. Beide Zahlen werden daher in Abhängigkeit davon, was gezählt wird, gegen Begriffe mit mehr Wohlgefühl ausgetauscht. Ähnliche Mehrdeutigkeit findet sich in der Zahl 43 (»shisan«). Das Wort »shizan« (死産) heiß die Totgeburt. Viele Geburtsabteilungen in Krankenhäusern vermeiden diese Zahl bei der Nummerierung der Zimmer. Eine 42 liest sich auf Japanisch »shini«, was »fall tot um« bedeuten kann. Wer »42-56« sagt, transportiert mit »shini-goro(ku)« ebenso die Bedeutung »Zeit zu sterben«. Auf Autokennzeichen oder Vergleichbarem machen sich solche Nummern oft nicht gut. Weitere Dinge sind zu beachten. Man schläft am besten nie mit dem Kopf in Richtung Norden. Eine Bekannte sagte mir, dass sie als Erstes bei der Möblierung ihres Schlafzimmers überprüft habe, wo die Sonne auf- und untergeht, damit sie sicher sein könnte, ihr Kopfkissen nicht in die nördliche Richtung zu legen. Verstorbene werden nämlich mit dem Kopf in diese Himmelsrichtung gebettet. Man will sich beim Schlafen nicht wie eine Leiche fühlen. Ein anderer Brauch verdient ebenfalls Beachtung. Adressen von Personen sollten nicht mit roter Tinte geschrieben werden. Mit dieser Farbe wurden früher auf Grabsteine vorsorglich die Namen derjenigen geschrieben, die noch leben (eine Witwe beispielsweise), aber womöglich bald neben dem Verstorbenen liegen.

8

Nicht alles Übersinnliche ist negativ. Der Japaner hat Verbündete in der Geisterwelt. Mit ihrer Hilfe wird die Zukunft gut sein. An erster Stelle stehen natürlich die Kami, die am Schrein verehrt werden. Aber es gibt noch mehr. Zum Beispiel der seit der Edo-Zeit beliebte »teru teru bozu«. Es ist nur ein Wetterpüppchen, dessen Namen (»bozu«) ihn als Mönch identifiziert. Er trägt lediglich ein Hemdchen, das über seinen kürbisrunden Kopf gezogen wird. Die Japaner hängen die vielleicht dreißig Zentimeter große Puppe am Fenster auf. Sie wollen besseres Wetter und der Mönch soll es richten. Wer ihn umgekehrt aufhängt, wünscht sich Regen.

Wenn man über Glücksbringer in Puppenform spricht, darf man Daruma nicht vergessen. Auch das ist eine Puppe, aber eine sehr gruselige. Sie sieht wie ein roter Motorradhelm aus. Arme und Beine fehlen. Das Visier des »Motorradhelms« ist geöffnet, aber dem Gesicht darunter fehlen die Augen. Dazu gibt es die Geschichte, dass ein charakterlich exzentrischer Mönch mit Namen Daruma gelebt habe, der mehrere Jahre vor einer Mauer meditierte, um auf Erleuchtung zu warten. Diese aber zu bekommen, gelang ihm nicht. Wütend über den Mangel an Erfolg schnitt er sich die Augenlider ab. Er sagte, er könne sich auf diese Weise, ohne durch Schlaf unterbrochen zu werden, ganz seinem Streben widmen. Und so saß er neun Jahre lang, ohne sich zu bewegen. Eines Tages fielen ihm sogar Arme und Beine ab. Er hatte sie die ganze Zeit nicht bewegt.

Daruma, der wegen seines zynischen Charakters bekannt war, wurde trotzdem als heiliger Mann verehrt. Die Geschichten um sein Tun herum waren beliebt und wurden so zu Legenden, die wiederum die Grundlage einer Art von Stehaufmännchen sind, das zur Dekoration ins Regal gestellt wird. Gemäß der Legende hat diese Puppe keine Gliedmaßen. Das an einen Motorradhelm erinnernde Aussehen soll ein über den Kopf gezogener Mantel sein. Die fehlenden Augenlider/Augen werden durch weiße Flecken repräsentiert. Aber gerade mit diesen scheinbar unbemalten Stellen im Augenbereich hat es etwas auf sich. Wer eine solche Puppe besitzt, darf sich etwas wünschen. Tritt es ein, muss der Wünscher der Puppe auf der fehlenden Stelle ein Auge hinzumalen, wird ein weiterer Wunsch Wirklichkeit, folgt dann das zweite Auge. Daruma ist ein Glücksbringer und ein Symbol langen Lebens obendrein, denn sein Gesicht sieht für Japaner ein bisschen aus wie eine Schildkröte aus. Diese hat ja bekanntlich eine lange Spanne an Jahren vor sich. Ist die Puppe vollständig bemalt, wird sie in den Tempel gebracht und verbrannt. Man muss also im nächsten Jahr eine neue kaufen. Glück ist auch ein lukrativer Wirtschaftszweig in Japan.

9

Jeder hat sie schon gesehen. Die winkende Katze. Sie gibt es in vielen Farben, wobei gold und weiß am beliebtesten sind. Es ist die Figur einer sitzenden Katze mit einem süßen Gesicht, das die Pfote hebt. Sie scheint zu winken. Man findet sie in Läden neben Kassen stehen, aber auch sonst an allen möglichen Orten und sei es nur als Dekorationsobjekt. Die Figur heißt Maneki-Neko. »Neko« bedeutet »Katze« und »maneki« leitet sich von einem Verb ab, das »ansprechen« bedeutet. Viele bei uns nennen sie »winkende Katze«, denn sie hat die Pfote erhoben und scheint dem Betrachter wie zum Abschied zuzuwinken. Eine Mechanik ermöglicht das Bewegen der Pfote und verstärkt den Eindruck, dass die Katze eine Geste des Grußes macht. Sie ist ein Glücksbringer, der dafür sorgen soll, dass Geld ins Haus kommt. Deswegen stehen sie gern in Läden an der Kasse oder überhaupt überall, wo es um Geld geht. Die Katze winkt eigentlich nicht, sie bittet den Kunden näherzukommen. Sie möchte mit ihrem süßen Gesicht und der besonderen Haltung ihrer Pfote helfen, die Kasse (speziell) an diesem Tage klingeln zu lassen. Dies gilt aber nur, wenn der linke Arm der Katze erhoben ist. Ist der rechte Arm erhoben, möchte ihr Besitzer um Reichtum und Wohlstand über einen langen Zeitraum bitten. Auch die Farben haben Symbolbedeutung: Weiß drückt den Wunsch nach Glück, Schwarz die Abwehr böser Geister, Rot den Schutz gegen Krankheiten und Gold den Wunsch nach Barem aus. Diese Art von Katzenfiguren gehen in die Zeit um sechzehnhundert zurück, wo schon ähnliche Katzenfigürchen mit dem Namen Marushime-Neko käuflich zu haben waren. Japans Mythen zeigten Katzen immer schon als Helfer der Menschen. Im modernen Japan sind diese Figuren in erster Linie schöne Dekorationsobjekte für das Regal.

Glück bedeutet für uns »glücklich sein«. Es bedeutet einen Lottogewinn zu erhalten oder einer Katastrophe knapp entkommen zu sein. In Japan dient es in vielen Fällen zur Entscheidungsfindung. Eine der bekanntesten TV-Sendungen in Japan heißt IttеQ. Comedians, die in dieser Show wöchentlich auftreten dürfen, haben es im Showbusiness geschafft. Es ist eine Reisesendung, in der Länder auf lustige Weise vorgestellt werden. Für die Sendung wurde ein neues Mitglied für den festen Stamm an Komödianten gesucht. Der hinzugekommene Moderator sollte ins Ausland reisen, um absurde Tiere in wenig bereisten Ländern zu suchen. Zahlreiche Comedians bewarben sich. Die Sendung musste aus diesen aussichtsreichen Talenten jemanden aussuchen. Wie machten sie das? Sie veranstalteten ein Wettrennen. Das war allerdings vorher nicht angekündigt. Einige der Comedians kamen zum vermeintlichen Casting in ihren Bühnenoutfits, die schnelles Rennen nicht zuließen. Andere waren einigermaßen rennfähig. Es ging über eine Kuhwiese bis zu einer improvisierten Ziellinie. Die Gewinnerin war Ayako Imoto, die ihren langen Rock heben musste, damit die Beine genug Platz zum Rennen hatten. Sie hechtete mit winzigem Vorsprung vor anderen ehrgeizigen Comedians ins Ziel. Heute ist sie eine der bekanntesten Comedians überhaupt in Japan. Es war ein Zentimetersieg. Ein Rennen über eine Kuhwiese entschied über eine Karriere. Das Glück entschied über eine Karriere.

Takahashi Minami, die eine Zeitlang zu den beliebtesten Idol-Sängerinnen Japans zählte, erging es ähnlich. Sie wurde die Hauptsängerin einer Gruppe, die AKB48 heißt. Jeder im ganzen Land kannte ihren Namen und bewunderte ihren ausgezeichneten Charakter. Der Medienchef der Gruppe, der sie nach oben gebracht hatte, erklärte, er habe sie ausgewählt, weil sie ein 1,48 Meter groß und am 4.8. geboren war. Das passte zum Namen der Band AKB »48«. Hätte die Band AKB49 geheißen oder wäre Takahashi Minami nur einen Zentimeter größer geworden, wäre die erhoffte Karrierre flöten gegangen. Man könnte vielleicht sagen, hier geht Glück über Talent, aber im Grunde wird Glück als eine Form des Talents gewertet.

11

Man glaubt es nicht, wie viele Entscheidungen in Japan mit einem Kinderspiel getroffen werden. Dessen Name ist »janken«. Bei uns heißt es »Stein, Schere, Papier«. Immer wenn es zwei oder mehrere Personen gibt, die sich nicht entscheiden können, wer eine einzelne Sache bekommt (zum Beispiel das letzte Stück Pizza), wird »Stein, Schere, Papier« gespielt. Geht man ins Kino oder ins Theater? Sieht man sich »Terminator« oder »Herr der Ringe« an? Gibt es Spaghetti oder Reis? Das Spiel dauert nur zwei Sekunden und die nicht mehr anzufechtende Entscheidung ist da. Im Vergleich zu unserem »Stein, Schere, Papier« gibt es kleine Ergänzungen. Es wird im Chor gesprochen: »Wir starten mit der Faust« (die Faust in der Startposition ausstrecken) »Janken…« (den Unterarm wie besessen zweimal auf – und abbewegen; die erste Bewegung beginnt mit dem »j« und die zweite Armbewegung endet mit dem »n« von »janken), dann der Laut »…pon« (Stein, Schere oder Papier zeigen). Alles geht rasend schnell. Nachgedacht wird nicht. Es muss Glück sein, das entscheidet. Es gibt ebenfalls eine Version, an der mehrere Personen teilnehmen. Bei dieser verliert der oder die Spieler, die in der Minderzahl sind (zwei Scheren gegen eine Person, die Papier gezeigt hat). Die Japaner machen die Armbewegungen nicht nur in einem irren Tempo, sie sehen in einem Augenblinzeln, wer bei fünf Mitspielern diejenigen sind, die gewonnen haben. Daraufhin wird in Windeseile die nächste Runde mit den verbliebenen Spielern gestartet. Als ich das zum ersten Mal spielte, war ich ordentlich verwirrt. Ich schüttelte meinen Arm irgendwie und ließ mir dann am Ende sagen, ob ich gewonnen hatte oder das letzte Stück Pizza an einen anderen ging.

Ein japanischer Geschäftsmann ließ sogar die Auktionshäuser Christie's und Sotheby's gegeneinander »Stein, Schere, Papier« spielen. Der Gewinner durfte die wertvolle Sammlung alter Gemälde versteigern, die er im Besitz hatte. Darunter waren Gemälde von Cézanne, Picasso und van Gogh. Christie's wählte Schere, Sotheby's Papier. Christie's gewann und konnte sich über mehrere Millionen Einnahmen freuen.

Warum »Stein, Schere, Papier« solchen Einfluss hat, lässt sich durch einen Blick in die Geschichte schnell erklären. Das Spiel kam Anfang des 17. Jahrhunderts nach Japan, wo es bis heute den erwähnten Namen »janken« trägt. Es wurde ursprünglich in China erfunden. Dieses Land ist aus der Sicht Japans eine Horoskop-Autorität. Immerhin kommen solch verlässlichen Dinge wie Fengshui, die Naturmedizin oder der chinesische Astrologie-Kalender von dorther. »Stein, Schere, Papier« ist also aus Sicht der Japaner Teil einer bewährten Prophezeiungskultur, deren Richtigkeit durch andere zuverlässige Dinge aus China garantiert ist. Monopoly würde man die Fähigkeit, klug zu orakeln, nicht zusprechen.

12

Japaner wollen die Zukunft schon im Voraus wissen. Sie sind immer völlig überrascht, dass Europäer nichts vom Handlesen halten. Das ist in Japan eine ganz normale Sache, einen Handleser über die Zukunft zu befragen. Überhaupt gibt es viele Optionen, Prophezeiungen über kommende Dinge zu erhalten. In Schreinen gibt es Stände, an denen man gegen etwas Geld ein Los ziehen kann. Auf diesem steht ein Text mit einer Jahresprognose. Diese Lose sind in acht Glücksstufen vorgeordnet. Die Menge des zu erwartenden Glücks kann anhand von Symbolen auf einer Skala bewertet werden. Die erste, beste Stufe trägt den Namen »großer Segen«, die achte Stufe »große Katastrophe«. Wer das im Ranking unterste und damit schlechteste Los zieht, muss aber nicht verzweifeln. Der Schrein hat einen Ort vorgesehen, an dem dieses Los – nachdem es mit einem Knoten verschnürt wurde – verkehrt herum aufgehängt werden kann. So wird die Prophezeiung auf den Kopf gestellt. Das ist das probate Mittel, um zu verhindern, dass das Unglück seinen Lauf nimmt.

Die Japaner glauben an die verschiedensten Möglichkeiten, die Zukunft vorauszusagen. Wie sehr und ob, hängt vom Einzelnen ab. Meine japanische Bekannte kommentierte trocken: »Ich glaube nur, was ich sehe«. Man sollte das ganze Kulturphänomen auch als Teil moderner Spaßkultur sehen. Es ist einfach lustig, Lose zu ziehen oder einen Handleser von der eigenen Zukunft sprechen zu hören. Jedoch kenne ich Japaner, die wichtige Lebensentscheidungen auf diese Art von Orakeln basiert haben. Ich frage einmal eine japanische Bekannte, wie sehr sie eigentlich an diese Prophezeiungen glaube, sie antwortete: »So sehr, wie du an den Wetterbericht glaubst«.

13

Die Geburtenrate in Japan ist mit 1,3 Kindern (2024) etwas niedriger als in anderen Industrieländern (Deutschland 1,46). In den 1960er Jahren noch war sie in Japan bedeutend höher. Mehr als zwei Nachkommen, die aus einer Ehe entstanden, waren die Regel. 1966 passierte etwas Seltsames. Die Geburtenrate fiel plötzlich auf 1,5, das heißt in diesem Jahr wurden dreißig bis vierzig Prozent weniger Kinder auf die Welt gebracht als zuvor. Im Folgejahr stieg die Geburtenrate wieder auf den alten Wert, und zwar auf 2,3. War der Grund der Pillenknick? Aber nur für ein Jahr? Der niedrige Wert wurde erst 25 Jahre später (1991) wieder erreicht. Was steckte dahinter?

Viele Japaner benutzten damals den chinesischen Kalender. Dieser unterteilt den Zeitenlauf in sechzig Teile, die jeweils ein Jahr repräsentieren. Jedes Jahr bekommt einen Namen zugewiesen. Das Jahr 1966, in dem die Geburtenrate so abstürzte, trug den Namen »Feuerpferd«. Diesem Jahr ist ein Spruch zugeordnet: »Frauen, die im Jahr des Feuerpferdes geboren werden, treten ihre Männer tot«. Viele angehende Eltern fürchteten deswegen, in diesem Jahr einen weiblichen Nachkommen auf die Welt zu bringen. Nicht nur weil sie später ihren Mann tottreten würden, sondern auch, weil sie wussten, dass ein in diesem Jahr auf die Welt gekommenes Mädchen schlechte Heiratsaussichten hatte. Kein Mann würde das Risiko eingehen, eine unter einem so schlechten Stern geborene Frau heimzuführen.

14

Wer in Japan über sich Auskunft gibt, gibt gerne seine Blutgruppe an. Beim Kennenlernen von zukünftigen Freunden, in Datingsituationen, eigentlich bei allen ersten Treffen kann die Blutgruppe zum Thema werden. Blutgruppen sagen in Japan mehr aus als es Worte in kurzer Zeit können. Die Persönlichkeit des Menschen fließt durch dessen Adern. Wer Blutgruppe A hat, ist vermeintlich gut organisiert. Er richtet seine Aufmerksamkeit auf Details und wird Pünktlichkeit als sein persönliches Ziel definieren. Es ist ihm aber zu jeder Zeit eine gewisse Normalität anzumerken. Der die Normen mehr infrage stellende Mensch hat die Blutgruppe B. Er ist kreativ und sagt seine Meinung frei heraus, und auch einen Hang zur Einzelgängerei kann diese Person nicht ganz abstreiten. Wer die Blutgruppe AB vorzuweisen hat, wirkt äußerlich wie jemand mit Blutgruppe A, aber im Inneren ist er Gruppe B. Vorsicht bei Personen der Blutgruppe Null. Unpünktlichkeit und der Hang zur Egozentrik ist bei ihnen zu erwarten. Trotzdem sind sie Menschen mit Ausstrahlung. Ihr Vorwärtsdrang macht sie zu Künstler- und Führertypen.

Über Blutgruppen zu sprechen ist immer eine gute Möglichkeit, ein Gesprächsthema zu finden. Wenn jemand zu spät zu einem Treffen kommt, sagen die Japaner »der ist bestimmt Blutgruppe 0«. Lediglich ein Konversationsstarter zu sein, damit lassen es die Japaner nicht bewenden. Nach Berichten soll das Damen-Softballteam, das bei der Olympiade in Peking Gold gewonnen hat, in Abhängigkeit der Blutgruppe unterschiedliches Training erhalten haben. 1990 berichtete die Zeitung Asahi, dass Mitsubishi ein gesondertes Team mit Personen der Blutgruppe AB zusammengestellt habe, weil diese Pläne besonders genau einhalten könnten. Im Fernsehen werden Horoskopvoraussagen geordnet nach den Blutgruppen vorgelesen. Produkte wie Kaugummi, Badesalz oder sogar Kondome können nach diesen Vorgaben ausgerichtet werden. Ein angehender Premierminister brachte im Wahlkampf die Information unters Volk, dass er Bluttyp A sei (der ruhige und sozialfähige Typ), sein Gegner aber Bluttyp B (der die Gruppe missachtende Typ). Das brachte ihm politisch einen Vorteil ein. Kinder mit Bluttyp B oder AB werden von anderen Kindern eher gemobbt. Das Phänomen ist so verbreitet, dass die Japaner dafür einen Namen vergeben haben. Bura-hara wird es genannt, Bluttypen-Mobbing. Beim Vorstellungsgespräch wird manchmal der Bewerber nach seinem Bluttyp gefragt. Seit Längerem versucht die Politik diese Praxis zu unterbinden.

Dass es überhaupt Blutgruppen gibt, wurde erst 1901 von dem österreichischen Wissenschaftler Karl Landsteiner entdeckt. Emil von Dungern führte die Forschungen Landsteiners weiter. Er fand 1910 heraus, dass Bluttypen vererbbar sind. An anderer Stelle ließ der einflussreiche Wissenschaftler aber gemäß gewisser ideologischer Vorstellungen verlauten, dass Menschen mit dem Bluttyp B minderwertiger seien. Im Umkreis dieser Vorstellungen kam auch die Idee auf, dass bestimmte Bluttypen bessere Soldaten machen. Das durch solche »Forschungen« bewiesene rassistische Gedankengut kam nach Japan, deren Führer sich dafür bis zum Ende des Zweiten Weltkriegs interessierten. 1927 begann ein Lehrer an einer Tokioer Schule zur Ausbildung von Lehrerinnen mit dem Namen Takeji Furukawa »wissenschaftliche« Abhandlungen zu diesem Thema herauszugeben. Taiwan war damals eine Kolonie Japans. Es kam zu gelegentlichen Aufständen. Takeji Furukawa entdeckte, dass 41% der Taiwanesen die Blutgruppe 0 hatten. Er führte ihr wildes unbändiges Wesen darauf zurück. Er schlug vor, die Taiwanesen mit anderen Volksgruppen zu kreuzen wie mit den im Norden Japans lebenden Ainu (bei denen es nur wenige gab, die Blutgruppe 0 hatten), um das Temperament der Taiwanesen so zu zügeln, dass es zu keinen Rebellionen mehr kam. Der Journalist Masahiko Nomi interessierte sich für die Schriften des Autors, der nach dem Zweiten Weltkrieg in Vergessenheit geraten war. Masahiko Nomi veröffentlichte im Jahr 1970 ein Buch, das Blutgruppen mit Charaktertypen gleichsetzte. Der frühere rassistische Hintergrund war aus ihm verschwunden. Es wurde ein Buch, das zur Unterhaltung dienen sollte. Er änderte, wie es ihm gefiel, die Charaktereigenschaften, die den Bluttypen zugeordnet waren. Niemand sollte durch die Einordnung in eine der Gruppen vor den Kopf gestoßen werden. Zudem versah er sie mit Berufen aus der Feudalgesellschaft: Blutgruppe 0 war der Krieger, A der Bauer, B der Händler und Blutgruppe AB schließlich der Künstler. Obwohl (oder weil?) Masahiko Nomi keine medizinische Vorbildung hatte – er war Journalist und Redakteur –, wurde das Buch ein Kassenschlager. Vierzehn weitere Bücher zu diesem Thema von ihm, sowie zahlreiche Auftritte in Fernsehshows sollten folgen. Seit dieser Zeit ist die Blutgruppe ein Ausweis eines bestimmten Charakters in Japan. Selbst auf japanischen Wikipedia-Seiten ist sie in Artikeln über Prominente manchmal genannt.

Die Blutgruppenverteilung ist in Japan übrigens anders als in Europa. In Deutschland haben 41% Prozent die Blutgruppe 0, in Japan nur 30%. Im Falle der Blutgruppe A ist das Verhältnis 33% in Deutschland zu 38% im Inselstaat, Blutgruppe B haben in Japan 22%, in Deutschland dagegen nur 21%. Der Vergleich von Menschen mit der Blutgruppe AB ergibt ein 10% zu 5%- Ergebnis zugunsten Japans (Quelle:Wikipedia). Weltweit sind die Schwankungen noch stärker. In Ecuador haben 75% der Einwohner Blutgruppe 0. Damit sind die Ecuadorianer aus der Sicht der Japaner fast alle unberechenbare Exzentriker.

Corona und der Lappen im Gesicht

1

Corona war eine Pandemie und – wenn die Krankheit nicht gemäß gängiger Verschwörungstheorien von Chinesen in einem Labor hergestellt wurde – auch eine Naturkatastrophe. Der Krankheitserreger ist eine Variante des SARS-Virus, der sich 2002 von China aus auf den Weg machte, globales Unheil anzurichten. An der Krankheit starben damals 774 Menschen, bis 2004 die letzten Fälle gemeldet wurden. Auch neun Deutsche steckten sich an, aber es kam zu keinem Todesfall. Bei einer Fatalitätsquote von 11% darf man dankbar sein, dass diese Variante schwer übertragbar war und relativ schnell wieder verschwand. In Japan wurde kein einziger SARS-Fall verzeichnet, weil die Behörden damals relativ schnell medizinische Flughafenkontrollen eingeführt hatten, mit dem Ziel, Erkrankte unter keinen Umständen ins Land zu lassen. Der geographische Fakt der Trennung des Inselstaats vom Kontinent stellte sich zu jener Zeit als Vorteil heraus. Japan reagierte beim Auftreten erster Corona-Erkrankungen 2020 wieder mit dem Schließen der Grenzen. Die Behörden vertrauten darauf, dass es der Virus ein weiteres Mal nicht über das Meer schaffen würde. Sowieso trugen alle Japaner schon vor Corona medizinische Masken, was einen weiteren Schutz vor Ansteckung bedeutete. Und tatsächlich schien die Taktik für eine Weile aufzugehen. Während die Fallzahlen Erkrankter in anderen Ländern stiegen und stiegen, schien die Lage in Japan nicht bedenklich. Die Zahlen blieben niedrig. Das mag einer der Gründe gewesen sein, warum die Japaner so impfunwillig waren, als das erste Vakzin verfügbar war. Als dann die Zahl der Erkrankten dort ebenfalls anzog und das unkontrollierte Grassieren des Virus im eigenen Land nicht mehr geleugnet werden konnte, blieben die Japaner trotzdem impfscheu. Vakzin-Verabreichungen hatten sich im Inselstaat einen schlechten Ruf aufgebaut. Es gab in der jüngeren Geschichte mehrere Todesfälle in der Folge routinemäßiger Impfungen. Besonders bewegend wurde im Jahr 1999 der Tod eines behinderten Kindes bei einer Polio-Impfung empfunden. Die daraus resultierenden Schlagzeilen erschütterten das Vertrauen der Bevölkerung in diese medizinische Maßnahme. Die Politik war ebenfalls zurückhaltend. Die Umsetzung notwendiger Maßnahmen blieb behäbig. Der Grund hierfür lag vermutlich in der Medizingeschichte des Landes. Bis 1994 gab es in Japan verpflichtende Schulimpfungen. Doch ein Gerichtsurteil war Anlass dazu, diese Vorschrift abzuschaffen. Das Gericht hatte nämlich geurteilt, dass der Staat für Komplikationen durch Impfungen rechtlich haftbar gemacht werden kann. Man befürchtete wohl eine Klageflut, da ja damals schon zahlreiche Todesfälle aufgrund von Nebenwirkungen der Impfstoffe aus der ganzen Welt gemeldet worden waren. Durch Corona gewöhnten sich die Japaner daran, den Impfstoffen gegenüber offener zu sein. Sie taten gut daran. Aufgrund der Überalterung der Gesellschaft war kein Land so gefährdet wie Japan. Statistisch gesehen sind 27% der Japaner über 65 Jahre. Im weltweiten Ranking der Länder mit der ältesten Bevölkerung ist der Inselstaat Platz 1. Der besonders die ältere Generation lebensgefährlich bedrohende Virus hätte hier reiche Ernte eingeholt.

2

Für Japan war Corona nicht nur ein rein gesundheitliches Problem. Andere unvermeidliche Folgen waren Grund zur Sorge: Eine davon war, dass die Touristen ausblieben. Die Hotels und Restaurants blieben leer. Darüberhinaus stand die Olympiade 2020 im eigenen Land an. 600.000 Besucher wurden erwartet, die etwa 10 Milliarden Euro in die Kasse hätten spülen sollen. Soweit kam es aber nicht, denn die Veranstaltung fand bekanntermaßen vor leeren Rängen statt. Vielen Japanern wäre es aus diesem Grund recht gewesen, hätte man die Sportveranstaltung ganz abgesagt.

Ein weiterer Leidtragender der Pandemie war sicherlich die Kosmetik Industrie. Der Verkauf von Lippenstiften beispielsweise halbierte sich in der Corona-Zeit, da ja aufgetragener Lippenstift unter der Maske nicht zu sehen ist und er die Innenseite der Maske besudelt. Die Firmen versuchten zwar, nicht schmierende Produkte auf den Markt zu bringen, konnten aber damit nicht überzeugen. Viele Kosmetikprodukte blieben im Laden liegen. Man könnte denken, dass sich dafür Produkte, die die Augen verschönern, stärker durchgesetzt hätten, aber die allerorts eingehaltenen Quarantäne-Vorschriften verhinderten dies. Wer zu Hause bleibt, braucht keine Kosmetik.

Corona war trotzdem nicht für alle Wirtschaftszweige schlecht. In Japan erhöhte sich der Verkauf von Masken um 325%. Für solche Masken gab es schon vorher eine gut gehende Industrie, die dank der Krankheit einen unerwarteten Boost erhielt. Alle Produkte rund um Corona wurden unerlässliches Gut. Desinfektionsmittel erfuhren eine Verkaufssteigerung von 202% und Thermometer eine von 149%.

In nicht wenigen Ländern gab es am Anfang der Corona-Zeit einen Toilettenpapiermangel. Hamsterkäufe vernichteten die Vorräte in den Supermarktauslagen. Auch die Japaner kauften wie besessen die Regale leer. Premierminister Abe versuchte hier lenkend einzuschreiten. Er verkündete, dass es keinen Grund zur Beunruhigung gäbe und dass Japan diesbezüglich nicht von den Lieferungen aus anderen Ländern abhängig sei. Japan habe genug Klopapier, um die Krise auszusitzen. (Japan ist auf Platz 3 im Ranking der weltgrößten Papierhersteller, Deutschland ist auf Platz 4). Die Aussage schien berechtigt: Das Land verfügt im Gegensatz zu vielen anderen Staaten über genügend Wald-Eigenbestand, um der Industrie selbst in Krisenzeiten zur Papierherstellung nötiges Ausgangsmaterial zu liefern. Trotzdem kam es zu temporären Lieferengpässen. Lastwagen fehlten. Lastwagenfahrer fehlten. Vor den Fabriktoren einiger Firmen standen LKWs ungebraucht herum. Andere Firmen, deren Produkte coronabedingt unverhältnismäßig verlangt wurden, hatten zu wenige davon. Viele Bereiche waren von solchen logistischen Problemen betroffen. Japan als Inselstaat ist von seinen Häfen abhängig. Der Großteil der Hafenarbeiter wurde während der Pandemie entlassen, um Kosten zu sparen. Als dann die Wirtschaft wieder anzog, waren zu wenig Hafenarbeiter zum Löschen der Schiffsladungen verfügbar. Bei normalem Betrieb arbeiten beispielsweise im Hafen von Tokio 40.000 Personen, die aus 32.000 Schiffen jährlich 2,5 Millionen Container entladen. Es gibt Bilder im Internet von langen Schiffsschlangen. Diese Frachter mussten teilweise viele Tage darauf warten, bis sie endlich anlegen durften. Nicht selten war die Ware verdorben, als die Ladeluken geöffnet wurden.

3

Vor einem deutschen Krankenhaus führte ein Radiosender während der Pandemie ein Interview. Es war zu der Zeit verboten, dass Angehörige – selbst Partner – Krankenbesuche machten. Eine Frau empörte sich darüber. Sie sagte: »Das eine ist Corona, das andere ist die Idiotie der Maßnahmen«. Bezüglich der »Idiotie der Maßnahmen« gab es ja aus aller Welt Seltsames zu berichten. Nehmen wir China, das Mutterland von Corona. Ich habe im Internet ein Video gesehen, in dem die Stadtbehörden die Türen samt Fenster eines Hauses vernagelten, dessen Besitzer entgegen den Verordnungen nach draußen gegangen war. Dann wurde zusätzlich mit einem großen Schweißbrenner die Haustür am Rahmen verschweißt.

Innerhalb Japans waren die Maßnahmen der Regierung moderat. Die Japaner achteten ja schon zur Nicht-Corona-Zeit auf ein soziales Regelwerk, das Abstand voneinander gebot. Deswegen war auf Verwaltungsseite die Sorge klein, die Japaner könnten fahrlässig Ansteckungen riskieren. Einiges war aber dann auch in Japan bedenklich. Zu Krankenhäusern hatten Besucher während der Krise wie bei uns keinen Zutritt. Selbst nach Abflachen der Pandemie im Spätsommer 2023 (als wir schon beinahe vergaßen, dass es die Krankheit überhaupt gab) durften Besucher von Angehörigen im Krankenhaus nur zwanzig Minuten bleiben. Es gab zusätzlich ein Zwei-Personen-pro-Tag-Limit. Meine Bekannte musste, um ihren versterbenden Opa zu sehen, einen

Termin buchen. Das Zeitfenster von maximal zwanzig Minuten wurde auch hier genau eingehalten.

Die Hygienemasken trugen die Japaner schon vor der Krise, das verzögerte die Ausbreitung des Virus auf dem Inselstaat. Wir taten uns damit schon schwerer. Ein deutscher Politiker sagte zu Anfang der Diskussion über Maskenpflicht kritisch: »Ich weiß nicht, was es bringen soll, wenn man sich einen Lappen ins Gesicht hängt«. Mit Mühe in Deutschland eingeführte Abstandsregeln waren in Japan gesellschaftlich keine Herausforderung. Der Abstand von Sprecher zu Sprecher ist viel größer als bei uns. Der sogenannte »kleine Elefant«-Abstand von 1,50m wird im Inselstaat kulturell bedingt auch ohne Virenflug eingehalten. (Bei»kleiner Elefantenabstand« handelte es sich um die Vorgabe, man solle immer so weit Distanz vom anderen halten, dass ein solch kleines Rüsseltier dazwischen passt).

4

Alle versuchten mitzuhelfen, die Pandemie unter Kontrolle zu bringen. In einigen Restaurants wurden Angebote gemacht wie Preisnachlässe für diejenigen, die beim Essen nicht sprechen. Die Firmen stellten schnell auf »tele-work« um. »Tele-work« ist das japanische Wort für »Homeoffice«. Meine Bekannte ist nun schon im vierten Jahr im Homeoffice. Selbst der starke Rückgang der Krankheit ändert daran nichts und der Chef hat ihren Schreibtisch im Büro längst entfernen lassen. Da sie zwölf Stunden täglich arbeitet, hat sie selbstredend wenig Bewegung. Japaner waren schon vor Corona, das Land, dessen Bewohner weltweit gesehen am meisten sitzen. Als sie sich neulich zu einer einstündigen Wanderung in der Natur um Kamakura aufmachte, brachten ihr die paar Schritte auf unebenem Gelände einen gehörigen Muskelkater, der so stark war, dass sie die folgenden zwei Nächte nur mit Schmerztabletten schlafen konnte.

5

Während innerhalb des Landes die Maßnahmen milld waren, waren sie es bei den Einreisebestimmungen nicht. Die Überprüfung der Corona-Quarantäne war eisern. Ankommende wurden schon am Flughafen nicht mehr aus den Augen gelassen. Selbst auf der Toilette blieb ein Beobachter dabei. Der Grenzbehörde war ein negativer Corona-Test vorzulegen, der nicht älter als zweiundsiebzig Stunden sein durfte. Also nicht zweiundsiebzig Stunden und zehn Minuten. Es gibt Berichte, dass Einreisende wegen ein paar Minuten Zeitüberschreitung wieder ins Flugzeug gesetzt wurden.

Nach einem dreitägigen Aufenthalt in einem kargen Quarantäne-Hotel mit kaltem Essen durfte der Einreisende das Hotel verlassen, um seine Quarantäne in einem anderen, bequemeren Hotel anzutreten. Da es in der Zeit verboten war, öffentliche Verkehrsmittel zu benutzen, standen nur Hotels im näheren Umkreis zur Wahl. Die zurückgereisten Japaner durften natürlich in ihr eigenes Haus, um die Wartezeit auszusitzen, die nötig war, eine Nichtansteckung mit Corona zu garantieren. Die Kontrollen, ob die Vorgaben, nicht aus der Wohnung beziehungsweise aus dem Hotel zu gehen, eingehalten wurden, waren effektiv, aber eigenartig. Drei Apps mussten vom Einreisenden zwingend auf dem Handy installiert sein. (Wer kein Handy vorzuweisen hatte, musste sich am Flughafen auf eigene Kosten eins ausleihen). Die eine davon war die Kontakt-App, die wie bei uns die Nähe zu einem Corona-Erkrankten dokumentierte. Die zweite war eine App zur Standortbestimmung mit dem Namen OSSMA. Die dritte war Skype. Dreimal am Tag öffnete sich ein Dialogfeld auf dem Handy. OSSMA forderte dazu auf, eine Standortbestimmung zuzulassen. Wer hier nicht sofort antwortete und nicht per Handyortung seinen Aufenthaltsort umgehend preis gab, riskierte mächtig Ärger bis hin zur Ausweisung, zumindest als Ausländer. Außerdem musste jeden Tag ein Gesundheitsreport ausgefüllt werden, der jeden morgen um genau 11.00 Uhr von der Applikation eingefordert wurde. Auch hier würde eine Verspätung beim Abschicken dieses Dokuments höchst negativ ausgelegt. Damit das Handy nicht einfach jemand Anderem gegeben wurde, der an der eigenen Stelle die Push-Nachrichten beantwortete, wurde einmal am Tag zu einer zufälligen Zeit eine Videoschaltung per Skype gemacht. Allerdings hatte sich schnell unter den Japanern herumgesprochen, dass der letzte Anruf bzw. die letzte Standortmessung nicht später als 18.00 Uhr war. Die Behörden machen ja auch irgendwann Feierabend. »Abends konnte ich beruhigt das Haus verlassen«, sagte mir lächelnd eine Japanerin mit großem Freundeskreis.

6

Corona schnitt die Japaner von einigen ihnen sehr wichtigen Vergnügungen ab. Die ganze Festival-Kultur musste eingestellt werden. Besonders schmerzhaft war, dass die heimtückischen Viren eine Freudenzeit unterbanden, deren Hauptattraktion das sogenannte »Blumengucken« (japanisch: »hanami«) ist. Die Japaner lieben es, wenn der Frühling kommt, unter frischen Kirschblüten zu weilen, die an wunderschönen Bäumen neu erblühen. Lange Straßen entlang stehen die Bäume in voller (aber sehr kurzer) Pracht. In den großen Parkanlagen sammeln sich die Massen. Die Familie oder Freunde sitzen zusammen auf einer Decke, reden und essen. Ein picknickartiges Zusammenkommen und eine schöne Zeit im asiatischen Lenz, die mit Bier, Sake und leckerem Essen noch viel schöner wird. Es gibt sogar im Fernsehen einen Kirschblütenbaumwetterbericht, der angibt, wann die Zeit des Blumenguckens gekommen ist. Ein Japaner, der gefragt wird, wann der beste Reisetermin für ein Trip in den Inselstaat ist, wird unweigerlich antworten »im Frühling…« und dann wahrscheinlich hinzufügen »zur Kirschblütenzeit«.

Corona verdarb den Japanern diese harmlose jedoch schöne Vergnügung. Die Regierung untersagte zwar nicht das Sitzen unter Bäumen, bat aber dringlich darum, dies nicht zu tun. Sie sperrte die beliebtesten Parkstellen ab. Einige Japaner bechern nämlich unter den Bäumen ganz ordentlich. Die Gefahr, vernünftigste Sicherheitsregeln in einem solchen Zustand zu verletzen, konnte nicht ignoriert werden. Darüberhinaus wäre die Maske auf den Sitztüchern über Stunden abgesetzt worden, da ja Getränke und Essen konsumiert werden. Darüberhinaus drängen sich natürlichweise mehr Leute in der Nähe von besonders schönen Bäumen. Wie schmerzhaft es in der Coronazeit für Japaner war, auf das alles verzichten zu müssen, lässt sich an der Erzählung einer meiner Bekannten ablesen. Sie ist eine Japanerin, die in Deutschland studierte. Sie suchte damals im Internet einen Park mit blühenden Kirschbäumen. Diesen gab es aber nicht in ihrer Nähe. Deswegen fuhr sie eine Stunde in eine andere Stadt, fand dort auf einer Wiese drei kleine Kirschbäume in Blüte und setzte sich unter den größten. Allein.

7

Die Festival-Kultur wurde wegen Corona gestrichen. Das betraf nicht nur »hanami«, sondern auch die von Japanern so geliebten Feuerwerke. Die Feuerwerke in Japan können sich an Pracht mit allem messen, was auf diesem Planeten zwecks bunter Lichter in den Himmel geschossen wird. Die schönen Raketen begleiten viele Festivals oder beenden einen perfekten Tag in Tokios Disney-Resort. Bei Wettbewerben mit dem Thema, wer denn die beste flammende Illumination des Nachthimmels erschaffen kann, kommen bis zu achthundertausend Besucher zusammen. In einer Fernsehsendung sagte ein Jugendlicher: »Ich mag keine Feuerwerke«. Sofort kam die entsetzte Reaktion der Umstehenden: »Du bist Japaner. Du musst Feuerwerke lieben!«. Die prächtigen Feuerspiele entstanden während der 265 Jahre langen Edo-Periode (1603-1868). Diese Epoche war eine lange Friedenszeit. Für die Waffenhersteller gab es wenig zu tun. Ihnen standen große Mengen billiges Schießpulver zur Verfügung, für die es im kriegerischen Sinne keine Verwendung gab. Die Waffenexperten verlegten sich also von Flinten auf Himmelsböller. Obwohl die ersten Raketen eher wie Striche im Himmel aussahen, waren sie für viele eine Sensation. In einer Zeit, in der flackernder Kerzenschein das hellste Licht in der Nacht war, ein wirkliches Ereignis. Dem noch nicht genug. Feuer hat in Japan eine reinigende Kraft. Beim Obon-Festival wird durch offene Feuerstellen Kontakt zu den Ahnen hergestellt. Das fügt den Feuern im Himmel, also den Feuerwerken eine weitere wichtige, spirituelle Note hinzu. Feuer auf der Erde oder am Himmel wird von den Toten gesehen. 1733 wurde am Fluss Sumida in Tokio das allererste Feuerwerk gezündet. Eine Hungersnot hatte gerade 169.000 Menschen in den Tod geschickt. Die Japaner ehrten damit die in dieser traurigen Zeit Verstorbenen. Den letzten Gruß am Himmel würden sie sicherlich nicht übersehen.

Die Japaner wollten nicht ohne Feuerwerk in der Corona-Zeit auskommen. Also organisierten die Behörden im ganzen Land zweihundert Überraschungsfeuerwerke. 150 Feuerwerksfirmen arbeiteten unentgeldlich mit. Zu geheimen Terminen wurden prächtige, bunte Raketen ankündigungslos in die Luft geschossen. Die »Cheer-up-Feuerwerke« waren ein voller Erfolg.

8

Vielleicht noch ein paar Wort zu den Masken. Japaner trugen schon lange vor Corona weiße chirurgische Masken. 60% Prozent der Japaner tragen stets einen Hygieneschutz vor dem Mund. Selbst im Sportunterricht wird er bei jeder körperlichen Ertüchtigung nicht abgenommen. Nur 4% der Japaner tragen nie einen solchen Virenstopper. Ich weiß noch, wie schwer es früher war, ihnen zu vermitteln, dass diese Masken für Europäer mit Angstsituationen assoziiert werden. Operation, Krankenhaus, Seuche etc. Wenn man Japaner fragt, warum sie außer aufgrund der Pandemie Masken tragen, antworten sie »ich will andere nicht anstecken« oder »ich will nicht angesteckt werden«. Das stimmt als private Motivation wahrscheinlich, aber die Erklärung trifft nicht ganz zu. Die Japaner tragen Masken vornehmlich draußen, gar nicht so oft innerhalb von Gebäuden. Wenn es nur um die Vermeidung von Ansteckung ginge, wäre es vermutlich sinnvoller, den Mundüberhang in engen Räumen zu benutzen. Was ist dann die Erklärung? Cryptomeria japonica ist eine Sicheltanne, die bei uns auch den Namen »japanische Zeder« trägt. Die Pollen des Baumes sind Verursacher siebzig Prozent aller Heuschnupfenfälle. Die Pollenmenge wurde in den Jahren 1976 und 1979 so groß, dass ein nicht geringer Anteil der Bevölkerung unter allergischen Reaktionen litt. Die Regierung selbst hatte Jahre zuvor Tausende und Abertausende Zedern anpflanzen lassen, da kriegsbedingt viele Hügel keine Bäume mehr hatten. Die schnell wachsende Zeder war die perfekte Lösung, um die Gefahr von Erdrutschen zu mindern. Zudem war ihr Holz optimales Baumaterial. Um 1964 wurden Holzprodukte aus dem Ausland billiger. Die Forstwirtschaft musste erhebliche wirtschaftliche Einbußen verzeichnen, die den Anbau der Zeder weniger lukrativ machte; mit anderen Worten, man ließ die Zedern mehr oder weniger unbeaufsichtigt wachsen… und wachsen…30 Jahre lang. Die Menge und Ausbreitung dieses Baumes ist enorm, ebenso der Pollenflug, den er bewirkt. In der Natur verfangen sich die Samen des Baumes an Zweigen, Halmen und rauen Blättern. In den Städten herrschen andere Bedingungen. Die Pollen treiben gegen glatte Flächen aus Glas, Blech, Plastik und Metall. Der nächste Windstoß treibt sie weiter. Abgase und Luftverschmutzung reißen mit der Zeit die Schutzhülle der Pollen auf. Dadurch werden puderförmige Samenbestandteile freigesetzt. Hier wird klar, warum und wann in Japan Masken aufgesetzt wurden. In den 1980ern wurde die Ausbreitung der Zeder als Hauptverursacher von Heuschnupfen erkannt, aber eine Lösung hatte keiner. Zu viele Exemplare der Baumsorte gab es schon. Den Allergikern blieb nur der Griff zur Maske, wenn sie sich draußen aufhalten wollten. Heute ist es so, dass einige Schulen den Ausflug ins Grüne – und sei es nur in den nächsten Park – aufgrund der Menge an in der Luft schwirrenden Baumsamen streichen. Während der Corona-Zeit war der Zedern-Baum ein weiterer Grund für Ärgernisse. Die Symptome der Allergie gegen dessen Blütenpollen und die des Corona-Virus glichen sich in vielen Fällen. Viele Japaner hielten eine laufende Nase und eine gewisse Müdigkeit einfach für Heuschnupfen.

Seit dem Jahr 2013 ist in der Luft eine Substanz mit Namen PM 2.5 festgestellt worden. Sie ist giftig und kommt im Herbst und Winter aus China als Teil der Luftverschmutzung, die durch Auto- und Fabrikabgase entsteht. Die Benutzung von Kohle als Energielieferant, sowie das

Verbrennen von Biomüll trägt weiter zur Belastung der Umwelt bei. Bei entsprechenden Windverhältnissen schafft es PM 2.5 von Nordchina nach Japan. Das ist nicht so weit. Gelegentlich landet Sand in Japan aus der 3500 Kilometer entfernten Wüste Gobi und bedeckt alles mit diesen Körnern. Der Saharastaub ist ja bei uns gelegentlich auch eine Plage. PM 2.5 ist kein Sand, es ist eine Gesundheitsbedrohung. Die krebserregende Substanz regnet als gelber Staub in Japan nieder. Die Chinesen haben auch verstanden, was sie da in die Atmosphäre jagen. Sie versuchen seit geraumer Zeit, die Luftbelastung zu vermindern. Das betrifft aber hauptsächlich Vorzeigestädte wie Peking, wo die Menge an PM 2.5 von 101 Mikrogramm pro Kubikmeter Luft (2013) auf 31,7 Mikrogramm (2022) gefallen ist. Das PM 2.5-Problem ist weiterhin nicht gelöst und die Japaner müssen im Herbst oder Winter damit rechnen, dass sie krebserregenden Stoffen ausgesetzt sind. Ein weiterer Grund, Maske zu tragen.

Der Pollenflug oder heranwehende Gifte allein sind es nicht, warum die Japaner zur Maske greifen. In alten Zeiten dachte man, dass der Wind Krankheiten verbreitet. Das Wort für Wind »kaze« 風 und das Wort für Erkältung »kaze« 風邪 ist in der Aussprache gleich. Nur die Zeichen unterscheiden sich.

Gerne werden Gesundheitsgründe genannt, wenn es um das Tragen von Masken geht. Gruppendruck ist sicher ebenfalls ein wichtiger Faktor. 60% der Japaner halten das Tragen von Masken für absolut notwendig und erwarten es auch von anderen. Interessanterweise gab es selbst während der schlimmsten Corona-Zeit keine Maskenpflicht. Die Generation, die jetzt zwischen zehn und zwanzig Jahre alt ist, hält, eine Maske zu tragen für richtig. Vergleicht man alle Altersgruppen, haben Masken bei den Teenagern die größte Akzeptanz. Corona ist nicht der Grund. Wie man ja weiß, war die Gefährdung für die jungen Leute durch den heimtückischen Virus am geringsten. Der Nachwuchs revoltiert nicht gegen die weiße Gesichtsbinde. Sie findet ihn schön. Es wächst eine Generation heran, die die Maske als Teil der Kleidung sieht; so wie man früher einen Hut aufsetzte, wenn man aus dem Haus ging. Viele tragen sie ständig im Schulunterricht. Wie man so hört, scheinen manche so selten die Maske abzunehmen, dass selbst Klassenkameraden ihr Gesicht nicht kennen. Selbst beim Sport behalten einige wie erwähnt ihre Maske auf. Der Effekt wird das »Masken-Höschen-Phänomen« genannt. Das Gesichtstuch zu entfernen ist so peinlich wie die Aufforderung, ohne Unterhose zu kommen.

»Gesichtsscheue« ist nicht nur auf die Jugend begrenzt. Das Bekämpfen allgemeiner Alltagsängste spielt sicherlich ebenfalls eine Rolle. Japan ist nach einer Untersuchung das Land, bei dem ein zum Beispiel auf offener Straße Hingefallener am wenigsten Hilfe zu erwarten hat. Das japanische »Ein Problem – Nicht Hingucken«-Prinzip wird durch das Tragen einer Maske erleichtert. Man bleibt anonym. Ohne Verantwortung. Die Angst des Versagens in komplexeren sozialen Situationen will niemand haben.

Wer japanische Frauen lachen gesehen hat, wird vielleicht bemerkt haben, dass sie sich dabei die Hand vor den Mund halten. Eine Maske ist hier ein bisschen wie ein Fächer, der Emotionen kaschiert. Der Mundbereich ist im Übrigen gar nicht so wichtig und darf verborgen bleiben. Wie ich in einem vorderen Kapitel geschrieben habe, bewegen die Japaner beim Sprechen ihren Mund sehr wenig. Sie wären die perfekten Bauchredner. Die Kommunikation über die Augen übernimmt die Rolle, Gefühle zu transportieren. Japaner waren sehr verwirrt, als zum ersten Mal Touristen ins Land kamen, die ständig eine Sonnenbrille trugen. Damit war der informationstragende Teil des Gesichts verdeckt. Sonnenbrillen sind auch heute noch nicht populär in Japan und man findet kaum jemanden, der sie trägt.

Kritische Meinungen zum Maskentragen gibt es auch in Japan. Zum Beispiel diesen: Junge Mädchen würden besonders daran zweifeln, ob sie attraktiv genug sind. Es sei trotzdem ein Teil der Persönlichkeitsentwicklung eines Teenagers, das eigene Gesicht als Ausdruck des eigenen Daseins zu akzeptieren. Die größte Kritik an der Dauermaskentragerei kommt aber von japanischen Ärzten: Die Sauerstoffzufuhr werde eingeschränkt, wenn sie zu lange aufgesetzt wird. Kopfweh könne die Folge sein. Besonders bedenklich sei es im Sommer bei Temperaturen um die 40 Grad. Hier drohe nämlich die Gefahr eines Hitzschlags.

Mieses Japan

1

Japan ist ein bemerkenswert sicheres Land. Das zeigen alle Kriminalitäts-Statistiken. 2023 wurde statistisch von 100.000 Personen nur 1 Einwohner Opfer von Diebstahl, in Deutschland waren es 43 und in den USA 82. Es gehört zum Stolz der Japaner, dass der Inselstaat so sicher ist. Die Zahl der Sträflinge ist konsequenterweise niedrig. Von 100.000 Personen sind in Japan 48 im Gefängnis. In Deutschland ist der Wert 69 und in Amerika 655. Die niedrige Kriminalitätsrate bringt Japan im World-Ranking auf Platz 196 (von 199 gewerteten Ländern). Nur im Vatikan, in Singapur und in Bahrain ist man besser aufgehoben. Dass es weniger Verbrechen gibt, heißt nicht, dass es keine Verbrechen gibt. 915,111 Straftaten wurden 2017 in Japan gezählt (gegenüber 8,941,407 in den USA). Die Zahl fiel 2022 sogar auf 601,389. Allerdings sind solche Zahlen immer mit Vorsicht zu beurteilen, da ja solche Trivialitäten wie z.B. Fahren ohne U-Bahn-Ticket oder wie es behördlich ausgedrückt wird eine »Beförderungserschleichung« in Deutschland als Straftat gilt

Wer durch Japan läuft, entdeckt immer wieder kleine, mit ein bis zwei Polizisten besetzte Polizeistationen. In einem Notfall ist eine Person, die Hilfe sucht, fast schneller zu Fuß an einer solchen Box, als wenn sie über das Handy jemanden verständigt. Wer unbedingt in eine gefährliche Gegend in Tokio gehen möchte, sollte sich in den Stadtteil Kabukicho begeben. Hier ist die Verbrechensrate 30 Mal höher als im Rest der Stadt. Die Yakuza, die japanische Mafia, betreibt dort ihre Geschäfte. Neulich machte in Japan Schlagzeilen, dass ein Kunde einer Bar dort für ein bestelltes Glas Wasser 5000 Euro zahlen sollte. Mit Drohungen wurde der Mann gezwungen, diese Summe zu begleichen. Allerdings holte der Mann die Polizei, die den Fall zum Anlass einer Razzia nahm. Der Name des Stadtteils, Kabukicho, verrät ein bisschen über seine Geschichte. »Kabuki« meint eine Art Volkstheater und »cho« bedeutet Ort. In den 1940er Jahren war geplant worden, dort Theaterhäuser zu bauen. Daraus wurden Hostessen-Bars und schließlich ein ganzes Viertel mit Kneipen, Restaurants, Nachtclubs und Unterhaltungsmöglichkeiten für Männer. Wer einen Eindruck von der Atmosphäre bekommen möchte, der kann »In der Miso-Suppe« von Ryu Murakami lesen. Wer den Stadtteil mit eigenen Augen sehen will, sollte das tagsüber machen.

Manchmal ist mehr als das Verbrechen die Justiz angsteinflößend. Ihre Effektivität ist in Japan geradezu unheimlich. Die Aufklärungsrate bei Mord liegt bei ungefähr 70%. Wenn aber ein Verdächtiger am Ende der Ermittlungen vor Gericht gestellt wird, wird dieser zu mehr als 99% für schuldig erklärt. Das ist ein Justizwert, der über China mit 98% liegt, »aufgeklärt, aber da es nur in 79 % der Fälle zur Verurteilung kommt, relativiert sich der gute Wert wieder). Die Begründungen der hohen Verurteilungsraten von 99% in Japan sind ganz unterschiedlich. Die einen sagen, die Polizei sei sehr gründlich und gewissenhaft und würde nur dann jemand vor Gericht bringen, wenn absolut gesichert sei, dass er schuldig ist. Die andere Erklärung ist, dass die Polizei solange Druck auf Verdächtige ausübt, bis sie ein Schuldgeständnis unterschreiben. Immerhin kann die Polizei jemand für 23 Tage in Gewahrsam nehmen, bevor sie sich entscheiden muss, Anklage zu erheben. In dieser Zeit ist das Recht, einen Verteidiger bei sich zu haben, eingeschränkt. Eine dritte Erklärung ist, dass aus der Psychologie der Japaner folge, dass sie die Schuld eingestehen, um sich zu ent«schuld«igen und um Verzeihung bitten zu können, wenn sie es wirklich getan haben und die Polizei sie schon am Kragen gepackt hat.

Japan hat keine Geschworenen, welche durch einen cleveren Anwalt beeinflusst werden könnten, nur Richter. Diese werden aber in Kriminalfällen von Laien-Richtern oder Schöffen, wie man hierzulande sagen würde, überstützt, so dass wieder so etwas Ähnliches wie eine Jury entsteht (3 Richter und 6 Laienrichter). Als Laienrichter aufzutreten ist, wenn man ausgewählt wird, eigentlich eine Pflicht, aber 64,7% der dazu aufgeforderten Japaner lehnen trotzdem ab. Die Begründung: »Ich will über niemanden anderen urteilen«. Andere Pflicht-Verweigerer sagen, dass sie sich mit grausamen Taten nicht beschäftigen können. Das führe am Ende nur zu psychischen Problemen.

So freundlich die Asiaten wirken, im Gefängnis hört der Spaß auf. Zu sprechen ist die meiste Zeit des Tages verboten. Bei einer Verurteilung wegen Mordes kann durchaus die Todesstrafe ausgesprochen werden. Seit 1993 sind 133 Todesstrafen vollzogen worden. 112 Personen warteten 2020 auf die Vollstreckung. Das Gesetz sieht Hängen als einzige Hinrichtungsform vor, die in sieben Gefängnisse in dem Land möglich ist. 80% der Japaner unterstützen diese Form der Täterbestrafung. Hinrichtungen werden ungefähr dreimal im Jahr vollzogen. Ist erst einmal die Todesstrafe ausgesprochen, bleiben die Verurteilten zum Teil jahrelang in Einzelhaft. Ihnen wird erst am Tag der Exekution gesagt, dass die Strafe heute vollzogen wird. Da diese Nachrichten bis 12.00 Uhr mittags überbracht werden, kann der Verurteilte erst ab der Mittagszeit aufatmen, wieder einen halben Tag sicher zu sein. Jeden Tag muss er also mit seinem Tod rechnen. Im Hinrichtungsraum muss er auf eine Klappe stehen, die im Boden eingelassen ist. Diese öffnet sich und der Verurteilte stirbt aufgrund seines eigenen Gewichts. Es gibt drei Wärter, die gleichzeitig einen Knopf drücken. Nur einer von ihnen öffnet tatsächlich die Falltür am Boden. Die Verwandten des Delinquenten werden erst nach der Exekution darüber informiert.

2

Im Juni 2004 kam eine elfjährige Schülerin blutverspritzt in ihre Grundschule in der Stadt Sasebo. Sie ging am ganzen Körper voller Blut zur Lehrerin: »Ich habe etwas Schlimmes getan«, sagte sie. Das hatte sie. In einem anderen Klassenzimmer lag ihre Freundin, die gerade durch sie gestorben war. Ihre Klassenkameradin hatte sie mit einem Teppichmesser angegriffen, sie an Armen und Beinen verletzt und ihr schließlich die Kehle aufgeschlitzt. Mörderin und Opfer waren Kinder.

Beide gingen in die gleiche Klasse, beide waren zu dem Zeitpunkt der Tat elf Jahre alt. Es war keine Tat aus Affekt. Das Mädchen gab zu, den Mord geplant zu haben, nachdem ihr ein frecher Kommentar aufgefallen war, den das Opfer in die sozialen Medien geschrieben hatte. Ein Psychiater stellte bei dem Mädchen ein Asperger-Syndrom fest. Davon abgesehen sei das Mädchen geistig gesund. Da sie minderjährig war, erhielt sie nur eine zweijährige Strafe, die dann 2006 um nochmal zwei Jahre verlängert wurde. Sie wurde aus der Anstalt entlassen und blieb bis 2013 in Hausarrest. Bis hierhin hätte es vielleicht auch in Deutschland passieren können. Das Erstaunliche für mich war das Ende dieses Falls, das viel über die japanische Mentalität verrät. Der Vater der Täterin entschuldigte sich bei der Familie des Opfers und hängte sich auf. Die Schule bot den Eltern des verstorbenen Mädchens an, ihr posthum einen Schulabschluss an. Sie akzeptierten das Angebot. Es war ein Symbol der Verbundenheit. Die Schule gab gleichzeitig der Mörderin einen Schulabschluss, damit es das Mädchen im späteren Leben nicht so schwer haben würde.

Elf Jahre später, in genau der gleichen Stadt, wiederholte sich eine nicht weniger grausame Tat. Ein 15-jähriges Mädchen schlug ihre Klassenkameradin mit einem Metallwerkzeug und hämmerte auf sie ein. Schließlich erdrosselte sie ihr Opfer und schnitt ihr den Kopf ab. Auch hier war es Vorsatz, aber in diesem Fall lagen deutlich erkennbare psychische Defekte vor. Ob auch sie einen Schulabschluss bekommen hat, ist mir im Augenblick unbekannt.

Am Umgang mit Verbrechen lassen sich gut kulturelle Unterschiede feststellen. Der 26 Jahre alte Satoshi Uematsu brach 2016 in ein Behindertenheim in der Stadt Sagamihara ein. Er überwältigte und fesselte den Pfleger, der zu dem Zeitpunkt in der Nachtschicht tätig war. Dann ging er von Raum zu Raum, in denen die geistig Behinderten schliefen. Er erstach einen nach dem anderen mit einem Messer. Die im Schlaf überraschten Menschen waren leichte Opfer. Sie konnten durch ihre Behinderung nicht Weglaufen. Der Täter machte ganze Arbeit. 19 Tote und 26 schwer Verletzte waren das Ergebnis dieser Blutnacht. Der Mörder wurde schnell gefasst und wartet auf seine Hinrichtung durch den Strick. Er begründete seine Tat mit der Wertlosigkeit von Behinderten für die Gesellschaft. »Sie bewirken doch nur, dass die Menschen unglücklich sind«. Sein Ziel sei es gewesen, Japan einen Dienst zu erweisen. Einige Zeitungen haben die Täterrechtfertigung dazu benutzt, um daran zu erinnern, welche Randstellung Behinderte in der Gesellschaft einnehmen. Die Namen der ermordeten Personen wurden nicht öffentlich gemacht, weil viele Familien nicht wollten, dass bekannt würde, sie hätten jemand mit geistiger Behinderung in der Familie. Mir scheint eher erstaunlich zu sein, was auf die Tat folgte. Das ganze Gebäude wurde abgerissen und wieder aufgebaut. Ein architektonischer Grund bestand dafür nicht.

3

Ist es ein Glück, in Japan geboren zu sein? Nach außen scheint es so: Die Leute sind freundlich, das Essen schmeckt gut, die Sicherheit in den Städten ist hoch. Doch es gibt Zahlen, die anderes verraten. 230.000 Japaner zählen zu den »hikikomori«. Diese Gruppe verlässt die eigene Wohnug nicht. Gesellschaft ist unerträglich für sie. Sie wollen weder arbeiten, noch wollen sie sonst irgendwelche sozialen Beziehungen unterhalten. Um zu den hikikomori gezählt zu werden, muss jemand mindestens sechs Monate das Haus nicht verlassen haben. Die Selbstmordrate ist in Japan allgemein hoch. 2022 waren es 27.858 Selbstmörder. Nach Geschlechtern sortiert sind es 70% Männer und 30% Frauen, deren Lebensunwilligkeit zum Ende führte. Weniger Einsamkeit als das Unvermögen, den Druck auszuhalten, der im gesellschaftlichen Miteinander (Arbeit, Schule etc.) entsteht, gilt als erster Selbsttötungsgrund. Zum Vergleich: 9256 Deutsche haben sich 2022 umgebracht. Die Zahlen der Verkehrstoten im gleichen Jahr seien noch hinzugefügt: In Japan sind 2610 und in Deutschland 2782 Personen im Straßenverkehr umgekommen.

Der Suizid hat historisch gesehen in Japan eine andere Basis als bei uns. Die christliche Kirche fasst Selbstmord als Sünde auf, die den Eingang ins Himmelreich unmöglich macht. Die Leichen wurden früher ohne Begräbnis in einen Weggraben vor der Stadt geworfen. Selbstmord ist ein einsamer, schandhafter Akt. Seppuku, der rituelle Selbstmord der Samurai, interpretiert diese Tat als einen Teil des Ehrenkodexes. Ein Akt der Loyalität zu seinem Herrn. Der Mut, der nötig ist, sich in ausweglosen Situationen selbst den Bauch mit einem Schwert aufzuschlitzen, trug zum Ruhm der Samurai bei. (Nach alten anatomischen Vorstellungen hatte die Seele im Bauch ihren Sitz). Später (ab der Edo-Zeit) wurde Seppuku eine Strafe für Krieger mit Verfehlungen, und als war solche eine Hinrichtungsart im Beisein von Staatsbeamten. Ein ehrenhafter Tod, der ein Privileg war. Die Unehrenhaften sahen sich dem Henker und seinem Schwert gegenüber. Seppuku verschwand mit dem endgültigen Zusammenbruch der Samurai-Kaste 1873. Bis heute wird der Selbstmord als ein Weg gesehen, Verantwortung zu übernehmen.

4

Wo bringt man sich am besten um? Es gibt einen Selbstmordwald in Japan. Der Wald heißt Aokigahara und liegt in der Nähe des Fujiyama. Der Wald ist voller schöner Natur in Form von kräftigen Bäumen. Dort hängen sich die Japaner auf. Das ist zu so einer Unsitte geworden, dass an den Eingängen des Waldes Schilder aufgestellt sind, die ungefähr den Inhalt haben »überlege es dir noch einmal«, »es gibt Hilfe«, denk an deine Kinder« etc. Allein im Jahre 2010 hat die Forstverwaltung 200 Leichen gefunden. Ob alle entdeckt wurden, ist unklar. Der Wald ist groß. Geht man vom Weg ab, besteht die Chance, ihn nicht mehr zu finden. Angefangen hat die Unsitte mit einem Buch mit dem Titel »Eine Gebrauchsanleitung zu Selbstmord«, das Wataru Tsurumi 1993 schrieb. Dort empfahl er den Wald perfekten Ort, Hand an sich zu legen. Diese Empfehlung beruhte wohl weniger auf eigener Erfahrung, sondern auf einem Roman mit dem Titel »Der Turm der Wellen« (1960) von Seicho Matsumoto, dessen Protagonist sein Leben in genanntem Wald selbst beendet. Übrigens haben sich statistisch 2019 die meisten Männer im Oktober umgebracht. Der Dezember ist der Monat, an dem die Selbstmordrate am niedrigsten ist, vielleicht, weil Neujahrsfest vor der Türe steht, was ein Fest für die ganze Familie ist. Da macht sich eine Leiche schlecht.

5

Ich sagte zu einer japanischen Freundin »Die Japaner sind nett«, sie antwortete trocken »ja, zu Touristen«. Sie selbst war froh, für einige Jahre aus ihrem Büro weggekommen zu sein und in Deutschland zu leben. Das Arbeitsklima war zuletzt unerträglich an ihrem japanischen Schreibtisch geworden. Sie sei nachts »mit klappernden Zähnen« im Bett gelegen, den nächsten Arbeitstag fürchtend. Sie berichtete von einem Kollegen, der im Vertrauen etwas Negatives über die eigene Firma gesagt hatte. Der Leiterin der Personalabteilung kam dies zu Ohren. Sie begann sofort besessen nach demjenigen zu schnüffeln, der das schwarze Schaf in der Gruppe war. Während hierzulande unzufriedene Kommentare über Führung und Firma nichts Ungewöhnliches sind, wird dies in Japan nicht akzeptiert. Das ist kein Einzelfall, was bei einer Befragung von 6429 japanischer Firmen festgestellt wurde. In 48,2% der Betriebe wurde über bösartiges Bossing geklagt. (Unter dem Begriff versteht man einen Chef, der einen bestimmten Mitarbeiter gezielt schikaniert). In 29,8% der Betriebe gaben Angestellte an, Opfer sexueller Belästigungen gewesen zu sein. Die kaum in Zahlen zu fassenden Vorfälle, die Mobbing betreffen – darunter versteht man Vorfälle, in denen ein Kollege von einem anderen untergebuttert wird – sind in der Statistik nicht mitgerechnet. Das Gesundheitsministerium gibt diese Zahl trotzdem mit »mehr als 1 Million« an. Darüber hinaus werden frischgebackene Mütter unter Druck gesetzt, ihren Arbeitsplatz zu verlassen. »Du schadest allen, wenn du als Mutter nicht mehr bis spät abends am Arbeitsplatz bleiben kannst« wird ihnen vorgehalten. In den Bildungsinstitutionen geht es nicht anders zu. 600.000 gemeldete Fälle von Mobbing an japanischen Schulen – hauptsächlich ständige Drohungen und Beleidigungen – sind 2019 den Lehrern bekannt geworden. Das sind natürlich nur die gemeldeten Fälle. Allerdings muss eingeräumt werden, dass 484.545 Fälle davon in der

Grundschule gewesen sind, so dass das antisoziale Verhalten durch die Erziehung in der Schule anscheinend mehr und mehr unter Kontrolle gebracht wird. In Deutschland haben 15,6% der 15-Jährigen angegeben, schon einmal Opfer von Mobbing gewesen zu sein. Die Japaner haben nur 4,6% vorzuweisen. Auch hier gilt, die einzige Zahl, auf die man stolz sein könnte, wäre 0%.

Mobbing rückte im Inselstaat zum ersten Mal 1989 ins Bewusstsein der Öffentlichkeit. Mayumi Haruno verklagte Chef samt Firma auf sexuelle Belästigung. Sie wurde von den Kollegen mit Ausdrücken angesprochen, die sich im Deutschen vielleicht mit Worten wie »Büroschnuckelchen« oder »heiße Tussi« ausdrücken ließen. Sie beschwerte sich beim Chef. Dieser entgegnete dreist, sie solle gefälligst ihre männlichen Kollegen mit mehr Respekt behandeln. Am Ende des Gesprächs wurde ihr zu Verstehen gegeben, sie solle die Firma gefälligst verlassen. Mayumi Haruno erhob Klage. Der Prozess dauerte drei Jahre. 1992 wurde ihr von einem Gericht in Fukuoka Schadensersatz zugesprochen. Nicht viel. 13.000 Euro waren es nur. Trotzdem war es ein erstes Zeichen einer neuen Zeit. Weitere Fälle folgten. Eine Mitarbeiterin wurde als »hübsches Büro-Blümchen« oder als eine »Sitzwärmerin bis zur Heirat« tituliert. Auch das führte zu einer Klage. In der Folge wurde das Thema immer mehr öffentlich diskutiert. Eine Bewegung von Frauen sammelte sich, die ihre Erfahrungen mit Macht-und Geschlechter-Mobbing offenlegten. Sie nannte sich »we too«, im Anklang an die amerikanische »me too«-Bewegung, die den sexuellen Druck öffentlich machte, unter dem angehende Schauspielerinnen stehen. 2020 erließ die Regierung ein Gesetz gegen Mobbing am Arbeitsplatz. Firmen müssen jetzt Beauftragte haben, die die Firmenatmosphäre im Blick behalten und vor Mobbing schützen sollen. Klagen von Angestellten müssen ernst genommen werden. Die Führungsebene muss zusätzlich einen Plan vorlegen, wie sie die Einhaltung wichtiger Anstandsregeln umsetzen will. Scheinbar ohne Erfolg: Die Fälle von gemeldetem Mobbing stiegen von 28.000 im Jahr 2007 auf 87.000 im Jahr 2019. Ob die Vorkommnisse in diesem Maße wirklich zunehmen, weiß man nicht. Aufgrund öffentlichen Drucks wurden vermutlich mehr solcher Vorfälle den Behörden angezeigt.

6

Bossing und Mobbing sind ernstzunehmende Dinge. Im Falle von Japan hat die Sache noch einen kleinen Twist. Der Kulturbeobachter findet im Inselstaat gleich über hundert Mobbingvarianten. Hier ein paar davon: Akademiker-Mobbing, Alkohol-Mobbing, Luft-Mobbing, Karaoke-Mobbing, Geruchs-Mobbing, Blutgruppen-Mobbing, Social-Media-Mobbing, Liebes-Mobbing. Unter Luft-Mobbing versteht man beispielsweise Vorfälle, bei denen die Klimaanlage so eingestellt wird, dass ein Mitarbeiter gezielt einen Nachteil davon hat. Alkohol-Mobbing bedeutet, jemanden auszugrenzen, der den Kneipenbesuch der Abteilung verweigert. Karaoke-Mobbing betrifft jemanden, der zum Karaoke-Gesang gezwungen wird, und Geruchsmobbing ist der Versuch, Mitarbeiter durch schlechten Körpergeruch einzuschüchtern. Comedians im Fernsehen machen sich bereits lustig über die schlagartige Explosion dieser befremdlich neuartigen Begriffe. Diese machen aber irgendwie Sinn. Die Gruppenbeziehungen in der Arbeitswelt in Japan beruhen auf Konformismus in der horizontalen und vor allen Dingen auf Hierarchie in der vertikalen gesellschaftlichen Ebene. Nehmen wir einen Mitarbeiter, der zum Chef kommt und sagt: »Ihre Jacke sieht schön aus«. Das ist ein dicker Schnitzer! Vorgesetzten darf man in Japan keine Komplimente machen. Der Untergebene hat den Kleidungsstil seines Chefs nicht zu beurteilen. Ein weiteres Beispiel: Der Chef sagt, es sei wieder Zeit für ein Firmenfest. Der Angestellte sagt: »Das ist eine gute Idee«. Schnitzer. Der Chef hat die Einfälle seines Vorgesetzten nicht zu bewerten. Der Chef sagt: »Wir müssen einen neuen Schreibtisch kaufen«., so herablassend die Anweisung des Chefs mit »natürlich« zu kommentieren? All diese Situationen können Auslöser für diskriminierendes Verhalten sein. Wer nicht zum Trinken mitgeht, wer sich einen Bart wachsen lässt, wer vor seinem Chef nach

Hause geht, wer sein Trinkglas bei einem Firmenessen höher als sein Chef hebt, wer nein sagt oder sich in irgendeiner kleinen Weise nicht gruppentauglich zeigt, kann Ziel von Mobbing werden. Alle tragen im Büro die gleiche Art Hemd, die gleiche Art Hose, die gleiche Art Frisur. Hier ist nicht viel Raum für Außenseiter. Es gibt selbst Regeln, wie man im Aufzug zu stehen hat. Die, die in der Hierarchie am niedersten sind, stehen an der Tür. Und von diesen der (im»social ranking«) Letztplatzierte hat sich vor den Druckknöpfen zu platzieren. Die Vorgesetzten befinden sich (von der Aufzugstür aus gesehen) weiter hinten im Fahrstuhl. Die Sitz- und Stehregeln gibt es überall. An einem Tisch gilt der Stuhl, der sich am weitesten von der Tür entfernt befindet, als der beste. Der ist für den Chef. Der Platz neben der Tür ist am schlechtesten. Der ist für den einfachen Arbeiter.Wer als Auswärtiger eine Firma besucht und bescheiden sein möchte, nimmt sich klugerweise ebenfalls diesen Stuhl. Die Regel stammt aus der Samurai-Zeit. Wenn Angreifer zur Tür herein kommen, ist der Platz am besten, der Zeit lässt, das Schwert zu ziehen. Die restlichen Stuhlplätze müssen exakt nach der Hierarchie innerhalb einer Firma aufgefüllt werden. Man muss also bei einem Meeting immer sehen, wer da ist, und seine Stellung abschätzen. Erst dann kann man an einen passenden Platz setzen. Wie sieht es mit einem Taxi aus, in dem vier Personen (einer vorne, drei hinten) mitfahren? Wo sitzt der Chef? Wo der einfache Angestellte? Hier wird es schon schwieriger. Vorne neben dem Fahrer zu sitzen, ist der schlechteste Platz. Man könnte ja denken, allein zu sitzen, würde dem Status des Chefs gerecht. Da aber dem Taxifahrer Anweisungen gegeben werden müssen, wohin es geht, gilt der Platz als hierarchisch niedrig. Wo ist aber der schlechteste Platz in der hinteren Reihe? Da sitzen in unserem Beispiel drei Personen nebeneinander. Man würde denken, der Platz, der in der Mitte ist, wäre dem Chef überlassen, aber dort sitzt tatsächlich der im Rang Zweitunterste. Sich zwischen zwei Personen quetschen zu müssen, ist wenig schön. Der Chef wird sich vermutlich hinten links platzieren. Warum das so ist, dafür gibt es eine hoch spekulative Erklärung. Die alten Kaiser aus der Tang-Dynastie in China (ab 617 nach Christus) richteten ihren Thron nach Himmelsrichtungen, genau gesagt nach dem Nordstern, aus. Sie saßen so, dass der Sonnenaufgang links von ihnen war. Links war nicht ihre Schokoladenseite, aber ihre Sonnenseite. Rechts war die Seite des Sonnenuntergangs, was dieser Richtung einen negativen Touch gab.

Viele Japaner unterstützen das starre Regelsystem, selbst wenn es ihnen Nachteile bringt. Dieses war es in ihren Augen nämlich, das den am Boden liegenden Inselstaat in der Wirtschaftswunderzeit nach dem Zweiten Weltkrieg nach oben brachte. Der wirtschaftliche Niedergang Japans in den letzten Jahrzehnten komme demgemäß vom Abfallen davon. Kritiker dieser Meinung gibt es auch. Sie fragen: Sind die Regeln noch zeitgemäß? Sind sie produktiv? Wäre es nicht sinnvoll, wenn beim Taxifahrer nicht der Rangniederste neben dem Taxifahrer sitzt, sondern der, der den Weg weiß?

Diese versteckten sozialen Regeln sind selbst für die Japaner eine Herausforderung. An einer Bartheke sitzen fünf Personen. Wo sitzen sie gemäß der Hierarchie? Wo sitzt man in einem China-Restaurant, das einen runden Tisch hat? Wie leicht kann man hier einen Patzer machen. Jemand, der die Regeln nicht beachtet, jemand, der ausschert, jemand der seine Meinung sagt, wird Außenseiter. Wer erst einmal »outgroup« ist, macht sich angreifbar und kann Opfer von Mobbing werden. Die sozialen Folgen sind so unvermeidlich wie hart. Wer jetzt ärgerlich denkt, »wenn es so ist, dass die Hierarchie so streng ist, dass selbst ein einziges falsch gewähltes Wort Auslöser sozialer Ausgrenzung sein kann, dann halte ich einfach meinen Mund, so mache ich wenigstens nichts falsch«, ist in Japans traditioneller Firmenwelt angekommen.

Diese Regeln ändern sich langsam. Auch die Konzerne müssen international auftreten. Angestellte arbeiten nicht mehr ein Leben lang bei der gleichen Firma. Wenn die Firma nervt und der Chef sich pompös benimmt, ändert auch der Japaner seinen Arbeitsplatz. Meine Bekannte, die in einer größeren Firma tätig ist, die Produkte für den Weltmarkt macht, bekommt von ihren Bossen in halbjährlichen Evaluationsgesprächen Dinge zu hören wie »sei nicht so passiv«, »sag deutlich, was man besser machen kann«, »zeig Initiative«, »triff eigene Entscheidungen«. Die Wirtschaft hat erkannt, dass autoritäre Systeme nur die Passivität der Mitarbeiter fördern. Mängel werden darin verschwiegen, weil der Angestellte Angst davor hat, »was wohl der Chef sagt«. Der Wechsel zu modernen Verhältnissen ist sicherlich gut, baut aber, wie man am Beispiel meiner Bekannten sieht, ebenfalls eine neue, unangenehme Atmosphäre auf. Die Firmen wollen ja nicht die Arbeitsbedingungen besser machen, sie wollen sie produktiver machen.

7

Sexuelle Belästigung ist durchaus ein wichtiges Thema in den letzten Jahren geworden.

Junge Japanerinnen und auch Japaner, die ein Praktikum in einem Büro machten, haben beispielsweise zu 26% angegeben, sexuell belästigt worden zu sein. Beide Geschlechter wohlgemerkt. Ungebührliches Anfassen, sexistische Witze, das plötzliche Aneinanderpressen des Körpers, hartnäckigste Einladungen zu romantischen Treffen sowie schmierige Fragen zum Intimleben geben hier das Gerüst der sexuellen Belästigung ab. Japan hat ein im ganzen Land verbreitetes Stalker-Problem. Im Jahr 2020 wurden über 20.000 Stalker zur Anzeige gebracht. Viel oder wenig? Schwer zu sagen, aber man bedenke, dass es Japanern schwer fällt, solche Fälle zur Anzeige zu bringen. Das passiert meist erst, wenn der Stalker in der eigenen Wohnung dabei überrascht wurde, wie er sich durch die Höschenschublade wühlte. 80,7% der Stalker sind Männer, aber 12,3% Stalkerinnen gibt es auch (7% maskierten sich so, dass das Geschlecht unbekannt blieb). Es gibt ein Anti-Stalking-Gesetz in Japan. Das ist von 1999 und wurde jüngst an die Stalkerpraktiken der Gegenwart angepasst. Neben Internet-Stalking ist jetzt auch verboten, ein GPS-Gerät am Auto des Opfers anzubringen. Die Perversen haben nämlich schnell die moderne Technik für sich entdeckt. Die Anzeige der Täter fällt trotzdem vielen Opfern schwer. Eine Japanerin erzählte, dass sie einen Perversen erwischt habe, wie er mit dem Handy Fotos von dem Bereich unter dem Rock gemacht hatte. Sie brachte ihn zur Anzeige. Der Mann wurde verhaftet. Das Handy wurde sichergestellt.

Als die Polizisten auf der Polizeiwache scheinbar dienstbeflissen äußerten, dass sie das Handy des Täters auf die ungebührlichen Bilder hin durchsuchen müssten, äußerte die Japanerin verstimmt: »Ja, aber nur einer von euch macht das«. Die Vorstellung, dass die ganze Polizeiwache zur »Beweisaufnahme« die anzüglichen Bilder guckte, machte ihr den Gang zum Polizeirevier schwer.

8

Eine japanische Bekannte gefragt, worin der Hauptunterschied für sie zwischen Deutschland und Japan sei, antwortete sie wie aus der Pistole geschossen: »Der Service«. Richtig. Das ist so. Neu eingestellte Mitarbeiter in einem Verkaufsladen des Inselstaats proben ihr Auftreten gegenüber dem Kunden wie Schauspieler ihre Rollen üben. Kellner in besseren Restaurants müssen Phrasen aus dem alten, wenig gebrauchten Hochjapanisch auswendig lernen, damit sie mit höflicher Sprache servieren können. Erst wenn alles sitzt, die Höflichkeitsformeln stimmen und die Verneigungen tief genug sind, werden sie auf die Kunden oder Gäste losgelassen. In Japan wurden in Call-Centern auch schon Spiegel an Computermonitore montiert. Die Mitarbeiter sollten sich während des Telefongesprächs selbst sehen. Die Begründung: Wer ein miesepetriges Gesicht zieht, wird wohl schwerlich mit dem Kunden ein freundliches Gespräch führen. Damit es also mit der Freundlichkeit auch klappt, lässt sich die geforderte fröhliche Miene anhand der Spiegel kontrollieren.

Der freundliche Service hat nicht nur Gutes hervorgebracht. Es gibt genügend aggressive Kunden, die versuchen, die japanische Vorgabe, der Kunde sei König, zu nutzen, um auf Angestellte Druck auszuüben. Das kann in Form von wutschnaubenden Beschwerden sein oder tatsächlich auch in Form körperlicher Gewalt. In den letzten drei Jahren meldeten 19,5% der Firmen Kunden, deren Unzufriedenheit solch aggressives Verhalten zur Folge hatte, dass der entsetzte Verkäufer sich genötigt fühlte, es seinen Vorgesetzten zu melden. Vier Kunden in einem Minimarkt zwangen eine junge Angestellte dazu, sich auf Knien zu entschuldigen, weil ihnen statt einem heißen ein kalter Kaffee gebracht wurde. Andere Kunden riefen die Polizei und die vier Personen wurden verhaftet. In Japan kam ein Fall vor, wo ein Zug Verspätung hatte und wegen eines Unglücks an der nächsten Station nicht weiterfahren konnte. Die Zuggäste wurden wütend. Ziel ihres Ärgers war der Zugführer, den sie heftig bedrängten weiterzufahren. Irgendwann hielt er dem Druck nicht mehr stand, setzte seine Mütze ab, stieg aus dem Fahrerhaus aus und stürzte sich sieben Meter in die Tiefe. Er überlebte mit Knochenbrüchen.

9

Es gibt in Japan viele schöne Dinge, aber auch Dinge, über die es sich nachzudenken lohnt. Eine davon ist, warum die Japaner sich gegen gesellschaftliche Verhältnisse, die ihnen schaden, nicht zur Wehr setzen. Als »Hauptverdächtiger«, hierfür ein Grund zu sein, wäre sicherlich die Erziehung zu nennen. Allgemein wird gesagt, dass die japanische Erziehung auf Empathie setzt. Viele japanische Eltern sagen ihren Kindern nicht einfach plump, dass sie sich an die Regeln halten sollen. Sie sagen eher: »Stell dir vor, wie sich die andere Person fühlt, wenn du zu laut bist«, »Verstehst du, wie sehr dein Verhalten den anderen ärgert?«, »was denkt der andere, wenn du hier Lärm machst?«. Ein Japaner hat erzählt, dass er als Kind aus Wut mit dem Fuß gegen den Spint in der Schule geschlagen hat. Der Lehrer kam herbeigerannt. Er sagte zu ihm: »Kannst du dir nicht vorstellen, wie sich der Spint fühlt, wenn du ihn trittst?«. Der Schüler musste sich vor dem Schulschrank verneigen und sich bei ihm entschuldigen. Ein anderer Japaner erzählte, dass er als Kind im Restaurant laut war. Sein Vater packte seinen Kopf und drehte ihn auf seinen Schultern wie ein Periskop hin und her. Er sagte: »Siehst du irgendjemanden hier, der so laut ist wie du?«. Einer der Zentralbegriffe der japanischen Kultur ist »hazukashii«. Das bedeutet »peinlich«. Das sagen die Japaner dauernd. »Hazukashii« bedeutet nicht nur, dass man etwas im Sinne eines einzelnen groben Schnitzers falsch gemacht hat, sondern das Gefühl, dass andere das eigene Verhalten ja gewissermaßen die eigene Existenz als gruppenfremd ansehen. Die Erziehung lässt die Kinder bei jedem Schritt, den sie in der Welt tun, daran denken, die Gruppe nicht zu stören. Dadurch wird das eigene Ego kleiner. Verschwindend klein. Wir kennen ja aus unserer Kultur die »ist mir doch egal, was die anderen denken«-Prinzip. Das ist in Japan nicht so. So viel Selbstvergessenheit der Japaner führt zu Leid. Das Problem für sie ist, dass sie ständig in Gruppensituationen sind: Kindergarten, Schule, Freizeitclubs, Sportverein, Arbeit etc. Dort wird ebenfalls Disziplin gefordert. Strenge Regeln keilen sie ein. Sie bekommen einfach nicht die Luft, die erlauben würde, als ein Individuum zu atmen.

－平成 30 年雇用動向調査結果の概況－. https://www.mhlw.go.jp/toukei/itiran/roudou/koyou/doukou/19-2/dl/gaikyou.pdf

23 Crazy Japanese Inventions You Never Knew Existed. https://justsomething.co/23-craziest-japanese-inventions-you-never-knew-existed/

Corporal punishment of children in Japan. http://www.endcorporalpunishment.org/wp-content/uploads/country-reports/Japan.pdf

Do Japanese never change their jobs? https://www.linkedin.com/pulse/do-japanese-never-change-jobs-yosuke-christiansen

Eine Wasabi-Überdosis im Sushi. https://asienspiegel.ch/2016/10/eine-wasabi-ueberdosis-im-sushi

First sex robot brothel to open in US: Outrage in Houston as 'no law can stop it'. https://www.express.co.uk/news/world/1024027/sex-robot-brothel-houston-texas-mayor-protests-petition

First sex-doll brothel opens in Germany, selling 'plastic prostitutes'. https://www.independent.co.uk/life-style/sex-doll-brothel-germany-open-plastic-prostitute-dortmund-bordoll-a8008751.html

How many rich people in Japan? https://bccjacumen.com/news/how-many-rich-people-in-japan/

I'm sorry laws: What's a respiratory therapist's apology worth? https://www.thehealthlawfirm.com/resources/health-law-articles-and-documents/i-m-sorry-laws.html

Japanese school suspends teacher for slapping student over failure to bring softball jersey. https://www.scmp.com/week-asia/people/article/3194795/japanese-school-suspends-teacher-slapping-student-over-failure

McDonald's introduces chocolate-covered french fries to Japan. https://www.theguardian.com/business/2016/jan/28/mcdonalds-introduces-chocolate-covered-french-fries-to-japan

New way to calculate how long it would take to fall through a hole in the Earth. https://phys.org/news/2015-03-fall-hole-earth.html

Passenger pusher. https://en.wikipedia.org/wiki/Passenger_pusher

Pro Jahr wechseln drei Prozent der Beschäftigten https://rp-online.de/leben/beruf/pro-jahr-wechseln-drei-prozent-der-beschaeftigten_aid-13826925

random notes: geographer-at-large. https://geographer-at-large.blogspot.com/2011/10/where-is-your-antipode.html

School corporal punishment. https://en.wikipedia.org/wiki/School_corporal_punishment.

SEX MACHINES Inside Russia's first sex robot brothel opened to woo randy England fans heading to the World Cup. https://www.thesun.co.uk/news/6258679/sex-robot-brothel-world-cup-moscow-russia/

Sex robot brothel opens in Japan amid surge of men wanting bisexual threesomes. https://www.mirror.co.uk/news/weird-news/sex-robot-brothel-opens-japan-14792161

'Sex Robot' Brothels Gaining Popularity in Europe. https://www.breitbart.com/tech/2017/07/31/worlds-first-sex-robot-brothel-talks-expand/

Sex-Dolls Brothel Opens In Spain And Many Predict Sex-Robots Tourism Soon To Follow. https://www.forbes.com/sites/ceciliarodriguez/2017/02/28/sex-dolls-brothel-opens-in-spain-and-many-predict-sex-robots-tourism-soon-to-follow/

Simultaneous recruiting of new graduates. https://en.wikipedia.org/wiki/Simultaneous_recruiting_of_new_graduates

The contradictions that drive Toyota's success. https://hbr.org/2008/06/the-contradictions-that-drive-toyotas-success

Wann ist in Tokio Rushhour? https://asienspiegel.ch/2018/07/wann-ist-in-tokio-rushhour

Where people really love their countries — and where they kinda don't. https://www.vox.com/2014/5/18/5724552/patriotism-pride-global-world

Why don't Americans know more foreign languages? https://www.babbel.com/en/magazine/american-foreign-language-education/

Wie man in Tokios Metro überfüllte Wagen meidet. https://asienspiegel.ch/2021/07/japan-reisen-tokio-metro-app-auslastung-andrang

World's first brothel staffed entirely by robot sex workers now looking for investors to go global. https://www.thesun.co.uk/news/4131258/worlds-first-brothel-staffed-entirely-by-robot-sex-workers-now-looking-for-investors-to-go-global/

Let’s work… like an idiot

Beste Universitäten in Japan für internationale Studierende | 2022. https://kiiky.com/de/best-universities-japan-for-international-students

Japan's Dentsu advertising agency charged over employee suicide.https://www.bbc.com/news/world-asia-40541609

Japanese Cram Schools Are Not What You Think. https://kokoro-jp.com/interviews/1541/

Japanese woman 'dies from overwork' after logging 159 hours of overtime in a month. https://www.theguardian.com/world/2017/oct/05/japanese-woman-dies-overwork-159-hours-overtime

Labor Unions in Japan. https://www.jil.go.jp/english/jli/documents/2021/034-04.pdf

Let's talk about japanese cram schools. https://www.tofugu.com/japan/japanese-cram-school/

Long Working Hours and Commutes Contribute to Japanese Fathers Spending Little Time on Housework. https://www.nippon.com/en/japan-data/h01235/long-working-hours-and-commutes-contribute-to-japanese-fathers-spending-little-time-on-hou.html

Mountain Day becomes Japan's newest public holiday. https://www.bbc.com/news/world-asia-37030868

What is Part Time Job Culture Like in Japan? – https://schoolynk.com/media/articles/02f5bd92-4f6c-4a14-aa15-8ffdbe074fcb

Why does Japan work so hard? | CNBC Explains. https://www.youtube.com/watch?v=9Y-YJEtxHeo

Year of the Ox Third Most Popular for Births in Japan. https://www.nippon.com/en/japan-data/h00897/year-of-the-ox-third-most-popular-for-births-in-japan.html

Yoshio Sugimoto: The Cambridge companion to modern Japanese culture. Cambridge 2009.

Shinto: Die Götter in deinem Schreibtisch

Can Kami die? https://faqall.com/en/Q%26A/page=47536d3ecdb98c0c68e1a6929623977c

Der malerische Inari-Schrein. https://asienspiegel.ch/2018/11/der-malerische-inari-schrein

Die sexuelle Grauzone. https://asienspiegel.ch/2016/02/die-sexuelle-grauzone

Gian Vittorio Cappelletto: L'uomo verso l'assoluto. Corso elementare di storia delle religione Shinto e tradizione religiosa Giapponese. Ohne Jahr und Ort.

In Our Time S1402 Shinto (Sept 22 2011). BBC. https://www.youtube.com/watch?v=n_zRTIeZnEQ

James Huffman: Modern Japan. An encyclopedia of history, culture and nationalism. New York 2013.

Japan: number of christian adherents. https://www.statista.com/statistics/651172/japan-number-christian-adherents/

John Breen: A new history of Shinto. Oxford 2010.

Liste der Länder nach christlicher Bevölkerung. https://de.wikipedia.org/wiki/Liste_der_Länder_nach_christlicher_Bevölkerung

Misogi. https://en.wikipedia.org/wiki/Misogi

Paula R. Hartz: World Religions Shinto. New York 2009.

Peter Hillary: Understanding our religious world: East Asian religions. Ohne Ort 2021

Shinto Shrine. https://en.wikipedia.org/wiki/Shinto_shrine

The Cult Worship of King Chulalongkorn of Siam. How an Ancient King Became a God in a Modern Thai Society. https://www.grin.com/document/948834

Sex.... ohjeohje

About 1 in 4 Japanese adults in their 20s and 30s is a virgin, study says. https://edition.cnn.com/2019/04/08/health/japan-sexual-inexperience-intl/index.html

Anteil der Jugendlichen, die bereits zum ersten Mal Geschlechtsverkehr hatten https://de.statista.com/statistik/daten/studie/6728/umfrage/jugendliche-die-bereits-geschlechtsverkehr-hatten/

Birth control in Japan. https://en.wikipedia.org/wiki/Birth_control_in_Japan

Black hair, white underwear: A battle resumes over Japan's school rules. https://www.washingtonpost.com/world/asia_pacific/japan-hair-school-rules/2021/03/13/7a15b59e-7b5e-11eb-8c5e-32e47b42b51b_story.html

Das Geschäft mit den Schülerinnen. https://asienspiegel.ch/2017/02/das-geschaeft-mit-den-schuelerinnen

First national estimates of virginity rates in Japan. https://www.u-tokyo.ac.jp/focus/en/press/z0508_00035.html

Girl sues Tokyo high school that made her drop out for breaking no-dating rule. https://japantoday.com/category/national/girl-sues-tokyo-high-school-that-made-her-drop-out-for-breaking-no-dating-rule

Host and hostess clubs. https://en.wikipedia.org/wiki/Host_and_hostess_clubs

https://ajadeabroad.com/japanese-host-clubs/. https://ajadeabroad.com/japanese-host-clubs/

Inside Japan's Hostess Clubs. https://rabbitholemag.com/inside-japans-hostess-clubs/

Japan Schools Ban Ponytails Over Fears They Might 'sexually Excite' Male Students. https://www.republicworld.com/world-news/rest-of-the-world-news/japan-schools-ban-ponytails-over-fears-they-might-sexually-excite-male-students-articleshow.html

Japan's first 'cuddle cafe' lets you sleep with a stranger for Y6,000 an hour. https://japantoday.com/category/features/lifestyle/japans-first-cuddle-cafe-lets-you-sleep-with-a-stranger-for-y6000-an-hour

Japanese porn industry hit by shortage of men. https://gossip.hirufm.lk/english/138/2015/05/japanese-porn-industry-hit-by-shortage-men.html

Japanese schoolgirl points out an especially dumb part of her school's "no tights" dress code. https://soranews24.com/2019/03/01/japanese-schoolgirl-points-out-an-especially-dumb-part-of-her-schools-no-tights-dress-code/

Japanese Survey Reveals Teen Attitudes Toward Sex and Sex Education. https://www.nippon.com/en/japan-data/h01083/japanese-survey-reveals-teen-attitudes-toward-sex-and-sex-education.html

Jaspar Shark: Behind the pink curtain. The complete history of Japanese sex cinema. Godalming 2008

Moderne Partnerwahl: Ja, ich will dich – aber nur mit Schulabschluss. https://www.derstandard.de/consent/tcf/story/2000129895630/moderne-partnerwahl-ja-ich-will-dich-mit-schulabschluss

Molestation on Trains is NO JOKE in Japan. https://www.youtube.com/watch?v=dajKNczCPRs

Nie mehr rausgehen. https://asienspiegel.ch/2010/07/nie-mehr-rausgehen/

Pornography in Japan. https://en.wikipedia.org/wiki/Pornography_in_Japan

Prostitution in Japan. https://en.wikipedia.org/wiki/Prostitution_in_Japan

Renting middle-aged Japanese men for fun: A review of ossan rental. https://www.tofugu.com/reviews/ossan-rental/

Statistical handbook of Japan 2019. https://www.stat.go.jp/english/data/handbook/pdf/2019all.pdf

Studie: Deutsche haben immer weniger Sex. https://www.sueddeutsche.de/wissen/wissenschaft-studie-deutsche-haben-immer-weniger-sex

The Dwindling Marriage Market in Japan and Innovative Ways to Reinvigorate it. https://tokyoesque.com/marriage-market-in-japan/

The Japanese Porn Industry: 5 Things We Learned at Japan Adult Expo. https://www.tokyoweekender.com/2018/02/the-japanese-porn-industry-5-things-we-learned-at-japan-adult-expo/

The strangest aspects of the Japanese sex culture. https://listverse.com/2015/09/06/10-of-the-strangest-aspects-of-japans-sex-culture/

Tomoko Saotome: The reality of sexuality of teenage girls in Japan. https://www.med.or.jp/english/journal/pdf/2010_05/279_284.pdf

Why have young people in Japan stopped having sex? https://www.theguardian.com/world/2013/oct/20/young-people-japan-stopped-having-sex

Why Teachers Raise Your Skirt and Look at Your Underwear. https://www.youtube.com/watch?v=e1dC7kBALTo

Wie die Partnerwahl mit dem Bildungsstand zusammenhängt. https://www.fnp.de/ratgeber/wohnen/partnerwahl-bildungsstand-zusammenhaengt-10492085.html

Women In The Early To Mid-20th Century (1900-1960). https://www.encyclopedia.com/social-sciences/encyclopedias-almanacs-transcripts-and-maps/women-early-mid-20th-century-1900-1960-introduction

Women in World War I. https://en.wikipedia.org/wiki/Women_in_World_War_I

Sushi und wann die Japaner die Engel singen hören

13 of the Least Healthy Fruits: Sugar, Diabetes, and More. https://www.healthline.com/nutrition/the-most-unhealthy-fruits

A Brief History of Ramen.https://www.mentalfloss.com/article/642293/ramen-history

A Brief History of Sushi and Why It's So Popular Today https://www.rokaakor.com/a-brief-history-of-sushi-and-why-its-so-popular-today/

Aus der Bundesliga in den Bioladen. https://www.demeter.de/aus-der-bundesliga-den-bioladen

Basic sushi knowledge – Sushi university. https://sushiuniversity.jp/basicknowledge/tuna

Bundesverband der Lebensmittelkontrolleure Deutschlands e.V. https://bvlk.de/news/bio-lebensmittel-welche-zusatzstoffe-sind-erlaubt.html

Coffee Consumption by Country. https://wisevoter.com/country-rankings/coffee-consumption-by-country/

Coffee in Japan. https://en.wikipedia.org/wiki/Coffee_in_Japan

Diabetes in Japan: a review of disease burden and approaches to treatment. https://pubmed.ncbi.nlm.nih.gov/19795421/

Diabetes in Japan: a review of disease burden and approaches to treatment. https://pubmed.ncbi.nlm.nih.gov/19795421/. Diabetes in Japan: a review of disease burden and approaches to treatment. https://pubmed.ncbi.nlm.nih.gov/19795421/.

Eine Pizza aus Reis. https://asienspiegel.ch/2022/08/eine-pizza-aus-reis

Epidemology of food choking deaths in Japan. https://www.ncbi.nlm.nih.gov/pmc/articles/PMC8021878/

Exploding whale. https://en.wikipedia.org/wiki/Exploding_whale

Food Prices in Japan. https://www.numbeo.com/food-prices/country_result.jsp?country=Japan.

George Solt: The untold story of Ramen. Berkeley 2014.

Giant Japanese tuna sells for $2.6 million in first 2020 Tokyo auction. https://www.abc.net.au/news/2020-01-07/giant-tuna-sells-for-2.6-million-in-first-tokyo-auction-of-2020/11846306.

Global Prevalence of Lactose Intolerance by Country. https://milk.procon.org/lactose-intolerance-by-country/

Hanaya Yohei and the beginning of nigiri-zushi. https://www.thesushigeek.com/the-sushi-geek/2016/01/24/hanaya-yohei-and-the-beginning-of-nigiri-zushi

How much salt should you eat? WHO now says you must cut it down by half. https://theprint.in/health/who-looks-at-30-reduction-in-global-salt-intake-by-2025-as-it-sets-new-benchmarks/653440/

How Sushi Was Invented. https://kotaku.com/how-sushi-was-invented-1683686290

https://www.numbeo.com/cost-of-living/country_price_rankings?itemId=1

Is Modern Fruit Really Healthy?.https://paleoleap.com/modern-fruit-really-healthy/

Japan Becoming a Nation of Cheese Lovers. https://www.nippon.com/en/japan-data/h00665/japan-becoming-a-nation-of-cheese-lovers.html

Japan Becoming a Nation of Cheese Lovers.https://www.nippon.com/en/japan-data/h00665/

Japan's humble 'comfort food' becomes world treasure.https://edition.cnn.com/2013/12/12/world/asia/japan-on-the-road-food/index.html

Macallan Bottle Sells For $1.9 Million, Breaks Whisky World Record…Again. https://www.forbes.com/sites/felipeschrieberg/2019/10/26/macallan-bottle-sells-for-19-million-and-breaks-the-world-recordagain/

Made in China. Reis, Rösti, Nudeln. https://www.journal21.ch/artikel/reis-roesti-nudeln

McDonald's Corporation advertising spending in the United States from 2009 to 2020. https://www.statista.com/statistics/192159/us-ad-spending-of-mcdonalds/

Minke whales for dinner: Norway's controversial whale hunt is still on. https://news.mongabay.com/2021/03/minke-whales-for-dinner-norways-controversial-whale-hunt-is-still-on/

Miso Soup Calories, Nutrients, and Best Ingredients to Make It. https://thejapanstore.us/miso-soup/about-miso-soup-calories/

Neujahr in Japan feiern: Ein Besuch bei einer Familie in Niigata. https://voyapon.com/de/neujahr-japan-familie-niigata/

Number of restaurants in Japan from fiscal year 2015 to 2020. https://www.statista.com/statistics/1230470/japan-restaurant-numbers/

Ozoni: A mochi soup bowl filled with family history and local Japanese culture. https://howtojapan.net/2023/03/01/ozoni-a-mochi-soup-bowl-filled-with-family-history-and-local-japanese-culture/

Percent of Country's Population with Lactose Intolerance. https://milk.procon.org/lactose-intolerance-by-country/

Please explain the base meaning of the kanji for "sushi" 寿司. https://www.reddit.com/r/LearningJapanese/comments/hw1d39/please_explain_the_base_meaning_of_the_kanji_for/

Price Rankings by Country of Meal, Inexpensive Restaurant (Restaurants). https://www.numbeo.com/cost-of-living/country_price_rankings

Prickly problem: Taiwan says won't be beaten by China pineapple ban. http://timesofindia.indiatimes.com/articleshow/81310957.cms

Rairaiken, Japan's First-Ever Ramen Restaurant, Reopens At Shin-Yokohama Ramen Museum After A 44-Year Hiatus. https://thesmartlocal.jp/rairaiken-reopening/

Ramen. https://en.wikipedia.org/wiki/Ramen

The 3 Shocking Differences in Ramen Between China and Japan. https://www.youtube.com/watch?v=zAcsVafSv7E

The best & worst gruit for weight loss.https://ripe.london/blog/best-worst-fruit-weigh

The History and Culture Surrounding Miso Soup. https://www.kobejones.com.au/history-culture-surrounding-miso-soup/

The Origin & History Of Miso. https://misotasty.com/blog/the-origin-history-of-miso

Tuna Sold for $145,290 in Tokyo Is Still Third Straight Drop. https://www.bloomberg.com/news/articles/2022-01-05/tuna-sold-for-145-290-in-tokyo-is-still-third-straight-drop

Weight of fish in sushi in grams. https://www.reddit.com/r/sushi/comments/lcey3k/weight_of_fish_in_sushi_in_grams/

Whale Hunting Still Exists in 3 Countries, but It Is Declining. https://sentientmedia.org/whale-hunting/

What Year Was Sushi Invented? https://www.smallscreennetwork.com/what-year-was-sushi-invented/

What's Ramen & History of Ramen. https://www.kizuki.com/whats-ramen-history-of-ramen/

Which Fruits Have the Most Sugar? https://www.webmd.com/diet/ss/slideshow-fruit-sugar

Who is Hanaya Yohei? Read all about this awesome sushi rebel. https://www.bitemybun.com/who-is-hanaya-yohei/

Why Did Hanaya Yohei Invent Sushi? https://www.smallscreennetwork.com/why-did-hanaya-yohei-invent-sushi

Why do Japan and China use so much pesticide (more than 13kg/ha) in farming compared to most other developed nations? https://www.quora.com/Why-do-Japan-and-China-use-so-much-pesticide-more-than-13kg-ha-in-farming-compared-to-most-other-developed-nations

Why is Fruit in Japan so Expensive? https://www.tsunagulocal.com/en/53257/

Why You Eat Sushi With Your Hands Off Shoes | 5 Facts You Didn't Know About Sushi. https://www.youtube.com/watch?v=yceuRB4e524

Wie viele Kalorien hat ein Burger? https://www.frischekueche.at/wie-viele-kalorien-hat-ein-burger/

寿司. https://en.wiktionary.org/wiki/寿司

寿司. https://ja.wikipedia.org/wiki/寿司#日本の寿司

海苔巻きのルーツとは!? https://www.sushiacademy.co.jp/archives/7056

Haben Frauen das Pokärtchen in Japan?

5 ways that asian hair is different from caucasian hair. https://thebeautybrains.com/2007/01/5-ways-that-asian-hair-is-different-from-caucasian-hair/

A brief history of marriage. https://journeybacktothesource.com/traditional-japanese-wedding/

A culture that has tormented women in Japan for centuries. https://www.youtube.com/watch?v=jsOqpG7URqc

An official collapsed in a sumo ring. Female medics were asked to stop treating him because women aren't allowed in sumo rings. https://edition.cnn.com/2018/04/05/asia/japan-sumo-women-ring-emergency-intl-trnd/index.html

Breast Size Chart by Country. https://www.averageheight.co/breast-cup-size-by-country

Childhood Dreams: First Graders in 2021 Want to Be Police Officers and Bakers. https://www.nippon.com/en/japan-data/h01012/childhood-dreams-first-graders-in-2021-want-to-be-police-officers-and-bakers.html

Countries with the largest total number of cosmetic procedures in 2020. https://www.statista.com/statistics/293356/leading-countries-by-total-number-of-cosmetic-procedures/

Despite gender equality law, less than 18% of candidates in Japan election are women. https://mainichi.jp/english/articles/20211020/p2a/00m/0na/010000c

Die Stimmen der Frauen sind viel tiefer geworden. https://www.uniklinikum-leipzig.de/einrichtungen/kinderstimme/Freigegebene%20Dokumente/2017-berliner-zeitung-kinderstimmsymposium-uniklinikum-leipzig.pdf

Employment rate of women in Japan from 2014 to 2023. https://www.statista.com/statistics/643486/japan-female-employment-rate/

Feminism in Japan. The fight against sexism in Japan. https://skdesu.com/en/feminism-in-japan-the-fight-against-sexism-japanese/

Global gender gap report 2021. https://www.weforum.org/reports/global-gender-gap-report-2021/.https://www.weforum.org/reports/global-gender-gap-report-2021/

Hell of the bloody pond and the rebirth of women in the paradise. http://echo-lab.ddo.jp/libraries

Hiratsuka Raichō. https://en.wikipedia.org/wiki/Hiratsuka_Raich%C5%8D

How double eyelid surgery has become a rite of passage for many south korean youths. https://i-d.vice.com/en_uk/article/8xyzag/double-eyelid-rite-of-passage-korea-beauty

In the Beginning, Woman was the Sun: The Story of Raichō Hiratsuka. https://shojopower.com/in-the-beginning-woman-was-the-sun/

Japan Changes Archaic Law Assigning Men Paternity Over Ex-Wife's Child After Divorce. https://www.vice.com/en/article/88q3eb/japan-changes-archaic-law-assigning-men-paternity-over-ex-wifes-child-after-divorce

Japan: Im Land der Uniformen. https://asienspiegel.ch/2019/06/japan-im-land-der-uniformen

Japan's Legal Adult Age is Now 18 (from 20). https://japan-forward.com/japans-legal-adult-age-is-now-18-from-20-8-things-that-change-4-that-stay/

Japan says married couples must have the same name, so I changed mine. https://www.washingtonpost.com/world/asia_pacific/japan-names-marriage-women/2021/03/11/0fd38bca-7c30-11eb-8c5e-32e47b42b51b_story.html

Japanese law. https://www.britannica.com/topic/civil-law-Romano-Germanic/Japanese-law

Japanese women attempting to save man's life after suffering stroke in sumo ring ordered to leave for being 'ritually unclean'. https://www.independent.co.uk/news/world/asia/japan-sumo-wrestling-man-stroke-women-ritually-unclean-maizuru-ryozo-tatami-a8290236.html

Johannes C. Buggle: Law and Social Capital: Evidence from the Code Napoleon in Germany. Berlin 2013.

Local Government Employees Top Ideal Marriage Partner Poll in Japan. https://www.nippon.com/en/japan-data/h01153/local-government-employees-top-ideal-marriage-partner-poll-in-japan.html

Lower prevalence of obesity in Japan due to environmental factors.https://www.pharmaceutical-technology.com/comment/low-obesity-japan/

Mann & Frau: Ungleiche Chancen in Japans Arbeitswelt. https://asienspiegel.ch/2018/08/mann-frau-ungleiche-chancen-in-japans-arbeitswelt

"Menstruation Sutra" belief in Japan. https://nirc.nanzanu.ac.jp/journal/6/issue/115/article/632

Men's cosmetics booming among Gen-Z Japanese. https://www.premiumbeautynews.com/en/men-s-cosmetics-booming-among-gen,18924

Number of worldwide procedures performed by plastic surgeons 2019. https://www.isaps.org/wp-content/uploads/2020/12/Global-Survey-2019.pdf

Observations on normal body temperatures in Vietnamese and Japanese in Vietnam. https://pubmed.ncbi.nlm.nih.gov/11938610/

On This Day in Japan: Women in Japan Were Granted the Right to Vote. https://www.tokyoweekender.com/art_and_culture/japanese-culture/this-day-in-japan-women-granted-right-vote/

Period policy in Asia: time off 'may be seen as a sign of weakness'. https://www.theguardian.com/lifeandstyle/2016/mar/04/period-policy-asia-menstrual-leave-japan-women-work

Prime Minister Kishida Fumio's Post-Election Cabinet Largely Unchanged https://www.nippon.com/en/japan-data/h01165/prime-minister-kishida-fumio's-post-election-cabinet-largely-unchanged.html

Proportion of seats held by women in national parliaments (%) – Japan. https://data.worldbank.org/indicator/SG.GEN.PARL.ZS?locations=JP&most_recent_value_desc=false

Share of women holding leadership positions in politics in Japan from 2016 to 2022, by type of politician. https://www.statista.com/statistics/856387/japan-women-leadership-ratio-politics-by-type/

Shorts. https://www.youtube.com/shorts/1PKLQPDGRDE

Should women be entitled to period leave? These countries think so. https://edition.cnn.com/2020/11/20/business/period-leave-asia-intl-hnk-dst/index.html

Sind die Hauttemperaturen von Mann und Frau verschieden, besteht ein Unterschied zwischen Tag und Nacht? https://link.springer.com/article/10.1007/BF02666912

Strenghening sisterhood with femtech. https://metropolisjapan.com/strengthening-sisterhood-with-femtech/

Study: Women account for 9.7% of Lower House lawmakers. https://www.asahi.com/ajw/articles/14473640

Sumo.https://en.wikipedia.org/wiki/Sumo

The Dagger therefore the Veil: The Rituals Behind a old-fashioned japanese marriage ceremony. https://reteam.no/the-dagger-therefore-the-veil-the-rituals-behind-a/

The Global Gender Gap Report 2015. https://www.weforum.org/reports/the-global-gender-gap-report-2015/

The Global Gender Gap Report 2017. https://www.weforum.org/reports/the-global-gender-gap-report-2017/

These new cookies sold in Tokyo claim to make your breasts bigger. https://theworld.org/stories/2014-05-28/these-new-cookies-sold-tokyo-claim-make-your-breasts-bigger

Towards equality: Paternity leave still a tricky issue in Japan's staid mindset. https://www.asahi.com/ajw/articles/14379538

Was Japan once a matriarchy? https://imomus.livejournal.com/314171.html

Weforum. https://www3.weforum.org/docs/GGGR2015/cover.pdf

Why Icelandic Dads Take Parental Leave and Japanese Dads Don't. https://www.theatlantic.com/family/archive/2020/01/japan-paternity-leave-koizumi/605344/

Woman Was The Sun: The Life of Japanese Feminist Hiratsuka Raicho. https://unseenjapan.com/hiratsuka-raicho/

Women in Ancient Japan: From Matriarchal Antiquity to Acquiescent Confinement. http://www.inquiriesjournal.com/articles/286/women-in-ancient-japan-from-matriarchal-antiquity-to-acquiescent-confinement

Women Perform Better than Men for First Time in Japan's Medical School Entrance Exams. https://www.nippon.com/en/japan-data/h01263/women-perform-better-than-men-for-first-time-in-japan's-medical-school-entrance-exams.html

Amerikaner –Wie sehr müssen sie sein?

$8.5 billion annual cost to keep US troops in Japan, South Korea ensures regional stability, American security, GAO says. https://www.stripes.com/theaters/asia_pacific/8-5-billion-annual-cost-to-keep-us-troops-in-japan-south-korea-ensures-regional-stability-american-security-gao-says-1.666203

11:15. The roll of the weather on 7th December 1941. https://arcfieldweather.com/blog/2022/11/16/715-am-the-role-of-the-weather-on-december-7th-1941a-date-which-will-live-in-infamyand-a-little-known-important-indirect-benefit-from-the-weather

2022 Military Strength Ranking. https://www.globalfirepower.com/countries-listing.php

A culture clash? Nearly 6,000 crimes have been committed by U.S. military personnel since Okinawa was returned to Japan. https://thediplomat.com/2012/11/a-culture-clash/

About Tokyo Disney Resort. http://www.olc.co.jp/en/tdr/guest.html

After 40 Years, Japan Stops Aid to China. https://www.nippon.com/en/features/h00321/after-40-years-japan-stops-aid-to-china.html

After 80 years, Pearl Harbor still casts long shadow. https://www3.nhk.or.jp/nhkworld/en/news/backstories/1875/

Armee der Volksrepublik China: Stärke, Struktur. Volksbefreiungsarmee von China (PLA). https://goaravetisyan.ru/de/armiya-knr-chislennost-struktura-narodno-osvoboditelnaya-armiya-kitaya-noak/

At Okinawa protest, Thousands Call for Removal of U.S. Bases. https://www.nytimes.com/2016/06/20/world/asia/japan-okinawa-protest-united-states-military.html

Atomic bombings of Hiroshima and Nagasaki. https://en.wikipedia.org/wiki/Atomic_bombings_of_Hiroshima_and_Nagasaki

Aviad E. Raz: Riding the black ship. Japan and Disneyland. Harvard 1999.

China rattled by calls for Japan to host US nuclear weapons. https://www.theguardian.com/world/2022/mar/01/china-rattled-by-calls-for-japan-to-host-us-nuclear-weapons

Chris's.Tokyo Disney Resort Fan Site. http://www.tdrfan.com/tdl/overview_of_tdl/index.htm

Disney Fun Facts – How many people go to Disney World a day? https://disneyorlandoandbeyond.co.uk/disney-fun-facts-how-many-people-go-to-disney-world-a-day/

Disney Park Reducing Daily Attendance Limit to "Offer a Comfortable Park Environment". https://insidethemagic.net/2022/04/tokyo-disney-resort-reduced-attendance-th1/

Does Japan have nuclear weapons? https://allthingsnuclear.org/gkulacki/does-japan-have-nuclear-weapons/

English proficiency index. https://en.wikipedia.org/wiki/EF_English_Proficiency_Index

Garaigo. https://en.wikipedia.org/wiki/Gairaigo#Wasei-kango

German nuclear weapons program. https://en.wikipedia.org/wiki/German_nuclear_weapons_program

History of English in India. https://www.studocu.com/in/document/jawaharlal-nehru-university/colonial-india-sociological-analysis/history-of-english-in-india/23292763

How North Korea makes money revealed. https://www.lovemoney.com/gallerylist/93874/how-north-korea-makes-money-revealed

I Led the Air Attack on Pearl Harbor. By Captain Mitsuo Fuchida, former Imperial Japanese Navy. https://www.usni.org/magazines/proceedings/1952/september/i-led-air-attack-pearl-harbor

J. Poolos: The atomic bombings of Hiroshima and Nagasaki. New York 2008.

Japan Confirms Secret Nuclear Pacts With U.S. https://text.npr.org/124567404

Japan, China, the United States and the Road to Pearl Harbor, 1937-41. https://2001-2009.state.gov/r/pa/ho/time/wwii/88734.htm

Japan: Controversy over Payment for U.S. Military Bases. https://www.loc.gov/item/global-legal-monitor/2008-06-02/japan-controversy-over-payment-for-u-s-military-bases/

Japan's military, among world's strongest, looks to build. https://abcnews.go.com/International/wireStory/japans-military-worlds-strongest-build-81576818

Japanese nuclear weapons program. https://en.wikipedia.org/wiki/Japanese_nuclear_weapons_program

Japanese store slams foreign tourists for ‘bad manners'. https://news.yahoo.com/japanese-store-slams-foreign-tourists-203043213.html?guccounter=1

Jess Brallier: What was the bombing of Hiroshima? New York 2020.

News Navigator: Why does Japan continue to allocate a 'sympathy budget' for US bases? https://mainichi.jp/english/articles/20201225/p2a/00m/0na/026000c

Okinawa base relocation: What we learned from Nago mayoral election. https://www3.nhk.or.jp/nhkworld/en/news/backstories/1878/

Omoiyari Yosan. https://en.wikipedia.org/wiki/Omoiyari_Yosan

Pearl Harbour Attack. https://Brittanica.com/event/Pearl-Harbour-Attack

Pearl Harbor: A Captivating Guide to the Surprise Military Strike by the Imperial Japanese Navy Air Service that Caused the United States of America's Formal Entry into World War II. 2020 [ohne Verfasser und Ort]

Population Density in Hiroshima and Nagasaki Before the Bombings in 1945: Its Measurement and Impact on Radiation Risk Estimates in the Life Span Study of Atomic Bomb Survivors. https://academic.oup.com/aje/article/187/8/1623/4956379?

Protests of US military presence in Okinawa. https://en.wikipedia.org/wiki/Protests_of_US_military_presence_in_Okinawa

Tokyo Disney to keep admission limit post-COVID. https://asia.nikkei.com/Spotlight/Coronavirus/Tokyo-Disney-to-keep-admission-limit-post-COVID

U.S. military personnel's movements restricted following rape accusation in Okinawa. https://edition.cnn.com/2016/03/17/asia/okinawa-us-serviceman-rape-restrictions/index.html

U.S. nuclear weapons in Japan. https://en.wikipedia.org/wiki/U.S._nuclear_weapons_in_Japan#cite_note-Kuhn2010-48

Who Owns The Disney Theme Parks? The Answer Might Surprise You… https://www.disneyfoodblog.com/2019/06/16/who-owns-the-disney-theme-parks-the-answer-might-surprise-you/

Why Did Japan Attack Pearl Harbor? https://www.history.com/news/why-did-japan-attack-pearl-harbor

Spaß oder wo in Japan der Bär steppt

A brief history of Uniqlo, the clothing company that's changing everything. https://www.businessofbusiness.com/articles/history-of-uniqlo/

Alcohol. https://www.oecdilibrary.org/sites/36b4eaf9en/index.html?itemId=/content/component/36b4eaf9-en

Alfred Martin: Das Bad in Japan. https://www.amuseum.de/medizin/CibaZeitung/cibazeit.htm

Anzahl der Filialen von Uniqlo in Europa nach Ländern im Jahr 2021. https://de.statista.com/statistik/daten/studie/875791/umfrage/filialen-von-uniqlo-in-europa-nach-laendern/

Das Bad: Die Japaner lieben es heiss. https://asienspiegel.ch/2022/05/japan-onsen-heisse-quelle-bad-regeln-hitze-todesfaelle

Der Boom der alkoholfreien Biere in Japan. https://asienspiegel.ch/2019/07/all-free-und-zero-der-boom-der-alkoholfreien-biere-in-japan

Die Badenation Japan. https://asienspiegel.ch/2020/11/japan-baden-sento-onsen-heisse-quelle

Ein Symbol mit einer langen Geschichte. https://asienspiegel.ch/2022/02/japan-geschichte-onsen-heisse-quelle-symbol-piktogramm

Haare schneiden im Eiltempo. https://asienspiegel.ch/2016/11/haare-schneiden-im-eiltempo

Hawaii: Life in a Plantation Society. https://www.loc.gov/classroom-materials/immigration/japanese/hawaii-life-in-a-plantation-society/

Japanese Survey on "Period Poverty" Finds Need to Address the Problem. https://www.nippon.com/en/japan-data/h01288/japanese-survey-on-period-poverty-finds-need-to-address-the-problem.html

Karaoke in Japan. https://www.japan.travel/de/de/guide/karaoke-in-japan/

Must does. Haircuts at qb house. https://tokyocheapo.com/shopping-2/fashion/must-dos-haircuts-at-qb-house-unicut-1000/

Number of karaoke facilities in Japan from fiscal year 2011 to 2021. https://www.statista.com/statistics/1259843/japan-number-karaoke-facilities

Official Age of Adulthood in Japan Lowered to 18. https://www.nippon.com/en/japan-data/h01285/official-age-of-adulthood-in-japan-lowered-to-18.html

Osaka's Best Bargains: "Shotengai" Shopping Streets in the City of Merchants. https://www.tsunagujapan.com/osaka-shotengai-shopping-streets/

Sales revenue of the Japanese apparel retailer Uniqlo Co., Ltd. from fiscal year 2013 to 2022. https://www.statista.com/statistics/671330/japan-uniqlo-sales/

Softeis – leckeres Vergnügen oder gefährlich? https://www.talkteria.de/forum/topic-71001.html

Staying in Kamagasaki: The Slum of Osaka. https://medium.com/onthejourney/staying-in-kamagasaki-the-slum-of-osaka-de7b29abaaa6

Tadashi Yanai. https://en.wikipedia.org/wiki/Tadashi_Yanai

Taiwan the Top Overseas Destination for Japanese Travelers. https://www.nippon.com/en/japan-data/h00576/taiwan-the-top-overseas-destination-for-japanese-travelers.html

The japanese consumer. https://www.mckinsey.com/industries/consumer-packaged-goods/our-insights/the-new-japanese-consumer

The rise of Uniqlo: leading paradigm change in fashion business and distribution in Japan. Eugene K. Choi: ESKA Editions; CAIRN; Editions ESKA (ISSN 1161-2770), Entreprises et histoire, #3, 64, pages 85-, 2011

Toru Mitsui: Karaoke around the world. Global technology. Local singing. London 2005.

Tourists visiting Okinawa drop 63% in 2020 amid pandemic. https://www.asahi.com/ajw/articles/14140340

Uniqlo entdeckt Deutschland. https://asienspiegel.ch/2014/04/uniqlo-entdeckt-deutschland

Water Buffalo Cart Ride in Ishigaki. https://en.japantravel.com/okinawa/water-buffalo-cart-ride-in-ishigaki/62088

Why is Japan encouraging young people to drink more alcohol? https://www.euronews.com/next/2022/08/22/sake-viva-japan-is-encouraging-young-people-to-drink-more-alcohol-to-boost-tax-revenue

Yuko Kusaka: A study of »Onsen« use by elderly people, based on Yuasa's theory of mind and body. Series: Taiikugaku kenkyu (Japan Journal of Physical Education Health and Sport Sciences) vol. 44 iss. 2. (1999).

Staat und Grundelkunde

Are candid photos of the Imperial couple off limits? https://www.japantimes.co.jp/news/2014/05/28/national/media-national/candid-photos-imperial-couple-limits/

Democracy Index. https://en.wikipedia.org/wiki/Democracy_Index#Recent_changes

Empress of Japan. https://en.wikipedia.org/wiki/Empress_of_Japan

Forschen statt herrschen. https://www.sueddeutsche.de/panorama/japan-kaiser-akihito-abdankung-forschung-fische-1.5347540.

Horrified and saddened: Former Princess breaks silence about rocky road to marriage. https://www3.nhk.or.jp/nhkworld/en/news/backstories/1801/

How 'indispensable' Mori came to enjoy huge influence in politics and sport. https://www.japantimes.co.jp/news/2021/02/12/national/mori-influence-politics-sport/

Imperial household agency. https://www.kunaicho.go.jp/about/gokomu/kyuchu/saishi/saishi01.html

Japan's Emperor Akihito: Ten things you may not know. https://www.bbc.com/news/world-asia-36983409

Japan's first lady claims being abducted by aliens. https://www.hindustantimes.com/world/japan-s-first-lady-claims-being-abducted-by-aliens-report/story-UriUWSIj3vyHxaSexz7FmI.html

Japan's Princess Mako abandons tradition and overcomes controversy to marry university sweetheart. https://www3.nhk.or.jp/nhkworld/en/news/backstories/1782/

Japanese era name. https://en.wikipedia.org/wiki/Japanese_era_name

List of prime ministers of Japan. https://en.wikipedia.org/wiki/List_of_prime_ministers_of_Japan

Olympics: Mori's 'jaw-dropping' comments show system needs a shakeup. https://www.reuters.com/article/us-olympics-2020-mori-interview-idUSKBN2A42QE

Onna-musha. https://en.wikipedia.org/wiki/Onna-musha

Reiwa-Zeit. https://de.wikipedia.org/wiki/Reiwa-Zeit

Taro Aso. https://en.wikipedia.org/wiki/taro_aso

The Abe Shooting and Japanese Society. https://www.youtube.com/watch?v=Y4c0w5ntp28

The untold truth of emperor Akihito. https://www.grunge.com/608404/the-untold-truth-of-emperor-akihito

Tune Sakai: New species of Japanese crabs from the collection of his majesty the emperor of Japan, Crustaceana Vol.3 Issue 3. 1962. S131 – S.150.

Yoshiro Mori: Tokyo Olympics chief steps down over sexism row. https://www.bbc.com/news/world-asia-56020674

Yoshiro Mori. https://en.wikipedia.org/wiki/Yoshirō_Mori

Mongi, Mingi, Manga… stay creative!

Deutsche Mangabranche boomt weiterhin. https://www.handelsblatt.com/arts_und_style/kunstmarkt/manga-und-anime-deutsche-mangabranche-boomt-weiterhin-seite-3/2637798-3.html

Digimon (Anime). https://de.wikipedia.org/wiki/Digimon_(Anime)

Europa liebt Manga. https://asienspiegel.ch/2018/05/europa-liebt-manga

Frederik L. Schodt: Dreamland Manga. Writings on modern Manga. Berkeley 1996.

Fredric Wertham: Seduction of the innocent. The influence of comic books on today's youth. New York 1954.

Hajo F. Breuer: Comics als Erziehungshilfe. In: Die Spinne 24. Hamburg 1982.

Helen McCarthy: A brief history of manga.Lewes 2014.

History of Pokémon. https://bulbapedia.bulbagarden.net/wiki/History_of_Pok%C3%A9mon

How much money does the anime industry in Japan generate? https://www.quora.com/How-much-money-does-the-anime-industry-in-Japan-generate

Manga-Boom in Deutschland. https://www.dw.com/de/manga-boom-deutschland/"Sailor Moon" feiert Jubiläum in Deutschland – Kult oder Kitsch? https://www.digitalfernsehen.de/kommentar/sailor-moon-feiert-jubilaeum-in-deutschland-kult-oder-kitsch-561524/

Manga-Verkaufszahlen in Deutschland. https://comicforum.de/showthread.php?140570-Manga-Verkaufszahlen-in-Deutschland.

Pokémon (Anime). https://de.wikipedia.org/wiki/Pok%C3%A9mon_(Anime)

Remembering Nintendo console creator Uemura Masayuki. https://www3.nhk.or.jp/nhkworld/en/news/backstories/1850/

Robin E. Brenner: Understanding Manga and Anime. Westport 2007.

Soshana Zuboff: The age of surveillance capitalism. (Darin: Pokemon Go Do). London 2019.

The History of Pokémon: Everything We Know. https://screenrant.com/history-pokemon-everything-know/

Tokiwaso: Die WG der Manga-Götter. https://asienspiegel.ch/2020/07/tokiwaso-die-wg-der-manga-goetter

Umfrage: 70 % der Frauen bezeichnen sich als Otaku. https://www.anime-anytime.net/umfrage-frauen-otaku-anime-manga/

Vor 25 Jahren: Das Tamagotchi kommt auf den deutschen Markt. https://borncity.com/senioren/2022/05/12/vor-25-jahren-das-tamagotchi-kommt-auf-den-deutschen-markt/

Wie Tamagotchis weltweit zu einem Kult-Spielzeug wurden. https://www.rnd.de/digital/25-jahre-tamagotchi-wie-das-plastik-ei-weltweit-zu-einem-kult-spielzeug-wurde-FBWS7ZKIN3WRWXI64HPN5ZW7PQ.html

Was die Götter ins Wasser geschmissen haben

After 40 years, Japan stops aid to China. https://www.nippon.com/en/features/h00321/after-40-years-japan-stops-aid-to-china.html

China bans Tiananmen Square-related web search terms. https://www.bbc.com/news/technology-18321548

China stirs up anti-Japanese sentiments amid rising nationalism. https://www.dwnews.com/en/china-stirs-up-anti-japanese-sentiments-amid-rising-nationalism/a-63001821

China und Japan: Privates und Politisches. https://www.faz.net/aktuell/politik/ausland/china-und-japan-privates-und-politisches-11828454.html

China: Anti Japanese Demonstrations. https://en.wikipedia.org/wiki/2012_China_anti-Japanese_demonstrations

China's Navy, the West Pacific and the Role of Okinotorishima. https://thediplomat.com/2023/01/chinas-navy-the-west-pacific-and-the-role-of-okinotorishima/

Chinese Viewing Japan Unfavorably. https://www.nippon.com/en/japan-data/h01154/poll-shows-rise-to-over-60-of-chinese-viewing-japan-unfavorably.html

Deer-related injuries in Nara reach record number already this year. https://japantoday.com/category/national/Deer-related-injuries-in-Nara-reach-record-number-already-this-year

Demonstrations over Diaoyu Islands staged in Hong Kong. http://www.chinadaily.com.cn/china/2012Diaoyu/2012-09/17/content_15761243.htm

Die Senkaku Inseln. https://www.de.emb-japan.go.jp/territory/senkaku/about.html

Former Owner Criticizes Japanese Government. https://www.spiegel.de/international/world/tension-between-japan-and-china-in-senkaku-islands-dispute-a-857514.html

Hong Kong fishermen land on Senkaku island. https://www.neogaf.com/threads/hong-kong-fishermen-land-on-senkaku-island.487010/

Japan determines to buy Diaoyu Islands. http://www.chinadaily.com.cn/world/2012-09/10/content_15747881.htm

Japan's new remote island defense plan. https://thediplomat.com/2014/08/japans-new-remote-island-defense-plan/

Origins of the Japanese islands: The new "big picture". Japan review. No.15. Seite 3-50.

Ostchinesisches Meer: Felsen des Anstoßes. https://www.sueddeutsche.de/politik/japan-china-senkaku-inseln-ostchinesisches-meer-sicherheitspolitik-asien-weltmaechte-1.5208284

Patriotic education campaign. https://en.wikipedia.org/wiki/Patriotic_Education_Campaign

Remote island ramps up defenses as tensions rise between Japan and China. https://edition.cnn.com/2022/04/18/asia/japan-nansei-islands-defense-intl-hnk-dst/index.html

Rie Usui: The power of social media in regional tourism development: a case study from Ōkunoshima Island in Hiroshima, Japan. Current issues in tourism. 2017.

Second Day Of Anti-Japan Protests Rock China. https://www.npr.org/2012/09/16/161228298/chinese-flood-streets-in-anti-japan-demonstrations

Senan Fox: The Senkaku Shoto_Diaoyu Islands and Okinotorishima disputes_ Ideational and material influences (2016). China Information 2016, Sep 20 Vol. 30 Iss.3.

Senkaku islands dispute. https://en.wikipedia.org/wiki/Senkaku_Islands_dispute

Unfavorable Views of China Reach Historic Highs in Many Countries. https://www.pewresearch.org/global/2020/10/06/unfavorable-views-of-china-reach-historic-highs-in-many-countries/

Why do the Chinese Hate the Japanese? https://www.vagabondjourney.com/why-the-chinese-hate-the-japanese/

Mönche, die dir auf den Kopf schlagen

Bodhisattva. https://en.wikipedia.org/wiki/Bodhisattva. https://en.wikipedia.org/wiki/Bodhisattva.

Buddhism in ancient Japan. https://www.worldhistory.org/article/1080/buddhism-in-ancient-japan/

Capital of Japan – list of historical capitals of Japan. https://tiengtrung.cn/wiki/simple/Capital_of_Japan

Did the Buddha write down any of his own teachings? https://www.quora.com/Did-the-Buddha-write-down-any-of-his-own-teachings

How can I convert to Buddhism? https://www.quora.com/How-can-I-convert-to-Buddhism-1

Japanese Pure Land Philosophy. https://plato.stanford.edu/entries/japanese-pure-land/

Jodo-Shu. https://de.wikipedia.org/wiki/Jōdo-shū

Mahayana sutras. https://en.wikipedia.org/wiki/Mahayana_sutras

Stephen Turbull: Japanese warrior monks. New York 2003.

The Buddha. https://en.wikipedia.org/wiki/The_Buddha

The Buddha. https://www.bbc.co.uk/religion/religions/buddhism/history/history.shtml

The Historical Capitals of Japan. https://we-xpats.com/en/guide/as/jp/detail/5563/

The Lotus Sutra. https://www.mnzencenter.org/uploads/2/9/5/8/29581455/lotus.pdf

When were the sutras written? https://newbuddhist.com/discussion/6811/when-were-the-sutras-written

Wo es dich in Japan hintransportiert

About the Senior Citizens' Pass (Keirō Pass) (敬老パスについて). https://www.nic-nagoya.or.jp/en/living-in-nagoya/living-information/living_information/2020/02281001.html

Car Maintenance Costs at Record Low in Japan, While Car Tax Remains a Burden. https://www.nippon.com/en/japan-data/h00892/car-maintenance-costs-at-record-low-in-japan-while-car-tax-remains-a-burden.html

Central Japan Railway Company. Annual Report 2018. https://global.jr-central.co.jp/en/company/ir/annualreport/_pdf/annualreport2018.pdf

China's underwater train: Pipe dream or reality? https://www.railway-technology.com/features/chinas-underwater-train-a-pipe-dream-or-reality/

Christopher P. Hood. Shinkansen. From bullet train to symbol of modern Japan. New York 2006.

Data by country. https://apps.who.int/gho/data/node.main.SDG2016LEX?lang=en

Ein Bus auf Schienen. https://asienspiegel.ch/2021/11/japan-reisen-bahn-strassen-schienen-bus-shikoku

Ein entgleister Shinkansen. https://asienspiegel.ch/2013/03/ein-entgleister-shinkansen

Healthy Life Expectancy and How It's Calculated. https://www.verywellhealth.com/understanding-healthy-life-expectancy-2223919

How often does the bullet train run from Tokyo to Kyoto? https://www.quora.com/How-often-does-the-bullet-train-run-from-Tokyo-to-Kyoto

Neues Pünktlichkeitssystem: Mit 15 Minuten Verspätung ist ein ICE noch pünktlich. https://www.focus.de/reisen/bahn/bei-deutscher-bahn-neues-puenktlichkeitssystem-mit-15-minuten-verspaetung-ist-ein-ice-noch-puenktlich_id_10430875.html

One dead, 8 injured after high-speed train derails in southern China. https://edition.cnn.com/2022/06/04/china/china-train-derail-death-intl-hnk/index.html

Public buses serve the elderly. https://www.japantimes.co.jp/opinion/2013/03/07/reader-mail/public-buses-serve-the-elderly/

Record Low 2,839 Annual Traffic Fatalities in Japan in 2020. https://www.nippon.com/en/japan-data/h00904/record-low-2-839-annual-traffic-fatalities-in-japan-in-2020.html

Tetsuo Shimomae: Electrical Birth of the Shinkansen. Singapore 2022.

The Shinkansen, Japan's high-speed rail, is full of miracles. https://www.japan.go.jp/_src/200153/18-21.pdf

Top 10 der größten U-Bahnen der Welt. https://www.top1x.de/top-10-der-groessten-u-bahnen-der-welt/

Top 100 cities in Japan by population. https://www.wa-pedia.com/statistics/japan_population_cities.shtml

Urban and rural life in Japan. https://factsanddetails.com/japan/cat19/sub122/item646.html

Wenn die Natur ihren Nachttopf über dich leert

66 feet of snow on the Tateyama Kurobe Alpine Route. https://us.jnto.go.jp/ski/archives/126/index.html

1792 Unzen earthquake and tsunami. https://en.wikipedia.org/wiki/1792_Unzen_earthquake_and_tsunami

2014 Mount Ontake eruption. https://en.wikipedia.org/wiki/2014_Mount_Ontake_eruption

A $320 Million Ice Wall Still Can't Contain Radioactive Water Near Fukushima. https://futurism.com/ice-wall-radioactive-water-fukushima

Annual number of major earthquakes that occurred in Japan from 2010 to 2024. https://www.statista.com/statistics/1166128/japan-yearly-number-of-major-earthquakes/. Annual number of major earthquakes that occurred in Japan from 2012 to 2021.

Average Annual Precipitation for European Cities. https://www.currentresults.com/Weather/Europe/Cities/precipitation-annual-average.php

Contaminated soil piles up in vast Fukushima cleanup project. https://www3.nhk.or.jp/nhkworld/en/news/backstories/1942/

Death toll at 3 in Yamagata as snow removal turns deadly. https://www.asahi.com/ajw/articles/14036631

Elf Jahre nach Fukushima: Japan will die Atomkraft wiederbeleben https://www.handelsblatt.com/meinung/kolumnen/asia-technomics/asia-techonomics-elf-jahre-nach-fukushima-japan-will-die-atomkraft-wiederbeleben/27943808.html

Exodus begins for over 10,000 stranded at Narita airport. https://asia.nikkei.com/Economy/Natural-disasters/Exodus-begins-for-over-10-000-stranded-at-Narita-airport

Fuji (Vulkan). https://de.wikipedia.org/wiki/Fuji_(Vulkan)

Fuji besteigen – Die Vorbereitung – FAQ – Teil 1. https://wanderweib.de/mount-fuji-besteigen-tipps/

Fukushima 50: 'We felt like kamikaze pilots ready to sacrifice everything'. https://www.theguardian.com/environment/2013/jan/11/fukushima-50-kamikaze-pilots-sacrifice

Fukushima 50. https://en.wikipedia.org/wiki/Fukushima_50

Fukushima nuclear disaster. https://en.wikipedia.org/wiki/Fukushima_nuclear_disaster

Hōei eruption. https://en.wikipedia.org/wiki/H%C5%8Dei_eruption

How long does an earthquake last? https://www.volcanodiscovery.com/earthquakes/faq/how-long-do-earthquakes-last.html

Hundreds of cars stuck in snow-hit Japan, death toll reaches 12. https://www.straitstimes.com/asia/hundreds-of-cars-stuck-in-snow-hit-japan-death-toll-reaches-12

Japan Death Toll From Heavy Snow Rises To 87. https://www.terradaily.com/news/Japan_Death_Toll_From_Heavy_Snow_Rises_To_87.html

Japan: Those Commonplace, Vinyl Umbrellas. https://globalvoices.org/2010/05/31/japan-those-commonplace-vinyl-umbrellas/

Japan's Nuclear Power Plants in 2021. https://www.nippon.com/en/japan-data/h00967/japan's-nuclear-power-plants-in-2021.html

Japans Vulkan Warnsystem. https://asienspiegel.ch/2017/10/japans-vulkan-warnsystem

List of volcanoes in Japan: https://en.wikipedia.org/wiki/List_of_volcanoes_in_Japan

Liste von Erdbeben in Japan. https://de.wikipedia.org/wiki/Liste_von_Erdbeben_in_Japan

Mount Fuji:https://www.newworldencyclopedia.org/entry/Mount_Fuji

Mount Unzen eruption of 1792. https://www.britannica.com/event/Mount-Unzen-eruption-of-1792

Nuclear power in Japan. https://en.wikipedia.org/wiki/Nuclear_power_in_Japan

Online Sapporo Snow Festival: video of Snow Miku snow sculpture production broadcast online. https://h2w.hokkaido-np.co.jp/topics/online-sapporo-snow-festival-video-of-snow-miku-snow-sculpture-production-broadcast-online/

Pazifischer Feuerring. https://de.wikipedia.org/wiki/Pazifischer_Feuerring

Record snowfall in Japan forces hundreds of drivers to sleep in their cars. https://www.theguardian.com/world/2020/dec/18/record-snowfall-in-japan-forces-hundreds-of-drivers-to-sleep-in-their-cars

Ring of Fire. https://en.wikipedia.org/wiki/Ring_of_Fire

Sapporo snow fest to be held on-site for 1st time in 3 years. https://www.asahi.com/ajw/articles/14730607

Sapporo Snow Festival. https://visit.sapporo.travel/discover/snow/sapporo-snow-festival/

The air conditioning trap: How cold air is heating the world. https://www.theguardian.com/environment/2019/aug/29/the-air-conditioning-trap-how-cold-air-is-heating-the-world

The great kanto earthquake. https://library.brown.edu/cds/kanto/denewa.html.

This is hell: 1,500 rescuers search mud for Japan missing. https://www.aljazeera.com/news/2021/7/5/some-1000-people-search-mud-for-survivors-after-japan-landslide

Tohoku earthquake and tsunami. https://en.wikipedia.org/wiki/2011_Tōhoku_earthquake_and_tsunami

Typhoon risks should speed up plan to move cables underground. https://www3.nhk.or.jp/nhkworld/en/news/backstories/707

Welterbe Fuji. https://asienspiegel.ch/2013/05/welterbe-fuji

What Caused the Fatal 2014 Eruption of Japan's Mount Ontake? https://eos.org/research-spotlights/what-caused-the-fatal-2014-eruption-of-japans-mount-ontake

Why You Shouldn’t Move to Japan (And Conditions for Those Who Should. https://www.youtube.com/watch?v=oD1SdkBJ5tc

Bei dir spukt’s wohl?

【幽霊と妖怪】の違いとは？日本のお化けの歴史に迫. https://thegate12.com/jp/article/340

Blood type distribution by country. https://en.wikipedia.org/wiki/Blood_type_distribution_by_country

Blood Type Personality in Japan: A Guide. https://motto-jp.com/media/lifestyle/blood-type-personality-in-japan-a-guide/

Blood type personality theory. https://en.wikipedia.org/wiki/Blood_type_personality_theory

Blutgruppen: A, B, AB, 0, positiv und negativ. https://www.apotheken-umschau.de/diagnose/laborwerte/blutgruppen-a-b-ab-0-positiv-und-negativ-742271.html

Can Blood Type Determine Character? https://www.ehps.k12.mt.us/cms/lib/MT01000580/Centricity/Domain/39/JapanTimesBloodTypeAndCharacterB.pdf

Cardinal direction. http://tibetanbuddhistencyclopedia.com/en/index.php/Cardinal_direction

Emil von Dungern. https://de.wikipedia.org/wiki/Emil_von_Dungern

How to play Rock Paper Scissors in Japanese – じゃんけん (Janken) – Handy Illustrated Guide. https://cotoacademy.com/how-to-play-rock-scissors-paper-in-japanese-janken-scissors-papaper-stone-japanese/

Introduction to Yōkai. https://yokai.com/introduction/

Japan and blood types: Does it determine personality? https://www.bbc.com/news/magazine-20170787

Japan Fertility Rate 1950-2024. https://www.macrotrends.net/countries/JPN/japan/fertility-rate

Japan's most dangerous game: Rock, paper, scissors. https://www.tofugu.com/japan/janken/

Japanese Cemeteries: What Makes Them Unique? https://voyapon.com/japanese-cemeteries-traditions/

Japanese funeral. https://en.wikipedia.org/wiki/Japanese_funeral

Marushime-neko. https://de.wikipedia.org/wiki/Marushime-neko

Masahiko Nomi.https://en.wikipedia.org/wiki/Masahiko_Nomi

Red and black ink on a Japanese grave. https://www.aeroclubeplanalto.org/uncategorized/red-and-black-ink-on-a-japanese-grave/

Rock, Paper, Scissors Goes Back To Ancient China. https://historydaily.org/rock-paper-scissors-ancient-china/6

The bakemono zukushi "monster" scroll of Japan. https://www.spoon-tamago.com/2018/10/31/the-bakemono-zukushi-monster-scroll-of-japan/

Unlucky and lucky numbers in Japan. https://wanderingtanuki.com/unlucky-and-lucky-numbers-in-japan/

Corona und der Lappen im Gesicht

5 Major Ports In Japan. https://www.marineinsight.com/know-more/5-major-ports-in-japan/

Countries With The Largest Aging Population In The World. https://www.worldatlas.com/articles/countries-with-the-largest-aging-population-in-the-world.html

COVID-19 takes spring out of Japan's 'hanami' season. https://www.aljazeera.com/news/2021/3/21/holdcovid-19-takes-spring-out-of-japans-hanami-season

Development of vaccination policy in Japan: Current issues and policy directions. https://www.niid.go.jp/niid/images/JJID/55/101.pdf

Did Japan's Lenient Lockdown Conquer the Coronavirus? https://www.theregreview.org/2020/06/10/feldman-japan-lenient-lockdown-conquer-coronavirus/

Everything you need to know about quarantining in Japan. https://soranews24.com/2021/05/27/everything-you-need-to-know-about-quarantining-in-japan/

Gobi Dust over the Sea of Japan. https://earthobservatory.nasa.gov/images/50609/gobi-dust-over-the-sea-of-japan

High levels of yellow sand, PM2.5 heading in from China. https://www.japantimes.co.jp/news/2015/02/24/national/high-levels-of-yellow-sand-pm-2-5-heading-in-from-china/

Japan drops all vaxxine mandates, places myocarditis warning on label. https://www.politifact.com/factchecks/2022/jan/12/blog-posting/headline-about-japan-dropping-vaccine-mandates-mis/

Japan launches surpise fireworks to lift spirits amid pandemic. https://www.looppng.com/coronavirus/japan-launches-surprise-fireworks-lift-spirits-amid-pandemic-92559

Japan's logistics crisis. https://www3.nhk.or.jp/nhkworld/en/news/backstories/1771/

Japan's long-range transboundary PM2.5 problem. https://www.iias.asia/the-newsletter/article/japans-long-range-transboundary-pm25-problem

Keep your eyes on the sky for a surprise fireworks display. https://gethiroshima.com/news/keep-your-eyes-on-the-sky-for-a-surprise-fireworks-display/

No Tokyo cherry blossom parties? Government asks citizens to refrain from outdoor hanami parties. https://soranews24.com/2020/03/05/no-tokyo-cherry-blossom-parties-government-asks-citizens-to-refrain-from-outdoor-hanami-parties/

Pollen allergy symptoms can be confused with coronavirus. https://www3.nhk.or.jp/nhkworld/en/news/backstories/1927

Port of Tokyo. https://en.wikipedia.org/wiki/Port_of_Tokyo

Surprise fireworks events planned across Japan as sign of hope for end to pandemic.

https://mainichi.jp/english/articles/20200529/p2a/00m/0na/011000c

Survey: over 60% Constantly Keep Masks On. https://japannews.yomiuri.co.jp/society/coronavirus/20230427-105957/

The Strange Story of Hay Fever in Japan: Construction, Conspiracy Theories, Climate Change. https://blog.gaijinpot.com/strange-story-hay-fever-japan/

Top 10 Pulp & Paper Producing Countries In The World (2022). https://worldpapermill.com/top-pulp-paper-producing-countries/

Travelers entering Japan have to install location confirmation app, Skype on smartphones. https://japantoday.com/category/national/travelers-entering-japan-will-have-to-install-location-confirmation-app-skype-on-smartphones

Understanding PM2.5 sources in China: challenges and perspectives. https://academic.oup.com/nsr/article/4/6/801/4750787?login=false

Why You will be Forced to Always Wear Masks in Japan. https://www.youtube.com/watch?v=eUtgGJACVqU

Mieses Japan

15-year-old girl arrested for beheading classmate in Sasebo (J-News!). https://www.youtube.com/watch?v=FlL-Dhah8ls

15 Eerie Facts About Japan's Suicide Forest. https://www.mentalfloss.com/article/73288/15-eerie-things-about-japans-suicide-forest

A Quarter of Job-Hunting University Students Sexually Harassed. https://www.nippon.com/en/japan-data/h01014/a-quarter-of-job-hunting-university-students-sexually-harassed.html

Anzahl der Sterbefälle durch Suizid in Deutschland nach Art der Methode in den Jahren 2016 bis 2020.

https://de.statista.com/statistik/daten/studie/585/umfrage/selbstmordmethoden-in-deutschland-2006/

Aokigahara. https://en.wikipedia.org/wiki/Aokigahara

Bullying and harassment cases on the rise in Japan. https://www.hcamag.com/asia/specialisation/employment-law/bullying-and-harassment-cases-on-the-rise-in-japan

Bullying Incidents Reported at 83% of Japanese Schools. https://www.nippon.com/en/japan-data/h00855/bullying-incidents-reported-at-83-of-japanese-schools.html

Courts in Japan. https://www.courts.go.jp/english/vc-files/courts-en/file/2020_Courts_in_Japan.pdf

Crime in Japan is back to normal. https://eastasiaforum.org/2023/03/08/crime-in-japan-is-back-to-normal/

Customer Harassment Reported as a Problem at 20% of Japanese Businesses. https://www.nippon.com/en/japan-data/h01291/customer-harassment-reported-as-a-problem-at-20-of-japanese-businesses.html

Death penalty. https://www.dw.com/en/little-opposition-to-death-penalty-in-japan/a-16638607

Die Monster-Kunden. https://asienspiegel.ch/2016/11/die-monster-kunden

Doctor's killing highlights challenges in home care. https://www3.nhk.or.jp/nhkworld/en/news/backstories/1908/

Five years after the 'Sagamihara stabbings,' what have we learned?. https://www.japantimes.co.jp/community/2021/07/26/voices/five-years-sagamihara-stabbings-learned/

Gerichtliche Strafverfolgung 2020: 4 % weniger rechtskräftige Verurteilungen.

https://www.destatis.de/DE/Presse/Pressemitteilungen/2021/12/PD21_592_24311.html

Harassment in the Japanese Workplace: What Is It, Its Types, and How to Deal with It. https://www.tsunagulocal.com/en/53977/

How Even Air Conditioning Can Harass Others in Japan. https://www.youtube.com/watch?v=Ub_scew3sh0

Japan Crime Rate & Statistics 1990-2024. https://www.macrotrends.net/countries/JPN/japan/crime-rate-statistics

Japan: End Workplace Harassment, Violence. https://www.hrw.org/news/2018/12/02/japan-end-workplace-harassment-violence

Japanese opting out of serving as lay judges. https://www.dw.com/en/japanese-opting-out-of-serving-as-lay-judges/a-19328332

Jeder zweite Mord bleibt unentdeckt. https://www.kriminalpolizei.de/ausgaben/2008/maerz/detailansicht-maerz/artikel/jeder-zweite-mord-bleibt-unentdeckt.html

Lifting the lid on Japan's harassment problem. https://www3.nhk.or.jp/nhkworld/en/news/backstories/361/

Liste der Länder nach Gefängnisinsassen. https://de.wikipedia.org/wiki/Liste_der_Länder_nach_Gefängnisinsassen

NS Solutions case is latest battle in long war against sexual harassment. https://www.japantimes.co.jp/community/2017/10/01/issues/case-latest-battle-long-war-sexual-harassment/

Number of Reported Stalking Cases Remains Above 20,000 in Japan Ahead of Tightening of Legislation. https://www.nippon.com/en/japan-data/h01040/number-of-reported-stalking-cases-remains-above-20-000-in-japan-ahead-of-tightening-of-leg.html

One in Four Deaths in Japan Caused by Cancer. https://www.nippon.com/en/japan-data/h01044/

Persons killed in traffic accidents. https://www.destatis.de/EN/Themes/Society-Environment/Traffic-Accidents/Tables/persons-killed-age

Polizeiliche Aufklärungsquote bei Mord in Deutschland von 2011 bis 2022. https://de.statista.com/statistik/daten/studie/152525/umfrage/entwicklung-der-polizeilichen-aufklaerungsquote-bei-mord-seit-1995/

Record Low 2,839 Annual Traffic Fatalities in Japan in 2020. https://www.nippon.com/en/japan-data/h00904/record-low-2-839-annual-traffic-fatalities-in-japan-in-2020.html

Reported Crime in Japan Increases for First Time in 20 Years. https://www.nippon.com/en/japan-data/h01582/

Sagamihara stabbings. https://en.wikipedia.org/wiki/Sagamihara_stabbings

Sasebo schoolgirl murder. https://en.wikipedia.org/wiki/Sasebo_schoolgirl_murder

Sasebo slashing. https://en.wikipedia.org/wiki/Sasebo_slashing

Satoshi Uematsu: Japanese man who killed 19 disabled people sentenced to death. https://www.bbc.com/news/world-asia-51903289

School Bullying Drops by 15.6% in Japan During Pandemic. https://www.nippon.com/en/japan-data/h01142/school-bullying-drops-by-15-6-in-japan-during-pandemic.html

Suicide by age groups. https://www.destatis.de/EN/Themes/Society-Environment/Health/Causes-Death/Tables/deaths-suicide-age-group.html

Suicide in Japan. https://en.wikipedia.org/wiki/Suicide_in_Japan

Suicides in Japan Decrease Slightly in 2021. https://www.nippon.com/en/japan-data/h01283/suicides-in-japan-decrease-slightly-in-2021.html

Suicides in Japan Increase for the First Time Since 2009. https://www.nippon.com/en/japan-data/h00923/suicides-in-japan-increase-for-the-first-time-since-2009.html

Suicides rose in Japan among young women and girls during pandemic. https://www.japantimes.co.jp/news/2023/06/26/national/female-suicides-increase-pandemic/.

The Sasebo Slashing. https://morbidology.com/the-sasebo-slashing/

The Ultimate Guide To Japan's New Power Harassment Prevention Act. https://www.bmes.com/ultimate-guide-to-japans-new-power-harassment-prevention-act/

Total number of suicides committed in Japan from 2012 to 2021 https://www.statista.com/statistics/622065/japan-suicide-number

Traffic deaths in Japan hit record low again in 2022. https://www.japantimes.co.jp/news/2023/01/04/national/2022-traffic-accidents/

Why Dads Want to Bathe with Daughters | React to Shocking Facts How Japanese Kids are Raised. https://www.youtube.com/watch?v=eWNYRkat9ZU

Why does Japan have such a high suicide rate? https://www.bbc.com/news/world-33362387

Why Japan's conviction rate is . 99%. https://www.youtube.com/watch?v=yFINmgSzK6E

You did nothing wrong: 1st Japanese woman to sue for sexual harassment speaks out. https://mainichi.jp/english/articles/20180501/p2a/00m/0na/006000c